《휴먼카인드》를 읽는 동안 무척이나 즐거웠다. 인간 본성에 관한 새로운 관점을 갖게 만들어주고, 오랫동안 이어온 나의 신념에 도전하게 만들었다. 매우 유익한 토론을 불러일으킬 것이라는 믿음에서 이 책을 열렬히 추천한다. ―**유발 하라리**Yuval Harari(역사학자, 《사피엔스》의 저자)

이 책은 인간이 본질적으로 못됐고 이기적이○○○○○○○ ○○○○ 더 정확한 인간 본성의 초상화를 그림으로써 우○○○○○○○○○○○○○○○○○대의 가장 도발적인 사상가 중 한 명이다. ―애○○○○○○○○○○○○○○○○○○○널스)의 저자)

어떤 책은 우리의 생각에 도전한다○○○○○○○○○○○○○○○○이 되는 바로 그 전제에 도전한다. 대담하고 포괄적인 ○○○○○ 담은 이 책은 사회, 민주주의 및 인간 본성 자체에 대한 믿음을 다시 생각하게 만들 것이다. 냉소주의의 바다에서 이 책은 세상이 필요로 하는, 튼튼하고 가라앉지 않는 구명정이다. ―**다니엘 핑크**Daniel H. Pink(미래학자, 《드라이브》의 저자)

우리 인간이 본질적으로 악하고 신뢰할 수 없다는 생각의 토대가 된 의심스러운 실험들을 되짚어보며, 생생한 설명과 이야기를 통해 인류에 대한 좀 더 긍정적인 견해를 제공해준다.

―**프랑스 드 발**Frans de Waal(영장류학자, 《침팬지 폴리틱스》의 저자)

뤼트허르 브레흐만의 이 책은 계시와 같다. 그의 진정한 성취는 인간 본성에 대한 새로운 이해에 역사를 적용했다는 사실이다. 이 책은 담론의 흐름을 바꾸고 더 밝은 미래를 향한 길을 밝힌다. 그 어느 때보다 지금 필요한 책. ―**수전 케인**Susan Cain(《콰이어트》의 저자)

이 책의 주장은 간단하지만 광범위하고 확실히 논쟁적이다. 기존의 발견을 잘 짜낸 멋진 스토리텔링과 새롭게 발견한 근거들로 가득하다. 잘 쓰인 이 책을 통해 인류애를 되찾아야 할 타당한 이유를 발견할 수 있을 것이다. ―**팀 하포드**Tim Harford(《경제학 콘서트》의 저자)

신문을 잠시 밀쳐놓고 이 책을 읽으라. ―**배리 슈워츠**Barry Schwartz(사회심리학자, 《선택의 심리학》의 저자)

뤼트허르 브레흐만은 역사 속에서 지금 우리가 상상하는 것보다 훨씬 더 나은 미래를 건설할 기회를 발견한다. ―**티머시 스나이더**Timothy Snyder(예일대 역사학과 교수, 《폭정》의 저자)

이 책은 인간 본성에 대한 우리의 기본 가정에 도전한다. 그의 도전은 새로운 가능성의 세계를 열어줄 것이다. 최고의 책과 논증이 으레 그렇듯이 이 책은 명확하고 통찰력이 있으며 강력하다. ─앤드루 양Andrew Yang(벤처 포 아메리카 창업자, 뉴욕 시장 후보)

인간의 타고난 선함과 타고난 품위에 대한 매우 강력한 믿음의 선언. 인간이 야만적이지 않다는 믿음을 뒷받침하는 강력하고 명쾌한 논거를 제시한다.
─스티븐 프라이Stephen Fry(영국의 극작가, 《스티븐 프라이의 그리스 신화》의 저자)

우리가 더 나은 사회를 만들기 위해 서로 협력하고, 서로에게 친절하며, 서로를 신뢰할 자신감을 주는 철학적, 역사적 뼈대를 제공한다. ─마리아나 마추카토Mariana Mazzucato(《가치의 모든 것》의 저자)

마키아벨리적 관점에 관해 브레흐만의 저서보다 강력하고 세심한 문서를 갖춘 응답은 없다. 인간 본성에 대한 재평가는 실제 증거에 충실하고 마음을 고양시켜준다.
─세라 블래퍼 허디Sarah Blaffer Hrdy(《어머니의 탄생》의 저자)

뤼트허르 브레흐만의 책은 비관주의의 시대에 낙관적인 시선을 갖게 한다. 이 책은 독보적이며 훌륭하다. ─매트 헤이그Matt Haig(소설가, 《미드나잇 라이브러리Midnight Library》의 저자)

더 정치적이고 급진적인 말콤 글래드웰! 경제학자와 역사가들에게 충격을 안겨줄 유토피아적 비전을 담았다. ─《뉴욕타임스》

네덜란드의 역사가가 수천 년의 증거를 들이대며 회의주의자들을 향해 경고를 던진다.
─《워싱턴포스트》

2020년의 《사피엔스》. 브레흐만은 마치 글래드웰처럼 학술연구 가운데 보석 같은 일화들을 찾아내는 재능을 지녔으나, 인간이 '친절하고 평화롭고 건강하다'는 중심 논지를 절대 놓치지 않는다. ─《가디언》

지적 도발을 담은 걸작! 스릴 넘치는 읽을거리. ─《더타임스》

브레흐만은 지금 미래를 위한 빅픽처를 그리고 있다. 대담하고 진지한 이 책에는 우리의 더 나은 본성에 대한 일관되고 즐거운 헌사가 담겨 있다. —《옵저버》

브레흐만은 이 책에서 우리가 생각처럼 이기적인 종이 아니며 문명은 시험에 들자마자 깨어질 얇은 껍데기가 아님을 보여준다. 인간이 선하다는 사실을 믿는 새로운 '현실주의'가 필요한 때다. —《포브스》

"친절한 행위는 전염된다." 인류에 대한 새로운 사고방식을 주장하는 책. —《타임》

위기의 시대에 우리는 우리가 누구인지에 대해 많은 것을 배우게 된다. 그는 전 세계적 물결을 일으키는 작가이자 역사가이다. —BBC

인류 역사에 대한 신선하고 새롭고 매력적인 관점을 제시하며, 사회와 종으로서 나아갈 수 있는 로드맵을 제공한다. 사실을 입증하는 역사적 기록을 통해 오늘날 우리에게 반드시 필요한 정신을 고양해주는 책이다. —CNN

인간 행동에 대한 선입견에 도전하는 책. 이 역사가는 네덜란드의 셜록 홈스처럼 심리학 연구의 신성한 제물을 맹렬히 자극하면서 스릴러의 숨 막히는 속도로 반론을 전개한다.
—《인디펜던트》

지적이고 희망적인 연대기. 불확실한 시기에 위안을 찾는 독자라면 이 책을 만나라.
—《퍼블리셔스 위클리》

세련된 비관주의의 세상에 이 책은 신선한 변화를 촉구한다. 21세기의 독자들에게는 예언자, 특히 낙관적인 예언자가 필요하다. —《이코노미스트》

이것이 바로 우리가 지금 당장 필요로 하는 책이다. 흥미롭고 고무적이다. —《텔레그래프》

브레흐만의 주장은 단순하지만 급진적이다. —《USA투데이》

휴먼카인드

일러두기

- 이 책의 원제는《DE MEESTE MENSEN DEUGEN》이며, 이 책은 영문판《Humankind》를 한국어로 옮겼다.
- 이 책은 국립국어원의 표준어규정 및 외래어 표기법을 따랐으나 일부 인명, 지명 등은 실제 발음을 따랐다.
- 독자의 이해를 돕기 위한 옮긴이의 주석은 본문 내 괄호 안에 '─옮긴이'로 표기했다.
- 이 책에 언급된 도서 중 국내 번역 출간된 경우 한국어판 제목만 표기하고, 국내 미출간 도서의 경우에는 원서 제목을 병기했다.

휴먼카인드

감춰진 인간 본성에서 찾은 희망의 연대기

뤼트허르 브레흐만 지음 | 조현욱 옮김

HUMANKIND

A Hopeful History

INFLUENTIAL
인 플 루 엔 셜

휴먼카인드, 인류 역사 톺아보기

최재천

이화여자대학교 에코과학부 석좌교수, 생명다양성재단 대표

이 책의 저자 뤼트허르 브레흐만은 스스로 거침없이 "이 책은 급진적인 아이디어를 담고 있다"고 말한다. 인류 역사에서 경쟁보다 협력과 연대가 더 중요했다고? 영원히 끝이 나지 않을 것처럼 보이던 성선설-성악설 논쟁을 이렇게 단칼에 끝내 버리다니? 20세기를 거치며 거의 모든 학문 분야가 앞다퉈 끌어안은 홉스를 버리고 '철 지난' 루소를 지지하다니? 그는 여기서 멈추지 않는다. 한 발짝 더 나아가 인간의 본성이 선하다는 사실은 역사가 증명하며 보다 나은 미래를 설계해줄 유일한 수단이라고 단언한다.

무례할 만치 대담한 그의 자신감은 두대체 어디서 나오는 것일까? 그는 그동안 우리가 아무 의심 없이 배우고 믿어왔던 많은 설명, 실험, 개념, 이론 등을 여지없이 뒤엎어버린다. 그의 연구 전략은 한마디로 '문헌 톺아보기'다. 그는 언제나 최초의 문헌이나 실험 기록을 찾아 나선다. 그의 톺아보기로 우

리는 그동안 우리 역사에 얼마나 어처구니없는 오해와 곡해가 많았는지 알게 된다. 이스터섬에 얽힌 수수께끼의 본질을 풀어헤치는 과정은 역사 탐구의 진수를 보여준다.

다만 진화론에 대한 그의 평가는 다소 섭섭하다. 《이기적 유전자》로 대표되는 진화론적 인간 본성은 언뜻 우울해 보이지만 조금만 더 톺아보면 절대로 경쟁 만능에 그치지 않는다. '생존 투쟁struggle for existence'을 전면에 내세웠지만 찰스 다윈도 깊이 읽어보면 자연 선택의 메커니즘으로 오로지 경쟁만 강조하지 않는다. 《인간의 유래》(1871)에 이르면 더욱 확연해지지만 이미 《종의 기원》(1859)에서도 경쟁 못지않게 협력의 중요성이 곳곳에서 읽힌다. 침팬지의 육식 행동을 처음으로 관찰해 세상을 놀라게 한 제인 구달도 그의 저서 《인간의 그늘에서》를 통해 연대와 희망을 얘기한다. 진화생물학과 생태학은 생물이란 모름지기 협력하는 존재임을 더 이상 의심하지 않는다.

브레흐만은 자본주의 체제에 공산주의적 요소가 가득 차 있음을 관찰해냈다. 인류학에서 말하는 '일상적 공산주의everyday communism'가 저변에 깔려 있다는 것이다. 우리는 식탁 건너편에 있는 소금을 가지러 일어서지 않는다. 그저 "소금 좀 건네주세요"라고 말하면 누구든 아무런 대가를 바라지 않고 소금을 건네준다. 이 책과 함께 읽으면 좋을 책으로 스티븐 핑커의 《우리 본성의 선한 천사》를 천거한다. 저자도 동의하리라 믿는다. 아침 신문을 읽거나 저녁 뉴스를 시청하노라면 우리 사회는 당장이라도 붕괴할 듯 보인다. 그러나 코로나19로 인해 모두에게 생애 최악의 해였던 2020년 '사랑의 열매'

모금액이 8462억으로 역대 최다 기록을 경신했다. 마키아벨리는 "인간은 필요하지 않으면 절대 선행을 행하지 않는다"고 했지만 인간 본성에는 선한 내재적 동기가 존재한다.

　지금 시판되고 있는 《이기적 유전자》 띠지에는 다음과 같은 내 추천의 말이 걸려 있다. "한 권의 책 때문에 인생관이 하루아침에 뒤바뀌는 경험을 한 적이 있는가? 내게는 《이기적 유전자》가 바로 그런 책이다." 브레흐만에게 한 친구가 《휴먼카인드》를 쓰며 인생관이 바뀌었는지 물었다고 한다. 그의 대답은 '그렇다'이다. 《이기적 유전자》를 읽으며 학문에 입문한 나는 훗날 《손잡지 않고 살아남은 생명은 없다》를 집필한다. 내게 《휴먼카인드》는 《이기적 유전자》에서 《손잡지 않고 살아남은 생명은 없다》로 이어주는 완벽한 길잡이다. 역사를 공부하는 목적은 역사를 되풀이하지 않기 위함이다. 이 책을 읽고 우리 모두 보다 따뜻한 사람들로 거듭나 보다 훈훈한 세상을 함께 만들어가면 좋겠다.

희망으로 호모 사피엔스의 역사를 다시 쓰다

정재승

신경과학자, KAIST 바이오 및 뇌공학과 교수

책이 더없이 유익한 것은 '읽고 난 후에 세상이 달리 보이는' 놀라운 경험을 제공하기 때문이다. 훌륭한 책일수록 인간과 사회를 바라보는 인식의 틀을 넓히고 우리 삶을 다시 들여다보게 만든다. 그런 관점에서 《휴먼카인드》는 훔치고 싶을 정도로 매력적인 책이다. 인간의 본성을 바라보는 시야를 확장하고, 그동안 가지고 있던 모든 통념들을 재고하게 만들며, 뒤통수를 얻어맞은 것 같은 통찰의 죽비를 날린다. 이 책을 읽고 나면 이 책을 집어 들기 전으로 다시 돌아갈 수 없다. 우리 주위의 타인들이, 뉴스에서 쏟아지는 사건 사고들이, 역사서들을 가득 메운 기록들이 달리 보인다.

인간의 본성은 과연 이기적이고 폭력적인가?

우리에게 인지되는 일반적인 통념 속 인간은 '호모 이코노미쿠스Homo

economicus'라고 간주할 만큼 이기적이고, 자신의 이익을 최대화하려고 항상 애쓰며, 본인의 생존과 안녕을 가장 중요한 판단기준으로 삼고, 내 유전자를 다음 세대에 전하기 위해 오로지 몰두한다. 더불어 인간은 종종 천성이 폭력적이라고 간주된다. 사회화와 교육으로 그 본성을 누그러뜨릴 수 있다고 믿더라도, 잔인한 폭력성은 본질적으로 거세될 수 없어서 상황에 따라 늑대처럼 슬며시 고개를 내밀 수 있다고 여긴다. 잔인하게 아이를 죽이고 무자비하게 약자들을 살해하고 대규모 전쟁에서 선량한 시민들을 약탈한 사건들을 접할 때면, 여지없이 누구나 인간 본성의 심연에 소름 끼치도록 교묘히 잠재해 있는 폭력성을 직감한다.

그런데 뤼트허르 브레흐만은 이 책에서 '우리는 사실 그렇지 않다'고 주장한다. 단순하게 말하자면, 그는 성악설보다 성선설을 지지한다. 종교적인 신념으로 그렇게 믿는다거나 철학적인 사고를 통해 그런 결론에 도달한 것이 아니라, 정교한 과학적 고찰을 통해 인간 본성에 관한 낙관적인 세계관에 도달한다. 이 책은 그 여정의 탐험기다.

아니, 세상에 숱하게 널린 잔혹한 사건들, 인간의 폭력적 심연을 들여다본 무수한 문학작품들, 사악한 본성을 폭로했던 수많은 과학 실험들이 존재하는데, 인간의 사악한 본성을 아직 믿지 않는다고? 이 책에서 브레흐만은 흥분한 우리들을 앉혀놓고 하나씩 섬세하게 따져보자고 말한다. 우리는 윌리엄 골딩의 《파리대왕》을 읽으며 '아이들이 무인도에 표류한다면 정말로 저렇게 행동을 했을 거야'라고 고개를 끄덕였지만, 역사적으로 실제로 무인도에 남겨졌던 아이들의 행동기록을 보면, 그들은 소설처럼 행동하지 않았다.

극한 상황에서 야만인으로 전락해 서로 죽이고 고문하며 전쟁 놀음에 몰두했던 소설 속 인물들과는 달리, 그들은 서로 협력하고 이타적인 행동을 주고받았다.

가장 끔찍한 재난 상황 중 하나였던 타이타닉호가 1912년 4월 침몰했을 때도 승객들은 약자를 먼저 배려하고 질서정연하게 함께 대피하고 처연하게 죽음을 맞았다. 100여 년이 지난 2014년 4월, 진도 인근에서 침몰한 세월호에서 300여 명의 우리 희생자들이 그랬던 것처럼.

그렇다면 인간의 추악한 폭력적 본성이 상황에 따라 언제든 뛰쳐나올 수 있다는 것을 보여준 필립 짐바르도의 '스탠퍼드 교도소 실험'(루시퍼 이펙트)이나 스탠리 밀그램의 '전기충격 실험' 같은 과학적인 실험이나 도시 한복판에서 누구에게도 도움을 받지 못한 채 끔찍하게 살해당한 키티 제노비스의 사건(방관자 효과)은 어떻게 설명할 수 있을까? 이 책은 인간 내부에 존재하는 악의 근원을 드러냈던 그 끔찍한 설정의 실험들과 사건들을 다시 환기한다. 그 과정에서 때론 실험자가 부정적인 결과를 유도하기도 하고 교묘히 조작하기도 했던 순간들을 상기시킨다. 이들 연구에 관해 널리 알려진 정보들이 사실은 다소 왜곡되거나 과장되기도 했으며, 후대 과학자들이 재현해보려했으나 제대로 되지 않은 경우들도 까발린다. '어쩌면 우리는 이런 실험들을 통해 믿고 싶은 것만 검증받고 싶었던 건 아니었을까?'라고 되묻는다.

무엇이 우리를 잔인하게 만들었는가?

나아가 이 책은 좀 더 중요한 질문을 연이어 던진다. 그럼에도 불구하고 여전히 세상에는 잔인하고 폭력적인 사건들로 넘쳐나지 않느냐고 말이다. 인간의 폭력적 본성 말고 이걸 어떻게 설명할 수 있을까? 인간의 본성이 선하다면, 왜 테러와 전쟁이 끊이지 않으며, 폭력과 강간, 살인 사건들이 날마다 발생하는가?

저자는 언론이 쏟아내는 뉴스가 그것을 과장하고 있다고 주장한다. 무수한 평화로운 순간들은 외면하고 예외적인 사건들을 집중보도한다는 것이다. 마치 세상이 폭력으로 넘쳐나는 것처럼 인식하게 만들고, 대부분의 일상에 자리한 배려와 친절의 관계들을 지나치게 만든다는 것이다. 더 나아가, 그처럼 잔인하고 폭력적인 뉴스들이 미디어를 융단폭격하게 되면 인간들은 자연스레 그에 영향을 받아 타인을 의심하고 이기적으로 행동하며 폭력적으로 반응하게 된다. 이른바 노시보 효과에 의한 '잔혹한 세계 증후군'을 우리 모두가 앓고 있다는 것이다.

매우 예외적인 현상들을 담은 사건들이 하루 종일 텔레비전과 인터넷으로 무지막지하게 공유되고 있는 상황에서, 과연 우리는 어떤 세계관을 가지게 될 것인가? 많은 통계적 수치는 세상이 점점 나아지고 있다는 걸 보여주는데도, 사람들의 세상에 대한 인식은 오히려 그 반대다. 우리의 인식은 정확한가? 우리의 본성을 제대로 파악하고 있는가? 이런 환경이 우리를 좀 더 부정적인 행동으로 이끌고 있는 건 아닐까? 이 책은 우리에게 이런 화두를 던진다.

저자도 인간은 선한 본성만 가진 존재라고 여기진 않는다. 그의 말처럼, 인간은 더없이 복잡한 존재다. 하지만 이런 부정적인 세계관, 믿음, 정보, 뉴스가 가득한 곳에서 맨정신으로 있으면서 인간의 선한 본성을 믿기는 버겁다. 이런 맥락에서 이 책은 오랫동안 지성사를 이끌었던 '인간은 이기적인 동물이다'라는 세계관이 우리 사회를 지난 수백 년 동안 어떤 방향으로 이끌었는지를 다시금 생각해보게 만든다.

왜 우리는 뉴스를 통해 인간과 사회를 부정적으로 판단하는가?

많은 나라들이 대부분의 사회구성원들을 이기적인 존재라고 간주한다. 그들은 인간이 자신의 이익을 지나치게 추종하며 그에 따라 행동한다는 가정 하에 법과 제도, 규칙을 만들었다. 심지어 그 제도와 규칙마저도 그것을 악용하는 사람들이 항상 존재한다고 간주해 디자인돼 있다. 자본주의만 보더라도 그렇지 않은가! 인간이 자신의 욕구를 이기적으로 채우려는 동기를 기반으로 전 세계의 경제 시스템은 오늘도 작동한다.

이런 사회에서, 사건 사고들로 가득 찬 뉴스는 우리의 확증편향을 더욱 부추긴다. 그렇지 않아도 원래 우리 뇌는 부정적인 사건에 좀 더 민감하게 반응하도록 설계되어 있다. 이른바 '부정편향'이라는 인지적 오류로 인해 비관적인 인간관은 더욱 강화된다. 여기에 덧붙여, 주어진 정보의 대부분이 부정적인 뉴스인 사회에서 가용 가능한 정보들은 대부분 부정적이다 보니 더욱 영향을 받을 수밖에 없다. 이른바 '가용성 편향' 때문에 말이다. 그러니 그렇게 사고할 수밖에.

여기에 냉소주의까지 더해져 낙관적인 전망은 순진한 세계관으로 조롱당하기 십상이다. 생각이 무디고 순진해빠졌다는 조롱을 이겨내고 낙관적인 세계관을 피력하기에는 우리 사회는 비웃음과 냉소로 지나치게 가득 차 있다. 체제와 권력의 입장에서도 사회구성원들을 강력히 통제하려면 인간의 선한 면을 강조할 이유는 없다. 법 없이도 살 것 같은 인간들로 이루어진 사회에 법과 권력이 비집고 들어갈 틈은 없으니 말이다.

그렇다면 선한 사회를 위해 삶의 맥락을 어떻게 바꾸어야 하는가?

왜 호모 사피엔스만이 결국 살아남았는가? 유발 하라리의 《사피엔스》이래 이 질문은 학계를 넘어 우리 사회의 중요한 논쟁거리가 되었다. '존재하지 않는 것을 상상할 수 있는 능력을 통해 대규모 협력을 이끌어내어 결국 인간이 승자가 되었다'는 유발 하라리의 주장과는 달리, 저자는 서로 따라하면서 빠르게 학습했던 호모 사피엔스의 '모방을 통한 사회적 학습능력'을 가장 중요한 승자 요인으로 손꼽았다. 다른 동물들보다 압도적으로 뛰어난 인간의 사회적 학습능력은 대규모 집단으로 살면서 서로 협력하고 모방하면서 빠르게 공동학습을 가능하게 만들었다는 것이다. 서로 가르쳐주고 서로 모방을 허용함으로써 집단이 함께 더 똑똑해졌다는 주장이다. 모두가 이기적이었다면 불가능한 결과다. 이렇게 인간 사회의 탄생이 이기성에 기반하지 않고 이타성에 기반했기 때문에 지구의 승자가 되었다는 것이 그의 생각이다.

폭력이 인간 본성이라고 오랫동안 믿어온 사람들에게 이 책은 폭력은 오히려 '후천적인 학습의 결과물'이라는 충격적인 주장을 편다. 우리는 내 안의 선한 본성을 언론이 쏟아내는 뉴스, 심지어 교육과 사회화 과정을 통해 오히려 의심하게 됐고, 이런 '후천적인 반사회화'가 우리를 점점 더 괴물로 만든다는 것이다. 다시 말해, 이 책은 '우리 인간은 본질적으로 사악한가, 아니면 맥락적으로 사악한가?'라고 질문을 던진다. 사회심리학자가 말하는 것처럼 폭력성이 사회적 맥락에 의해서 발현되는 것이라면, 이 책은 평화로운 사회를 위해 적절한 환경을 형성하기 위해 노력하고 있는지 되묻고 있다.

브레흐만은 우정과 친절, 협력과 연민이 얼마든지 전염될 수 있다고 역설한다. 그것이 이 책이 우리에게 던지는 가장 강력한 메시지다. 우리가 본성으로 가진 선함을 믿고, 예외적인 사건을 과장하는 뉴스에 휘둘리지 않으며, 타인에 대한 이해와 연민을 구체적으로 실천할 때, 더 나은 휴먼카인드가 된다고 주장한다.

왜 이 책은 그토록 매력적인가?

인간 본성은 더없이 복잡하며 아직 진실은 알 수 없기에 뤼트허르 브레흐만의 주장은 논쟁적이지만, 매우 독창적인 관점이며 인간 본성을 다시 처음부터 재고해보게 만든다는 점에서 이 책은 우리 사회가 반드시 읽어야 할 책이다. 그저 낙관적인 희망의 메시지를 전해서가 아니라, 우리 사회를 좀 더 선한 사회로 만들기 위한 구체적인 증거들을 논의할 수 있게 해준다는 점에서 각별히 유익하다. 인간은 본성에 의해 이미 결정된 존재가 아니라, 서로 이해하고 협력하며 학습하는 존재이니까. 도발적이며 충격적인 이 책의 주장은 차별과 혐오, 이기심과 불평등, 편견과 폭력을 넘어 우리 사회를 더 나은 세계로 변화시키는 데 중요한 초석이 될 것이다.

첨언하자면, 현대 지성사에서 '지나친 낙관주의'는 격렬한 논쟁을 불러일으키며 오랫동안 비판받아 왔다. 한스 로슬링과 올라 로슬링이 쓴《팩트풀니스》나 스티븐 핑커가 쓴《우리 본성의 선한 천사》 등이 주장하듯이, 기후변화가 회복 불가능한 수준으로 진행되고 불평등과 양극화가 돌이킬 희망이 안 보일 정도로 심각하며 테러와 전쟁이 동반된 전 지구적 갈등이 끊이지 않는 상황에서 몇몇 지표만으로 지나친 낙관주의를 설파하는 것은 경계해야 한다는 목소리도 높다.

뤼트허르 브레흐만도 이를 의식한 듯, 스티븐 핑커와는 거리두기를 하면서도 낙관적인 인간관에 대한 신념은 굽히지 않고 있다. 오히려 그는 낙관적인 세계를 이끌 희망의 단초가 우리 본성 안에 존재한다는 사실을 일깨워주기 위해 애쓰는 것처럼 보인다. 판단은 여전히 독자들의 몫이기에, 이 책을 포함해 폭넓은 독서를 통해 자신만의 인간관을 만들어보길 권한다.

보다 선한 인간으로 성장할 용기를 얻다

이 책의 제목은 남성이 인간을 대표하지 않도록 'mankind' 대신 'humankind'라는 단어를 사용함으로써 남성과 여성을 모두 포괄하고 있지만, '휴먼카인드'는 '인간은 친절하다'Human is kind. 라는 이 책의 메시지를 정확하게 내포한다.

이 책의 미덕은 다 읽고 나면 우리를 한층 더 친절한 인간으로 변모하게

14

만든다는 데 있다. 타인을 바라보는 관점도 훨씬 덜 적대적이게 만들며, 의심과 냉소의 시선을 다소나마 거두게 이끈다. 인간 본성의 선한 자아를 과학적으로 냉철하게 바라보게 해주는 이 책에서 혐오와 적개심이 난무하는 우리 사회를 헤쳐 나갈, 작지 않은 희망을 발견하길 바란다.

차례

인간에게 자신의 현재 모습이 어떠한지 알려준다면 인간은 지금보다 더 나

은 존재가 될 것이다.

— **안톤 체호프** Anton Chekhov(1860~1904)

프롤로그

인류 보편의 속성

───── 제2차 세계대전 발발 직전 영국군 사령관은 실존적 위협에 직면해 있었다. 런던이 심각한 위험에 처해 있었던 탓이다. 윈스턴 처칠의 말에 따르면 이 도시는 "세계에서 가장 큰 표적이자 엄청나게 뚱뚱한 암소, 맹수들을 끌어들이기 위해 묶여 있는 귀중하고 살찐 암소"였다.¹ 물론 여기서 맹수란 아돌프 히틀러와 그의 전쟁 기계를 말한다. 만일 영국인들이 독일 폭격기에 대한 두려움에 무너진다면 이 나라는 끝장나게 될 것이다. 한 영국군 장군은 "교통은 마비되고 노숙자들은 도와달라고 비명을 지를 것이며, 런던은 대혼란에 빠질 것이다"²라며 두려워했다.

수백만 명의 민간인이 압박감에 굴복할 것이며, 군대는 히스테리에 빠진 대중들로 인해 손쓸 틈이 없어 공격조차 시도하지 못할 것이다. 처칠의 예상에 따르면 최소 300만 명에서 400만 명의 런던 시민이 도시에서 탈출할 것이었다. 이때 날뛰게 될 모든 악에 대해 깊이 공부하고 싶은 사람은 당시 가장 뛰어난 학자였던 프랑스의 귀스타브 르봉Gustave Le Bon의 《군중 심리학Psychologie des foules》이라는 책을 읽으면 된다. 이 책은 히틀러

뿐만 아니라 무솔리니, 스탈린, 처칠, 루스벨트 대통령 등이 정독하기도 했다.《군중 심리학》은 사람들이 위기에 대처하는 방법을 스포츠 실황 중계하듯이 보여주고 있다. 르봉의 서술에 따르면 "인간의 문명은 한순간에 여러 단계 아래로 퇴화한다."[3] 공황과 폭력이 분출하고 인간은 진정한 본성을 드러낸다.

1939년 10월 19일 히틀러는 휘하 장군들에게 독일의 공격 계획을 설명했다. "독일 공군은 어떤 순간에도 영국인의 저항 의지를 가차없이 공격할 수 있으며, 실제로 그렇게 할 것이다."[4]

영국에서는 시계가 불길하게 째깍거리는 것을 모든 사람이 느끼고 있었다. 당국은 런던 지하에 그물망처럼 방공호를 건설하는 최후의 계획을 검토했지만 결국 포기했다. 공포에 마비된 시민들이 다시는 방공호 밖으로 나오지 않을 것이라는 우려 때문이었다. 마지막 순간에 물밀듯이 밀려들 희생자들을 맞이하기 위해 몇몇 정신과 야전병원이 교외에 설치되었다.

드디어 1940년 9월 7일 348대의 독일 폭격기가 영국 해협을 횡단했다. 날씨가 매우 좋았던 탓에 수많은 런던 시민이 야외에 나와 있었다. 오후 4시 43분 사이렌이 울리자 모두의 시선이 하늘로 향했다. 9월의 그날은 '검은 토요일Black Saturday'로 역사에 기록될 것이며, 이후 '영국 대공습the Blitz'으로 불릴 것이다. 9개월에 걸쳐 런던 지역에만 8만 개 이상의 폭탄이 투하된다. 지역 전체가 쓸려나가게 되는데 수도에 있는 100만 채의 건물이 파손되거나 파괴되었으며, 영국인 4만 명 이상이 목숨을 잃었다. 영국인들은 어떻게 반응했을까? 나라가 몇 개월 동안 계속 폭격을 받으면 과연 무슨 일이 일어날까? 사람들이 히스테리를 일으키게 될까? 짐승처럼 행동하게 될까?

캐나다의 한 정신분석학자가 직접 목격하고 설명한 이야기부터 살펴보자. 1940년 10월 존 맥커디$^{John\ MacCurdy}$ 박사는 자동차를 운전해 런던 남동부를 지나갔다. 특히 심각한 타격을 입은 빈곤 지역의 주민들을 방문하기 위해서였다. 남아 있는 것이라고는 곳곳의 폭탄 터진 자리와 무너진 건물의 잔해뿐이었다. 세상에 아수라장이 있다면 바로 이곳이지 않을까. 박사는 공습경보가 울린 직후부터 일어난 일들에 대해 과연 무엇을 발견했을까? "도로에서는 어린 소년들이 여전히 놀고 있었고, 쇼핑객들은 값을 흥정하느라 실랑이를 하고 있었다. 경찰 한 명이 당당하고도 지루한 모습으로 교통정리를 하고 있었으며, 자전거를 타는 사람들은 죽음과 교통법규에 맞서고 있었다. 아무도, 내 눈에 보이는 어느 누구도 하늘 한 번 쳐다보지 않았다."⁵

사실 대공습에 대한 모든 설명에 공통점이 있다면 그 몇 개월 동안 런던 사람들이 기이하게 평온한 삶을 이어가고 있었다는 사실이다. 한 미국인 기자가 주방에서 영국인 부부를 인터뷰한 내용에 따르면 그들은 창틀 유리가 덜컹거리는 동안에도 차를 홀짝이고 있었다. 그들은 "두렵지 않았을까?"라는 기자 질문에 "전혀"라는 대답이 돌아왔다. "두려워한들 무슨 소용이 있겠어요?"⁶ 히틀러는 윗입술을 꾹 다무는 영국인의 전형적인 기질을 잊은 것이 분명하다. 이 씁쓸한 유머는 어느 상점 주인이 상점 앞에 걸어놓은 부서진 간판으로 설명할 수 있다. "평소보다 더욱 열려 있음." 또 어느 선술집은 폐허의 한가운데에서 말장난 광고를 하기도 했다. "우리의 창문은 사라졌지만 우리의 독한 술 스피릿SPIRIT은 뛰어납니다. 들어와서 한번 맛보세요."("우리의 용기는 뛰어나다. 얼마든지 덤벼라." SPIRIT에 용기, 독주라는 두 가지 뜻이 있음을 이용한 말장난이다. 원문은 "OUR WINDOWS ARE GONE, BUT OUR SPIRITS ARE EXCELLENT. COME IN AND TRY THEM" – 옮긴이).[7]

영국은 마치 기차의 연착을 참아내듯 이 독일의 공습을 견뎌냈다. 짜증 나기는 해도 전체적으로 참지 못할 정도는 아니었다. 실제로 철도는 대공습 기간에도 계속 운행되었고, 히틀러의 전술은 내수 경제에 거의 흠집을 내지 못했다. 오히려 영국의 군수품 수급에 훨씬 더 큰 손해를 끼친 것은 1941년 4월의 부활절 월요일이었는데, 당시 모두가 휴가를 냈기 때문이다.[8]

독일군이 폭격작전을 개시한 지 몇 주 지나지 않아 "오늘 밤에는 폭탄이 많이 떨어지겠다"[9]는 등의 관련 뉴스가 일기예보와 같이 보도되었다. 어느 미국인 목격자에 따르면 "영국인들은 다른 어떤 일보다 훨씬 더 빨리 심드렁해졌다. 그리고 폭격을 피해 몸을 급하게 숨기는 사람도 이제는 찾아볼 수 없었다."[10] 그렇다면 정신적 황폐화 문제는 어떨까? 전문가들이 우려한 대로 수백만 명이 정신적 충격의 피해자가 되었을까? 매우 이상한 일이지만 그런 환자는 어디에서도 찾아볼 수 없었다. 슬픔과 분노가 있었던 것은 분명하다. 사랑하는 이를 잃은 사람들은 끔찍한 슬픔을 겪었다. 하지만 정신병동은 텅 비어 있었다. 뿐만 아니라 대중의 정신건강이 실제로 향상되었다. 알코올중독이 줄어들었고, 자살하는 사람도 평상시보다 적었다. 그리고 전쟁이 끝나자 많은 영국인들이 대공습 시절을 그리워하곤 했다. 그 당시 모든 사람이 서로를 도왔으며, 아무도 정치적 입장이나 빈부 여부에 상관하지 않았다.[11]

이후 영국의 한 역사학자는 다음과 같이 기록했다. "영국 사회는 많은 면에서 대공습으로 인해 강해졌다. 히틀러는 환상에서 벗어날 수밖에 없었다."[12]

저명한 대중심리학자 귀스타브 르봉이 제시한 이론은 현실에서 검증한 결과 형편없이 빗나간 것으로 확인되었다. 위기는 사람들의 가장 나쁜 면이 아니라 가장 좋은 면을 부각시켰다. 어쨌든 영국인들은 문명의 사다리에서 좀 더 높은 곳으로 올라갔다. 어느 미국 기자는 자신의 일기장에 "악몽과도 같은 조건 속에서 보통 사람들이 보여준 용기와 유머, 친절함은 계속해서 놀라움을 안겨준다"라고 적었다.[13]

독일의 폭격이 이처럼 예상외로 긍정적인 효과를 가져오자 영국 내에서 전략에 대한 논쟁이 치열해졌다. 영국 공군에서는 적국에 대항해 제트 폭격기 편대를 배치할 준비를 하면서 어떻게 하면 가장 효과적으로 작전을 수행할 것인가 하는 문제가 대두되었다. 이상하게도 영국의 군사 전문가들은 폭격이 국가의 사기를 꺾을 수 있다는 생각을 여전히 신봉했다. 그 반대의 증거가 있는데도 말이다. 폭탄은 영국인들에게 영향을 미치지 못했지만 이는 특별한 사례라는 것이다. 세계 어느 나라 국민도 영국인들의 침착함과 강인함을 따를 수 없었을 것이다. 독일인은 확실히 기본적인 "도덕적 강단이 없"는 탓에 영국인이 견딘 "폭격의 4분의 1도 감당하지 못할" 것이라는 생각이었다.[14]

이 같은 견해를 지지한 사람 중에는 처칠의 가까운 측근인 프레더릭 린데만Frederick Lindemann이 있었는데, 그는 처웰Cherwell 경으로도 알려져 있다. 그가 등장하는 희귀한 사진을 보면 (꼭대기가 둥글고 높은) 중산모를 쓰고 지팡이를 든 키 큰 남자가 냉랭한 표정을 짓고 있다.[15] 린데만은 항공 전략에 대한 치열한 논쟁에서 완강한 입장을 취했다. 폭격은 효과적이다. 그는 귀스타브 르봉과 마찬가지로 대중에 대한 비관적 견해를 가지고 그들을 비겁하며 공황에 쉽게 빠지는 무가치한 집단으로 치부했다. 린데만은 자신의 주장을 증명하기 위해 독일의 폭격으로 특히 심각한 피해를 입은 버밍엄과 헐에 정신과 의사들로 구성된 팀을 파견했다. 대공습으로 집을 잃은 수백 명의 남녀와 어린이를 인터뷰하면서 "맥주를 몇 잔이나 마셨는지에서부터 약사에게 아스피린을 몇 알이나 구입했는지에 이르기까지" 가장 사소한 세부사항까지 꼬치꼬치 캐물었다.[16] 몇 개월 뒤 정신과 의사 팀은 린데만에게 보고했다. 결론은 표지에 커다랗게 인쇄되었는데 다음과 같다. "사기 저하의 증거 없음."[17]

프레더릭 린데만은 이처럼 명백히 확인된 사실에 대해 어떤 조치를 취했을까? 그는 그냥 무시해버렸다. 그는 이미 전략적 폭격이 확실한 승리패라고 판단하고 있었고, 단순한 사실만으로는 그의 결정을 바꿀 수 없었다. 결국 그가 처칠에게 보낸 메모에는 완전히 다른 내용이 적혀 있었다.

조사 결과 거주지를 파괴하면 사기에 치명적 영향을 미치는 것으로 나타 났다. 사람들은 친구나 심지어 친척이 죽는 것보다도 집이 파괴되는 것을 더 꺼리는 것 같다. 헐시의 경우 파괴된 주택이 10분의 1에 불과함에도 시 민들의 압박감이 명백하게 드러났다. 이를 기반으로 우리는 독일의 주요 도시 58곳 각각에 최대의 피해를 입힐 수 있다. 폭격이 독일인의 정신을 무너뜨릴 것이라는 데는 의심의 여지가 없어 보인다.[18]

폭격의 효율성에 대한 논쟁은 이렇게 끝을 맺었다. 이 사건은 훗날 어느 역사학자가 표현했듯이 "마녀 사냥의 냄새가 났다."[19] 독일 민간인들을 폭격하는 전술에 반대한 양심적인 과학자들은 비겁자, 심지어는 반역자 라는 비난을 받았다.

한편 폭탄 애호가들은 적들에게 더욱 가혹한 타격을 가할 필요가 있다 고 생각했다. 처칠이 신호를 보내자 독일에 지옥문이 활짝 열렸다. 폭격 이 마침내 끝났을 때 사상자 수는 런던 대공습의 10배가 넘었다. 어느 날 밤 드레스덴에서는 전쟁 기간 동안 런던에서 발생한 사망자 수보다 더 많 은 사람이 목숨을 잃었다. 독일의 도시와 마을 절반 이상이 파괴되었다. 독일은 연기를 피우는 하나의 커다란 잔해 더미로 변했다. 그동안 공장이 나 교량 같은 전략 목표를 실제로 폭격한 연합국 공군부대는 소규모에 불 과했다. 처칠은 전쟁 말기 몇 개월 동안 전쟁에서 승리하는 가장 확실한 방법은 민간인에게 폭탄을 떨어뜨려 국가의 사기를 저하시키는 것이라고 주장했다. 1944년 1월 영국 공군의 비망록은 이 같은 견해를 만족스럽게 밝히고 있다. "폭격을 많이 할수록 효과는 더욱 만족스럽다." 수상은 자신의 유명한 붉은 펜을 이용해 이 단어들에 밑줄을 그었다.[20]

폭격은 의도한 대로 효과가 있었을까? 존경받는 정신과 의사의 목격담으로 건너가보자. 1945년 5월과 6월 사이 프리드리히 판세Friedrich Panse 박사는 집이 파괴된 독일인 100여 명과 인터뷰를 시도했다. 그중 한 명은 "그 후 나는 정말로 활기가 넘쳐 시가에 불을 붙였다"라고 이야기했고, 또 다른 이는 공습 이후의 분위기는 "마치 전쟁에서 방금 승리한 것 같은 희열을 느꼈다"고 답했다.[21] 대중이 히스테리를 일으켰다는 징후는 전혀 찾아볼 수 없었다. 오히려 그 반대였다. 방금 폭격을 당한 지역의 주민들은 안도감을 느꼈다. 판세 박사는 다음과 같이 기록했다. "이웃들이 놀라울 정도로 도움이 되었다. 심각한 정신적 압박감이 오래 지속되었다는 점을 감안하면 전반적으로 놀라울 정도로 절제되고 안정된 태도를 보였다."[22]

독일 국민들을 철저히 감시했던 나치 친위대 소속 정보기관Sicherheitsdienst의 보고 역시 비슷한 내용이었다. 공습 이후 사람들은 무너진 잔해 속에서 희생자들을 끌어내거나 화재를 진압하는 등 서로를 기꺼이 도와주었다. 히틀러 유겐트(나치당의 청소년 조직) 조직원들이 뛰어다니며 집을 잃은 사람들과 부상자들을 돌봐주었다. 어느 식료품 상점 주인은 가게 앞에 "재난 버터Disaster Butter 팝니다!"[23]라는 간판을 걸어놓았다(영국인의 유머가

26

더 낫다는 점은 인정한다).

1945년 5월 독일이 항복한 직후 연합국 경제학자팀은 미국 국방성의 의뢰를 받고 폭격의 효과를 연구하기 위해 패전국을 방문했다. 무엇보다 도 미국인들은 이 전술이 전쟁에서 승리하는 좋은 방법인지 알고 싶어 했다. 과학자들이 찾아낸 내용은 명백했다. 민간인에 대한 폭격은 대실패였다. 사실 폭격 덕분에 독일의 전시경제가 부흥한 것으로 보였고, 그에 따라 전쟁은 장기화되었다. 1940년에서 1944년 사이 독일의 탱크 생산은 9배 증가했으며, 제트전투기 생산은 14배 늘었다. 영국의 어느 경제학자 팀도 같은 결론에 이르렀다.[24] 그들이 조사한 21곳의 파괴된 도시와 마을 의 생산량은 폭격을 당하지 않은 14곳의 비교 그룹보다 더욱 빠르게 증 가했다. 미국의 한 경제학자는 "우리는 전쟁에서 스스로 저지른 아마도 가장 중대한 계산 착오와 마주치고 있었다. 그 사실을 목격하기 시작했다"라고 고백했다.[25]

이 모든 슬픈 이야기에서 나의 관심을 가장 많이 끌었던 사실은 주된 행위자 모두가 같은 덫에 빠졌다는 점이다. 히틀러와 처칠, 루스벨트와 린데만 등 이들 모두는 문명의 수준이 보기보다 얄팍하다는 심리학자 귀 스타브 르봉의 주장을 따랐다. 그들은 공습을 가하면 이런 허약한 외피는 산산조각날 것이라고 확신했다. 하지만 폭격을 가할수록 문명의 껍데기 는 점점 더 두꺼워졌다. 얇은 막이 아니라 굳은살이었던 것 같다.

불행하게도 군사 전문가들은 이해가 느렸다. 이로부터 25년 뒤 미군은 베트남에 제2차 세계대전에서 사용한 총량의 3배에 이르는 폭탄을 떨어뜨리게 된다.[26] 이번에는 전보다 더욱 큰 규모로 실패했다. 증거가 바로 눈앞에 있는데도 우리는 어떻게든 이를 부인해온 것이다. 오늘날까지 많은 사람은 런던 대공습 기간 동안 영국인이 보여준 회복력은 영국인의 특이한 속성 덕분이라고 확신한다. 하지만 이것은 영국인의 특성이 아니라 인류의 보편적 속성이다.

✕

새로운 현실주의
: 인간 본성에 대한 새로운 도전

전쟁과 재난과 같은 위기의 순간, 인간은 어떻게 행동할까? 패닉에 빠져

이기심에 지배당할까? 침착하게 서로를 도우며 연대할까? 인간 본성에

대한 비관적 인식은 현실의 또 다른 덫이 된다.

당신은 어느 행성 사람인가

이 책은 급진적인 아이디어를 담고 있다. 오래전부터 지배자들을 불안하게 만드는 것으로 알려진 발상이다. 종교와 이데올로기가 부인하고, 뉴스 매체가 무시하며, 세계사 연대기에서 지워진 아이디어이며 더불어 과학의 모든 영역에서 정당성을 인정받은 발상이기도 하다. 진화에 의해 증명되고 일상생활에서 확인된 아이디어이다. 인간 본성의 너무나 본질적인 것이라 눈에 띄지 않고 간과되는 발상이다. 우리가 좀 더 진지하게 받아들이기만 한다면 곧바로 혁명을 시작하게 만들 수 있는, 사회를 근본적으로 바꿀 수 있는 아이디어이다. 진정한 그 의미를 파악하게 되면 다시는 세상을 이전과 같은 방식으로 볼 수 없게 만들 것이 확실하다. 그야말로 환각성 마약 같은 것이다. 그렇다면 이 급진적인 아이디어는 도대체 무엇인가? 대부분의 사람들 내심은 매우 고상하다는 것이다.

네덜란드 호로닝헨대학의 사회심리학과 교수인 톰 포스트메스Tom Postmes 보다 이 아이디어를 가장 잘 설명할 수 있는 사람은 없다. 그는 몇 년 동안 학생들에게 같은 질문을 해왔다. 비행기가 비상착륙을 하다가 세 동강이

났다고 가정해보자. 객실이 연기로 가득 차면서 모든 사람은 이곳에서 나가야만 한다는 사실을 실감하게 된다. 이때 무슨 일이 일어나게 될까?

- 행성 A에서 승객들은 옆 좌석을 돌아보며 괜찮은지를 묻는다. 도움이 필요한 사람들은 비행기에서 가장 먼저 빠져나갈 수 있게 도움을 받는다. 심지어 사람들은 전혀 모르는 사람들을 위해 기꺼이 목숨을 바친다.
- 행성 B에서는 모든 사람이 각자 도생해야 한다. 공황 상태에 빠지게 된다. 밀치락달치락 아수라장이 된다. 어린이, 노인, 장애인들은 탈출하려는 사람들에 의해 짓밟힌다.

이제 질문은 다음과 같다. 우리는 어느 쪽 행성에 살고 있는가?

포스트메스 교수는 다음과 같이 말한다. "나는 사람들의 97퍼센트는 우리가 행성 B에 살고 있다고 생각할 것으로 추정하곤 했다. 진실은 거의 모든 경우 우리는 행성 A에 살고 있다는 것이다."[1] 누구에게 묻느냐는 중요하지 않다. 좌익이든 우익이든, 부자든 가난한 사람이든, 교육을 많이 받았든 전혀 받지 못했든 모든 사람이 똑같은 판단의 실수를 범한다. 포스트메스 교수는 "사람들은 모른다. 대학교 학부생이든 대학원생이든, 대부분의 전문 직업인들이나 심지어 응급 구조원들도 마찬가지이다. 그리고 이것은 연구가 부족한 탓이 아니다. 이런 정보는 제2차 세계대전 이래 언제나 우리 앞에 놓여 있었다"고 한탄한다.

심지어 역사상 가장 중대한 재난도 행성 A에서 발생했다. 타이타닉호의 침몰을 예로 들어보자. 영화를 본 사람이라면 아마 모든 사람이 공황 상태에 빠졌다고 생각할 것이다(현악사중주는 예외이다). 사실 대피는 매우 질서정연하게 이루어졌다. 어느 목격자는 "공황이나 히스테리의 징조는 없었다. 두려워서 비명을 지르는 사람도, 우왕좌왕 뛰어다니는 승객도 없었다"고 회상했다.[2] 또한 2001년 9월 11일 일어난 미국 대폭발 테러사건 당시 쌍둥이 빌딩이 불타오를 때 수천 명이 자신의 생명이 위험하다는 것을 알면서도 침착하게 계단을 걸어 내려왔다. 그들은 소방대원이나 부상자가 지나갈 수 있도록 옆으로 길을 비켜주었다. 그리고 실제로 사람들은 "아니에요. 먼저 가세요"라고 말하곤 했다. 어느 생존자는 나중에 "그 순간에도 사람들이 실제로 '아니요, 괜찮아요. 제가 비켜드릴게요'라고 말하고 있다니 나는 믿을 수가 없었다"고 전했다. 불가사의한 일이었다.[3]

인간은 본성 자체가 이기적이고 공격적이며 공황 상태에 쉽게 빠진다는 신화가 지금까지 이어지고 있다. 이는 네덜란드의 동물학자 프란스 드 발Frans de Waal이 '껍데기 이론Veneer theory'이라고 즐겨 부르는 것이다. 문명이란 아주 가벼운 도발에도 갈라져버리는 얄팍한 껍데기 표면에 지나지 않는다는 내용이다.[4] 현실에서는 그 반대가 진실이다. 우리 인간은 위기가 닥칠 때, 즉 폭탄이 떨어지거나 홍수가 났을 때 최선의 모습을 보여준다.

2005년 8월 29일 허리케인 카트리나가 미국 뉴올리언스를 강타했다.

도시를 지켜주어야 할 제방과 홍수 방벽이 제구실을 하지 못했다. 폭풍이 지나간 뒤 이 지역의 주택 80퍼센트가 물에 잠겼고 최소한 1,836명이 목숨을 잃었다. 미국 역사상 가장 큰 자연재해 중 하나였다. 그 주간 내내 도시 전역에서 벌어진 성폭행과 총격 사건으로 신문 지면을 가득 채웠다. 배회하는 폭력배와 약탈, 구조 헬리콥터를 노리는 저격수들에 관한 끔찍한 보도 등이 이어졌다. 도시에서 가장 큰 피난처 역할을 한 슈퍼돔에는 약 2만 5,000명이 전기도 물도 없이 함께 모여 있었다. 기자들은 누군가가 아기 두 명의 목을 칼로 베고, 일곱 살짜리 아이가 강간, 살해당했다고 보도했다.[5]

경찰서장은 도시가 무정부 상태로 빠져들고 있다고 이야기했고, 루이지애나 주지사도 같은 우려를 표명했다. "가장 화가 나는 것은 이런 유형의 재난이 사람들에게서 최악을 끌어내는 일이 잦다는 점이다."[6] 이 결론은 널리 알려졌다. 저명한 역사학자 티머시 가튼 애시Timothy Garton Ash는 영국의 《가디언》에서 많은 사람들이 생각하는 바를 다음과 같이 설명했다. "조직화되고 문명화된 삶의 기본적인 요소들, 다시 말해서 음식, 쉼터, 마실 수 있는 물, 최소한의 개인적 안전이 보장되지 않는다면 우리는 어떻게 될까. 몇 시간 지나지 않아 홉스가 말하는 자연 상태, 만인에 대한 만인의 투쟁으로 되돌아가게 될 것이다. [……] 몇몇 사람은 일시적으로 천사 같은 행동을 하겠지만 대부분은 유인원으로 되돌아갈 것이다." 껍데기 이론이 한창 위력을 발휘하고 있는 것이다. 가튼 애시에 따르면 뉴올리언스 사태는 "인간 본성을 포함해 들끓고 있는 자연의 마그마 위 우리가 깔아

놓은 얇은 지각"에 작은 구멍을 뚫어놓았다.[7]

연구자들이 뉴올리언스에서 실제로 무슨 일이 일어났는지를 밝혀낸 것은 그로부터 몇 개월이 지난 뒤였다. 기자들이 사라지고 넘쳐난 물이 빠지고 칼럼니스트들이 새로운 여론으로 넘어간 시점이었다.

총소리처럼 들린 것은 가스탱크의 안전 밸브가 펑하고 뽑히는 소리였다. 슈퍼돔에서는 여섯 명이 사망했다. 네 명은 자연사였고, 한 명은 약물 과다 복용, 또 한 명은 자살이었다. 경찰서장은 공식적으로 보고된 강간이나 살인은 단 1건도 없었다는 사실을 인정할 수밖에 없었다. 약탈이 있었던 것은 사실이었다. 하지만 살아남기 위해 모인 사람들이 저지른 일이었고, 심지어 경찰과 공모한 사례도 있었다.[8]

델라웨어대학 재난연구센터의 연구에 따르면 재난 속에서 "새로 나타난 행태는 본질적으로 친사회적인 경우가 거의 대부분이었다."[9] 불어나는 물에 갇힌 사람들을 구하기 위해 멀리 텍사스주에서 실제로 함대가 몰려왔다. 민간인 수백 명이 마치 '의적 로빈후드'와 같은 구조대를 조직했다. 11명의 구성원들이 돌아다니며 식량과 의복, 약품을 '획득'한 뒤 필요한 사람들에게 나눠주었다.[10] 한마디로 허리케인 카트리나는 이기심과 무정부 상태를 야기하지 못했다. 오히려 뉴올리언스에서는 용기와 자선이 넘쳐났다.

허리케인은 사람들이 재난에 어떻게 대응하는지에 대한 과학을 확인시켜주었다. 우리가 영화에서 흔히 보는 것과는 달리 델라웨어대학의 재난연구센터는 1963년 이래 700여 건의 현장을 연구한 결과 대혼란은 결코 일어나지 않았다는 결론을 내렸다. 각자 도생은 결코 아니었다. 살인, 강도, 강간 등의 범죄율은 일반적으로 감소하며, 사람들은 충격에 빠지지 않고 침착하게 행동한다. 한 재난연구원은 "약탈의 정도가 어떠하든 상관없이 그 중요성은 광범위한 이타주의와 비교할 때 언제나 작아진다. 이타주의는 물품과 서비스를 공짜로 대량으로 나눠주고 공유하는 행태로 이어진다"라고 지적하기도 했다.[11]

재난은 사람들 내면에서 최선의 것을 이끌어낸다. 사회학적 조사 결과 중에서 확실한 증거가 이렇게 많은데도 이처럼 태연하게 무시당한 경우가 또 있을까? 언론이 우리에게 일관성 있게 보여준 그림은 실제 재난이 발생했을 때 일어나는 일과 정반대이다.

한편 뉴올리언스에서는 이 모든 끊임없는 루머 때문에 사람들이 희생되었다. 응급 구조원들은 치안이 무너진 도시로 뛰어들기를 꺼려 동원이 늦어졌다. 주방위군이 소집되었으며, 작전이 한창일 때는 약 7만 2,000명의 군인이 현장에서 활동했다. 주지사는 "이들 부대는 사살하는 방법을 알고 있다"면서 "나는 그들이 그렇게 할 것으로 기대한다"고 말했다.[12] 그리고 이는 실행되었다. 경찰은 도시 동쪽의 댄지거Danziger 다리에서 무장하지 않은 무고한 흑인 주민 여섯 명을 공격했고, 이로 인해 열일곱 살 소년과 지적장애를 가진 마흔일곱 살의 남성이 사망했다(관련 경찰관 중 다섯 명은 나중에 장기형을 선고받았다).[13]

뉴올리언스에서 일어난 재난은 극단적 사례임에 틀림없다. 하지만 재난 기간 중의 역학은 거의 항상 동일하다. 역경에 처하면 그에 대응해 협력의 물결이 자발적으로 일어나고 당국은 당황해 2차 재난을 일으킨다. 리베카 솔닛Rebecca Solnit은 2009년에 출간한《이 폐허를 응시하라A Paradise Built in Hell》에서 카트리나의 여파에 대해 뛰어난 통찰을 드러낸다. 저자는 다음과 같이 이야기했다. "내가 받은 인상에 따르면 엘리트가 공황에 빠지는 이유는 따로 있다. 권력을 가진 자들이 모두의 인간 본성이 자신과 같다고 생각하는 탓이다."[14] 독재자와 전제군주, 주지사와 장군들은 모두 자신들의 머릿속에만 존재하는 시나리오가 실현되는 것을 막기 위해 너무 자주 무력에 의존한다. 평범한 사람들이 자신들과 똑같이 이기심에 의해 지배를 받는다고 가정하는 탓이다.

플라시보와 노시보

1999년 여름 벨기에의 보넴 마을에 있는 작은 학교에서 어린이 아홉 명이 불가사의한 병에 걸렸다. 등교할 때는 멀쩡했던 아이들이 점심 식사를 한 뒤 모두가 두통, 구토, 두근거림 등의 증상을 보였다. 그 이유를 찾던 선생님들이 의심할 수 있는 것은 하나밖에 없었다. 이들 아홉 명이 쉬는 시간에 마신 코카콜라뿐이었다. 기자들이 그 사실을 눈치채는 데는 오랜 시간이 걸리지 않았다. 코카콜라 본사의 전화벨이 울려대기 시작했다. 바로 그날 저녁 이 회사는 언론에 벨기에의 상점에 있는 콜라 수백만 병을 회수하고 있다는 내용의 보도자료를 배포했다. 코카콜라 측은 "우리는 열심히 원인을 찾고 있으며 앞으로 며칠 내에 확실한 해답을 찾기를 희망한다"고 발표했다.[15]

하지만 때는 이미 늦었다. 증상은 벨기에 전역으로 퍼져 국경을 넘어 프랑스로 번져나갔다. 얼굴이 창백하고 사지를 흐느적거리는 아이들이 급히 구급차에 실려갔다. 며칠 만에 코카콜라의 모든 제품에 의혹이 확산되었다. 환타, 스프라이트, 네스티, 아쿠아리스…… 등 모두 어린이에게 위험해 보였다. '코카콜라 사건'은 이 회사의 107년 역사상 최악의 재정적 타격을 입혔다. 벨기에에서 1,700만 상자의 탄산음료를 회수하고 창고에 보관 중이던 재고를 폐기해야 했다.[16] 비용은 2억 달러 이상이었다.[17]

그 무렵 이상한 일이 일어났다. 몇 주 지나지 않아 독물학자들이 보고서를 발표했다. 코카콜라 캔을 검사한 결과 무엇을 찾아냈을까? 살충제 제로. 병원균 제로. 독성 금속 제로. 신께 맹세코 아무것도 없었다. 수백 명의 환자 소변과 혈액 표본 검사 결과는 어땠을까? 제로였다. 과학자들은 그 무렵 1,000명 이상의 어린이에게서 나타난 것으로 확인된 심각한 증상에 대해서 단 하나의 화학적 원인도 찾아낼 수 없었다. 한 연구자의 말에 따르면 "아이들은 의심의 여지없이 정말로 아팠다. 하지만 코카콜라를 마셨기 때문은 아니었다."[18]

코카콜라 사건은 오래된 철학적 질문을 던진다. 진실이란 무엇일까? 당신이 그것을 믿든 믿지 않든 어떤 것은 진실이다. 물은 100도에서 끓는다.

흡연은 건강을 해친다. 케네디 대통령은 1963년 11월 22일 댈러스에서 암살당했다. 또 다른 것들은 당신이 그것을 믿는다면 진실이 될 가능성이 있다. 우리의 믿음은 사회학자들이 일컫는 '자기충족적 예언'이 된다. 만약 당신이 은행이 파산할 것이라 예측하고 많은 사람에게 계좌를 해지하도록 설득한다면 해당 은행은 파산할 것이 분명하다.

혹은 플라시보placebo 효과를 예로 들어보자. 의사가 당신에게 가짜 약을 주면서 이 약을 먹으면 병이 나을 것이라고 이야기한다면 당신은 '정말로' 상태가 좋아질 가능성이 있다. 처방이 극적일수록 가능성은 더욱 커진다. 전체적으로 볼 때 주사는 알약보다 효과가 더 좋다. 그리고 옛날에는 심지어 사혈(치료방법으로 행하던 피 뽑기 - 옮긴이)도 효과를 볼 수 있었다. 중세시대의 치료법이 정말로 선진적이어서가 아니라 사람들이 이처럼 과감한 시술이 효과가 있을 수밖에 없다고 생각했기 때문이다.

그리고 궁극의 플라시보는? 수술이다! 흰 가운을 입고 마취제를 처방하라. 그런 다음 쉬면서 커피를 한 잔 마셔라. 환자가 깨어나면 수술이 잘되었다고 말하라. 《영국의학저널》은 (요통이나 역류성식도염 같은 질병에 대해) 실제 외과 수술과 가짜 수술의 효과를 광범위하게 비교 검토했다. 그 결과 플라시보는 모든 사례의 4분의 3에서 도움이 되었고, 절반 정도는 실제 수술과 동일한 효과가 있었다.[19]

그러나 이는 다른 방식으로도 작동할 수 있다. 가짜 약을 먹으면서 이약이 병을 생기게 할 것이라고 생각한다면 실제로 그렇게 될 가능성이 크다. 또 환자에게 약에 심각한 부작용이 있다고 경고한다면 아마도 그 효과가 실제로 나타날 것이다. 소위 노시보^{nocebo} 효과이다. 이에 관한 임상시험이 널리 실행되지 않은 이유는 명백하다. 건강한 사람들로 하여금 스스로 환자라고 믿게 한다는 것은 윤리적으로 민감한 문제이기 때문이다. 그럼에도 불구하고 모든 증거는 노시보가 매우 강력하게 작동할 수 있다는 것을 시사한다.

이는 1999년 여름 벨기에의 보건 당국이 내린 결론이기도 하다. 보넴의 어린이들이 마신 콜라 중 한두 개 정도에서는 실제로 어떤 문제가 있었을 가능성이 있다. 누가 장담할 수 있겠는가? 하지만 과학자들은 그 이상으로 이 나라의 다른 수백 명의 어린이들이 '대중적 심인성 질환'에 감염되었다고 확신했다. 쉽게 말해서 병에 걸렸다고 상상했다는 것이다. 그렇다고 희생자들이 병에 걸린 척했다는 의미는 아니다. 1,000명이 넘는 벨기에 어린이들이 정말로 메스꺼움, 발열, 현기증을 일으켰다. 만일 어떤 것을 아주 깊게 믿는다면 그것은 현실이 될 수 있다. 노시보 효과에서 얻을 수 있는 교훈이 하나 있다면 결코 아이디어는 아이디어에 불과하지 않다는 점이다. 우리가 믿는 것이 우리를 만든다. 우리는 우리가 찾고 있는 것을 발견할 수 있고, 우리가 예측하는 일은 일어나게 된다.

아마도 독자는 내가 이 사례를 통해 무슨 이야기를 하려는지 눈치챘을 것이다. 인간에 대한 우리의 비관론 역시 노시보이다. 만일 우리가 대부분의 사람을 믿을 수 없다고 믿는다면 우리는 서로를 그렇게 대할 것이다. 모두가 손해를 보는 것이다. 다른 사람들에 대한 우리의 견해만큼 세상을 만드는 커다란 힘을 가진 아이디어는 거의 없다. 왜냐하면 사람들은 결국 자신들이 기대하는 것을 얻을 수 있기 때문이다. 만일 우리 시대의 가장 심각한 문제들을 해결하고자 나선다면 우리가 출발해야 할 지점은 어디일까. 나는 지구온난화에서부터 서로에 대해 점점 더 커져가는 불신에 이르기까지 인간 본성에 대한 우리의 견해라고 생각한다.

분명히 밝혀두지만 이 책은 사람들이 근본적으로 선하다는 설교집이 아니다. 우리가 천사가 아닌 것은 분명하다. 우리는 복잡한 존재이다. 좋은 면이 있는가 하면 그렇지 않은 면도 있다. 문제는 우리가 어느 쪽을 보여줄 것인가 하는 점이다. 나의 주장은 단순하다. 우리의 본성은 전쟁이 발발하거나 위기가 닥쳤을 때 무인도에 살고 있는 어린이와 같다. 우리는 우리의 좋은 면을 강하게 선호한다. 앞으로 나는 적지 않은 과학적 증거를 제시할 것이다. 인간 본성을 보다 긍정적으로 바라보는 관점이 얼마나 현실적인지에 대한 증거이다. 이와 동시에 나는 우리가 이 사실을 믿기 시작한다면 이것이 더욱 실제적인 현실이 될 수 있다고 확신한다.

인터넷에는 기원을 알 수 없는 우화 하나가 떠돌고 있는데, 단순하지만 심오한 진리가 담겨 있다. 어떤 노인이 손자에게 이야기한다. "나의 내면에서는 싸움이 벌어지고 있다. 두 마리 늑대의 처절한 싸움이다. 하나는 악이다. 분노에 차 있고 탐욕스러우며 질투가 심하고 교만하며 비겁하다. 다른 하나는 선이다. 평화롭고 타인을 사랑하며 겸손하고 관대하며 정직하고 신뢰할 수 있다. 너의 내면에서도 두 마리의 늑대가 싸우고 있다. 다른 모든 사람들도 마찬가지이다." 잠시 뒤 손자가 "어느 쪽 늑대가 이기나요?" 라고 묻자 노인은 미소 지으며 답한다. "네가 먹이를 주는 쪽이지."

껍데기 이론과 잔혹한 세계 증후군

지난 몇 년 동안 사람들에게 이 책을 쓰고 있다고 이야기할 때마다 눈살을 찌푸리는 반응이 돌아왔다. 믿어지지 않는다는 표정이었다. 독일의 한 출판인은 나의 출간 제안서를 받자마자 거절했다. 그녀는 독일 사람들은 인간 본성이 선하다고 믿지 않는다고 말했다. 파리의 한 지식인은 프랑스 사람들에게는 정부의 확고한 통제가 필요하다고 장담했다. 그리고 2016년 대통령 선거가 끝난 뒤 미국을 여행했을 때 모든 곳에서 모든 사람이 나에게 머리가 완전히 돈 것 아니냐고 물었다. 대부분의 사람들이 고상하다고? 한 번이라도 텔레비전을 켠 적이 있는 건가?

얼마 전 두 명의 미국 심리학자가 수행한 연구에서 사람들이 인간 본성은 이기적이라는 생각을 얼마나 굳건하게 믿는지 다시 한번 증명했다. 연구자들은 실험 참가자들에게 다른 사람들이 선행을 행하는 장면을 담은 다양한 상황을 제시했다. 조사 결과는 어땠을까? 기본적으로 우리는 모든 곳에서 이기심을 발견할 수 있도록 훈련을 받았다는 것이다. 노인이 길을 건너는 것을 누군가 도와주는 것을 보라고? 과시용의 쇼에 불과하다. 노숙자에게 돈을 건네는 사람을 보라고? 자신이 더 나은 사람임을 느끼고 싶었던 것이 틀림없다. 심지어 연구자들이 피험자들에게 잃어버린 지갑을 돌려주는 사람에 대한 확실한 데이터 혹은 대다수의 사람들이 속이거나 훔치지 않는다는 사실을 제시한 뒤에도 대부분의 피험자들이 인간에 대해 지닌 부정적 시각은 변하지 않았다.

이에 심리학자들은 "그들은 겉보기에 이타적인 행동도 결국에는 이기적인 것이 틀림없다고 작심하고 결론을 내렸다"[20]라고 보고했다. 이제 당신은 다음과 같이 생각할지도 모른다. '잠깐, 나는 그런 식으로 교육받지 않았어. 내 고향에서 우리는 서로를 신뢰하며 도왔고 대문을 열어두고 살았지. 그리고 당신 말이 맞아. 가까이에서 보면 사람들이 예의바르다고 생각하기 쉬울 거야. 사람들은 우리 가족이나 친구들, 우리 이웃과 동료들에게 호의적이야.'

하지만 카메라 렌즈의 배율을 낮춰서 멀리서 나머지 인류 전체를 바라보면 의심이 재빨리 자리를 잡는다. 1980년대 이래 100여 개 국가의 사회과학자 네트워크에서 실시한 대규모 여론조사인 세계가치관조사에서는 이런 질문을 던졌다. "일반적으로 말해서 대부분의 사람은 믿을 만하다고 보십니까, 아니면 사람들을 대할 때 매우 조심해야 한다고 보십니까?" 결과는 매우 실망스럽다. 거의 모든 국가에서 대부분의 사람들은 타인을 믿을 수 없다고 생각하는 것으로 나타났다. 심지어 프랑스, 독일, 영국, 미국처럼 민주주의가 확립된 나라에서도 대부분의 사람들은 같은 인간에 대한 비관적 인식을 공유하고 있었다.[21]

왜 우리는 인간에 대해 이처럼 부정적인 견해를 갖게 되었는가? 나는 오랫동안 이 질문에 사로잡혀 있었다. 우리의 본능이 우리가 속한 공동체 사람들을 신뢰하는 것인데, 사람들 전체를 대상으로 할 때에는 왜 우리의 태도가 바뀌는 것일까? 그 많은 법률과 규제, 수많은 회사와 기관들은 왜 인간을 믿을 수 없다는 전제에서 출발하는 것일까? 과학이 우리가 행성 A에 살고 있음을 계속해서 보여주는데도 우리는 왜 스스로 행성 B에 살고 있다고 고집스럽게 믿는 것일까? 교육이 부족한 탓일까? 그럴 리가.

나는 이 책에서 우리의 부도덕성을 확고하게 믿는 지식인 수십 명을 소개하고자 한다. 정치적 확신? 아니, 아니다. 꽤 많은 종교의 중심 교리는 인간이 죄의 수렁에 빠져 있다는 것이다. 수많은 자본주의자들은 모든 사람의 동기를 이기심이라고 간주한다. 많은 환경론자들은 인간을 지구를 파괴하는 역병이라고 여긴다. 수천 개의 오피니언 칼럼은 인간 본성에 대한 동일한 견해를 나타낸다. 나는 궁금해졌다. 왜 우리는 인간이 나쁘다고 상상하는 것일까? 우리 종이 사악한 본성을 지니고 있다고 믿게 된 출발점은 무엇일까?

잠시 상상해보자. 새로운 약이 시장에 출시되었다. 중독성이 매우 강하며 머지않아 모든 사람이 중독된다. 과학자들은 약물의 원인을 조사하고 곧 결론을 내린다. 인용하자면 다음과 같다. "위험에 대한 오인, 불안, 기분 저하, 학습된 무기력, 타인에 대한 경멸과 적대감, [그리고] 감각 상실."[22] 이 약을 사용해야 할까? 우리 아이들이 이를 시험해보도록 허용할 것인가? 정부가 합법화할까? 이 모든 것에 대한 대답은 예스이다. 왜냐하면 내가 이야기하고 있는 대상은 이미 우리 시대의 가장 큰 중독 중 하나이기 때문이다. 우리가 매일 사용하는 약물로, 많은 보조금을 받으며 우리 아이들에게 대량으로 배포되고 있다. 무슨 약이냐고? 뉴스이다.

나는 뉴스가 개인의 발전에 좋다고 믿으며 자랐다. 참여하는 시민으로서 우리의 의무는 신문을 읽고 저녁에는 뉴스를 시청하는 것이다. 뉴스를 더 많이 받아들일수록 우리는 더 많은 정보를 얻을 수 있고, 민주주의는 더욱 튼튼해진다. 아직도 많은 부모가 자녀들에게 뉴스의 이 같은 효용을 말하며 권하지만 과학자들의 결론은 이와 크게 다르다. 수십 건의 연구 결과에 따르면 뉴스는 정신 건강에 해롭다.[23] 1990년대 처음으로 이 분야의 연구를 개척한 사람은 조지 거브너George Gerbner였다. 그는 자신이 발견한 현상을 설명하는 용어도 만들었다. '잔혹한 세계 증후군mean world syndrome'으로, 임상 증상은 냉소주의, 염세, 비관주의 등이다. 뉴스를 신봉하는 사람들은 다음과 같은 문장에 동의할 가능성이 더 크다. "대부분의 사람들은 오직 자신에게만 관심이 있다." 이렇게 믿는 사람들은 우리 개개인이 세상을 개선하는 데 무력하다고 생각하는 경향이 있다. 이들은 스트레스를 받고 우울증에 빠질 가능성이 더욱 크다.

몇 년 전 30개국 사람들에게 다음과 같은 간단한 질문을 던졌다. "당신은 전반적으로 세상이 좋아지고 있다고 생각하는가, 그대로 유지되고 있다고 또는 나빠지고 있다고 생각하는가?" 러시아에서 캐나다, 멕시코에서 헝가리에 이르는 모든 국가에서 대다수의 사람들은 사태가 점점 악화되고 있다고 대답했다.[24] 현실은 정반대이다. 지난 몇십 년 동안 극심한 빈곤, 전쟁 희생자, 아동 사망률, 범죄, 기근, 어린이 노동, 자연재해로 인한 사망, 항공기 추락 건수 등은 모두 급격히 감소했다. 우리는 역사상 가장 부유하고 안전하며 건강한 시대에 살고 있다.

그렇다면 우리는 왜 이를 실감하지 못하는가? 이유는 단순하다. 뉴스는 예외적인 것만 보도하기 때문이다. 그리고 테러리스트의 공격, 격렬한 폭동, 자연재해 등 예외적인 사건일수록 뉴스로서의 가치는 더욱 커진다. "극심한 빈곤에 처해 있는 사람들의 수가 어제 이후 13만 7,000명 감소했다"는 머리기사는 결코 볼 수 없을 것이다.[25] 텔레비전에서 현장 리포터가 다음과 같이 생방송하는 장면도 결코 목격하지 못할 것이다. "현재 저는 아무것도 일어나지 않고 있는 현장에 와 있습니다. 오늘 이곳에는 전쟁의 징후가 여전히 없습니다."

몇 년 전 네덜란드의 사회학자팀이 항공기 사고에 대한 언론 보도를 분석한 결과 1991년에서 2005년 사이 사고 건수가 지속적으로 감소했음에도 불구하고 이런 사고에 대한 언론의 관심은 계속 승가했다는 사실을 발견했다. 항공기는 점점 더 안전해졌지만 사람들은 항공여행을 점점 더 두려워하게 되었다. 예상할 수 있는 결과이다.[26]

또 다른 연구에서 미디어 연구팀은 보도에 어떤 패턴이 있는지 확인하기 위해 이민(유입), 범죄, 테러에 관한 400만 개 이상의 뉴스 항목 데이터베이스를 만들었다. 연구팀이 발견한 사실은 이민이나 폭력이 감소하는 시기에 신문은 이 문제를 더 많이 보도한다는 사실이다. 따라서 연구팀은 "그러므로 뉴스와 현실은 서로 관련이 없거나 심지어 역상관이 성립하는 것으로 보인다"고 결론지었다.[27]

물론 '뉴스'라는 표현이 모든 저널리즘을 지칭하는 것은 아니다. 많은 형태의 저널리즘은 우리가 세상을 더 잘 이해하도록 돕는다. 하지만 최근의 뉴스는 사고나 선정적인 사건에 대한 보도가 가장 흔하다. 이것이 내가 사용하는 뉴스라는 단어의 의미이다. 서방국가의 성인 열 명 중 여덟 명은 매일 뉴스를 소비한다. 우리는 하루 평균 1시간을 뉴스에 할애한다. 여기에 평생 소비하는 시간을 합치면 3년이 된다.[28]

우리 인간은 왜 그렇게 비관적인 뉴스에 취약한 것일까? 두 가지 이유가 있다. 첫 번째는 심리학자들이 **부정편향**이라고 일컫는 것이다. 우리의 관심은 긍정적인 것보다 부정적인 것에 더 많이 이끌린다. 과거 인류가 사냥과 채집을 하던 시절, 거미나 뱀을 보고 너무 자주 겁을 먹는 편이 아주 드물게 무서워하는 것보다 백배는 더 나았을 것이다. 지나치게 두려워한다고 해서 죽지는 않는다. 하지만 두려움을 거의 느끼지 않는다면 틀림없이 죽게 될 것이다. 두 번째는 우리의 등에 **가용성 편향**이라는 짐도 지워져 있다는 점이다. 어떤 대상에 대해 기억을 쉽게 떠올릴 수 있다면 상대적으로 그것이 흔하다고 우리는 추측한다. 우리가 매일 끔찍한 뉴스에 폭격을 당하는 탓에 우리의 세계관은 완전히 왜곡된다. 대형 항공사고, 어린이 납치, 참수형에 관한 이야기는 기억에 똬리를 트는 경향이 있다. 레바논 출신 통계학자 나심 탈레브Nassim Taleb가 냉담하게 지적했듯이 "우리는 뉴스에 노출되어도 좋을 만큼 충분히 이성적이지 못하다."[29]

디지털시대에 우리가 매일 접하는 뉴스는 점점 더 극단적이 되어갈 뿐이다. 예전에는 언론인들이 독자 개개인에 대해 잘 알지 못한 채 대중을 위해 글을 썼다. 하지만 오늘날 페이스북, 트위터, 구글의 배후에 있는 사람들은 당신을 너무나 잘 알고 있다. 그들은 당신을 충격과 공포에 떨게하는 대상이 무엇인지, 당신을 클릭하게 만드는 것이 무엇인지, 또 당신의 관심을 끌고 유지하는 방법이 무엇인지 잘 알고 있다. 따라서 개인별맞춤 광고에서 가장 수익성 있는 도움을 줄 수 있다.

이 같은 현대 미디어의 광란은 일상에 대한 공격 그 자체이다. 왜냐하면 솔직히 말해서 대부분의 사람들이 누리는 삶은 예측가능성이 매우 크기때문이다. 그러면 좋기는 하지만 지루하다. 따라서 우리는 지루한 삶을 살고 있는 훌륭한 이웃을 더 좋아하지만(감사하게도 대부분의 이웃은 여기에 해당한다), '지루함'은 당신을 주목하게 만들 수 없다. '좋다'로는 광고를 팔 수 없다. 그래서 실리콘밸리는 어느 스위스 작가의 재담처럼 "뉴스가 마음에 미치는 영향은 설탕이 신체에 미치는 영향과 같다"[30]는 사실을 충분히 알면서도 우리에게 섬섬 더 선성적인 클릭베이트를 계속 제공하는 것이다.

몇 년 전 나는 변화를 결심했다. 아침을 먹으면서 뉴스를 시청하거나 스마트폰을 스크롤하지 않기로 한 것이다. 대신 역사, 심리학, 철학에 관한 좋은 책을 선택하기로 했다. 하지만 얼마 지나지 않아 나는 뭔가 익숙한 사실을 발견했다. 대부분의 책 또한 예외적인 것이었다는 점이다. 역사분야 최고의 베스트셀러는 변함없이 대참사와 재난, 폭정과 탄압을 다룬 것이었다. 전쟁, 전쟁에 대한, 그리고 약간의 양념으로 전쟁을 끼워 넣은이야기. 그리고 만일 이번에는 전쟁이 없다면 우리는 역사학자들이 말하는 전쟁과 전쟁 사이의 기간^{interbellum}에 속해 있는 것이다.

과학 분야에서도 인간의 속성은 악하다는 견해가 수십 년 동안 지배해 왔다. 인간 본성을 다룬 책을 찾아보면 '악마 같은 남자들$^{Demonic\ Males}$', '이 기적인 유전자$^{The\ Selfish\ Gene}$', '이웃집 살인마$^{The\ Murderer\ Next\ Door}$' 같은 제목이 금방 눈에 띌 것이다. 생물학자들은 어두운 진화론을 오랫동안 당연시해 왔다. 설사 어떤 동물이 뭔가 친절한 행동을 하는 것처럼 보이더라도 그 배경에는 이기적인 요인이 있다는 프레임을 씌워왔다. 가족 간의 유대라 고? 족벌주의! 원숭이가 바나나 한 개를 나눠 먹는다고? 공짜로 얻어먹는 놈에게 착취당하는 거야![31] 어느 미국인 생물학자가 조롱한 내용을 살펴 보자. "협동이라고 통하던 것들은 결국 기회주의와 착취의 혼합물이란 사 실이 드러난다. [……] '이타주의자'의 피부를 손톱으로 긁어보라. '위선자' 의 피가 흘러나올 것이다."[32]

경제학에서는 어떨까? 별반 다르지 않다. 경제학자들은 우리 종을 호모 이코노미쿠스$^{Homo\ economicus}$로 정의했다. 이기적이고 계산적인 로봇처럼 언제나 개인적 이익에 몰두하는 동물이라는 말이다. 이 같은 인간 본성의 개념에 따라 경제학자들은 이론과 모델의 성채를 세웠고, 이것은 수많은 법률의 기본 정신으로 자리를 잡았다. 그럼에도 불구하고 호모 이코노미 쿠스가 실제로 존재했는지의 여부를 조사한 사람은 지난 2000년 경제학 자 조지프 헨릭$^{Joseph\ Henrich}$이 이끄는 팀이 연구에 착수할 때까지는 아무도 없었다. 그들은 5개 대륙의 12개 나라에 속한 공동체 15곳을 방문해 수십 년 동안 경제학의 대상이 되어온 인류를 찾기 위해 농부, 유목민, 수렵-채집인들을 조사했다. 그러나 헛수고였다. 조사 결과는 언제나 한결같았다. 사람들이 너무 점잖았고, 너무 친절했다.[33]

헨릭은 이 영향력 있는 연구 결과를 발표한 뒤 많은 경제학자들이 이론을 펼친 신화적 존재에 대한 탐구를 계속했다. 마침내 그는 살아 있는 호모 이코노미쿠스를 찾아냈다. 정확히 말해서 호모, 즉 인간이라고 할 수는 없지만 말이다. 호모 이코노미쿠스는 인간이 아니라 침팬지라는 것이 밝혀졌다. 헨릭은 "호모 이코노미쿠스 모델의 표준적 예측은 단순한 실험에서 침팬지의 행동을 예측하는 데 뛰어난 정확성을 보이는 것으로 증명되었다"고 하며, 이어서 "그러므로 모든 이론적 연구는 헛되지 않았다. 다만 잘못된 종에 적용되었을 뿐이다"라고 무미건조하게 지적했다.[34]

인간 본성에 대한 부정적 시각은 지난 수십 년 동안 노시보로 작용해왔다. 1990년대 경제학 교수인 로버트 프랭크Robert Frank는 인간은 결국 이기적이라고 보는 시각이 학생들에게 어떤 영향을 미칠지 궁금했다. 그는 학생들에게 그들의 관대함을 측정하기 위해 설계된 다양한 과제를 부과했다. 결과는? 경제학을 더 오래 공부할수록 점점 더 이기적이 되었다. "우리가 가르치는 것이 우리를 만든다." 프랭크의 결론이다.[35]

인간 본성이 이기적이라는 교리는 서구에서 종교적으로 신성시되는 전통이다. 위대한 사상가들의 목록이 이를 뒷받침한다. 투키디데스, 아우구스티누스, 마키아벨리, 홉스, 루터, 칼뱅, 버크, 벤담, 니체, 프로이트, 미국 건국의 아버지들과 같은 위대한 사상가들은 각각 문명의 껍데기 이론에 대한 그들만의 견해를 가지고 있었다. 우리가 행성 B에 살고 있다는 믿음에는 예외가 없었다. 이 같은 냉소적 관점은 이미 고대 그리스에서부터 회자되고 있었다. 최초의 역사가 중 한 명인 투키디데스의 저작에서 이를 읽을 수 있다. 그는 기원전 427년 그리스의 케르키라섬에서 일어난 내전을 서술한 대목에서 "문명사회의 통상적인 규범이 혼란에 빠지자 인간의 본성이 자랑스럽게 그 본색을 드러냈다. 심지어 법이 존재할 때조차 범죄를 저지를 준비를 항상 갖추고 있던 본성 말이다"[36]라고 서술했다. 다시 말해서 사람들은 야수처럼 행동했다는 것이다.

비관적인 견해는 기독교 초기 때부터 이미 스며들었다. 교부 아우구스티누스는 인간이 처음부터 죄를 가지고 태어난다는 아이디어를 널리 알리는 데 공을 세웠다. 그는 "죄로부터 자유로운 사람은 아무도 없다"며 "심지어 태어난 지 하루밖에 되지 않은 유아도 예외일 수 없다"고 했다.[37] 이 같은 원죄 개념은 종교개혁이 일어나 신교도들이 로마 가톨릭교회와 결별한 뒤에도 계속 인기를 유지했다. 신학자이자 개혁가인 장 칼뱅Jean Calvin에 따르면 "우리의 본성은 가난하고 선함이 존재하지 않을 뿐 아니라 모든 악이 자라서 열매를 맺기에 너무나 좋은지라 쉴 틈이 없다"고 한다. 이 같은 믿음은 1563년의 하이델베르크 교리문답Heidelberg Catechism을 비롯한 주요 개신교 문헌에 나타나 있다. 이에 따르면 인간은 '어떤 선도 전혀 행할 수 없으며 모든 악에 이끌리게 마련이다.'

불가사의한 일은 전통적 기독교뿐만 아니라 신앙보다 이성을 우위에 두는 계몽주의 역시 성악설에 뿌리를 두고 있다는 점이다. 전통적인 신앙인들이 확신하는 내용은 다음과 같다. '우리는 본질적으로 타락했으며 우리가 할 수 있는 최선은 그 위에 신앙심을 얇게 바르는 것이다.' 계몽주의 철학자들 역시 우리가 타락했다고 생각했지만 이들의 처방은 타락 위에 이성을 입히라는 것이었다. 인간 본성에 대한 인식에 이르면 서구 사상사를 관통하는 관념은 충격적이다. 정치학의 창시자인 니콜로 마키아벨리Niccolò Machiavelli는 다음과 같이 요약했다. "인간 일반에 대해 다음과 같이 이야기할 수 있다. 감사할 줄 모르고 변덕이 심하고 위선적이다." 미국 민주주의의 창시자인 존 애덤스John Adams도 "그럴 기회가 온다면 모든 사람은 폭군으로 변할 것이다"라고 동의했다. 현대 심리학의 창시자인 지그문트 프로이트Sigmund Freud는 "우리는 끝없이 이어지는 살인자의 후손이다"라고 진단했다.

19세기 찰스 다윈Charles Darwin은 진화론과 함께 무대에 등장했으며 진화론 역시 껍데기 이론으로 가공되었다. 다윈의 불독이라 불린 저명한 과학사 토머스 헉슬리Thomas Huxley는 삶이란 "인간 대 인간, 국가 대 국가"가 싸우는 하나의 커다란 전투라고 설파했다.[38] 철학자 허버트 스펜서Herbert Spencer는 수십만 권이 팔린 저서에서 이 싸움의 불길에 기름을 부어야 한다고 단언했다. 왜냐하면 "자연이 기울이는 모든 노력은 [빈곤층]을 제거해서—세상에서 사라지게 만들어—더 나은 삶을 위한 공간을 만드는 데 있"기 때문이다.[39]

무엇보다도 이상한 것은 이들 사상가들이 거의 만장일치로 '현실주의자'라고 칭송받았던 반면, 이와 의견을 달리하는 사상가들은 인간의 고결함을 믿는다고 조롱을 당했다는 점이다.[40] 자유와 평등을 위한 투쟁으로 평생 비방과 경멸을 받은 페미니스트 엠마 골드만$^{Emma\ Goldman}$은 "불쌍한 인간의 본성이여. 너의 이름으로 얼마나 끔찍한 범죄들이 저질러졌는지! […] 정신적 사기꾼은 그 명성이 높을수록 인간 본성이 사악하고 나약하다고 더욱 분명하게 주장한다"[41]라고 언급했다.

최근에 와서야 비로소 다양한 분야의 과학자들이 인간 본성에 대한 비관론에 근본적 개정이 필요하다는 결론에 이르게 되었다. 그러나 이 같은 인식은 아직도 시작 단계에 불과한 탓에 과학자들 중 태반이 자신들에게 동반자가 있다는 사실을 깨닫지 못하고 있다. 한 저명한 심리학자는 내가 생물학의 새로운 흐름에 대해 이야기해주자 이렇게 외쳤다. "오, 신이시여. 거기에서도 그런 일이 일어나고 있나요?"[42]

새로운 현실주의의 요구

인간에 대한 새로운 관점을 향한 나의 탐구 내용을 보고하기 전에 세 가지 사항을 경고하고 싶다. 첫째, 인간의 선함을 옹호하는 것은 헤라클레스가 목을 하나 쳐낼 때마다 2개의 목이 자라나는 7개의 목을 가진 신화 속의 괴물 히드라와 싸우는 것과 같다. 냉소주의는 이와 매우 비슷하게 작동한다. 인간 본성에 대한 염세적인 주장을 하나 쳐낼 때마다 그 자리에는 2개가 생겨난다. 껍데기 이론은 계속해서 되살아나는 좀비 같다.

둘째, 인간의 선함을 옹호하는 것은 존재하는 권력에 대항하는 자세를 취하는 것이다. 권력자들에게 인간 본성에 대한 희망적인 견해는 곧바로 위협이 된다. 파괴적이고 선동적이다. 이는 우리가 속박하고 통제하며 규제할 필요가 있는 이기적인 짐승이 아니라는 의미이며, 우리에게 다른 종류의 리더십이 필요하다는 것을 의미하기 때문이다. 본질적으로 동기가 부여된 직원이 있는 회사에는 관리자가 필요하지 않고, 참여하는 시민이 주도하는 민주주의에는 직업 정치인이 필요하지 않다.

셋째, 인간의 선함을 옹호한다는 것은 조롱의 폭풍을 뚫고 나아가야 함을 의미한다. 생각이 무디고 순진해빠졌다는 평가를 받을 것이다. 논리에 약간의 허점만 있어도 그대로 폭로될 것이므로 기본적으로 냉소적이 되는 편이 편하다. 인간은 타락했다고 강의하는 비관론자 교수는 자신이 원하는 것은 무엇이든 예측할 수 있는데, 그의 예언이 지금 실현되지 않는다고 해도 기다리면 곧 실현될 것이다. 실패는 항상 코앞에서 기다린다. 혹은 그의 이성적인 목소리 덕분에 최악을 피했다고 주장할 수도 있다. 종말의 예언가들이 청산유수처럼 지껄이는 내용도 지극히 깊은 통찰을 담고 있는 것처럼 보인다.

이와 대조적으로 희망을 가질 이유는 언제나 잠정적이다. 실제로 나빠진 것은 아무것도 없다—아직은. 당신은 사기당하지 않았다—아직은. 이상주의자는 평생 동안 옳을 수 있지만 여전히 순진하다고 일축된다. 이 책은 이런 상황을 변화시키기 위한 것이다. 오늘날 불합리하고 비현실적이며 불가능한 일도 내일은 필연적으로 나타날 수 있기 때문이다. 이제 새로운 현실주의가 필요한 시점이다. 인간 본성에 대한 새로운 관점이 필요한 시점이다.

Chapter 2

✕

파리대왕
: 진실은 소설과 정반대였다

"인간은 마치 벌이 꿀을 만들 듯 악을 낳는다." 극한 상황에서 야만인으로 전락하는 인간의 본성을 다룬 소설《파리대왕》은 20세기의 고전으로 자리매김했다. 그러나 소설 바깥에서 우리가 마주한 진실은 놀랍게도 소설과 정반대의 현실이었다.

'파리대왕' 이야기

이 책을 쓰기 시작했을 때 다루어야 할 이야기가 하나 떠올랐다. 태평양의 어느 무인도에서 일어난 이야기이다. 여객기가 방금 추락했다. 생존자는 일부 영국 학생들뿐으로 스스로도 믿기 어려운 행운이었다. 마치 모험 소설 속 한 장면에 불시착한 것처럼 보였다. 몇 마일을 가도 해변과 조개껍데기, 물밖에 없었다. 그리고 더욱 좋은 점은 어른이 없었다는 것이다.

첫째 날 소년들은 일종의 민주주의체제를 구축했다. 랠프라는 소년이 집단의 지도자로 선출되었다. 활기차고 카리스마가 있으며 잘생긴 그는 무리에서 가장 인기 있는 소년이었다. 랠프의 계획은 단순했다. 첫째, 즐겁게 지내자. 둘째, 살아남자. 셋째, 지나가는 배가 발견할 수 있도록 연기 신호를 보내자. 첫째 항목은 성공이었다. 다른 항목은? 그다지 좋지 못했다. 대부분의 아이들은 불을 살피기보다 흥겹게 웃고 즐기며 장난치는 것을 좋아했다. 빨간 머리 잭은 야생 돼지 사냥에 열을 올렸고, 시간이 흐르면서 그와 그의 친구들은 점점 무모해졌다. 드디어 멀리서 배가 한 척 지나갈 때도 그들은 불을 지키던 자리에서 이탈했다. "너희들은 규칙을 위반했어." 랠프가 화가 나서 비난하자 잭은 어깨를 으쓱했다. "무슨 상관이야?" "규칙은 우리가 가진 유일한 것이야!"

밤이 되자 소년들은 공포에 사로잡혔다. 섬에 숨어 있을지도 모를 야수들을 두려워한 것이다. 실제로 야수는 오로지 그들 가운데 있을 뿐이었다. 오래지 않아 그들은 옷을 벗어던지고 얼굴을 칠하기 시작했다. 그들은 꼬집고 발로 차고 깨물고 싶은 충동에 사로잡혔다. 모든 소년 중에서 피기, 즉 돼지라는 별명으로 불린 단 한 명만이 냉정함을 유지했다. 다른 아이들보다 땅딸막하고 포동포동했으며 천식이 있었고 안경을 썼으며 수영을 할 줄 몰랐다. 피기는 이성의 목소리를 냈지만 아무도 들으려고 하지 않았다. 그는 슬픔에 잠겨 고심했다. "우리의 정체는 무엇일까? 인간? 동물? 아니면 야만인?"

몇 주가 흘렀다. 그러던 어느 날 영국 해군장교가 해변에 도착했다. 그 섬은 이제 연기가 나는 황무지가 되어 있었다. 피기를 포함해 세 명의 아이들이 사망했다. 장교는 "한 무리의 영국 소년들이 이보다 더 나은 상황을 만들 수 있을 것이라고 생각했어야 했다"며 이들을 비난했다. 한때 바람직하고 처신을 잘하던 소년들의 리더였던 랠프는 울음을 터뜨렸다. '랠프는 순진함의 종말 때문에 울었다.' 그리고 우리는 '인간 마음속의 어두움'을 읽었다.

이 이야기는 실제로 일어난 사건이 아니다. 1951년 영국의 어느 교사가 지어낸 이야기이다. 윌리엄 골딩^{William Golding}은 어느 날 아내에게 "좋은 생각이 아닐까? 어느 섬에 불시착한 소년들의 이야기를 써서 이들이 실제로 어떻게 행동하는지를 보여준다면 말이야"[1]라고 말했다. 골딩의《파리대왕Lord of the Flies》은 30개 이상의 언어로 번역되어 수천만 부가 팔렸으며, 20세기의 고전이라는 칭송을 받았다. 돌이켜보면 이 책이 성공한 비결은 명백하다. 골딩은 인간의 가장 어두운 면을 보여주는 데 뛰어난 능력이 있었다. 그는 출판사에 보낸 첫 번째 편지에서 "설사 우리가 깨끗한 상태에서 시작한다고 해도 우리는 그것을 망쳐놓는 본성을 가지고 있다"[2]고 썼다. 혹은 그가 나중에 표현한 대로 "벌이 꿀을 생산하는 것처럼 인간은 악을 생산한다."[3]

물론 골딩에게는 1960년대의 시대정신이라는 우군이 있었다. 새로운 세대가 부모들에게 제2차 세계대전의 잔학 행위를 질문하던 시절이었다. 그들은 알고 싶어 했다. 아우슈비츠는 예외였는가 아니면 우리 개개인의 마음속에 나치가 도사리고 있는 것인가? 윌리엄 골딩은《파리대왕》에서 후자를 시사했으며 책은 바로 베스트셀러가 되었다. 매우 영향력 있는 저명한 평론가 라이어널 트릴링Lionel Trilling은 이 소설이 "큰 문화적 변화를 나타낸다"고 주장했다.[4] 결국 골딩은 이 작품으로 노벨문학상까지 수상했다. 스웨덴 노벨위원회에서 그의 작품에 대해 발표한 내용은 다음과 같다. "오늘날 세계에서 인간이 처한 조건을 조명했다. 더불어 사실주의적 서사문학의 명료함과 신화가 지니는 다양성 및 보편성을 함께 갖추었다."

오늘날《파리대왕》은 '단순한' 소설 그 이상으로 읽힌다. 물론 이 책은 다른 소설들과 마찬가지로 허구의 이야기이지만 골딩의 인간 본성에 대한 견해는 껍데기 이론의 진정한 교과서가 되었다. 골딩 이전에는 어린이 책에서 그렇게 노골적인 사실주의를 시도한 사람은 아무도 없었다. 초원의 집이나 외로운 어린 왕자에 관한 감상적인 이야기 대신 어린이들이 '실제' 어떤 모습인지를 보여주는 책이 여기—표면적으로—있는 것이다.

대장정의 시작

나는 10대 때 이 책을 처음 읽었는데 마음속으로 계속 되새기면서 나중에는 환상이 깨지는 느낌을 받았던 기억이 난다. 하지만 골딩의 인간 본성에 관한 견해를 의심하게 되리라고는 한순간도 생각해본 적이 없다. 오랜 세월이 흘러 책을 다시 펼치게 되었을 때까지 말이다. 나는 저자의 삶을 철저히 조사하기 시작했다. 그는 불행한 사람이었다. 알코올중독자이며 우울증 성향이 있었고 어린 자식을 때리는 사람이었다. 골딩은 "나는 언제나 나치를 이해할 수 있었다. 왜냐하면 내가 본래 그런 부류의 사람이기 때문이다"라고 고백하기도 했다. 그리고 그가 《파리대왕》을 쓴 것은 "부분적으로 자신에 대한 슬픈 인식 때문이었다."[5]

골딩은 다른 사람들에게 거의 관심이 없었다. 그의 전기를 쓴 작가가 관찰한 바에 따르면 그는 지인의 이름 철자를 정확히 적는 수고조차 하지 않았다. 골딩은 "실제로 사람들을 만나는 것보다 더욱 시급한 일은 대문자 M으로 시작하는 인간[Man] 본성을 탐구하는 것이었다"고 말했다.[6] 나는 의문이 들었다. 무인도에 홀로 남겨진 아이들이 실제로 어떤 일을 하게 될지를 연구한 사람이 한 명이라도 있었을까? 나는 《파리대왕》과 현대의 과학적 통찰을 비교하는 내용의 기사를 썼다. 결론은 십중팔구 아이들은 매우 다르게 행동할 것이라는 것이었다.[7] 나는 생물학자 프란스 드 발의 말을 인용해 이렇게 썼다. "아이들이 자신들만의 힘으로 살아남아야 할 때 이런 행동을 하게 된다는 증거는 전혀 없다."[8]

기사를 읽은 독자들의 반응은 회의적이었다. 내가 예로 든 사례는 모두 집이나 학교, 여름 캠프에 있는 아이들 이야기였기 때문이다. 그들은 '아이들이 무인도에 완전히 홀로 남겨지면 무슨 일이 벌어지는가?'라는 근본적인 의문에 답하지 못했다. 그래서 현실 속의 '파리대왕'을 찾아나서는 장정이 시작되었다.

물론 어느 대학에서도 청소년 피험자들을 야생 상태에 몇 개월씩 홀로 남겨두는 실험을 심지어 1950년대에 허용했을 가능성은 거의 없다. 하지만 어디선가, 언젠가, 우연히 그런 일이 일어나지 않았을까? 예를 들면 배가 난파한 뒤에 말이다. 나는 인터넷으로 '난파선의 어린이들', '현실 속의 파리대왕', '섬에 남은 아이들' 등 기본적인 검색을 시작했다. 내가 가장 먼저 접한 정보는 참가자들이 서로 겨루는 2008년 영국의 끔찍한 리얼리티 쇼였다. 하지만 인터넷 검색을 계속하다 보니 나는 흥미로운 이야기를 담은 무명의 블로그를 접하게 되었다. "1977년 어느 날 여섯 명의 소년은 낚시를 하기 위해 배를 타고 통가에서 출발했다. [……] 거대한 폭풍에 휘말린 배는 어느 무인도에 좌초되었다. 이 작은 집단은 어떤 행동을 취했을까? 그들은 결코 다투지 않기로 약속했다."[9]

이 글은 출처를 아예 밝히지 않았다. 나는 몇 시간 더 검색한 끝에 유명한 무정부주의자인 콜린 워드Colin Ward의 책 《시골의 소년The Child in The Country》(1988)에서 가져온 이야기라는 사실을 알게 되었다. 한편 워드는 이탈리아의 정치인 수산나 아넬리Susanna Agnelli의 보고서를 인용했는데, 이 문서는 일부 국제위원회 또는 다른 위원회를 위해 모아둔 파일의 일부였다. 희망을 갖게 된 나는 이 보고서를 찾기 시작했다. 운이 좋게도 영국의 중고서점에서 복사본 한 권을 우연히 발견했다. 그 보고서는 2주 후 내 현관 앞에 도착했다. 책을 재빨리 넘겨본 나는 94쪽에서 내가 찾고 있던 내용을 발견했다. 섬에 고립된 소년 여섯 명. 이야기의 내용도, 세부사항도, 표현도 동일했다. 그리고 또다시 출처가 없었다.[10]

나는 수산나 아넬리를 추적해서 이 이야기를 어디에서 들었는지 물어볼 수 있을 것이라고 생각했다. 하지만 그런 행운은 없었다. 2009년 그녀는 이미 세상을 떠나고 없었다. 나는 만일 이것이 실제로 일어난 일이었다면 1977년 이에 관한 기사가 보도되었을 것이라고 추측했다. 뿐만 아니라 소년들은 아직도 생존해 있을 가능성이 있었다. 하지만 문서 보관소를 전전하며 찾고 또 찾아보아도 아무것도 찾을 수 없었다.

때로는 운이 좋은 경우도 있었다. 어느 날 나는 신문 기록 보관소를 뒤지다 연도를 틀리게 입력했고 그 결과 1960년대로 깊이 들어가게 되었다. 그것이 그곳에 있었다. 아넬리의 보고서에 적힌 1977년은 오타였던 것으로 밝혀졌다. 1966년 10월 6일자 오스트레일리아 신문《디 에이지

The Age》의 머리기사가 눈에 확 들어왔다. '통가 조난자들의 결말을 보여주는 일요일Sunday Showing for Tongan Castaways'이란 제목이었다. 태평양 통가제도(1970년까지 영국 보호령이었다)에 속한 바위섬에서 3주 전에 발견된 여섯 명의 소년을 다룬 기사였다. 오스트레일리아 선장이 구조할 당시 아이들의 피부는 아타섬에서 1년 이상 지낸 탓에 적갈색으로 그을려 있었다. 기사에 따르면 선장은 텔레비전 방송국에 연락해 소년들이 모험을 재연하는 상황을 촬영하게 만들었다.

"이들의 생존 이야기는 이미 바다의 위대한 고전 이야기 중 하나로 간주된다"라고 기사는 결론지었다. 나는 질문으로 가득 차 있었다. 소년들은 아직 살아 있을까? 텔레비전 영상을 찾을 수 있을까? 하지만 가장 중요한 것은 내가 단서를 가지고 있었다는 점이다. 선장의 이름은 피터 워너Peter Warner로, 어쩌면 그 또한 살아 있을지도 모를 일이었다! 하지만 지구 반대편에 있는 노인을 어떻게 찾아낸단 말인가?

선장의 이름을 검색하던 중 나는 다시 한번 행운을 만났다. 오스트레일리아 매카이에서 발행되는 작은 지역 신문인《데일리 머큐리Daily Mercury》의 최근호에서 '유대감을 공유하는 50년지기'라는 제목의 머리기사를 찾아낸 것이다. 기사에는 두 남자가 웃고 있는 사진이 조그맣게 실려 있었는데 한 명이 다른 한 명의 어깨를 안고 있었다. 기사는 다음과 같이 시작되었다. "리즈모어 부근의 툴레라에 있는 바나나 농장 깊숙한 곳에는 있을 법하지 않은 친구 한 쌍이 존재한다. [……] 이들의 눈은 웃고 있는데다 활력이 넘쳐서 나이를 착각할 정도였다. 나이가 든 쪽은 83세로 부유한 사업가의 아들이다. 젊은 친구는 67세로 말 그대로 천진난만한 사람이다."[11] 이들의 이름은 피터 워너와 마노 토타우^Mano Totau^이다. 두 사람은 어디에서 만났을까? 바로 무인도였다.

아타섬에서 발견된 소년들

우리는 9월 어느 날 아침에 출발했다. 나는 아내 마르티어와 함께 오스트레일리아 동부 해안에 위치한 브리즈번에서 자동차를 한 대 빌려 걱정스러운 마음으로 운전석에 앉았다. 신경이 곤두선 이유는 내가 운전면허 시험을 6번 만에 통과한 데다 이제는 좌측통행으로 운전해야 한다는 데 있는 듯했다. 하지만 또 다른 이유는 '바다의 위대한 고전 이야기 중 하나'에 나오는 주인공을 만나러 가는 중이었기 때문이다. 우리는 3시간쯤 뒤 목적지에 도착했는데 그곳은 구글 지도에 점으로만 찍혀 있는 인적이 끊긴 오지였다. 그는 그곳에 살고 있었다. 그는 비포장도로 옆의 납작 지붕 집 앞에 나와 앉아 있었다. 50년 전 여섯 명의 소년을 구한 남자, 피터 워너 선장이었다.

그의 이야기를 하기 전에 피터에 대해 알아야 할 몇 가지 사실이 있다. 그의 삶은 그 자체만으로도 영화 소재이기 때문이다. 그는 한때 오스트레일리아에서 가장 부유하고 영향력 있는 인물 중 한 명이던 아서 워너의 막내아들로 태어났다. 1930년대 아서는 '전자산업'이라 불리는 거대한 제국을 통치했는데, 당시 국내 라디오 시장을 지배하던 대기업이었다. 피터는 아버지의 뒤를 잇기 위해 경영 수업을 받고 있었다. 하지만 열일곱 살 때 가출해 모험을 찾아 바다로 떠났다. 그는 훗날 "나는 사람과 싸우기보다 자연과 싸우는 것이 좋았다"고 말했다.[12]

그 후 피터는 몇 년 동안 홍콩에서 스톡홀름까지, 상하이에서 상트페테르부르크까지 칠대양을 누볐다. 5년 뒤 집으로 돌아온 탕아는 아버지에게 스웨덴의 선장 자격증명서를 자랑스럽게 보여주었다. 아버지는 감동받기는커녕 아들에게 뭔가 쓸모 있는 전문 분야를 배우라고 요구했다. 피터가 "뭐가 제일 쉬워요?"라고 묻자 아버지는 "회계"라고 거짓말을 했다.[13] 피터는 야간학교를 5년이나 다닌 뒤에야 학위를 받을 수 있었다. 그는 아버지 회사에서 일을 시작했지만 여전히 바다가 손짓하고 있었다. 피터는 아버지로부터 벗어날 기회가 생길 때마다 자신이 보유한 어선단이 있는 태즈메이니아로 갔다. 1966년 겨울 그가 통가로 가게 된 것은 부업으로 하고 있던 어업 때문이었다. 그는 그곳 해역에서 가재를 잡을 수 있는 허가를 받기 위해 국왕을 알현하는 자리를 만들었다. 그러나 불행하게도 국왕 타우파하우 투포우Taufa'ahau Tupou 4세는 이를 거부했다. 이에 실망한 피터는 태즈메이니아로 돌아오는 길에 통가 해역 밖으로 항로를 조금 우회해 그물을 던졌다. 그때 그가 목격한 곳이 바로 푸른 바다에 떠 있는 작은 섬, '아타섬'이었다.

피터는 그곳에 오랫동안 닻을 내린 배가 없다는 사실을 알고 있었다. 1863년 어느 어두운 날, 노예선이 수평선에서 나타나 원주민들을 싣고 떠나버리기 전까지 그곳에는 한때 사람이 살았었다. 하지만 그 후 아타섬은 무인도가 되었다. 저주받은, 잊힌 섬이 되었다. 그러나 피터는 무언가 이상한 점을 발견했다. 쌍안경을 들여다보던 그의 눈에 푸른 해안 절벽과 그곳에 걸려 있는 불에 탄 판자 조각들이 들어왔다. "적도에서 자연적으로 불이 나는 것은 드문 일이다. 그래서 나는 조사를 해보기로 했다." 반세기가 지난 뒤 그가 한 말이다. 그가 섬의 서쪽 끝으로 다가가자 그는 배 꼭대기 망루에서 부하 선원 중 한 명이 고함치는 소리를 들었다. "누군가 우리를 부르고 있어요."

"말도 안 돼. 바닷새가 꽥꽥 우는 소리일 뿐이야"라고 피터도 고함을 질렀다. 하지만 그때 그의 망원경에 한 소년이 보였다. 벌거벗은 채 머리카락이 어깨까지 자라 있었다. 야생의 존재는 절벽 측면에서 튀어나와 바다로 뛰어들었다. 갑자기 더 많은 소년들이 나타나 그를 따르며 목청껏 소리를 질렀다. 피터는 위험한 범죄자들을 외딴섬에 유폐하는 폴리네시아의 관습을 떠올리며 선원들에게 총알을 장전하라고 지시했다. 오래지 않아 첫 번째 소년이 배에 도착했다. 그는 완벽한 영어로 "내 이름은 스티븐이에요. 우리는 모두 여섯 명이고 이곳에 온 지 15개월 된 것 같아요"라고 외쳤다.

피터는 부쩍 의심이 들었다. 갑판으로 올라온 소년들은 통가의 수도 누쿠알로파에 있는 기숙학교의 학생이라고 말했다. 학교 식사에 질린 그들은 어느 날 배를 '빌리기로' 마음먹었고, 그 결과 폭풍우에 휘말렸다는 것이다. 그럴듯한 이야기라고 피터는 생각했다. 그는 쌍방향 무전기로 누쿠알로파를 호출했다. 그는 교환원에게 "지금 여섯 명의 소년을 데리고 있어요. 내가 아이들 이름을 알려줄 테니 당신이 학교에 전화해 아이들이 그곳의 학생인지 확인해주시겠어요?"라고 말했다. "기다리세요"라는 대답이 들려왔다. 20분이 순식간에 지나갔다(피터는 이 대목을 이야기할 때 아스라한 눈빛이 되었다). 마침내 교환원의 눈물 젖은 목소리가 무전기에서 흘러나왔다. "당신이 찾았군요. 모두 죽었다고 생각하고 다들 포기했어요. 장례식까지 치렀다고요. 만일 이 아이들이 맞다면 이건 기적이에요!"

나는 피터에게 《파리대왕》에 대해 들어본 적이 있느냐고 물었다. 그는 "네, 읽었어요. 하지만 실제 일어난 일과는 완전히 달라요!"라며 웃었다.

아이들이 쌓아올린 사회

그 후 몇 개월 동안 나는 작은 섬 아타에서 일어난 일을 최대한 정확하게 재구성하려고 노력했다. 피터의 기억력은 뛰어났다. 아흔 살의 나이임에도 피터가 설명한 모든 내용은 다른 자료에 나온 것들과 일치했다.[14] 나의 가장 중요한 또 다른 정보원은 피터의 집에서 자동차로 두어 시간 거리에 살았다. 마노 토타우는 발견 당시 열다섯 살이었다. 이제는 일흔을 바라보는 나이였지만 자신보다 훨씬 나이가 많은 워너 선장을 가장 가까운 친구로 꼽았다. 우리가 피터를 만난 지 이틀 뒤 마노는 브리즈번 북쪽의 디셉션 베이에 위치한 자신의 창고 앞에서 나와 아내를 기다리고 있었다.

그는 실제 《파리대왕》은 1965년 6월에 시작되었다고 했다. 수인공은 여섯 명의 소년으로, 모두 누쿠알로파에 있는 규율이 엄격한 가톨릭 기숙학교인 세인트앤드루의 학생이었다. 나이가 가장 많은 소년이 열여섯 살, 가장 어린 소년이 열세 살이었다. 그들에게는 한 가지 공통점이 있었는데 대단히 따분해하고 있었다는 점이다. 그들은 과제보다 모험을, 학교보다 바다에서의 생활을 동경했다. 그래서 그들은 약 800킬로미터 떨어진 피지섬이나 심지어는 뉴질랜드까지 간다는 탈출 계획을 세웠다. 마노는 "학교의 다른 많은 아이들이 이 계획을 알고 있었지만 모두 농담이라고 생각했다"고 회상했다.

장애물은 딱 하나, 그들 중 아무도 배를 소유하고 있지 않았다는 것이다. 그래서 그들 모두가 싫어하는 어부 타니엘라 우힐라에게 배를 한 척 '빌리기'로 결정했다. 그들은 여행 준비에 시간을 거의 들이지 않았다. 챙긴 것이라고는 바나나 2봉지, 코코넛 몇 개, 작은 가스버너 1개가 전부였나. 아무노 나침반은 고사하고 지도를 가져가야 한다는 생각조차 하지 못했다. 경험이 많은 선원은 한 명도 없었다. 가장 어린 데이비드만이 배를 조종하는 법을 알고 있었다(그의 말에 따르면 "그들이 나와 함께 가기를 원했던 이유가 이것"이었다).[15]

여행은 아무 문제없이 시작되었다. 그날 저녁 항구를 떠나는 작은 선박을 눈여겨보는 사람은 아무도 없었다. 하늘은 쾌청했다. 잔잔한 바다에서 부드러운 바람이 불어올 뿐이었다. 그러나 그날 밤 그들은 중대한 실수를 저질렀다. 잠이 들어버린 것이다. 몇 시간 뒤 잠에서 깬 그들은 머리 주위에서 넘실거리는 파도를 마주해야 했다. 사방이 어두워 눈에 보이는 것이라고는 주변에 거품을 일으키며 일렁이는 파도뿐이었다. 그들은 돛을 끌어올렸지만 곧바로 바람에 찢겨져 조각나버렸다. 그다음 망가진 것은 방향타였다. 나이가 가장 많은 시오네는 "우리가 집으로 돌아가면 타니엘라에게 배가 자기처럼 낡고 기울어져 있다고 말해야겠어"라고 농담을 했다.[16]

그 이후의 날들은 농담과는 거리가 멀었다. 마노는 나에게 "우리는 8일 동안 표류했어요. 식량도 물도 없이요"라고 이야기했다. 소년들은 물고기를 잡으려고 애썼고, 속이 빈 코코넛 껍질에 빗물을 모아 아침에 한 모금, 저녁에 한 모금씩 공평하게 나눠 마셨다. 시오네는 가스버너로 바닷물을 끓이려다가 버너가 쓰러지는 바람에 다리에 커다란 화상을 입었다. 그리고 8일째 되던 날 그들은 수평선에서 기적을 발견했다. 육지, 정확하게는

아타에 도달하기까지 여섯 명의 소년들이 표류한 8일의 여정

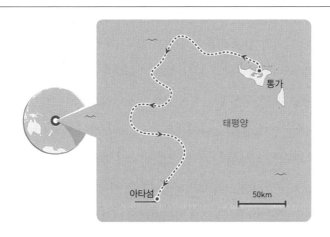

작은 섬이었다. 야자나무가 흔들리고 모래 해변이 있는 열대 낙원은 아니었다. 바다 위에 300미터 이상 돌출해 있는 거대한 바윗덩어리였다.

요즘 아타섬은 사람이 살 수 없는 곳으로 여겨진다. 몇 년 전 다부지게 생긴 한 스페인 모험가가 이 섬을 발견한 적이 있다. 난파선을 탐사하기 좋은 장소라고 생각한 그는 별스런 관심을 가진 부유한 사람들을 위해 탐사대를 꾸렸다. 하지만 섬을 조사한 지 불과 9일 만에 가엾게도 탐사를 포기해야 했다. 어느 기자가 그의 회사가 암석 노두에까지 탐사 범위를 확대할 예정이냐고 묻자 그는 확실하게 대답했다. "전혀. 이 섬은 너무 황량해요."[17]

소년들은 이와는 다른 경험을 했다. 워너 선장은 회고록에 다음과 같이 기록했다. "우리가 도착할 즈음 아이들은 이미 제대로 갖추고 살고 있었다. 먹을거리를 가꾸는 정원과 빗물을 모아두기 위해 속을 비운 나무등치, 이상한 무거운 것들로 만들어진 체력 단련장, 배드민턴장, 닭장, 언제나 꺼지지 않는 불. 이들은 낡은 칼 한 자루와 강한 의지를 가지고 모든 것을 수작업으로 해냈다."[18]

나중에 엔지니어가 된 스티븐은 수많은 실패 끝에 2개의 막대기를 이용해 불을 피우는 데 성공했다. 환상 속의 '파리대왕'에서는 불을 차지하기 위해 소년들이 난투극을 벌이지만 현실의 소년들은 불이 결코 꺼지지 않도록 1년 이상 잘 보살폈다. 아이들은 농사, 요리, 경비 등의 임무를 위해 면밀하게 명단을 작성한 뒤 두 팀으로 나누어 일하기로 합의했다. 가끔 다투는 일도 있었지만 그때마다 타임아웃을 시행함으로써 이를 해결했다. 말다툼을 벌인 아이들은 화를 가라앉히기 위해 각자 섬의 반대편으로 가 있곤 했다. 마노는 "4시간쯤 지나면 우리는 이들을 다시 불러들였다. 그리고 '자, 이제 서로 사과해'라고 말했다. 이런 방법으로 우리는 우정을 유지했다"고 회상했다.[19]

이들의 하루는 노래로 시작해 기도로 끝났다. 콜로는 떠내려온 나무조각과 코코넛 껍질 반 개, 난파된 배에서 구한 6개의 강철선으로 임시변통의 기타를 만들어 사기를 북돋우기 위해 이 기타를 연주했다. 피터는 이 기타를 평생 간직했다. 여름 내내 비가 거의 내리지 않아 아이들은 갈증으로 너무 괴로워했다. 섬을 떠나기 위해 건조한 뗏목이 파도에 부딪혀 산산조각이 났고,[20] 섬 전체를 휩쓸고 지나간 폭풍우가 그들의 오두막 위로 나무를 쓰러뜨렸다.

최악의 사건은 어느 날 스티븐이 미끄러져 절벽에서 떨어지는 바람에 다리가 부러진 일이었다. 다른 소년들이 절벽 아래로 내려와 그를 다시 데리고 올라갔다. 그리고 막대기와 나뭇잎으로 만든 부목을 그의 다리에 대주었다. 시오네가 "걱정하지 마. 네가 타우파하우 투포우 왕처럼 거기 누워 있는 동안 우리가 네 몫까지 일할게"라고 농담을 건넸다.[21]

소년들은 1966년 9월 11일 일요일에 마침내 구조되었다. 그들은 신체적으로 최상의 상태였다. 지역 의사인 포세시 포누아 박사는 나중에 그들의 근육질 체격과 스티븐의 완치된 다리에 놀라움을 금치 못했다. 하지만 소년들의 작은 모험은 여기서 끝나지 않았다. 누쿠알로파로 돌아오자 경찰이 그들을 기다리고 있었다. 당신은 잃어버린 여섯 명의 아이들이 돌아와서 경찰들이 기뻐했을 것이라고 기대할지도 모른다. 하지만 현실은 그렇지 않았다. 그들은 피터의 배에 올라 소년들을 체포한 뒤 교도소에 수감했다. 소년들이 15개월 전 '빌렸던' 배의 주인인 타니엘라 우힐라가 아직도 화가 나 있었고 그들을 고소하기로 결심했기 때문이다.

다행스럽게도 피터는 아이들을 위해 계획을 세웠다. 그들의 조난 이야기는 할리우드 영화의 완벽한 소재라는 생각이 들었던 것이다. 섬에서 적갈색으로 그을린 여섯 명의 소년들…… 이것은 사람들이 몇 년 동안 이야기할 만한 내용이었다. 그리고 아버지 회사의 회계사인 피터는 영화 판권도 관리했는데 방송업계 사람들과 친분이 있었다.²² 선장은 무엇을 해야 할지 정확하게 알고 있었다. 먼저 시드니의 채널7 매니저를 통가로 불렀다. 그는 "오스트레일리아의 독점 판권을 드리지요. 세계 판권은 나에게 주세요. 그 뒤 우리는 아이들을 교도소에서 빼내 섬으로 다시 데려갈 겁니다"라고 말했다. 그런 다음 피터는 우힐라에게 배 값으로 150파운드를 지불했다. 그리고 촬영에 협조한다는 조건하에 아이들을 석방시켰다.

며칠 후 채널7팀이 도착했는데 주 1회 통가로 운행하는 낡은 DC-3를 타고 왔다. 피터는 그 장면을 나와 아내에게 설명하면서 껄껄 웃었다. "그 비행기에서 내린 사람은 세 명으로 도시의 정장 차림에 끝이 뾰족한 구두를 신고 있었는데, 방송업계의 전형적인 복장이었어요." 소년 여섯 명이 탄 배를 뒤에 끌고 아타섬에 도착했을 즈음 그들은 얼굴색이 파랗게 질려 있었다. 게다가 그들은 수영을 할 줄 몰랐다. "걱정들 마셔. 이 아이들이 당신들을 구해줄 거요." 피터가 그들을 안심시켰다. 선장은 해안을 향해 부서지며 달려오는 큰 파도를 향해 노를 저었다. "여기서 내리세요."

50년이 지난 지금도 피터는 그 기억을 떠올리며 눈물을 찔끔거릴 정도로 웃었다. "그래서 나는 그들을 물에다 밀어버렸어요. 오스트레일리아 방송국 관계자들이 물속으로 가라앉고 있었는데 통가 학생들이 뛰어들어 그들을 붙잡은 뒤 파도를 헤치고 끌어내 바위에 내동댕이쳤지요." 그다음에는 절벽을 기어오르는 데 한나절이 걸렸다. 마침내 정상에 도착했을 때 방송팀은 지쳐 쓰러졌다. 아타섬에 관한 다큐멘터리는 성공하지 못했는데 이는 놀랄 일도 아니었다. 촬영이 엉망이었던 데다 16밀리미터 필름 대부분이 사라져 남은 영상이 모두 30분 분량뿐이었다. "사실대로 말하자면 20분 더하기 광고였죠"라고 피터는 고쳐 말했다.

나는 채널7의 다큐멘터리 이야기를 듣자마자 당연히 그것이 보고 싶었다. 피터가 영상을 가지고 있지 않아서 나는 네덜란드로 돌아와 옛 기록을 추적하고 복원하는 전문기관에 연락을 취했다. 그러나 아무리 찾아도 영상은 나타나지 않았다. 피터가 다시 나서서 나에게 2006년 '그 소년들'을 방문한 스티브 보먼Steve Bowman이라는 독립영상제작자를 연결해주었다. 스티브는 아이들의 이야기가 마땅히 주목을 받아야 하는데 그렇지 못한 것에 좌절했다. 계약한 배급사가 파산한 탓에 그가 직접 촬영한 다큐멘터리는 전파를 아예 타지 못한 것이다. 그래도 그는 인터뷰 원본을 가지고 있었다. 그는 친절하게도 그 원본을 내게 공유해주었고 소년들 중 나이가 가장 많은 시오네와 연결해주었다. 그리고 스티브는 16밀리미터 다큐멘터리 원본의 남아 있는 유일한 복사본을 가지고 있었다.

나는 스티브에게 물었다. "그것을 볼 수 있을까요?" 그가 대답했다. "물론이죠." 그렇게 나는 난파선의 소년 여섯 명에 대한 이야기를 무명의 블로그에서 우연히 보게 된 지 몇 개월 뒤 1966년의 원본 영상을 갑자기 내 노트북에서 볼 수 있게 되었다. 영상은 "내 이름은 시오네 파타우아이다"라는 멘트로 시작한다. "나는 세인트앤드루 고등학교 친구 다섯 명과 함께 파도에 떠밀려 이 섬 해변에 도착했다. 1965년 6월의 일이었다."

소년들이 통가의 가족에게 돌아왔을 때의 분위기는 기쁨에 넘쳤다. 인구 900명의 하아페바섬 모든 주민들이 그들의 귀환을 축하했다. "한 파티가 끝나자마자 다른 파티를 위한 준비가 시작되었다." 1966년 다큐멘터리 해설자의 내레이션이다. 피터는 국가적 영웅으로 공식 추대되었다. 타우파하우 투포우 4세는 직접 메시지를 보내 그를 초대하기도 했다. 국왕은 "나의 신민 여섯 명을 구해준 것에 감사를 표하노라. 자, 내가 그대를 위해 해줄 수 있는 일이 무엇인가?"라고 물었다. 피터는 오래 생각할 것도 없었다. "네! 통가 해역에서 통발을 놓아 가재를 잡고 이곳에서 사업을 시작하고 싶습니다."

이번에는 국왕이 동의해주었다. 피터는 시드니로 돌아와 아버지 회사를 퇴직하고 새로운 배를 주문했다. 그 이후 여섯 명의 소년을 데리고 와 이 모든 것을 시작하게 만든, 즉 통가 너머의 세상을 볼 수 있는 기회를 그들에게 주었다. 그는 시오네, 스티븐, 콜로, 데이비드, 루크, 마노를 새 어선의 승무원으로 채용했다. 배의 이름은 아타호였다.

리얼리티쇼의 허상

이것이 현실 세계의 '파리대왕'이다. 가슴이 따뜻해지는 이야기로 베스트셀러 소설, 브로드웨이 연극, 블록버스터 영화의 소재감이다. 또한 아무도 모르는 이야기이기도 하다. 아타섬의 소년들은 무명으로 남았지만 윌리엄 골딩의 책은 여전히 널리 읽히고 있다. 언론사학자들은 심지어 골딩을 오늘날 텔레비전에서 가장 인기 있는 오락 장르 중 하나인 리얼리티 TV의 창시자라고 생각한다. 그는 '빅 브라더Big Brother'에서 '유혹의 섬Temptation Island'에 이르는 소위 리얼리티쇼의 전제는 인간을 제멋대로 행동하게 방치하면 짐승처럼 행동한다는 것이다. 인기 시리즈 〈생존자Survivor〉의 감독은 인터뷰에서 "나는《파리대왕》을 읽고 또 읽었다. 그 책을 열두 살 때 처음 읽은 뒤 스무 살, 서른 살에 다시 읽었고, 이 프로그램을 진행하면서 다시 꺼내 보았다"라고 이야기했을 정도이다.[23]

이 모든 장르를 출범시킨 쇼는 MTV의 〈더 리얼 월드The Real World〉였다. 1992년 처음 방영된 이래 매회의 시작 부분에서 등장인물은 다음과 같이 인용한다. "이것은 일곱 명의 낯선 사람들에 대한 실제 이야기이다. [……] 사람들이 예의를 지키지 않고 민낯을 보일 때 어떤 일이 일어나는지 알아보자." 거짓말, 사기, 짜증과 적대심 유발하기 등은 이야기가 점점 "현실처럼 생생해진다"고 믿게 만들기 위해 매회 등장하는 기법이다. 하지만 여유를 가지고 이런 프로그램의 이면을 들여다보면 드러나는 사실이 있다. 지원자들이 거짓말로 상대를 유혹하고 술판을 벌이며 끝장 싸움을 벌이도록 감독 측이 상황을 유도하고 있다는 점이다. 그 방식은 충격적이다.

©Maartje ter Horst

2017년 9월 피터 워너   2017년 9월 마노 토타우

이는 사람들에세 최악을 이끌어내기 위해 얼마나 많은 조작이 필요한지
를 보여줄 뿐이다.

또 다른 리얼리티쇼 〈키드 네이션Kid Nation〉의 한 회에서는 어린이 40명
을 뉴멕시코주의 어느 유령 도시에 던져놓고 화를 내며 서로 싸우는 상황
으로 끝나기를 기다렸다. 하지만 결과는 그렇지 않았다. 한 참가자는 나
중에 "그들은 주기적으로 들여다보았지만 우리가 서로 너무 잘 지내고 있
다는 것을 확인했을 뿐이다. 그리고 그들은 우리가 서로 다툼을 벌이도록
무언가를 유발해야 했다"라고 회상했다.[24]

다음과 같이 이야기할 수 있을 것이다. "그게 실제로 문제가 되나? 우리 모두는 그것이 단지 오락에 불과하다는 사실을 알고 있지 않은가." 그러나 이야기가 이야기일 뿐인 경우는 드물다. 이야기는 노시보가 될 수도 있다. 심리학자 브라이언 깁슨Bryan Gibson은 최근 연구에서 사람들이 《파리대왕》 같은 유형의 텔레비전을 시청하면 좀 더 공격적으로 변할 수 있다는 사실을 보여주었다.[25] 어린 시절 폭력적인 이미지에 노출되는 것과 성인기의 공격성의 상관관계는 석면과 암, 칼슘 섭취와 골밀도 사이의 상관관계보다 더 밀접하다.[26]

냉소적인 이야기는 우리가 세상을 보는 시각에 이보다 더욱 뚜렷한 영향을 미친다. 영국의 또 다른 연구에 의하면 리얼리티쇼 프로그램을 더 많이 시청하는 10대들은 비열하고 거짓말을 하는 것이 인생에서 성공하기 위해 필요하다고 자주 언급한다는 것이다.[27] 미디어학자 조지 거브너는 다음과 같이 요약했다. "어떤 문화에 대한 이야기를 들려주는 사람은 실제로 인간의 행태를 좌우한다."[28]

다른 종류의 이야기를 해야 할 때가 되었다. 《파리대왕》의 실제 이야기는 우정과 의리에 관한 이야기로, 우리가 서로에게 의지하면 얼마나 더 강해질 수 있는지를 보여주는 이야기이다. 물론 이것은 하나의 이야기일 뿐이다. 하지만 만일 우리가 《파리대왕》을 수백만 명의 청소년 필독서로 선정하려면 아이들이 실제로 무인도에 남겨졌을 때 벌어지는 일에 대해서도 이야기해주어야 한다. 몇 년 뒤 통가의 세인트앤드루 고등학교의 한 교사는 "나는 그들의 생존 이야기를 우리의 사회 연구 수업에 활용했다. 학생들에게 아무리 여러 차례 이야기해주어도 지나치지 않은 이야기였다"라고 회상하기도 했다.[29]

그래서 피터와 마노는 어떻게 되었을까? 이들은 언제나 서로의 시야에서 벗어나지 않았다. 만약 당신이 리스모어 부근의 툴레라 외곽에 있는 바나나 농장에 가게 된다면 그들을 만날 수 있을 것이다. 두 노인이 농담을 주고받으며 서로의 어깨에 팔을 두르고 있을 것이다. 한 명은 사업가의 아들이고, 다른 한 명은 빈한한 출신이지만 그들은 평생의 친구이다.

아내가 피터의 사진을 찍은 뒤 그는 캐비닛을 잠시 뒤적거리다가 무거운 서류 더미를 꺼내 내 손에 건네주었다. 자신의 아이와 손자를 위해 써놓은 회고록이라고 설명했다. 첫 페이지는 다음과 같이 적혀 있었다. "언제나 사람들 속에서 선하고 긍정적인 것을 찾아야 한다는 교훈을 포함해 나는 삶에서 아수 많은 것을 배웠다."

PART 1

자연 상태의 인간

인간은 모든 시간과 장소에서 너무나 똑같으므로 이 점에 대해 역사가 우리에게

알려주는 새롭거나 기이한 사실은 없다. 역사의 주된 용도는 오직 인간 본성의

지속적이고 보편적인 원리를 발견하는 데 있을 뿐이다.

— **데이비드 흄**David Hume(1711~1776)

——— '아타섬에 남겨진 여섯 소년의 가슴 따뜻한 이야기는 예외일까? 아니면 무언가 심원한 진실을 상징할까? 동떨어진 하나의 일화에 불과할까? 아니면 인간 본성을 대표적으로 보여주는 사례일까? 다시 말해서 우리 인간에게는 착한 성향이 더 강한가, 악한 성향이 더 강한가? 이것은 철학자들이 수백 년 동안 고심해온 문제이다. 1651년 영국의 토머스 홉스Thomas Hobbes는《리바이어던》을 출간해 충격을 주었다. 당시 홉스는 책망과 비난, 혹평을 받았지만 그럼에도 불구하고 우리는 여전히 그의 이름을 기억하고 있다. 반면 그를 비난한 엉터리 비평가들의 이름은 잊은 지 오래이다.

내가 소장한 판본의《옥스퍼드 서양철학사The Oxford History of Western Philosophy》에는 홉스의 대표작이 "역사상 가장 위대한 정치철학 작품"이라고 묘사되어 있다. 혹은 18세기 프랑스의 철학자 장 자크 루소Jean Jacques Rousseau의 예를 들어보자. 루소는 자신을 더욱 곤경에 빠뜨리는 책들을 계속 저술했다. 그는 비난을 받았고 책은 불태워졌으며 그에 대한 체포 영장이 발부되었다. 하지만 옹졸하게 그를 몰아세운 이들의 이름은 모두 잊히고 루소의 이름은 오늘날까지 알려져 있다.

이 두 사람은 만난 적이 전혀 없다. 루소가 태어났을 때 홉스는 이미 33년 전에 세상을 떠났다. 그럼에도 불구하고 두 사람은 철학의 링에서 계속 서로 대립해왔다. 한쪽 편에는 우리로 하여금 인간 본성의 사악함을 믿게 하는 비관론자인 홉스가 있다. 시민사회만이 우리의 기본적 본능으로부터 우리 스스로를 구할 수 있다고 주장한 인물이다. 반대편에는 우리 모두의 마음속 깊은 곳에는 선함이 자리 잡고 있다고 선언한 루소가 있다. 루소는 '문명'이 우리를 구원하기는커녕 망치고 있다고 믿었다.

설사 당신이 이름을 들어본 적이 없다고 하더라도 이 두 중진의 서로 대립되는 견해는 사회에서 가장 깊은 분열을 일으키는 근원이다. 나는 이보다 위험성이 매우 크거나 지대한 영향을 미친 다른 논쟁에 대해 알지 못한다. 더 엄격한 처벌 대 더 나은 사회복지, 예술학교 대 소년원, 상의하달식 경영 대 권한을 위임받은 팀, 생계비를 벌어오는 구식 가장 대 아기를 등에 업고 다니는 아빠 등 생각해볼 수 있는 어떤 논쟁이라도 어느 정도는 홉스와 루소의 대립에 뿌리를 두고 있다.

토머스 홉스 이야기부터 시작해보자. 그는 우리 자신에 대해 진정으로 알고 싶다면 선조들이 어떻게 살았는지를 알아야만 한다고 주장한 최초의 철학자 중 한 사람이었다. 5만 년 전으로 시간 여행을 떠난다고 상상해보자. 수렵과 채집을 하던 시절에 우리는 서로 어떻게 소통했을까? 법률이나 판사, 법원, 교도소나 경찰이 없던 시절에 우리는 어떻게 행동했을까? 홉스는 "자신의 마음을 읽어보라. 자신의 두려움과 감정을 분석해보면 당신은 이를 통해 비슷한 상황에 처한 다른 모든 사람의 생각과 감정을 이해하고 알게 될 것이다"라고 했다. 홉스가 이 방법을 자신에게 적용했을 때 스스로 내린 진단은 참으로 절망적이었다. 그는 과거 우리는 자유로웠다고 했다. 우리는 우리가 원하는 것은 무엇이든지 할 수 있었고, 그 결과는 끔찍했다.

이런 자연 상태에 있는 인간의 삶을 홉스는 다음과 같이 표현했다. "외롭고 불쌍하며 고약하고 잔인하며 냉담하다." 그의 이론에 따르면 이유는 단순하다. 인간은 두려움에 의해 움직인다. 다른 사람에 대한 두려움. 죽음에 대한 두려움. 우리는 안전을 원하며 '권력을 영구적이고 끊임없이 추구하고 또 추구한다. 이는 오로지 죽음으로서만 멈춘다.'

그 결과는? 홉스에 따르면 "만인에 대한 만인의 투쟁 상태"이다. 하지만 그는 걱정하지 말라며 우리를 안심시킨다. 만약 우리 모두가 자유를 포기하는 데 동의한다면 무정부 상태를 다스리고 평화를 수립할 수 있다. 우리 자신의 신체와 영혼을 단일한 군주의 손에 맡기면 된다. 이 절대자의 이름을 성경에 나오는 바다 괴물인 리바이어던^{Leviathan}의 이름을 따서 지었다. 홉스의 사상은 관리자와 독재자, 총독과 장군들에 의해 그 이후 수천 아니 수백만 번 되풀이될 논쟁에 대한 기본적인 철학적 근거를 제공했다. "우리에게 권력을 달라. 그렇지 않으면 모든 것을 잃을 것이다."

18세기로 거슬러 올라가면 우리는 어느 날 파리 외곽에 있는 뱅센의 교도소를 향해 걸어가는 무명의 음악가인 장 자크 루소를 만나게 된다. 그는 자신의 친구인 불쌍한 철학자 데니스 디드로를 면회하러 가는 길이다. 디드로는 운이 나쁘게도 정부 장관의 정부에 대해 농담을 한 죄로 교도소에 수감되었다. 그가 나무 그늘에서 잠시 쉬며《메르퀴르 드프랑스》의 최신호를 훑어보던 중 그의 삶을 바꿀 광고 하나가 눈에 띄었다. '디종 아카데미'에서 주최하는 백일장 소식이었다. 참가자는 다음 질문에 답변한 원고를 제출하면 되었다. "과학과 예술의 부흥은 도덕의 정화에 기여했는가?"

루소는 바로 자신의 답을 제시할 수 있었다. 그는 나중에 "그 광고를 읽는 순간 나는 또 다른 우주를 목격하고 다른 사람이 되었다"라고 했다. 그 순간 그는 시민사회가 축복이 아니라 저주라는 것을 깨달았다. 그는 자신의 결백한 친구가 투옥되어 있는 곳으로 계속 걸어가면서 "인간은 본래 선하며 그가 사악해지는 것은 오로지 사회제도 탓"이라고 이해하게 되었다. 루소의 에세이는 최우수상을 받았고 세월이 흘러 그는 당대 최고의 철학자 중 한 명이 되었다. 나는 그의 작품을 읽는 것은 여전히 즐겁다. 루소는 위대한 사상가였을 뿐만 아니라 재능 있는 작가이기 때문이다. 사유재산의 발명을 통렬히 비판하는 구절을 살펴보자.

하나의 땅덩어리에 울타리를 친 뒤 "이건 내 거야"라고 이야기하기로 결심한 그리고 그 이야기를 믿을 정도로 순진한 사람들을 발견한 최초의 사람은 시민사회를 진정으로 설립한 사람이다. (땅을 둘러싸는 - 옮긴이) 말뚝을 뽑거나 도랑을 메우고 자신의 동료들에게 다음과 같이 외친 사람이 있다면 그는 얼마나 많은 범죄, 얼마나 많은 전쟁, 얼마나 많은 살인, 얼마나 많은 불행과 공포로부터 인류를 구했을까? "이 사기꾼의 말에 절대 귀를 기울이지 말라. 땅의 소출은 우리 모두에게 균등하게 속하는 것이며, 땅 자체는 누구의 소유도 아니라는 사실을 잊는다면 당신들은 끝장이다."

루소는 저주받은 이 시민사회가 탄생한 이후부터 사태는 악화되었다고 주장했다. 농경, 도시화, 국가의 지위는 우리를 혼돈으로부터 구한 것이 아니라 우리를 노예로 만들고 비참한 운명으로 이끌었다. 문자와 인쇄기의 발명은 상황을 더 악화시켰을 뿐이다. 그는 "인쇄된 문자들 덕분에 홉스의 위험한 망상은 [……] 영원히 남을 것이다"라고 적었다.

루소는 왕과 관료들이 나타나기 전의 옛 시절이 모든 것이 더 나았다고 믿었다. 인간이 '자연 상태'로 존재했던 옛날의 우리는 여전히 인정 많은 존재였다. 지금 우리는 냉소적이고 이기적이다. 과거 한때 우리는 건강하고 강건했다. 지금 우리는 나태하고 나약하다. 그의 생각에 문명은 하나의 큰 실수였다. 우리는 우리의 자유를 결코 낭비하지 말았어야 했다. 루소의 사상은 무정부주의자와 운동가, 자유로운 사고방식의 소유자와 선동가들에 의해 그 이후 수천 아니 수백만 번 되풀이될 논쟁에 대한 기본적인 철학적 근거를 제공했다. "우리에게 자유를 달라. 그렇지 않으면 모든 것을 잃을 것이다."

그래서 우리는 300년이 지난 지금 여기에 있다. 이 두 사람보다 우리의 정치, 교육, 세계관에 심원한 영향을 미친 사람은 드물다. 경제학 전체가 우리를 이성적이고 이기적인 개인으로 보는 인간 본성에 대한 홉스 신봉자들의 개념을 전제로 삼고 있다. 이와 달리 루소는 교육에 지대한 영향을 미쳤다. 아이들은 자유롭고 속박되지 않은 상태에서 자라야 한다는 인식 때문이다. 이것은 18세기에는 혁명적이었다.

오늘날에 이르기까지 홉스와 루소의 영향은 지대하다. 보수주의와 진보주의, 현실주의와 이상주의의 모든 진영의 뿌리는 이 두 사람에서 출발했다. 이상주의자가 더 많은 자유와 평등을 요구할 때마다 루소는 찬성하는 듯 고개를 숙인다. 냉소주의자들이 우리는 점점 더 많은 폭력을 저지르게 될 것이라고 한탄할 때마다 홉스는 고개를 끄덕이며 동의한다. 두 사람의 저작은 가볍게 읽을 만한 내용이 아니다. 특히 루소는 해석할 수 있는 많은 여지가 있다. 하지만 오늘날 우리는 그들의 주요 쟁점을 검증할 수 있는 위치에 있다. 어쨌든 홉스와 루소는 탁상 이론가들이었고 우리는 수십 년 동안 과학적 증거를 수집해왔다.

이 책의 1부에서 우리는 다음과 같은 질문을 살펴볼 것이다. 어느 철학자가 옳았는가? 우리는 과거의 자연 상태에서 벗어난 것을 감사해야 하는가? 아니면 과거에 우리는 고결한 야만인이었나? 그 대답에 엄청나게 많은 것이 달려 있다.

Chapter 3

×

호모 퍼피
: 가장 우호적인 존재의 탄생

호모 사피엔스가 지구상에 존재한 유인원들 가운데 유일하게 지구를 지배한 이유는 과연 무엇일까? 네안데르탈인의 뇌는 오늘날 우리 뇌보다 무려 15퍼센트나 더 컸으며 강인한 체력의 소유자였다. 그렇다. 생각보다 '지능'과 무력은 생존과 진화 앞에 무력했다.

호모 사피엔스의 지배

인간종에 대해 우리가 제일 먼저 알아야 할 것은 진화적인 측면에서 우리는 유아라는 것이다. 우리가 하나의 종으로 태어난 것은 아주 최근이다. 지구상의 모든 생명체의 역사가 40억 년이 아니라 단 1년이라고 가정해보자. 10월 중순경까지는 박테리아의 세상이었다. 우리가 알고 있는 생명체, 즉 싹과 가지, 뼈와 뇌를 갖춘 존재는 11월이 되어서야 나타났다. 그러면 우리 인간은? 우리는 12월 31일 밤 11시경에 등장했다. 그 뒤 우리는 수렵-채집인으로 1시간 가까이 보냈고, 11시 58분에 이르러서야 농업을 발명했다. 우리가 '역사'라고 부르는 그 밖의 모든 것, 즉 모든 피라미드와 성채, 기사와 숙녀, 증기기관과 우주비행선 등은 자정이 되기 전 마지막 60초 동안에 나타났다.

호모 사피엔스는 눈 깜짝할 사이 가장 추운 툰드라에서 가장 뜨거운 사막에 이르기까지 지구상의 모든 곳에서 살게 되었다. 심지어 우리는 지구를 떠나 달에 첫발을 디딘 최초의 종이 되었다. 하지만 왜 우리였을까? 왜 최초의 우주비행사가 바나나가 아니었을까? 아니면 암소는? 아니면 침팬지는? 이것은 바보 같은 질문처럼 들릴 수도 있다. 하지만 우리는 유전

지구상의 생명체의 역사(40억 년을 1년 달력에 비교)

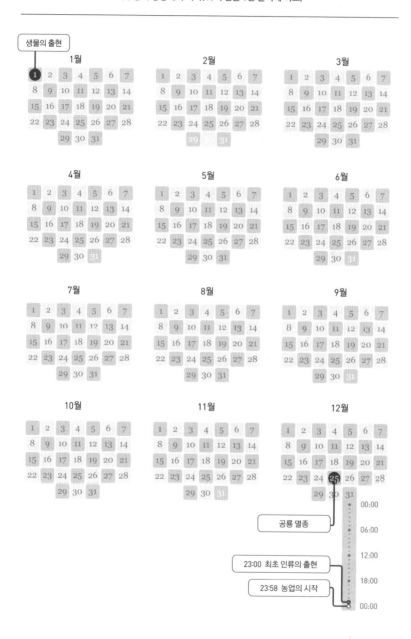

적으로 바나나와 60퍼센트 일치하고 암소와는 80퍼센트, 침팬지와는 99퍼센트 동일하다. 우리가 암소의 젖을 짜지 암소가 우리의 젖을 짜지 않는 것은 그렇게 당연한 것이 아니다. 우리가 침팬지를 우리에 가두지 그 반대가 아닌 것도 마찬가지이다. 유전자의 1퍼센트가 이 모든 차이를 만들어내는 이유는 무엇일까?

오랫동안 우리는 우리의 특권적 지위를 신의 계획의 일부라고 생각했다. 인류는 다른 모든 생명체보다 더 훌륭하고 뛰어나며 똑똑하고 우월한 존재, 바로 신이 만든 최고의 피조물이다. 그러나 1000만 년 전(대략 12월 30일) 화성인이 지구를 방문했다고 가정해보자. 화성인은 호모 사피엔스가 나타나 융성할 것이라고 예측할 수 있었을까? 지구는 말 그대로 아직 유인원의 행성이었고, 확실히 아무도 도시를 건설하거나 책을 집필하거나 우주로켓을 발사하지 않았다. 불편한 진실은 우리 역시, 즉 우리 자신을 매우 특별하다고 생각하는 존재들도 진화라는 맹목적인 과정의 산물이라는 것이다. 우리는 영장류라고도 알려진 대체로 털이 많은 피조물의 계보에 속한다. 역사의 자정이 되기 10분 전까지 우리에게는 심지어 다른 호미닌 동료도 있었다.[1] 이들이 마법처럼 사라질 때까지 말이다.

나는 내가 진화의 중요성을 처음 이해한 순간을 지금도 생생히 기억한다. 열아홉 살 때 찰스 다윈에 대한 강의를 아이팟으로 들은 뒤 나는 일주일 동안 우울했다. 물론 어렸을 때 이 영국 과학자에 대해 배웠지만 나는 기독교 학교에 다니고 있었고 생물 선생님은 진화를 또 하나의 미친 이론에 불과하다고 가르쳤다. 정확하지 않은 이야기였다는 사실을 나는 나중에야 알게 되었다. 생명 진화의 기본 요소는 간단하다. 진화에 필요한 것은 많은 고통과 투쟁, 오랜 시간 등이다. 한마디로 진화의 과정을 다음과 같이 요약할 수 있다. 동물은 스스로 키울 수 있는 것보다 더 많은 후손을 낳는다. 환경에 좀 더 잘 적응한 동물은 살아남아 새끼를 낳을 가능성이 조금 더 높다(털이 더 빽빽하거나 위장술이 더 뛰어난 경우를 생각해보라).

이제 죽을 때까지 달리는 친선경기를 상상해보자. 수십억의 생물들이 죽어나가고 일부는 자손에게 바통을 넘기기도 한다. 40억 년 정도로 충분히 오랫동안 달리다 보면 부모와 자식 간에 생기는 사소한 변이도 방대한 식물과 동물의 계보로 확장될 수 있다. 바로 그것이다. 단순하지만 멋지다.

젊은 시절 사제가 되려 했던 생물학자 다윈에게 자연의 잔인함과 성경의 창조 이야기가 화해할 수 없다는 사실은 결국 신에 대한 믿음을 무너뜨렸다. 다윈은 살아 있는 애벌레의 몸에 알을 낳는 기생벌을 생각해보라고 했다. 알에서 부화한 유충은 애벌레를 안에서부터 잡아먹어 서서히 끔찍한 죽음을 맞이하게 한다. 어떤 이상심리가 이런 생각을 하겠는가? 아무도 없다. 배후 조종자도 원대한 계획도 없다. 고통, 괴로움, 투쟁은 진화의 엔진일 뿐이다. 다윈이 자신의 이론을 세상에 내놓는 것을 몇 년 동안 미루었다고 비난할 수 있을까? 그는 친구에게 쓴 편지에서 "살인을 자백하는 것 같았다"고 고백했다.[2]

세월이 흘러 1976년 영국의 생물학자 리처드 도킨스Richard Dawkins는 생명의 진화에서 유전자가 수행하는 중요한 역할을 다룬《이기적 유전자The Selfish Gene》라는 이상적인 제목의 대표작을 발표했다. 읽기에 우울한 책이었다. 자연이 세상을 더 나은 곳으로 만들 것이라고 기대하는가? 이에 대해 도킨스는 "관대함과 이타주의를 가르치려고 노력하자. 왜냐하면 우리는 이기적으로 태어났기 때문이다"[3]라고 분명하게 답했다. 출간된 지 40년이 지난 뒤 영국 대중은 《이기적 유전자》를 역대 가장 영향력 있는 과학책으로 선정했다.[4] 하지만 수많은 독자들은 책의 결론에 이르면 곧바로 의기소침해진다. 다음은 어느 독자의 글이다. "이 책은 인간 본성에 대해 대단히 비관적인 관점을 제시한다. [……] 하지만 나는 이를 반박할 어떠한 주장도 제시할 수 없다. 이런 책은 읽지 않았더라면 더 좋았을 것이다."[5]

그래서 우리는 여기 있다. 호모 사피엔스, 그 잔인하고 오랜 과정의 산물. 지구상에 존재했던 99.9퍼센트의 종이 멸종했지만 우리는 아직 여기 있다. 우리는 이 행성을 정복했고 혹시 다음 대상이 은하수가 될지 누가 알겠는가. 그런데 왜 인간이었을까? 우리의 유전자가 전체 생물 중에서 가장 이기적이기 때문이라고 추정할 수도 있다. 왜냐하면 우리는 강하고 영리하며 야망에 불타고 있기 때문이다. 하지만…… 우리가 정말 그런가? 강하다는 점에서는 전혀 그렇지 않다. 침팬지는 땀 한 방울 흘리지 않고 우리를 완패시킬 수 있다. 황소는 날카로운 뿔 하나로 우리를 쉽게 관통할 수 있다. 우리는 태어날 때 완전히 무력하고 이후에도 계속 허약한 상태이다. 동작도 느리고 심지어 나무 위로 도망치는 데도 그리 능숙하지 못하다.

우리가 너무 영리한 덕분일까? 겉으로만 보면 그렇게 생각할 수도 있다. 호모 사피엔스는 북극의 사우나처럼 엄청난 에너지를 소비하는 거대한 뇌를 가지고 있다. 우리의 뇌는 몸무게의 2퍼센트에 불과하지만 전체 에너지의 20퍼센트를 소비한다.[6] 하지만 우리 인간은 정말 그렇게 똑똑한가? 우리가 어려운 덧셈을 하거나 예쁜 그림을 그릴 수 있는 것은 보통 이 기술을 다른 사람으로부터 배웠기 때문이다. 예를 들어 개인적으로 나는 10까지 셀 수 있다. 확실히 인상적인 능력이다. 하지만 내가 혼자 힘으로 숫자체계를 생각해낼 수 있었을지는 의문이다.

과학자들은 오랫동안 어떤 동물이 자연 상태에서 가장 똑똑한지 알기 위해 노력해왔다. 표준 절차는 우리의 지능을 오랑우탄이나 침팬지 같은 다른 영장류와 비교하는 것이다(일반적으로 인간 피험자는 유아들이다. 다른 사람의 능력을 따라할 시간이 짧기 때문이다). 독일의 한 연구팀이 설계한 38종의 실험 시리즈가 좋은 예로, 이것은 피험자들의 공간 인식, 산술 능력, 추론 능력을 평가하는 내용이다.[7] 다음 쪽의 도표는 그 결과를 보여준다. 그렇다. 유아들의 점수는 동물원의 동물들과 동일하다. 그리고 이는 점점 더 나빠진다. 전통적으로 인간 지능의 초석 중 하나로 간주되던 우리의 작업기억과 정보처리 속도 역시 전혀 유리해 보이지 않는다. 이런 사실은 성인과 침팬지를 비교 평가할 실험방법을 개발한 일본 연구자들에 의해 증명되었다. 피험자들을 숫자 세트(1부터 9까지)가 깜박이는 화면 앞에 앉게 했다. 이 숫자들은 일정한 시간이 지나면(항상 1초보다는 짧다) 흰 사각형으로 바뀌었다. 피험자들은 화면에서 숫자가 나타난 지점을 작은 수부터 큰

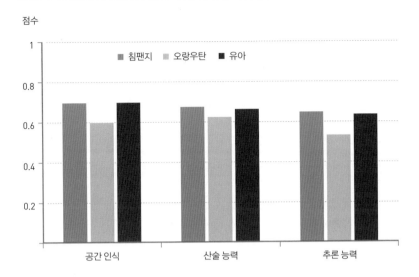

점수

공간 인식　　　　　산술 능력　　　　　추론 능력

■ 침팬지　　■ 오랑우탄　　■ 유아

수의 순서대로 두드리라는 지시를 받았다.

　요약하자면 사람팀이 침팬지팀을 이길 것처럼 보였다. 하지만 연구자들이 실험을 더 어렵게 만들자(숫자를 더 빨리 사라지게 만들었다) 침팬지들이 앞서 나갔다. 이 그룹의 아인슈타인은 아유무Ayumu였는데, 다른 참가자들보다 빠르고 실수도 적었다.[8] 아유무는 침팬지였다. 순수한 뇌의 능력만으로 보자면 인간은 우리의 털이 많은 사촌들보다 더 우수하지 않다. 그렇다면 우리는 우리의 거대한 뇌를 어떤 용도로 사용하고 있는 것일까?

　아마도 우리는 더 교활할지도 모른다. 이것이 바로 '마키아벨리적 지능' 가설의 핵심으로, 《군주론》(1513)의 저자인 이탈리아의 르네상스 철학자

니콜로 마키아벨리의 이름을 딴 것이다. 마키아벨리는 통치자를 위한 이 안내서에서 권력을 유지하려면 거짓말과 속임수를 직조하라고 조언한다. 이 가설의 신봉자들에 따르면 이것이 바로 우리가 수백만 년 동안 해온 일, 즉 서로를 속이기 위해 점점 더 창의적인 방법을 고안하는 것이다. 그리고 거짓말을 하는 것은 진실보다 더 많은 인지 능력이 필요하기 때문에 우리의 뇌는 냉전시대 구소련과 미국의 핵무기처럼 점점 더 커졌다. 이런 정신적 군비 경쟁의 결과는 슬기로운^{sapien} 거대 두뇌이다.

만일 이 가설이 사실이라면 상대를 속이는 게임에서 인간이 다른 영장류를 쉽게 이길 것이라고 예상할 수 있다. 하지만 그런 운은 없었다. 수많은 연구 결과에 따르면 이러한 실험에서 침팬지가 우리를 능가하며 인간은 형편없는 거짓말쟁이라는 것을 보여준다.[9] 뿐만 아니라 우리는 다른 사람을 신뢰하는 성향이 있는데, 사기꾼들이 자신의 특성을 속일 수 있는 이유가 여기에 있다.[10] 이는 호모 사피엔스의 또 다른 특이한 습성과 관련이 있다. 마키아벨리는 고전이 된 저서에서 결코 자신의 감정을 드러내지 말라고 충고한다. 또한 그는 포커페이스를 유지하는 데 힘쓰라고 조언한다. 수치심은 아무 쓸모가 없다. 목표는 수단과 방법을 가리지 않고 승리하는 데 있다. 하지만 뻔뻔한 자만이 승리한다면 인간은 어째서 동물의 왕국에서 얼굴을 붉히는 유일한 종이란 말인가?

찰스 다윈은 얼굴을 붉히는 특성은 "모든 표정 중에서 가장 특이하고 가장 인간적"이라고 이야기했다. 그는 이런 현상이 일반적인지 알고 싶어서 자신과 친분이 있는 외국의 관련 인사 모두에게 편지를 보냈고 선교사, 상인, 식민지 관료들도 조사했다.[11] 모든 이들이 얼굴을 붉힌다고 답했다. 하지만 왜일까? 왜 얼굴을 붉히는 현상은 진화 과정에서 사라지지 않았을까?

생존과 진화의 조건

1856년 8월 독일의 쾰른 북쪽에 있는 석회암 채석장에서 두 명의 인부가 일생일대의 발견을 했다. 지구상에서 가장 많은 논란을 일으킨 생물 중 하나의 골격을 발견한 것이다. 이런 사실을 그들이 인식했던 것은 아니다. 곰이나 하이에나 등의 오래된 뼈는 이들이 일하는 작업장에서 흔히 나오는 것으로 대부분 다른 쓰레기와 함께 버려진다. 그러나 이번에는 그들의 감독관이 쓰레기장에 널려 있는 유해에 관심을 가졌다. 감독관은 동굴곰의 유해일지도 모른다고 생각하고 이것을 지역 고등학교의 과학 교사인 요한 플로트Johann Fuhlrott에게 선물로 보내기로 했다. 넷플릭스 이전 시대의 많은 사람들이 그랬던 것처럼 플로트 역시 열렬한 화석 수집가였다.

플로트는 유해들을 보자마자 평범한 뼈가 아니라는 사실을 깨달았다. 처음에 그는 이 골격이 인간의 것이라고 생각했지만 뭔가 맞지 않았다. 두개골이 이상했다. 앞쪽으로 기울어져 있는 데다 길쭉했으며, 눈썹뼈가 특히 튀어나왔고 코가 너무 컸다. 그 주에 지역 신문들은 네안데르 계곡에서 '납작머리 인종'이 발견되었다는 놀라운 소식을 보도했다. 본대학의 헤르만 샤프하우젠Hermann Schaaffhausen 교수가 해당 기사를 읽고 플로트에게 연락을 취했다. 아마추어와 전문가인 두 사람은 만남을 약속하고 서로의 노트를 교환했다. 몇 시간 뒤 두 사람은 합의에 이르렀다. 이 뼈들은 기존의 어느 인종에도 속하지 않는 완전히 다른 인간종이라는 것이다. 플로트는 "이 뼈들은 (노아의) 대홍수 이전의 것이다"라고 공표했다.[12] 연대가 대홍수 이전이라는 말은 신이 지구를 물에 잠기게 만들기 전에 살았던 존재의 유골이란 의미가 된다.

당시 이 같은 결론이 얼마나 충격적이었는지는 말로 다 설명하기 어렵다. 완전한 이단이었다. 플로트와 샤프하우젠이 '라인강 하류 지역 과학 및 의학협회' 모임에서 자신들이 발견한 내용을 발표하자 학식 있는 회원들은 대경실색하며 이를 불신했다.[13] 해부학 교수 한 명은 터무니없는 말이라며 이것은 나폴레옹전쟁에서 죽은 러시아 코사크(카자흐스탄) 기병의 유골이라고 소리를 질렀다. 또 다른 사람은 허튼소리라며 질병으로 인해 머리가 기형으로 변한 '불쌍한 바보나 은둔자'의 유골이라고 주장했다.[14]

하지만 그 이후 점점 더 많은 뼈가 나타났다. 유럽 전역의 박물관들이 자신들의 수장고에 보관되어 있는 기다란 두개골을 더 많이 가지고 나왔다. 처음에는 기형이라고 무시당했지만 이제는 달라졌다. 이것이 실제로 완전히 다른 인간종일 수 있다는 사실을 과학자들이 깨닫기 시작한 것이다. 오래지 않아 누군가가 여기에 '호모 스투피두스Homo stupidus (멍청한 인간)'라는 별명을 붙였다.[15] 한 저명한 해부학자의 상세한 설명에 따르면 이 종의 "생각과 욕구는 결코 짐승 이상의 수준이었던 적이 없다."[16] 과학 연감에는 좀 더 교묘한 분류법이 기록되어 있다. 화석이 발견된 계곡의 이름을 따서 '네안데르탈인'Homo neanderthalensis(네안데르 계곡의 사람 - 옮긴이)'이라고 명명한 것이다.

오늘날 네안데르탈인의 대중적인 이미지는 멍청한 무지렁이인데 그이유를 짐작하는 것은 그리 어렵지 않다. 우리는 얼마 전까지만 해도 우리 종이 다른 종류의 인간과 지구를 공유했다는 불편한 사실을 직시해야한다. 과학자들은 5만 년 전에 우리 이외에도 최소 5종의 호미닌이 살았다고 확정지었다. 호모 에렉투스Homo erectus(곧선사람), 호모 플로레시엔시스Homo floresiensis(플로레스의 인간), 호모 루소넨시스Homo luzonensis(루손섬의 인간), 호모 데니소바Homo denisova(데니소바 동굴의 인간) 그리고 호모 네안데르탈렌시스 모두가 인간이었다. 마치 장박새goldfinch, 멕시코양지니house finch, 피리새bullfinch가 모두 핀치finch(참새목의 작은 새들을 모두 아우르는 이름 - 옮긴이)이듯 말이다.

그렇다면 과연 이 '납작머리 인종'에게는 무슨 일이 일어났을까? 우리의 사촌인 네안데르탈인에게 우리는 어떤 일을 저질렀는가? 이들은 왜모두 사라졌는가? 우리보다 허약해서? 그 반대로 그들은 시금치를 먹은뽀빠이 같은 이두박근을 가진 근육질 남성의 원형이었다. 이보다 중요한것은 그들이 강건했다는 점이다. 이는 1990년대 두 명의 미국 고고학자가 수많은 네안데르탈인의 뼈 골절을 상세히 분석한 뒤 확인한 내용이다. 이로 인해 그들은 대형 동물과의 '폭력적 만남violent encounters'이 잦은 현대

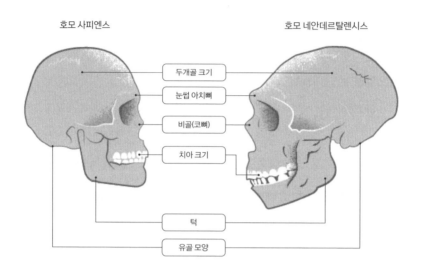

호모 사피엔스와 호모 네안데르탈렌시스의 유골 비교

호모 사피엔스   호모 네안데르탈렌시스

| 두개골 크기 |
| 눈썹 아치뼈 |
| 비골(코뼈) |
| 치아 크기 |
| 턱 |
| 유골 모양 |

의 직업군, 즉 로데오 선수들과 유사점이 있었다.

농담이 아니라 이들 고고학자는 프로 로데오 선수협회와 접촉했다. 1980년대 협회 회원들이 등록한 부상은 2,593건이었다.[17] 이 자료를 네안데르탈인의 것과 비교하자 놀라운 유사성이 발견되었다. 차이점은 단 하나, 네안데르탈인은 날뛰는 야생마를 타고 소에게 로프를 던지는 것이 아니라 매머드와 검치호에게 창을 던졌다.[18] 만약 그들이 우리보다 허약하지 않았다면 우리보다 머리가 더 나빴던 것일까? 여기서 상황은 좀 더 고통스러워진다. 네안데르탈인의 뇌는 오늘날 우리의 뇌보다 평균 15퍼센트 더 컸다. 1,500세제곱센티미터에서 1,300세제곱센티미터이다. 우리는 거대한 뇌를 자랑하지만 네안데르탈인의 뇌는 초거대하다. 우리가 맥북 에어를 가졌다면 그들은 맥북 프로를 소유했다.

과학자들이 네안데르탈인에 대한 새로운 발견을 계속하면서 이 종은 놀라울 정도로 지능이 높았다는 의견이 점점 증가하고 있다.[19] 그들은 불을 피우고 음식을 익혀 먹었으며 의복, 악기, 보석, 동굴벽화를 만들었다. 심지어 우리가 모종의 석기들을 포함한 일부 발명품과 죽은 사람을 매장하는 풍습까지 네안데르탈인으로부터 빌려왔음을 시사하는 발견도 찾아볼 수 있다. 그런데 무슨 일일까? 네안데르탈인은 커다란 뇌와 강인한 체력, 두 차례의 빙하기에서 살아남을 수 있는 능력을 가지고 있었음에도 왜 지구상에서 사라졌을까? 20만 년 이상 버티었는데 호모 사피엔스가 등장한 직후 네안데르탈인이 멸종한 이유는 무엇이었을까?

여기에는 훨씬 더 불길한 최종 가설이 있다. 만일 우리가 네안데르탈인보다 더욱 강하거나 용감하거나 똑똑하지 않은 대신 아마 우리가 더 사악했을지도 모른다. 이스라엘의 역사학자 유발 하라리^{Yuval Harari}는 "사피엔스가 네안데르탈인과 만났을 때 그 결과는 아마도 역사상 최초이자 가장 중요한 인종 청소 캠페인이 일어났을 것이다"라고 추측했다.[20] 퓰리처상을 수상한 지리학자 재러드 다이아몬드^{Jared Diamond}도 같은 의견이다. "살인자들은 정황 증거가 이보다 부족한 경우에도 유죄판결을 받아왔다."[21]

야생 은여우 길들이기

그것이 사실일까? 우리가 호미닌 사촌들을 쓸어버린 것일까? 세월이 빠르게 지나 1958년 봄이 되자 모스크바국립대학 생물학과 학생인 류드밀라 트루트Lyudmila Trut는 드미트리 벨랴예프Dmitri Belyaev 교수의 방문을 두드렸다. 동물학자이자 유전학자인 벨랴예프 교수는 야심찬 새로운 연구 프로그램을 수행할 사람을 찾고 있었다. 류드밀라는 아직 학부생이었지만 그 일을 하기로 결심했다.[22] 교수는 친절하고 예의 발랐다. 구소련 과학계가 대체로 여성에 대해 우호적이지 않던 시절 드미트리는 류드밀라를 동료로서 대우했고, 자신의 비밀 계획에 그녀를 합류시키기로 결정했다.

이 계획에 따르면 그녀는 교수가 실험을 시작하는 카자흐스탄 및 몽골과 인접한 국경 부근의 외진 시베리아로 떠나야 했다. 드미트리는 류드밀라에게 신중히 생각한 뒤 동참하라고 주의를 주었다. 왜냐하면 위험한 모험이었기 때문이다. 당시 공산주의 정권은 진화론을 자본주의가 선전하는 거짓말로 낙인을 찍었고 모든 종류의 유전학적 연구를 금지했다. 10년 전 유전학자였던 드미트리의 형은 처형당했다. 이 같은 이유로 연구팀은 이 실험을 값비싼 여우 가죽에 관한 연구라고 외부에 발표할 예정이었다. 실제로는 완전히 다른 것이었다. 몇 년 뒤 류드밀라는 "그는 나에게 자신은 여우를 개로 만들고 싶다고 했다"고 회상했다.[23]

이 젊은 과학자는 자신이 대단한 탐구의 시작에 동의했다는 사실을 깨닫지 못했다. 드미트리 벨랴예프와 류드밀라 트루트는 인류의 기원을 밝혀낼 예정이었다. 그들은 매우 다른 질문을 출발점으로 삼았다. 어떻게 하면 사나운 포식자를 친근한 애완동물로 바꿀 수 있을까? 100년 전 찰스 다윈이 이미 길들여진 동물들, 즉 돼지, 토끼, 양 같은 가축화된 동물은 몇 가지 뚜렷한 유사점을 보인다고 지적한 바 있다. 먼저 이 동물들은 야생의 조상에 비해 몸집이 약간 작다. 또한 더 작은 뇌와 이빨을 가지고 있으며, 흔히 늘어진 귀와 돌돌 말린 꼬리, 흰 털이나 흰 반점을 지녔다. 아마도 여기서 가장 흥미로운 점은 모종의 미성숙한 특질을 평생 지닌다는 사실이다.

이는 드미트리가 오랫동안 당혹해하던 문제였다. 가축화된 동물들은 왜 지금과 같은 모습이 된 것일까? 예로부터 그 오랜 세월 동안 수많은 농부들은 왜 꼬리가 돌돌 말리고 귀가 처지고 아기 얼굴을 한 강아지나 새끼 돼지를 선호했을까? 그리고 왜 이런 특질들을 위해 품종을 개량한 것일까? 이 구소련의 유전학자는 급진적인 가설을 가지고 있었다. 그는 이런 귀여운 특질들이 다른 어떤 것의 부산물에 불과할지도 모른다고 추측했다. 매우 오랜 기간 동안 동물이 하나의 특정한 자질을 위해 지속적으로 선택될 경우 유기적으로 발생하는 변형은 바로 사람과의 친화성이라는 것이다.

그래서 드미트리는 다음과 같은 계획을 세웠다. 자연이 수천 년에 걸쳐 이룬 일을 20년 안에 재현한다는 내용이다. 그는 가장 온순한 개체만을 선택해 사육하는 방법을 통해서 야생동물을 애완동물로 만들고자 했다. 그는 시험 대상으로 은여우를 선택했다. 은여우는 결코 길들여지지 않고 지나치게 공격적인 동물이어서, 연구자들은 팔꿈치까지 이어지는 5센티미터 두께의 장갑을 끼어야만 여우를 다룰 수 있었다. 드미트리는 류드밀라에게 실험은 몇 년 어쩌면 평생이 걸릴지도 모르며, 아무 성과도 없이 끝날 가능성이 매우 높다면서 큰 기대는 하지 말라고 경고했다. 하지만 류드밀라는 두 번 생각할 필요도 없었다. 불과 몇 주 뒤 그녀는 시베리아 횡단열차에 몸을 실었다.

드미트리가 계약한 여우 사육 농장은 거대한 규모였다. 수천 개의 우리에서 울부짖는 소리가 울려 퍼지고 있었다. 류드밀라는 책에서 은여우의 행동에 대해 많은 내용을 읽었지만 실제로 대면해 겪게 될 엄청난 흉포함에 대한 준비는 되어 있지 않았다. 그녀는 첫 주에 모든 우리를 돌며 진단하는 것으로 실험을 시작했다. 보호장갑을 낀 그녀는 동물들이 어떻게 반응하는지 살펴보기 위해 우리 안으로 손을 집어넣었다. 류드밀라는 조금이라도 머뭇거리는 기색이 느껴지면 그 여우를 선택해 번식시켰다. 돌이켜보면 이 모든 일이 얼마나 빨리 일어났는지 놀라울 뿐이다.

1964년 류드밀라는 4세대 여우들을 대상으로 실험하던 중 처음으로 꼬리를 흔드는 개체를 발견했다. 류드밀라와 그녀의 연구팀은 그러한 행동들이 실제로 자연선택의 결과임을(그리고 획득형질도 아님을) 확신히 하기 위해 이들 동물들과의 접촉을 최소화했다. 하지만 그렇게 하기는 점점 더 어려워졌다. 몇 세대 지나지 않아 여우들은 말 그대로 관심을 갈구하고 있었다. 그리고 어느 누가 침을 흘리며 꼬리를 흔드는 새끼 여우를 못 본

체할 수 있겠는가? 야생 여우는 생후 약 8주가 지나 성체가 되면 급격히 공격적이 된다. 하지만 류드밀라가 선택적으로 번식시킨 여우들은 영원히 청소년기에 머물러 있었다. 온종일 노는 것에만 열중했다. 훗날 류드밀라는 "길들인 여우들은 성체가 되는 임무를 거부하는 것처럼 보였다"고 기록했다.[24]

한편 신체에도 뚜렷한 변화가 나타났다. 여우의 귀가 아래로 처지고 꼬리가 말리며 털에 반점이 나타났다. 주둥이는 짧아졌으며 뼈는 더 가늘어지고 수컷은 점점 더 암컷을 닮아갔다. 심지어 개처럼 짖기 시작했다. 또한 얼마 지나지 않아 사육사들이 이름을 부르면 반응을 보였다. 이는 이전까지 여우에게서 결코 본 적이 없는 행동이었다. 기억해둘 것은 이런 특징 중 어느 것도 류드밀라가 선택하지 않았다는 사실이다. 그녀의 유일한 기준은 친밀감이었다. 다른 모든 특징은 그저 부산물에 지나지 않았다.

이 실험이 시작된 지 20년이 지난 1978년 구소련에서는 많은 변화가 있었다. 생물학자들은 더 이상 자신들의 연구를 숨길 필요가 없었다. 진화론은 자본주의자들의 음모가 아니었고, 공산당국은 이제 구소련 과학을 부흥시키는 데 앞장서고 있었다. 그해 8월 드미트리는 모스크바에서 유전학 국제학술대회를 주최했다. 참가자들은 6,000명을 수용할 수 있는 크렘린궁전에서 환대를 받았다. 샴페인은 넘쳐났으며 캐비아는 굴러다녔다. 하지만 그 어느 것도 드미트리의 이야기만큼 회원들에게 깊은 인상을 주지 못했다. 간단한 소개 후 조명이 어두워지고 비디오가 상영되기 시작했다. 화면에서는 은여우가 꼬리를 흔드는 등 실제로 있을 법하지 않은 존재가 튀어나왔다. 객석에서는 합창처럼 탄성이 터져 나왔고, 조명이 다시 켜진 뒤에도 흥분한 사람들의 떠드는 소리는 한참 계속되었다.

하지만 드미트리는 아직 모든 것을 보여준 것이 아니었다. 그는 비디오 상영 직후 자신의 혁명적인 아이디어를 제시했다. 순한 여우는 스트레스 호르몬을 덜 분비했고, 세로토닌('행복 호르몬')과 옥시토신('사랑 호르몬')을 더 많이 분비했다. 드미트리는 발표를 마무리하며 마지막으로 이런 현상은 여우에게만 해당되는 것이 아니라고 덧붙였다. 이 이론은 "당연히 인간에게도 적용될 수 있다."[25]

돌이켜보면 이것은 역사적인 발언이었다. 리처드 도킨스가 이기적 유전자에 관한 베스트셀러를 출간한 지 2년 뒤 사람들은 '이기적인 존재로 태어났다'고 결론지었는데, 여기 무명의 구소련 유전학자가 그 반대의 주장을 펼친 것이다. 드미트리 벨랴예프의 이론에 따르면 사람은 길들여진 유인원이다. 가장 친화적이고 성품 좋은 사람들이 더 많은 자식을 갖는 현상이 수만 년 동안 지속되었다는 것이다. 한마디로 우리 종의 진화는 '가장 우호적인 자의 생존'에 근거를 두고 있다.

만일 드미트리의 주장이 맞다면 우리 몸은 이 이론을 증명할 단서를 가지고 있어야 한다. 돼지나 토끼, 이제는 은여우처럼 인간은 점점 더 덩치가 작고 귀여워졌어야 한다. 드미트리는 자신의 가설을 검증할 방법이 없었지만 그 이후 과학은 발전했다. 2014년 미국의 연구팀이 지난 20만 년

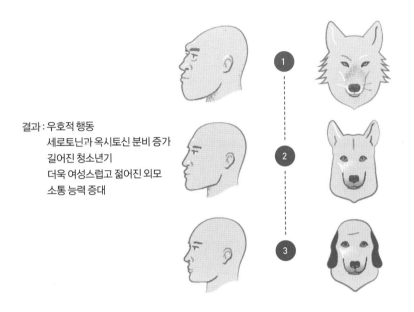

결과 : 우호적 행동
세로토닌가 옥시토신 분비 증가
길어진 청소년기
더욱 여성스럽고 젊어진 외모
소통 능력 증대

동안 다양한 기간의 인간 두개골이 어떻게 변화했는지 관찰한 결과 분명한 패턴을 추적할 수 있었다.[26] 그들은 우리의 얼굴과 몸이 상당히 (윤곽이) 부드러워지고 더 젊어졌으며 여성스러워졌다는 사실을 발견했다. 우리의 뇌는 최소 10퍼센트 줄어들었고, 치아와 턱뼈는 해부학 전문용어로 표현하면 **유형진화**幼形進化(성체가 되어서도 유생 시기의 형질이 남게 되는 계통발생적 변화-옮긴이)했다. 쉬운 말로 어린아이 같아졌다.

우리의 머리를 네안데르탈인과 비교하면 그 차이는 더욱 뚜렷해진다.

우리의 두개골은 뒷부분이 덜 튀어나와 더 짧고 더 둥글며 눈썹뼈(안와상융기)가 덜 돌출되어 있다. 우리와 네안데르탈인의 관계는 개와 늑대의 관계와 같다.[27] 다 자란 개가 아기 늑대와 비슷해 보이듯, 인간은 아기 원숭이와 비슷해 보이는 쪽으로 진화했다. 자, 호모 퍼피Homo puppy(강아지 인간)를 만나보자.

우리 외모의 이 같은 변화는 약 5만 년 전부터 가속화되었다. 흥미롭게도 이것은 네안데르탈인이 사라지고 우리가 더 나은 숫돌, 낚싯줄, 활과 화살, 카누, 동굴벽화 등 새로운 많은 발명품을 고안한 시기와 거의 일치한다. 이 중 어느 것도 진화적으로 타당해 보이지 않는다. 사람들은 더 허약해지고 연약해지고 어린아이 같아졌다. 우리의 뇌는 더 작아졌지만 세상은 더욱 복잡해졌다. 어떻게 그럴 수 있었을까? 그리고 호모 퍼피는 어떻게 세계를 정복할 수 있었을까?

친화성과 지능의 관계

이 같은 질문에 진정한 강아지 전문가보다 누가 더 대답을 잘 할 수 있을까? 1980년대 애틀랜타에서 자란 브라이언 헤어Brian Hare는 개에 미쳐 있었다. 그는 생물학을 전공하기로 결심했지만 생물학자들은 개에 그다지 관심이 없었다. 어쨌든 개는 귀여울지 몰라도 그리 영리하지는 않다.

브라이언은 대학에서 자신의 멘토이자 동료가 될 발달심리학 교수인 마이클 토마셀로Michael Tomasello의 수업을 들었다. 토마셀로의 연구는 개보다 훨씬 더 흥미로운 종으로 평가받는 침팬지에 초점을 맞추고 있었다. 2학년 때 당시 열아홉 살이 된 브라이언은 지능 검사 시행을 도왔는데, 이 검사는 맛있는 간식을 숨겨놓고 피험자에게 그것을 찾도록 힌트를 주는 고전적인 '물체 선택 테스트'였다. 인간인 아기는 쉽게 통과했지만 침팬지는 쩔쩔맸다. 토마셀로 교수와 그의 학생들이 바나나가 숨겨진 곳을 아무리 열심히 가리켜도 유인원들은 아무 단서도 파악하지 못했다. 브라이언은 다음 날에도 하루 종일 손가락질을 하다가 무심코 "내 개가 이것을 할 수 있을 것 같아요"라고 말하자 교수가 빙그레 웃으며 "왜 아니겠어"라고 대답했다. 브라이언은 "아니요, 정말로요. 이 검사를 통과할 수 있다고 확신해요"라고 강하게 말했다.[28]

20년 뒤 브라이언 헤어는 듀크대학에서 진화인류학 교수로 재직 중이다. 그는 일련의 정교한 실험을 통해 개들이 믿을 수 없을 정도로 영리하다는 것을 증명했다. 어떤 경우에는 침팬지보다 훨씬 더 똑똑했다(개의 뇌가 더 작은데도 불구하고). 처음에 과학자들은 이런 현상을 전혀 이해하지 못했다. 어떻게 개가 물체 선택 테스트를 통과할 수 있을 정도로 똑똑할 수 있단 말인가? 개들은 그들의 늑대 조상으로부터 뇌를 물려받지 않은 것이 분명하다. 늑대는 브라이언이 시행한 검사에서 오랑우탄이나 침팬지만큼 낮은 점수를 받았기 때문이다. 개의 지능은 주인의 영향을 받는 것도 아니다. 생후 9주가 되면 테스트를 통과할 수 있기 때문이다.

브라이언의 동료이자 조언자인 영장류학자 리처드 랭엄Richard Wrangham은 다음과 같은 설명을 제시했다. 개의 지능은 말린 꼬리와 늘어진 귀처럼 우연한 부산물로 저절로 생겨날 수 있다. 하지만 브라이언은 포기하지 않았다. 어떻게 사회적 지능 같은 도구적 특성이 우연일 수 있단 말인가? 젊은 생물학자는 그럴 리 없다며 우리 조상들이 가장 똑똑한 개들을 선택해 번식시킨 탓이 아닐까라고 짐작했다. 브라이언이 자신의 짐작을 검증하는 방법은 한 가지밖에 없었다. 시베리아로 여행을 떠나기로 한 것이다. 몇 년 전 그는 여우를 개로 변하게 만든 알려지지 않은 구소련의 유전학자 연구에 대해 읽은 적이 있었다. 2003년 브라이언이 시베리아 횡단열차에서 내릴 무렵 류드밀라와 그녀의 팀은 이미 45대째 여우를 사육하고 있었다. 브라이언은 은여우를 연구하는 최초의 외국인 과학자가 될 터였다.

먼저 그는 물체 선택 테스트부터 시행했다. 만일 그의 가설이 맞다면 온순한 여우와 사나운 여우는 똑같이 테스트에서 실패할 것이다. 드미트리와 류드밀라는 지능이 아닌 친화성을 바탕으로 여우들을 선택해 번식시켰기 때문이다. 만일 브라이언의 조언자 리처드의 말처럼 지능이 친화성의 우연한 부산물이라면 이 경우 선택적으로 사육한 여우들은 이 테스트를 높은 점수로 통과할 것이다. 한마디로 검사 결과는 부산물 이론을 지지했고 브라이언이 틀렸다는 것을 증명했다. 최근 세대의 온순한 여우는 매우 눈치가 빠를 뿐만 아니라 공격적인 여우보다 훨씬 더 똑똑했다. 브라이언의 말에 따르면 "그 여우들은 나의 세계를 완전히 흔들어놓았다."[29]

그때까지 가축화는 지능을 저하시킨다는 가정이 언제나 통용되어왔다. 말 그대로 뇌의 크기를 줄이고 그 과정에서 야생에서 생존하는 데 필요한 기술이 희생된다는 것이었다. 우리는 "여우처럼 교활하고 소처럼 우둔하다"는 케케묵은 경구를 알고 있다. 하지만 브라이언은 완전히 다른 결론에 도달했다. 그는 다음과 같이 이야기했다. "만일 더 영리한 여우를 원한다면 영리함을 선택하지 말라. 친화성을 선택하라."[30]

연결될수록 더 똑똑해진다

이로써 우리는 이 장의 도입부에서 제기한 질문으로 다시 돌아왔다. 인간을 유일한 존재로 만드는 특성은 무엇인가? 우리는 박물관을 지었는데 왜 네안데르탈인은 그 박물관에 전시되어 있는가? 영장류와 유아를 대상으로 한 38가지 실험 결과를 다시 한번 살펴보자. 앞에서 언급하지 않은 것은 피험자들이 사회적 학습 능력이라는 네 번째 기술, 즉 다른 존재로부터 배울 수 있는 능력에 대해서도 평가를 받았다는 점이다. 그리고 이 마지막 테스트의 결과는 몇 가지 점에서 흥미롭다.

다음 쪽 표는 다른 동물에게 없는 인간의 기술을 완벽하게 보여준다. 침팬지와 오랑우탄은 모든 인지 능력 검사에서 인간의 두 살 아기와 동등한 점수를 받았다. 하지만 학습에 관해서는 유아들이 매우 수월하게 이긴다. 대부분의 유아는 100퍼센트, 대부분의 유인원은 0퍼센트의 능력을 보여주고 있다. 인간은 초사회적 학습 기계로, 우리는 배우고 유대감을 형성하며 놀기 위해 태어났다. 그렇다면 인간만이 얼굴을 붉히는 능력을 갖춘

인간과 다른 영장류의 지능 비교

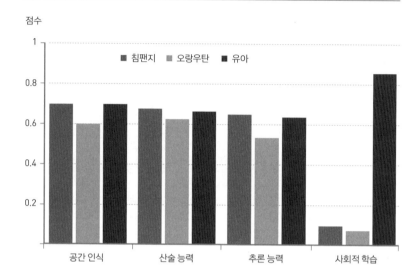

점수

- 침팬지
- 오랑우탄
- 유아

공간 인식 · 산술 능력 · 추론 능력 · 사회적 학습

것은 그리 이상한 일이 아닐 수 있다. 어쨌든 얼굴을 붉히는 것은 전형적인 사회적 행태로 다른 사람들이 어떻게 생각하는지 관심을 갖는다는 사실을 보여준다. 이는 신뢰를 증진시키고 협동을 가능케 한다.

우리가 서로의 눈을 바라볼 때도 이와 비슷한 일이 일어난다. 인간에게는 또 다른 특이한 특징이 있기 때문인데 우리는 눈에 흰자위를 가지고 있다. 이런 특징 덕분에 우리는 다른 사람의 시선이 향하는 곳을 알 수 있다. 200여 종이 넘는 다른 모든 영장류는 눈의 색을 결정하는 멜라닌 색소를 생성한다. 그러므로 선글라스를 착용한 포커플레이어들처럼 그들이 어느 곳을 바라보는지 알 수 없게 한다. 하지만 인간은 그렇지 않다. 우리는 서로에게 비밀이 없다. 누구나 우리가 관심을 가진 대상을 알 수 있다. 만약 우리가 서로의 눈을 바라볼 수 없다면 인간의 우정과 로맨스는 얼마나 달라질지 상상해보라. 서로를 믿을 수 있다는 느낌을 어떻게 가질 수 있을까? 브라이언 헤어의 추측에 따르면 우리의 특이한 눈은 인간이 스스로를 길들인 것에 따른 또 다른 산물이다. 우리는 좀 더 사회적인 동물로 진화하면서 우리는 내면의 생각과 감정을 더 많이 드러내기 시작했다.[31]

여기에 우리의 커다란 눈썹뼈의 높이가 낮아졌다는 사실을 덧붙여보자. 네안데르탈인의 두개골과 살아 있는 침팬지나 오랑우탄에서 볼 수 있는 눈썹뼈와는 차이가 있다. 과학자들의 생각에 따르면 돌출한 눈썹뼈는 의사소통에 장애가 되었을 수도 있다. 인간의 눈썹은 다양하고도 절묘한 방법으로 이용되기 때문이다.[32] 놀라거나 공감하거나 혐오스러운 표정을 지어보면 눈썹이 얼마나 많은 일을 하는지 쉽게 알 수 있다.

한마디로 인간은 포커페이스가 전혀 아니다. 우리는 끊임없이 감정을 노출하는 동물이며 주위 사람들과 관계를 맺는 본능을 가지고 태어난다. 하지만 이것은 장애물이 아니라 우리의 특별한 능력이다. 사교적인 사람들은 함께 있으면 더 즐거울 뿐만 아니라 필경 그들 역시 더 똑똑해지기 때문이다. 이를 개념화하는 가장 좋은 방법은 천재와 모방자의 두 종족이 살고 있는 행성을 상상해보는 것이다. 천재는 매우 뛰어나며 열 명 중 한 명은 인생의 어느 시점에 진정으로 놀라운 것(예를 들면 낚싯대)을 발명한다. 모방자들은 인지 능력이 떨어지기 때문에 스스로 낚시질을 배우는 사람은 천 명 중 한 명뿐이다. 이는 천재가 모방자보다 백 배 더 똑똑하다는 뜻이다. 하지만 천재들에게는 문제가 있다. 그들은 그다지 사교적이지 못하다. 평균적으로 낚싯대를 발명한 천재는 주위에 낚시를 가르칠 수 있는 친구가 한 명밖에 없을 것이다. 모방자에게는 평균 열 명의 친구가 있어 열 배 더 사교적이다.

이제 다른 사람에게 낚시를 가르치는 것이 쉽지 않으며 절반만 성공한다고 가정해보자. 어느 집단이 발명의 이익을 가장 크게 누렸는가? 인류학자 조지프 헨릭이 계산한 답은 다음과 같다. 천재는 다섯 명 중 한 명만이 낚시를 배우고 그중 절반은 스스로 방법을 생각해냈으며 나머지 절반은 다른 사람으로부터 배웠다. 이와 대조적으로 모방자들은 단지 0.1퍼센트만이 스스로 방법을 찾을 수 있었지만 99.9퍼센트는 다른 모방자들을 따라 하기 때문에 낚시를 할 수 있게 되었다.[33]

네안데르탈인은 천재와 비슷하다. 개개인의 뇌는 더 컸지만 집단으로서는 똑똑하지 못했다. 호모 네안데르탈렌시스는 개별 호모 사피엔스보다 더 똑똑했을지도 모른다. 그러나 사피엔스는 더 큰 집단을 이루어 모여 살았고 한 집단에서 다른 집단으로 더 자주 이주했으며, 아마 모방도 더 잘 했을지도 모른다. 네안데르탈인이 초고속 컴퓨터였다면 우리는 구식 PC이지만 와이파이를 이용할 수 있던 셈이다. 우리는 더 느렸지만 더 잘 연결되었다. 일부 과학자들의 이론에 따르면 인간의 언어 발달 역시 사교성의 산물이다.[34] 언어는 모방자들이 스스로 생각하지 않고 서로에게서 배울 수 있는 시스템의 매우 좋은 예이다. 언어는 시간이 지나면서 류드밀라의 여우가 짖기 시작한 것과 거의 같은 방식으로 말하는 인간을 탄생시켰다.

그래서 네안데르탈인에게는 무슨 일이 일어났을까? 호모 퍼피는 결국 이들을 모두 쓸어버렸을까? 이 같은 생각으로 스릴 넘치는 읽을거리나 다큐멘터리를 만들 수는 있지만 이를 뒷받침하는 고고학적 증거는 전혀 없다. 이보다 설득력 있는 이론은 우리 인간이 마지막 빙하기(기원전 11만 5000년 전부터 기원전 1만 5000년 전)의 혹독한 기후에 더 잘 적응할 수 있었다는 것이다. 우리가 함께 일할 수 있는 능력을 개발한 덕분이다.

또한 우울한 책인 《이기적 유전자》는? 이것은 《뉴욕》이라는 잡지에서 '자기중심주의시대$^{mé\ dècade}$'로 칭송되던 1970년대의 사고방식과 맞아떨어진다. 1990년 후반 리처드 도킨스의 열렬한 팬이 도킨스의 아이디어에 대한 자신의 해석을 실천에 옮기기로 결정했다. 이 책은 CEO 제프리 스킬링$^{Jeffrey\ Skilling}$에게 거대 에너지 기업인 엔론^{Enron} 전체를 탐욕의 메커니즘으로 운영하도록 영감을 주었다.

스킬링은 엔론의 업무 평가를 위해 '랭크 앤드 양크$^{Rank\ and\ Yank}$(등급 매겨 쫓아내기)'를 도입했다. 1점을 받은 사람은 최고 실적을 달성했으므로 두둑한 보너스를 받았다. 반면 최하위인 5점을 받은 사람은 시베리아로 유배 가는 집단에 속하게 되고 망신을 당할 뿐 아니라 2주 내로 사내의 다른 자리를 구하지 못하면 해고되었다. 그 결과 직원들 간의 치열한 경쟁이 벌어지는 홉스식의 기업 문화가 탄생했다. 2001년 말 엔론이 대규모 회계 부정을 저질렀다는 뉴스가 보도되었다. 사태가 진정되었을 때 스킬링은 교도소에 수감되어 있었다.

　오늘날 미국의 대기업 중 60퍼센트가 여전히 변형된 랭크 앤드 양크 방식을 운영하고 있다.[35] 언론인 요리스 라위언데이크^Joris Luyendijk^는 2008년 금융위기의 후유증을 겪고 있는 런던의 금융서비스 업계에 대해 "이것은 홉스의 세계이다. 만인이 만인과 투쟁하며, 서로에게 끔찍하고 야만적이며 쌀쌀맞은 관계가 특징이다"라고 평가했다.[36] 직원들이 서로 대립하도록 몰아가는 아마존이나 우버 같은 기업도 마찬가지이다. 익명의 한 직원의 말에 따르면 우버는 "누군가를 죽이지 않고서는 결코 앞으로 나아갈 수 없는 홉스의 정글이다."[37]

　과학은 1970년대 이래 눈부시게 발전했다. 리처드 도킨스는 《이기적 유전자》 후속판에서 인간의 천성이 이기적이라는 기존의 주장을 수정했으며, 그 이론은 생물학자들 사이에서 신뢰를 잃었다. 투쟁과 경쟁이 생명체의 진화에 영향을 미치는 것은 분명하지만 협동이 그보다 훨씬 더 중요하다는 것을 이제 생물학과 1학년이면 누구나 배우게 된다. 이것은 만고의 진리이다. 우리의 먼 조상들은 공동체의 중요성을 알고 있었으며 개인을 우상화하는 일은 드물었다. 가장 추운 툰드라에서 가장 뜨거운 사막에 이르는 세계 모든 곳의 수렵-채집인들은 모든 것이 연결되어 있다고 믿었다. 그들은 자신들을 다른 모든 동물, 식물 그리고 대지와 연결된 훨씬 더 큰 무언가의 일부라고 보았다. 아마 그들은 인간의 조건을 오늘날 우리보다 더 잘 이해하고 있었을 것이다.[38]

그렇다면 고독이 말 그대로 우리를 병들게 할 수 있다는 사실이 놀라운 일인가? 인간과의 접촉이 없으면 하루에 15개비의 담배를 피우는 것과 비슷할까?[39] 애완동물을 키우면 우울증의 위험이 낮아질까?[40] 인간은 연대와 상호작용을 갈망하는 존재이다.[41] 우리의 몸이 음식을 갈망하듯이 우리의 영혼은 유대를 갈망한다. 호모 퍼피가 큰 꿈을 가질 수 있었던 것은 다른 무엇보다도 이 같은 갈망 때문이다. 이 사실을 이해하고 나니 진화라는 개념은 더 이상 우울한 느낌을 주지 않았다. 창조자나 우주 계획 같은 것은 없을지도 모른다. 우리의 존재는 수백만 년 동안 눈을 감고 더듬다가 만난 요행수에 지나지 않을지도 모른다. 하지만 우리는 적어도 혼자가 아니다. 우리에게는 서로가 있다.

Chapter 4

사격을 거부하는 병사들
: 전쟁은 본능이 아니다

1943년 11월 매킨섬 전투에서 병사들은 수적으로 우세한 상황임에도 80퍼센트 이상이 전장의 의무를 거부하고 총을 쏘지 않았다. 경험이 없어서도, 무서워서도 아니었다. 인간이 본능적으로 혐오하는 것은 다름 아닌 폭력이었다.

해결되지 못한 질문

이제 방 안의 코끼리 이야기를 할 때가 되었다. 우리 인간에게도 어두운 면이 있다. 때때로 호모 퍼피는 동물의 왕국에서 전례 없는 끔찍한 일을 저지르곤 한다. 카나리아는 포로수용소를 운영하지 않으며 악어는 가스 처형실을 만들지 않는다. 유사 이래 어느 코알라도 자신의 종족에게 번호를 매겨 가둬놓고 모조리 멸살하려는 충동을 느낀 적은 없다. 이런 범죄를 저지르는 것은 오직 인간뿐이다. 그러므로 호모 퍼피는 특히 친사회적인 동시에 충격적으로 잔인할 수도 있다. 어째서?

이제는 고통스러운 사실을 직면해야만 할 것 같다. 강아지 전문가인 브라이언 헤어는 "우리를 가장 우호적인 종으로 만드는 메커니즘은 또한 지구에서 가장 잔인한 종으로 만들기도 한다"[1]라고 밝혔다. 사람은 사회적 동물이지만 치명적인 단점이 있다. 우리는 우리와 가장 비슷한 사람들에게 더 친밀감을 느낀다. 이 본능은 우리의 DNA에 새겨져 있는 것 같다. 옥시토신 호르몬을 살펴보자. 옥시토신은 분만과 수유에 핵심 역할을 한다. 생물학자들은 이 호르몬이 연애에서도 중요한 역할을 한다는 사실을 처음 발견했을 때 매우 흥분했다. 콧속에 약간의 옥시토신을 뿌린다면 사상 최고의 데이트를 할 수 있을 것이라고 추측한 사람들도 일부 있었다.

이것을 농약 살포 항공기로 대중에게 대량으로 살포하면 될 것이 아닌가? 류드밀라 트루트의 귀여운 시베리아 여우가 높은 수치를 보인 옥시토신은 우리를 더욱 친절하고 점잖으며 느긋하고 평화롭게 만든다. 심지어 최악의 인간을 우호적인 강아지로 바꿀 수도 있다. 옥시토신이 '친절의 우유', '포옹 호르몬'이라는 감정적인 표현으로 흔히 광고되는 이유가여기에 있다. 그러나 2010년 암스테르담대학의 연구원들은 옥시토신의효과가 자신의 그룹에만 한정되는 것 같다는 사실을 발견했다.[2] 이 호르몬은 친구에 대한 애정을 높여줄 뿐만 아니라 낯선 사람에 대한 혐오감도증가시킬 수 있다. 옥시토신은 보편적 동포애를 촉진하지 않는 것으로 밝혀졌다. '우리 편 먼저'라는 감정을 고취하는 것이다.

고결한 야만인을 찾아서

결국 토머스 홉스가 옳았을지도 모른다. 아마 우리의 선사시대는 '만인에대한 만인의 투쟁'이었을지도 모른다. 친구가 아니라 적과의 투쟁에서. 아는 사람이 아니라 모르는 사람과의 전쟁에서. 만일 이것이 사실이라면 지금쯤 고고학자들은 우리의 친략에 대한 수많은 유물을 발견했어야 한다. 그리고 그들의 발굴은 확실히 우리가 전쟁을 하는 천성을 가지고 태어났다는 증거를 이미 밝혀냈어야 할 것이다.

그 최초의 단서는 1924년 어느 광부가 남아프리카공화국 북서부에 있

1부 | 자연 상태의 인간

는 타웅Taung 마을 외곽에서 유인원 같은 작은 개체의 두개골을 캐내면서 발굴되었다. 이 유골은 해부학자인 레이먼드 다트Raymond Dart의 손에 들어 갔다. 그는 이것을 오스트랄로피테쿠스 아프리카누스Australopithecus africanus 라고 밝혔는데, 이는 200만 년 전이나 어쩌면 300만 년 전 지상을 두 발로 걸어다닌 최초의 호미닌 중 하나라는 것이다. 다트는 처음부터 마음이 불편했다. 그는 이 두개골과 우리의 다른 조상들의 뼈를 연구하면서 수많은 손상을 발견했다. 손상된 원인은 무엇일까? 그의 결론은 아름답지 못했다. 다트는 이들 초기 호미닌들이 사냥감을 죽이기 위해 돌과 (코끼리) 어금니와 뿔을 사용했음이 틀림없다고 이야기했다. 그리고 유해의 외관상으로 볼 때 동물들만이 그들의 무기에 희생된 것이 아니었다. 서로를 살해하기도 했다.

레이먼드 다트는 인간을 태생적으로 피에 굶주린 육식동물이라고 간주한 최초의 과학자 중 한 명이 되었다. 그리고 그의 '킬러 유인원 가설killer ape theory'은 전 세계 언론의 헤드라인을 장식했다. 그는 불과 1만 년 전에 농경이 시작되면서 우리가 좀 더 온정적인 식단으로 바뀌게 되었다고 했다. 우리에게는 내면 깊숙한 곳의 진정한 자신을 인정하기를 '꺼려하는 경향이 널리 퍼져' 있다.[3]

다트는 그런 꺼림칙함을 느끼지 않았다. 그는 우리의 가장 오랜 조상은 '확고한 살인자', 즉 "살아 있는 사냥감을 폭력으로 사로잡아 때려죽이고, 부서진 시체를 갈기갈기 찢고, 그 뜨거운 피로 굶주린 갈증을 달래고, 타박상으로 검푸르게 변해 몸부림치는 육체를 탐욕스럽게 뜯어먹는 육식

동물"이라고 했다.[4]

다트가 기반을 닦은 뒤 연구는 보다 활발해졌고, 연구자들은 그의 발자취를 따라갔다. 처음 등장한 사람은 탄자니아에서 인류의 사촌인 침팬지를 연구한 제인 구달Jane Goodall이었다. 침팬지는 오랫동안 평화로운 초식동물로 여겨졌다. 따라서 1974년 구달은 전면적인 침팬지 전쟁이 벌어지는 현장을 목격했을 때 너무나 큰 충격을 받았다. 두 그룹의 침팬지들은 4년 동안 잔인한 싸움을 벌였다. 너무 놀란 구달은 자신의 발견을 오랫동안 비밀로 간직했으며 마침내 그 사실을 세상에 공표하자 많은 사람들은 그녀의 말을 믿지 않았다. 그녀는 침팬지들의 이 잔인한 현장을 다음과 같이 묘사했다. "땅에 쓰러져 코에서 피를 흘리고 있는 상대방의 머리를 받쳐 들고 모여서 그 피를 마시며 사지를 비틀고 이빨로 피부를 물어뜯고 있있다."[5]

1990년대 구달의 제자 중 한 명인 영장류학자 리처드 랭엄(3장에서 강아지 전문가 브라이언 헤어의 조언자로 소개되었던 인물)은 우리의 조상이 침팬지의 한 종류임이 틀림없다고 생각했다. 랭엄은 이들 포식성 영장류에서부터 20세기의 전장에 이르는 계보를 검토하면서 호전성이 바로 우리의 혈관 속을 피처럼 흐르고 있다고 추측했다. 그 결과 "현생인류는 500만 년동안 지속적으로 치명적인 공격을 받아 정신이 멍해진 생존자"가 되었다는 것이다.[6] 무엇이 이 같은 평결을 내리게 만들었을까? 그 이유는 단순하다. 살인자는 살아남고 유약한 자는 죽는다. 침팬지는 불량한 아이들이 학교 운동장에서 저열한 본능을 드러내는 것처럼 무리를 이루어 홀로 떨어져 있는 개체를 급습하는 습성이 있다.

독자들은 잘 알고 있을 것이다. 하지만 이 과학자들은 침팬지를 비롯한 다른 유인원에 대해 이야기한 것이었다고 생각할지도 모른다. 호모 퍼피는 특별한 종이 아닌가? 우리가 세계를 정복한 것은 우리가 상냥하다는 바로 그 이유 때문이 아니었던가? 우리가 여전히 수렵과 채집을 하던 시절의 기록에서는 실제로 무엇이 드러나는가? 초기의 연구가 가리키는 방향은 확실한 것처럼 보였다. 1959년 인류학자 엘리자베스 토머스^{Elizabeth Thomas}는 오늘날까지 칼라하리사막에 살고 있는 !쿵족^{Kung}에 관한《무해한 사람들^{The Harmless People}》이라는 책을 출간했다.[7] 이 책에 담긴 메시지는 1960년대의 시대정신과 일치했다. 인류학에 새로운 세대의 좌파 과학자들이 등장해 우리의 조상을 루소적인 모습으로 치장하기를 간절히 바라던 시대 말이다. 그들은 과거 우리가 어떤 모습으로 살았는지 알고 싶다면 오늘날까지 여전히 수렵과 채집을 하는 유목민들을 자세히 관찰하면 된다고 주장했다.

토머스와 그의 동료들은 정글이나 사바나에서 패싸움이 가끔 일어나기는 했지만 이들 종족의 '전쟁'이란 상대에게 욕을 하는 것에 지나지 않는다는 점을 보여주었다. 가끔 누군가 활을 쏘는 경우도 있었지만 한두 명의 전사가 다치면 부족들은 싸움을 멈추는 것이 보통이었다. 이제 알겠는가? 진보적인 학자들은 루소가 옳았다고 주장했다. 혈거인(동굴에 사는 석기시대 사람 – 옮긴이)은 정말 고결한 야만인이었다. 하지만 히피들에게는 슬프게도 그 반대의 증거가 빠르게 쌓이기 시작했다.

그 후 인류학자들의 보다 집중적인 연구 결과로 인해 킬러 유인원 가설이 수렵-채집인에게도 유효하다는 사실을 발견했다. 그들의 의례적인 전투는 순수해 보일지 모르지만 밤을 틈탄 피비린내 나는 공격, 남녀와 어린이를 가리지 않는 대량학살은 쉽게 해명되지 않는다. 심지어 !쿵족조차도 가까이에서 오랫동안 충분히 관찰해보니 피에 매우 굶주린 것으로 나타났다. 그리고 살인율은 1960년대 !쿵족의 영토가 국가의 통제를 받게되자 급격히 감소했다. 즉 홉스의 《리바이어던》이 법치를 강요하기 위해 등장한 시기이다.[8]

그리고 이것은 단지 시작에 불과했다. 1968년 인류학자 나폴리언 새그넌Napoleon Chagnon은 베네수엘라와 브라질의 야노마미족에 대한 연구 결과를 가지고 나타나 사태를 뒤흔들어놓았다. 제목은 《맹렬한 사람들The Fierce People》로 '만성적인 전쟁 상태'에 있는 사회를 묘사했다. 더욱 심각한 문제는 살인자였던 남성들이 더 많은 아내와 아이를 가졌다는 사실이 밝혀진 것이다. 그렇다면 우리의 핏속에 폭력이 흐르고 있다는 주장이 성립된다.

그러나 이 논쟁은 스티븐 핑커Steven Pinker의 기념비적인 저서 《우리 본성의 선한 천사》가 출간되는 2011년까지 확실히 해결되지 않았다. 이 책은 이미 세계에서 가장 영향력 있는 지식인으로 손꼽히는 심리학자의 대표작이다. 매우 작은 글꼴로 인쇄된 802쪽의 이 벽돌 책은 그래프와 표로 가득 차 있다. 적을 완전히 녹아웃시키는 완벽한 내용이다. 핑커는 "오늘날 우리는 이야기에서 숫자로 전환할 수 있다"고 했다.[9] 그리고 이들 숫자는 스스로를 대변한다. 고고학적 유적지 21곳에서 폭력적인 죽음의 징후를 보이는 유골의 평균 비율은 15퍼센트이다. 오늘날 여전히 채집 중인 8개 부족에서 폭력으로 인한 사망자의 평균 비율은? 14퍼센트. 두 차례의 세계대전을 포함한 20세기의 전체 평균은? 3퍼센트. 오늘날의 평균은? 1퍼센트이다.

핑커는 홉스의 말에 동의한다.[10] 생물학, 인류학, 고고학은 모두 같은 방향을 가리킨다. 인간은 친구들에게 친절할 수 있고 외부인에게는 냉혹할 수 있다. 사실 우리는 지구상에서 전쟁을 가장 좋아하는 존재이다. 다행히 핑커는 독자들을 안심시키며 우리는 '문명이라는 인공물' 덕분에 고귀해졌다고 말한다.[11] 농업, 글쓰기, 국가의 발명은 우리의 고약하고 야만적인 본성에 두꺼운 문명의 옷을 입히고 우리의 공격적인 본능을 통제하는 역할을 해왔다는 것이다. 그가 제시한 모든 통계자료의 무게에 짓눌려 사건은 종결된 것처럼 보였다. 여러 해 동안 나는 스티븐 핑커가 옳으며 루소의 이론은 깨져버렸다고 생각했다. 종국에는 결과가 나왔고 숫자는 거짓말을 하지 않는다. 그 뒤 나는 마셜 대령에 대해 알게 되었다.

완전히 장전된 총들

1943년 11월 22일 태평양의 한 섬에 밤이 찾아왔고 마킨섬 전투가 이제

막 시작되었다. 공격은 계획대로 전개되었는데 무언가 기묘한 일이 발생했다.[12] 대령이자 역사학자인 새뮤얼 마셜Samuel Marshall은 일본 수중에 있는 이 섬을 점령하려는 미군 제1분견대와 동행해 현장을 목격할 수 있었다. 역사학자가 이처럼 현장에 근접한 경우는 매우 드문 일이다. 침공 자체는 실험실 실험과 같이 완전히 격리된 작전이었다. 이는 마셜이 전쟁이 어떻게 진행되는지 실시간으로 관찰할 수 있는 이상적인 기회였다.

그날 병사들은 무더위 속에서 약 5킬로미터를 전진했다. 저녁이 되어 행군을 멈추었을 때는 모두 탈진해 참호를 파고 몸을 숨길 힘도 없었다. 그들은 가까운 거리에 일본군 캠프가 있다는 사실을 깨닫지 못했다. 공격은 해가 진 뒤 시작되었다. 일본군은 미군 진지에 총 11차례의 공격을 시도했다. 이들은 수적으로 열세임에도 불구하고 미군의 방어선을 거의 뚫을 뻔했다. 다음 날 마셜은 무엇이 잘못되었는지 궁금했다. 그는 지도에 있는 깃발을 보거나 장교의 일지를 읽어서 알 수 있는 것에는 한계가 있음을 알고 있었다. 그래서 한 번도 시도한 적이 없는 일을 하기로 결심했다. 역사학계에서는 혁명적인 일이었다. 그날 아침 그는 미군 병사들을 모아 집단으로 인터뷰를 시행했다. 병사들에게 하급자가 상급자에게 반대 의견을 표명할 수 있도록 자유롭게 이야기해달라고 요청했다.

천재적인 발상의 전략이었다. 어느 동료는 나중에 "마셜은 자신이 정확한 전투 보고의 비밀을 발견했음을 거의 즉시 깨달았다. 모든 사람은 퍼즐 맞추기에 끼워 넣어야 할 조각을 기억했다"라고 이야기했다.[13] 이를 통해 대령은 당황스러운 사실을 발견했다. 대부분의 병사들은 총을 쏘지 않

　　　　　　　　　　　　　　　　　　　1부 | 자연 상태의 인간

앉던 것이다. 수 세기 동안 심지어 수천 년 동안 장군과 주지사, 예술가와
시인들은 군인이 싸우는 것을 당연하게 여겼다.

우리 안에 있는 사냥꾼을 불러내는 것이 하나 있다면 그것은 전쟁이다.
전쟁은 우리 인간이 잘하는 일이다. 전쟁에서 우리는 상대를 죽이기 위해
총을 쏜다. 그러나 새뮤얼 마셜 대령이 태평양과 이후 유럽 전선에서 군
인 집단을 계속 인터뷰하면서 발견한 사실은 그들 중 15퍼센트에서 25퍼
센트만이 실제로 무기를 사용했다는 것이다. 중요한 순간에 대다수가 망
설였다. 이런 상황에 좌절한 한 장교는 "젠장! 쏘란 말이야!"라고 소리를
지르며 전선을 오갔다. 그러나 "그들은 내가 지켜보는 동안이나 다른 장
교가 감시하고 있을 때만 총을 쏘았다."[14] 그날 밤 마킨섬의 상황은 '쏘거
나 죽거나'였다. 모든 사람이 살기 위해 싸울 것이라고 기대하는 장면이
었다. 그러나 마셜은 300명이 넘는 병사들로 이루어진 대대에서 실제로
방아쇠를 당긴 사람은 36명뿐이었다는 사실을 확인했다.

경험 부족이었을까? 아니다. 사격할 의지에 관해서는 신참과 숙련된 고
참 사이에 차이가 없는 듯했다. 그리고 총을 발사하지 않은 병사들 중 많
은 수는 훈련 때 명사수였다. 어쩌면 그들은 그냥 공포에 얼어붙었던 것
이 아닐까? 대부분 그렇지 않다. 사격을 하지 않은 병사들은 자신의 자리
에 머물렀는데 이는 그만큼 그들이 위험을 감수했다는 의미이다. 그들은
용감하고 충성스러운 애국자였으며, 전우들을 위해 기꺼이 목숨을 바칠
준비가 되어 있었다. 그러나 실제 상황이 닥쳤을 때 그들은 의무를 회피

했다. 총을 쏘지 못했다.

제2차 세계대전 후 오랫동안 새뮤얼 마셜은 그의 세대에서 가장 존경받는 역사학자 중 한 명이 되었다. 미군은 그의 이야기에 귀를 기울였다. 1946년에 저술한 그의 저서 《사격을 거부하는 남자들Men Against Fire》은 오늘날까지도 여전히 사관학교에서 읽히고 있다. 그는 "평범하고 보통의 건강한 사람[……]은 동료 남성을 죽이는 것에 대해 무의식적인 내면의 저항감을 가지고 있으므로 자신의 의지로는 생명을 빼앗지는 않을 것"이라고 강조했다.[15] 그는 대부분의 사람들이 우리의 정상적인 "정서 구조"의 일부인 "공격에 대한 두려움"을 가지고 있다고 했다.[16]

무슨 일이 일어나고 있었을까? 대령은 어떤 강력한 본능을 발견한 것이었을까? 껍데기 이론이 절정에 이르고 레이먼드 다트의 킬러 유인원 가설이 대유행했을 때 발표된 그의 연구 결과는 받아들이기 어려웠다. 그러나 대령은 자신의 분석이 제2차 세계대전 당시 연합군에게만 국한된 것이 아니라 역사상의 모든 병사에게 적용된다는 직감이 들었다. 트로이의 그리스인에서 베르됭의 독일인에 이르는 모두에게 말이다.

마셜은 평생 동안 뛰어난 명성을 누렸지만 1980년대가 되자 그의 연구에 대한 의혹이 표면화되기 시작했다. 1989년 2월 19일 《뉴욕타임스》는 "대단히 중요한 마셜의 전쟁 관련 저서가 오류라는 공격을 받았다"는 기사를 1면에 실었다. 《아메리칸 헤리티지》 매거진은 마셜이 "모든 것을 만들어냈고" 그룹 인터뷰를 전혀 하지 않았다고 주장하면서 이를 속임수라고까지 했다. 어느 전직 장교는 "그 자는 역사를 왜곡했다. 인간 본성을 이 해하지 못했다"라며 비웃었다.[17]

마셜은 이미 12년 전에 사망해 스스로를 방어할 수 없었다. 그러자 다른 역사학자들은 싸움터, 즉 기록 보관소에 뛰어들어 마셜이 때때로 사실을 왜곡했다는 징후를 발견했다. 그러나 그룹 인터뷰는 정말 실제로 진행되었고 또한 그는 확실히 군인들에게 M1총의 발사 여부를 물었다.[18] 나는 며칠 동안 마셜과 그의 비방자들, 그의 변호자들의 글을 읽은 뒤 더 이상 무엇을 생각해야 할지 몰랐다. 내가 대령이 옳았기를 간절히 열망했을까? 아니면 그가 정말로 무언가를 알아냈을까? 논쟁을 더 깊이 파고들수록 마셜은 더욱 통찰력 있는 사상가로 다가와 나를 놀라게 했다. 그는 뛰어난 통계학자는 아니었지만 예리한 관찰자였음은 분명했다.

중요한 질문은 '마셜을 뒷받침할 추가 증거가 있는가?'이다. 짧게 대답하자면 그렇다. 길게 답하자면 지난 수십 년 동안 마셜 대령이 옳았다는 증거가 쌓여왔다는 것이다. 우선 전선의 동료들은 마셜과 같은 것을 관찰했다. 라이어널 위그램Lionel Wigram 중령은 1943년 시칠리아작전에서 자신이 신뢰할 수 있던 대원이 자기 부대원의 4분의 1을 넘지 못했다고 불평했다.[19] 또한 버나드 몽고메리Bernard Montgomery 장군은 집으로 보낸 편지에서 "우리 영국 남자들의 문제는 그들이 타고난 살인자가 아니라는 점이다"라고 썼다.[20] 나중에 역사학자들이 제2차 세계대전의 참전용사들을 인터뷰했을 때 절반 이상이 사람을 죽이지 않았으며, 대부분의 사상자는 소수의 군인들이 행한 일이었다는 사실을 발견했다.[21] 미 공군에서는 전투기 조종사의 1퍼센트 미만이 40퍼센트에 가까운 적기를 추락시킨 것으로 나타났다.[22] 한 역사학자의 지적에 따르면 대부분의 조종사는 "어느 누구도 격추하지 않았으며 심지어 시도조차 하지 않았다."[23]

　이러한 발견에 자극을 받은 학자들은 다른 전쟁에 대한 가정도 재검토하기 시작했다. 미국 남북전쟁이 한창이던 1863년 게티즈버그 전투가 그런 예이다. 그 후 전장에서 회수된 2만 7,574정의 머스킷 총을 조사한 결과 무려 90퍼센트가 여전히 장전 상태인 것으로 나타났다.[24] 이는 전혀 말이 되지 않았다. 평균적으로 소총수는 총알을 장전하는 데 95퍼센트의 시간을 소비했으며, 발사하는 데 소요된 시간은 5퍼센트에 지나지 않았다. 머스킷 총을 사용하기 위한 준비에 복잡한 단계가 필요했기 때문이다(이로 탄약통을 찢고, 화약을 총열 속으로 붓고, 탄환을 삽입하고, 쑤셔 넣고, 뇌관을 제자리에 놓고, 공이치기를 뒤로 당기고, 방아쇠를 당긴다). 조금도 과장하지 않고 그토록 많은 총이 여전히 완전히 장전되어 있었다는 점은 이상한 일이었다.

　실상은 점점 더 이상해진다. 약 1만 2,000정의 소총이 이중 장전되어 있었고 그중 절반은 삼중 장전되어 있었다. 심지어 총열에 23발의 총알이 들어 있는 경우도 있었다. 병사들은 장교에게 철저한 훈련을 받았다. 머스킷 총은 한 번에 하나의 탄환을 쏘도록 설계되었다는 점을 그들은 모두 알고 있었다. 그래서 그들은 무엇을 하고 있었을까? 오랜 시간 뒤 역사학자들은 총을 장전하는 것이 총을 쏘지 않는 가장 완벽한 변명이라는 사실을 알게 되었다. 이미 장전되어 있으면 다시 장전했다. 그리고 또다시.[25]

　프랑스 군대에서도 비슷한 결과가 나왔다. 1860년대 프랑스 대령 아르당 뒤 피크^{Ardant du Picq}는 휘하의 장교들을 대상으로 상세한 설문조사를 실시했는데, 그 결과 군인들이 전투에 그다지 열성을 보이지 않는다는 사실을 발견했다. 실제로 사격을 할 때 그들은 지나치게 높은 곳을 겨냥했다. 이런 상태는 몇 시간 동안 지속될 수 있었다. 두 군대가 서로의 머리 위로 총을 쏘는 동안 모두가 다른 일을 하기 위한 핑곗거리를 만들었다(탄약 보충, 무기 장전, 엄폐물 찾기 등). 군사 전문가인 데이브 그로스먼^{Dave Grossman}은 "명백한 결론은 대부분의 병사들이 적을 죽이려고 하지 않았다는 것이다"라고 이야기했다.[26]

이 문서를 읽다가 갑자기 내가 좋아하는 작가 한 사람이 똑같은 현상을 서술한 구절이 떠올랐다. "이 전쟁에서 모든 사람은 인간적으로 가능할 때 항상 다른 사람을 놓아주었다." 스페인 내전을 다룬 조지 오웰^{George Orwell}의 역작 《카탈로니아 찬가》에 나오는 글이다.[27] 물론 사상자가 없었다는 의미는 아니다. 그러나 오웰에 따르면 의무실로 가게 된 병사들은 대부분 스스로 부상을 입었다. 사고로 인해서 말이다.

최근 몇 년 동안 마셜 대령의 결론을 뒷받침하는 전문가들의 연구 결과가 이어졌다. 그중에는 사회학자 랜들 콜린스^{Randall Collins}가 있는데, 그는 중상을 입은 병사들의 사진 수백 장을 분석한 뒤 약 13퍼센트에서 18퍼센트만이 그들의 총을 발사한 것으로 추산했다.[28] 콜린스는 "가장 일반적인 증거로 판단할 때 인간에 대한 홉스식 이미지는 경험적으로 잘못되었다. 인간은 [······] 상호 영향을 주면서 함께하도록 태어났으며, 이것은 폭력을 저지르기 매우 어렵게 만드는 요인이다"라고 단언했다.[29]

최초의 인간과 전쟁의 증거

오늘날까지 우리 문화는 인간이 타인에게 고통을 주기 쉽다는 신화에 흠뻑 빠져 있다. 람보와 같은 호전적인 액션 영웅과 끊임없이 싸우는 인디애나 존스를 생각해보라. 영화와 텔레비전은 주먹다짐이 영원히 지속되면서 폭력이 감염처럼 번지는 곳이다. 캐릭터가 발을 헛디뎌 다른 사람에게 넘어지고 그 사람이 실수로 주먹을 날린다. 상황을 알아차리기 전에 이미 우리는 모두와 싸우는 전쟁터 한가운데 서 있다.

그러나 할리우드가 만들어낸 이미지는 포르노가 실제 섹스와 관련이 없는 만큼이나 실제 폭력과도 거의 관련이 없다. 과학에 따르면 실제로 폭력은 전염성이 없고 그리 오래 지속되지 않으며 결코 쉬운 일이 아니다. 나는 마셜 대령의 분석과 후속 연구에 대해 더 많이 접할수록 인간이 호전적이라는 개념을 더욱 의심하기 시작했다. 결국 홉스가 옳았다면 우리 모두는 다른 사람을 죽이는 데 즐거움을 느껴야 한다. 사실 그것은 섹스만큼 짜릿하지는 않지만 깊은 혐오감을 불러일으키지는 않을 것이 확실하다. 반면에 만일 루소가 옳았다면 유목민은 대체로 평화로웠을 것이며, 호모 퍼피가 지구에 거주하는 수만 년 동안 유혈 사태에 대한 우리의 본능적인 반감을 진화시켰을 것이다.

벽돌 책을 저술한 심리학자 스티븐 핑커가 착각한 것일 수 있을까? 내가 이전의 책과 논문에서 열심히 인용한, 선사시대의 전쟁에서 많은 사람들이 살해되었다는 그의 매혹적인 통계가 틀린 것일 수 있을까? 나는 원점으로 돌아가 대중적인 출판물을 피하고 학술 문헌을 더 깊이 파고들었

다. 얼마 뒤 나는 패턴을 발견했다. 과학자가 인간을 살인 영장류로 묘사
했을 때 언론은 그 작업을 빠르게 보도했다. 동료 학자가 그 반대 의견을
주장하면 대부분 아무도 귀를 기울이지 않았다. 이러한 사실은 나를 궁금
하게 만들었다. 우리는 공포와 스펙터클에 매료되는 스스로의 성향에 현
혹되고 있는 것일까? 베스트셀러나 가장 많이 인용된 출판물에서 우리로
하여금 믿게 만드는 내용이 과학적 진실과 완전히 다르다면 어떨까?

  1920년대에 처음 발굴된 오스트랄로피테쿠스 아프리카누스의 유해를
조사한 레이먼드 다트를 다시 살펴보자. 다트는 200만 년 된 이 호미닌의
손상된 뼈를 조사한 뒤 그는 피에 굶주린 육식동물이었음이 틀림없다고
단정지었다. 이 같은 결론은 큰 인기를 끌었다. 킬러 유인원 가설을 통해
수익을 올린 1968년 작품인 오리지널 〈혹성 탈출〉과 〈2001 스페이스 오
디세이〉 같은 영화를 보라. 스탠리 큐브릭 감독은 인터뷰에서 "나는 인간
의 잔인하고 폭력적인 본성에 흥미가 있다"며 "인간 본연의 모습이기 때
문"이라고 확실하게 이야기했다.[30]

  오랜 세월이 지난 뒤 과학자들은 오스트랄로피테쿠스 아프리카누스
유골의 법의학적 분석이 완전히 다른 방향을 가리키고 있다는 사실을 깨
달았다. 현재 전문가들은 유골을 손상시킨 것이 (돌이나 엄니 또는 뿔을 휘두
르는) 다른 호미닌이 아니라 포식동물이라는 데 동의한다. 1924년 레이먼
드 다트가 분석한 두개골의 주인도 마찬가지였다. 2006년에 가해자는 대
형 맹금류라는 새로운 판단이 나왔다.[31]

서로의 사지를 찢는 것으로 알려진 우리의 가까운 친척인 침팬지는 어떤가? 그들은 피에 대한 갈망이 우리의 유전자에 녹아 있다는 살아 있는 증거가 아닌가? 이는 계속해서 논쟁의 쟁점이 되고 있다. 무엇보다도 학자들의 의견이 갈리는 대목은 침팬지가 왜 공격을 가하는지에 관한 것이다. 어떤 사람들은 인간의 간섭 자체가 문제라고 비난한다. 탄자니아의 제인 구달처럼 정기적으로 침팬지에게 바나나를 먹이면 더 공격적인 행동을 유발한다는 것이다. 어쨌든 아무도 이러한 대접받는 기회를 놓치고 싶어 하지 않는다.[32]

이 설명이 처음에는 그럴싸하게 들렸지만 결국 나는 확신하지 못했다. 결론은 50년 동안 18개의 침팬지 그룹에서 수집한 데이터를 제시한 2014년의 대규모 연구에서 나왔다.[33] 어떤 방식으로 침팬지를 관찰해도 연구자들은 침팬지의 수와 인간의 간섭 사이의 연관성을 찾을 수 없었다. 그들은 침팬지는 외부의 자극 없이도 똑같이 야만적인 행동을 할 수 있다고 결론을 내렸다.

다행스럽게도 우리 가계도에서 뻗어나간 가지는 종류가 많다. 예를 들어 고릴라는 훨씬 더 평화롭다. 보노보는 더 낫다. 이 영장류는 약해진 목, 뼈가 가는 손, 작은 이빨을 가졌으며, 하루 종일 놀기를 좋아하고 붙임성이 좋은 데다 결코 완전한 성체로 자라지 않는다. 뭔가 떠오르지 않는가? 물론 생물학자들은 호모 퍼피처럼 보노보가 스스로에게 길들여졌다고 의심한다. 그들의 얼굴은 불가사의할 정도로 인간처럼 보인다.[34] 만약 우리가 평행선을 그리려면 여기에서 시작해야 한다.

그러나 우리의 가장 가까운 친척에 대한 이 열띤 논쟁은 현실과 얼마나 관련이 있을까? 인간은 침팬지도 아니고 보노보도 아니다. 영장류는 모두 200종 이상에 이르며 그들 사이에는 상당한 차이가 있다. 선도적인 영장류학자 로버트 새폴스키Robert Sapolsky는 유인원이 우리 인간 조상에 대해 가르쳐주는 것은 거의 없다고 믿는다. 그는 "이 논쟁은 공허한 것이다"라고 이야기했다.[35]

우리는 홉스와 루소를 사로잡았던 진정한 질문으로 돌아갈 필요가 있다. 최초의 인간은 얼마나 폭력적이었을까? 나는 앞에서 이를 확인하는 두 가지 방법을 언급했다. 첫째, 우리 조상들과 같은 삶을 사는 현대의 수렵-채집인들을 연구하라. 둘째, 오래된 뼈를 발굴하고 조상들이 남긴 다른 유물을 찾아라. 첫 번째 방법부터 시작하자. 역사상 가장 많이 팔린 인류학 책인 《맹렬한 사람들》의 저자 나폴리언 섀그넌은 베네수엘라와 브라질의 야노마미족들이 전쟁을 즐기고, 살인자 야노마미족의 남성은 평화주의자(섀그넌의 표현은 '빙충이wimps'였다[36])보다 3배나 많은 자식을 낳았다고 기록했다.

그러나 그의 연구를 얼마나 신뢰할 수 있을까? 현재 과학계의 합의된 견해에 따르면 오늘날 여전히 수렵과 채집 생활을 하고 있는 대부분의 부족이 우리 조상이 어떻게 살았는지를 대표하지 않는다는 것이다. 그들은 문명사회에 귀를 기울이고, 농업 전문가 및 도시인과 자주 접촉한다. 인류학자들이 그들 주변을 어슬렁거리며 따라다녔다는 사실은 그 자체로 연구 집단을 '오염'시킨 것이다(덧붙이자면 야노마미족보다 더 '오염된' 부족은 드물다. 섀그넌은 도움의 대가로 그들에게 도끼와 벌채용 칼을 나눠준 뒤 그들이 극도로 폭력적이라고 결론지었다).[37]

또한 살인범이 평화주의자보다 더 많은 자식을 낳았다는 섀그넌의 주장은 어떨까? 말 그대로 앞뒤가 맞지 않는다. 그가 두 가지 심각한 실수를 저질렀기 때문이다. 첫째, 그는 나이를 수정하는 것을 잊었다. 그의 데이터베이스에 있는 살인자들은 '빙충이들'보다 평균 열 살 더 나이가 많았다. 서른다섯 살이 스물다섯 살보다 자식이 더 많다는 사실에 크게 놀라운 점은 없다. 또 다른 근본적인 오류는 섀그넌이 아직 살아 있는 살인자의 자손만 계산했다는 것이다. 그는 다른 사람을 살해하는 사람들이 종종 보복을 당한다는 사실, 즉 복수를 무시했다. 이러한 사례들을 무시한다면 당첨자만 보고 복권을 사는 것이 이득이 된다고 주장할 수도 있을 터이다.[38]

인류학자가 방문한 뒤 야노마미족은 그들의 어휘에 새로운 단어를 추가했다. 문화인류학자[Anthro]. 정의는? "매우 불안한 기질과 커다란 기벽을 지닌 강력한 비인간."[39] 1995년 이 특정 인류[Anthro]는 야노마미족 영토로의 귀환이 금지되었다.

섀그넌의 베스트셀러는 무시하는 것이 가장 좋다. 이는 분명한 일이다. 그러나 우리는 여전히 우리의 폭력성에 대한 권위 있는 증거로서 심리학자 스티븐 핑커의 800쪽이 넘는 증언과 이를 뒷받침하는 모든 그래프와 표를 가지고 있다. 핑커는 《우리 본성의 선한 천사》에서 원시사회 8곳의

1부 | 자연 상태의 인간

평균 살인율을 계산해 14퍼센트라는 놀라운 결과를 도출해냈다. 이 수치는 《사이언스》를 비롯한 권위 있는 저널에 실렸으며, 신문과 텔레비전에서는 이를 끊임없이 반복해 보도했다. 그러나 다른 과학자들이 살펴본 바에 따르면 그의 자료에는 몇 가지가 뒤섞여 있었다.

이것은 약간 기술적인 내용일 수 있지만 그가 어디에서 잘못을 범했는지 우리는 이해해야 한다. 우리가 궁금한 질문은 오늘날 아직도 사냥과 채집하는 사람들 중 어떤 부류가 5만 년 전에 인간이 살았던 방식을 대표하는가이다. 어쨌든 우리는 인류 역사의 95퍼센트 동안 유목민이었으며, 상대적으로 평등한 소규모 무리를 지어 세계를 돌아다녔다. 핑커는 혼성 문화에만 거의 대부분 집중하는 쪽을 선택했다. 이들은 사냥과 채집을 하는 사람들이지만 또한 말을 타거나 정착지에서 함께 살거나 한편으로는 농사를 짓는 사람들이었다. 이러한 활동은 모두 비교적 최근에 이루어졌다. 인간은 1만 년 전까지 농사를 시작하지 않았고, 말은 5000년 전까지 길들여지지 않았다. 우리의 먼 조상이 5만 년 전에 어떻게 살았는지 알고 싶다면 말을 기르고 작은 채소밭을 가꾸는 사람들의 행태를 추정하는 것은 말이 되지 않는다.

설사 우리가 핑커의 방법에 동의하더라도 자료에는 여전히 문제가 남아 있다. 핑커에 따르면 파라과이의 아체족^{Aché}(그의 목록에 있는 종족 1) 사망자 중 30퍼센트와 베네수엘라와 콜롬비아의 히위족^{Hiwi}(종족 3) 사망자의 21퍼센트는 전쟁의 희생자라고 한다. 이 결과만 보면 사람들은 피를 갈구하고 있는 것 같다. 그러나 인류학자 더글러스 프라이^{Douglas Fry}는 이를 의심하고 자료의 근원을 살폈다. 그 결과 핑커가 아체족의 '전쟁 사망자'로 분류한 46건의 사례 모두가 실제로는 '파라과이인이 쏜 총에 맞음'으로 분류된 부족의 구성원과 관련이 있다는 사실이 드러났다. 아체족은 사실 서로를 죽이는 것이 아니라 "노예상인에게 끊임없이 쫓기고 파라과이 개척자들에게 공격을 당했다"고 원래의 근본 자료에 기술되어 있는 반면, 그들은 "자신들보다 더 강력한 이웃과 평화로운 관계를 희망한다"는 것이다. 히위족도 마찬가지였다. 핑커가 전쟁 사망자로 열거한 모든 남녀와 어린이는 1968년 현지의 목축업자에 의해 살해된 이들이었다.[40]

확고부동한 살인율은 바로 이것이다. 이 유목민들은 습관적으로 서로를 학살하는 것과는 거리가 멀었고, 선진 무기를 휘두르는 '문명화된' 농부들의 희생자일 뿐이었다. 더글러스 프라이는 "막대 도표와 숫자 표[……]는 과학적 객관성의 분위기를 전달한다. 그러나 이 경우는 모두가 환상이다"라고 밝혔다.[41]

그렇다면 현대 인류학에서 우리는 무엇을 배울 수 있을까? 정착지도 농사도 말도 없는 사회, 즉 우리가 한때 어떻게 살았는지 모델이 될 수 있는 사회를 살펴보면 어떨까? 당신이 짐작한 것이 맞다. 이러한 유형의 사회를 연구해보면 전쟁이 드물다는 사실을 알게 된다. 2013년 더글러스 프라이는 《사이언스》 저널을 위해 편찬된 대표적인 부족 목록을 바탕으로 유목민과 수렵-채집인들은 폭력을 피한다고 결론을 내렸다.[42] 유목민들은 자신의 갈등을 대화로 해결하거나 그냥 다음 계곡으로 이동했을 것이다. 이는 '아타섬'의 소년들 이야기처럼 들린다. 그들은 화가 나면 섬의 반대편으로 가서 화를 가라앉히곤 했다.

그리고 또 하나, 인류학자들은 오랫동안 선사시대의 사회관계망이 좁았다고 가정해왔다. 선사시대인들은 30, 40명의 친척들과 함께 정글을 헤맸으며 다른 집단과의 만남은 즉시 전쟁으로 이어졌다는 것이다. 그러나 2011년 미국의 인류학자팀은 알래스카의 누나무이트^{Nunamuit}에서부터 스리랑카의 베다^{Vedda}에 이르기까지 전 세계 원시사회 32곳의 사회관계망을 지도로 만든 결과 지역의 유목민들이 대단히 사회적이라는 사실이 밝혀졌다. 그들은 끊임없이 함께 모여서 먹고, 파티를 하고, 노래하고, 다른 집단 사람들과 결혼을 한다.

사실 유목민들은 30명에서 40명 정도의 소규모 팀을 이루어 채집을 하지만 이 집단은 주로 가족이 아닌 친구로 구성되며 계속해서 집단 간 구성원을 교환한다. 그 결과 수렵-채집인들은 방대한 규모의 사회관계망을 가지고 있다. 2014년 연구 결과에 따르면 파라과이의 아체족과 탄자니아의 하드자^{Hadza}족의 경우 평균적인 부족 구성원은 평생 동안 무려 1,000명 정도를 만난다.⁴³

요컨대 보통의 선사시대 인간이 커다란 친구 집단을 가지고 있다고 생각할 만한 충분한 이유가 있다. 계속해서 새로운 사람들을 만나는 것은 계속해서 새로운 것을 배우는 것을 의미했고, 오직 그럴 때에만 우리는 네안데르탈인보다 더 똑똑해질 수 있었다.⁴⁴

초기 인류의 공격성에 대한 의문을 해결하는 또 다른 방법이 있다. 바로 발굴이다. 고고학적 증거는 홉스와 루소 사이의 논쟁을 해결하기 위한 최선의 희망을 제공할 수 있다. 왜냐하면 화석 기록은 부족들과는 달리 연구자들에 의해 '오염'될 수 없기 때문이다. 하지만 한 가지 문제가 있다. 수렵-채집인들은 짐을 별로 가지고 다니지 않았다는 점이다. 그들은 가진 것이 많지 않았고 따라서 많은 것을 남기지 않았다.

다행히도 중요한 예외가 있다. 동굴벽화이다. 우리의 자연 상태가 홉스가 이야기하는 '만인에 대한 만인의 투쟁'이었다면 이 시기의 어느 시점에 누군가가 그런 그림을 남겼을 것이라고 예상할 수 있다. 그러나 그런 그림은 결코 발견되지 않았다. 이 시기에 제작된 들소, 말, 가젤 사냥에 관한 동굴벽화가 수천 점이나 있지만 전쟁을 묘사한 그림은 단 하나도 없다.[45] 그렇다면 고대 유골은 어떨까? 스티븐 핑커는 평균 살인율이 15퍼센트인 21건의 발굴을 인용했다. 하지만 마찬가지로 여기에서도 핑커의 목록은 약간 엉망이다. 21곳의 유적지 중 20곳은 농사를 짓고 말을 길들인 이후 또는 정착지가 생겨난 이후의 것으로 보아 완전히 최근의 유적이다.

그렇다면 농사를 짓고 말을 타고 정착된 사회에서 생활하기 이전의 초기 전쟁에 대한 고고학적 증거는 얼마나 될까? 전쟁이 우리의 본성이라는 증거가 얼마나 될까? 거의 없다. 현재까지 400여 곳의 유적지에서 발굴된 약 3,000개의 호모 사피엔스 유골은 우리의 '자연 상태'에 대해 알려줄 만큼 충분히 오래되었다.[46] 이들 유적지를 연구한 과학자들은 선사시대에 전쟁이 있었다는 설득력 있는 증거를 전혀 찾지 못하고 있다.[47] 그런데 후기에 이르면 이야기는 달라진다. 유명한 인류학자인 브라이언 퍼거슨Brian Ferguson은 이야기한다. "전쟁의 기원을 한없이 거슬러 올라갈 수는 없지만 시작이 있었다."[48]

Chapter 5

×

문명의 저주
: 권력자가 만들어낸 상상

정착지와 사유재산의 출현은 인류 역사에 새로운 시대를 열었다. 1퍼센트가 99퍼센트를 억압하기 시작했고, 달변가는 지휘관에서 장군으로 그리고 족장에서 왕으로 등진했다. 자유, 평등, 형제애의 시대는 끝났다.

수렵-채집인의 사회

장 자크 루소가 옳은 것일까? 인간은 천성적으로 고귀하고, 문명이 등장할 때까지 우리 모두는 잘 지내고 있었을까? 나는 확실히 그렇다는 인상을 받기 시작했다. 1492년 한 여행자가 바하마 해변에 도착해 기록한 내용을 살펴보자. 그는 주민들이 너무나 평화로운 것에 놀랐다. "그들은 무기를 들지 않았으며 무기 자체를 전혀 알지 못했다. 나는 그들에게 칼을 보여주었고…… [그들은] 무지한 탓에 칼에 베이고 말았다." 이로 인해 그는 아이디어가 떠올랐다. "그들은 훌륭한 하인이 될 것이다. …… 우리가 50명만 있으면 그들 모두를 정복하고 우리가 원하는 것은 무엇이든 행하게 만들 수 있다."[1]

문제의 방문자 크리스토퍼 콜럼버스는 시간을 낭비하지 않고 자신의 계획을 실행에 옮겼다. 이듬해 그는 17척의 배와 1,500명의 병사를 데리고 돌아와 대서양 횡단 노예무역을 시작했다. 반세기가 지나자 남아 있는 카리브해 연안 인구는 원래 인구의 1퍼센트에도 미치지 못하게 되었다. 나머지는 질병과 노예화의 공포에 스러졌다. 소위 야만인들에게 이러한 '문명화된' 식민지 개척자들을 만나는 것은 꽤 충격적이었을 것이다. 어떤 사람들에게는 한 사람이 다른 사람을 납치하거나 죽일 수 있다는 생각 자체가 크게 낯설 수도 있다. 이것이 과장처럼 들린다면 오늘날에도 여전히 살인을 상상조차 할 수 없는 곳이 있다는 사실을 생각해보라.

예를 들어 태평양의 이팔리크Ifalik라고 불리는 작은 환초섬이 있다. 제2차 세계대전 이후 미 해군은 이팔리크 사람들과 친선을 도모하기 위해 할리우드 영화 몇 편을 상영했다. 섬 주민들이 본 것은 평생 듣도 보도 못한 끔찍한 장면이었다. 화면의 폭력은 의심할 줄 모르는 원주민들을 끔찍하게 괴롭혔고, 일부 사람들은 며칠 동안 앓아 누울 정도였다. 몇 년 뒤 어느 인류학자가 이팔리크의 현장 연구를 하기 위해 그곳에 도착했을 때 원주민들은 그에게 "그게 사실인가요?"라고 반복해서 물었다. 정말 미국에 다른 사람을 죽인 사람들이 있느냐는 질문이었다.[2]

인류 역사의 중심에는 이 미스터리가 자리 잡고 있다. 폭력에 대한 본능적인 혐오감이 우리 내면 깊숙이 자리 잡고 있다면 어디에서 잘못되었을까? 만약 전쟁이 시작된다면 무엇이 이를 촉발했을까? 첫째, 선사시대의 삶을 살펴볼 때의 주의사항으로 우리는 조상들에 대해 너무 낭만적인 그림을 그리지 않도록 경계해야 한다. 인간은 천사였던 적이 없다. 시기, 분노, 증오는 항상 피해를 준 오래된 감정이다. 또한 우리의 원시시대에는 원한도 들끓고 있었을 수도 있다. 그리고 엄밀히 이야기하면 호모 퍼피는 만일 우리가 드물게 공격을 감행하지 않았다면 세상을 정복하지 못했을 것이다.

150

이 마지막 요점을 이해하려면 선사시대의 정치에 대해 알아야 한다. 기본적으로 우리 조상들은 불평등에 알레르기가 있었다. 결정은 집단의 권한이며 구성원 모두가 발언권을 가지고 오랜 시간 숙고한 끝에 내려졌다. 미국의 한 인류학자가 무려 339건의 현장 연구를 바탕으로 확증한 사실에 따르면 "떠돌이 수렵-채집인들은 일반적으로—그리고 거의 강박적으로—타인의 권위로부터 자유로워지는 데 관심을 갖는다."[3] 사람들 사이의 권력 차이는—만약 유목민들이 이를 조금이라도 용인한다면—일시적이었으며 도움이 되었다. 지도자는 지식이 더 풍부하거나 기술이 뛰어났거나 카리스마가 있었다. 즉 그들은 주어진 과업을 완수할 수 있는 능력이 있었다. 과학자들은 이것을 '성과에 기반한 불평등'이라고 부른다.

동시에 이 사회는 구성원들을 겸손하게 유지하기 위해 수치심이라는 단순한 무기를 사용했다. 캐나다의 인류학자 리처드 리$^{Richard Lee}$는 칼라하리사막의 !쿵족과 함께 생활한 자신의 경험을 통해 수치심이 우리 조상들 사이에서 어떻게 작용했는지를 보여준다. 다음은 성공적인 사냥꾼이 어떻게 행동해야 하는지에 대한 부족의 설명이다. "그는 다른 사람이 그의 불가에 와서 '오늘 뭘 봤어?'라고 먼저 물을 때까지 조용히 앉아 있어야 한다. 그는 '아, 난 사냥을 잘 못해요. 아무것도 보지 못했어요. …… 아마 아주 작은 것을 본 것도 같아요'라고 조용히 대답한다. 나는 혼자 미소를 지었다. 그가 '큰 것'을 죽였다는 것을 이제는 알기 때문이다."[4]

내 말을 오해하지 말기 바란다. 자존심은 오랜 세월 존재해왔으며 탐욕도 마찬가지이다. 그러나 수천 년 동안 호모 퍼피는 이러한 경향을 없애기 위해 최선을 다했다. !쿵족의 일원은 다음과 같이 이야기했다. "우리는 자랑하는 사람을 거부한다. 언젠가는 그의 자존심이 누군가를 죽일 것이기 때문이다. 그래서 우리는 항상 그가 잡은 고기를 쓸모없다고 말한다. 이런 식으로 우리는 그의 마음을 가라앉히고 온화하게 만든다."[5]

또한 수렵-채집인들 사이에서의 금기사항은 쌓아놓기와 몰래 숨겨놓기였다. 우리는 역사의 대부분 동안 물건이 아니라 우정을 쌓았다. 이에 대해 유럽 탐험가들은 언제나 대경실색했다. 그들은 자신들이 만난 사람들의 너그러움에 불신을 나타냈다. 콜럼버스는 자신의 일지에 "당신이 그들에게 가진 것을 달라고 요구하면 결코 거절하지 않는다. 반대로 그들은 어느 누구와도 나누겠다고 제안한다"[6]라고 기록했다.

물론 공정한 공유 정신을 따르기를 거부하는 사람들은 항상 존재했다. 그러나 너무 오만하거나 탐욕을 부리는 사람들은 추방될 위험이 있었다. 그래도 효과가 없다면 마지막 해결책이 하나 있었다. !쿵 부족원 사이에서 발생한 다음 사건을 살펴보자. 여기서 주요 인물은 점점 통제가 어려워지고 이미 두 사람을 죽인 구성원 /튀Twi이다. 부족은 지쳤다. "그들은 그가 고슴도치처럼 될 때까지 모두 독화살로 그를 쏘았다. 그리고 그가 죽은 뒤 모든 남자와 여자는 시체 가까이 다가가 창으로 찔렀다. 그의 죽음에 대한 책임을 상징적으로 공유한 것이다."[7] 인류학자들은 부족들이 우월 콤플렉스를 키운 구성원들을 제압했던 선사시대에 이 같은 개입이 때때로 일어났을 것이라고 생각한다. 이것은 우리 인간이 스스로를 길들

인 방법 중 하나였다. 공격적인 성격은 번식의 기회가 적었고, 상냥한 성격은 후손이 더 많았다.[8]

인류 역사에서 대부분의 기간 동안 남성과 여성은 어느 정도 동등했다. 우리의 남자 조상은 아마도 마초(남성우월주의자)가 아니었을 것이다. 몽둥이로 때리고 화를 내며 가슴을 두드리는 고릴라 같은 원시인에 대한 우리의 고정관념과는 다르다는 말이다. 이보다는 페미니스트의 초기 모형과 더 비슷하다. 과학자들은 남녀평등이 호모 사피엔스를 네안데르탈인과 같은 다른 호미닌보다 우세하게 만들어준 핵심 장점이었을 것이라고 생각한다. 현장 연구에 따르면 남성이 지배하는 사회에서 남성은 대부분 형제 및 남성 사촌과 어울린다. 이와는 대조적으로 권위가 여성과 공유되는 사회에서는 사람들이 보다 다양한 사회관계망을 갖는 경향이 있다.[9] 3장에서 살펴본 것처럼 사람은 친구가 많을수록 궁극적으로 더 똑똑해진다.

성평등은 육아에서도 나타났다. 원시사회의 남성은 오늘날의 많은 아버지들보다 아이들과 더 오랜 시간을 보냈다.[10] 양육은 부족 전체의 공동 책임이었다. 유아는 모든 사람들에 의해 양육되었고 때로는 다른 여성이 모유를 먹이기도 했다. 한 인류학자는 "이런 초기 경험은 다음과 같은 현상이 왜 일어나는지를 설명하는 데 도움이 된다. 수렵 및 채집 사회의 아이들은 세계를 '주는 장소'로 여기는 작업 모델을 가지게 되는 경향이 있다"라고 이야기했다.[11] 현대의 부모는 아이들에게 낯선 사람과 이야기하지 말라고 경고하지만 선사시대에 우리는 신뢰를 기반으로 양육되었다.

또 한 가지 더, 수렵-채집인들도 그들의 연애 생활에 대해 꽤 느긋했다는 뚜렷한 징후가 있다. '연속적 일부일처제'는 일부 생물학자들이 오늘날의 우리를 묘사하는 방식이다. 평생 파트너가 평균 2, 3명이고, 여성이 선택권을 가진 탄자니아의 하드자족을 예로 들어보자.[12] 또는 여성이 평생 동안 평균 12명의 남편을 두는 파라과이의 산에 거주하는 아체족을 생각해볼 수 있다.[13] 잠재적인 아버지들의 이처럼 거대한 네트워크는 모두 자녀 양육에 참여할 수 있기 때문에 도움이 될 수 있다.[14]

17세기의 한 선교사가 이누[nnu] 부족(지금의 캐나다)의 일원에게 외도의 위험성에 대해 경고했을 때 그는 이렇게 대답했다. "당신은 지각이 없다. 프랑스 사람들은 자기 자식만을 사랑한다. 그러나 우리 모두는 우리 부족의 모든 자녀를 사랑한다."[15]

지도자의 탄생

나는 우리 조상들이 어떻게 살았는지에 대해 더 많이 알게 될수록 더 많은 의문이 생겼다. 우리가 한때 자유와 평등의 세계에 살았다는 것이 사실이라면 우리는 왜 그런 세상을 떠났을까? 유목민 떠돌이 수렵-채집인이 횡포한 지도자를 문제없이 제거할 수 있다면 왜 지금은 그럴 수 없어 보이는가? 이제 그들 없이는 현대사회가 생존할 수 없게 되었다는 것이 통상적인 설명이다. 지리학자인 재러드 다이아몬드가 이야기했듯이 "결정을 내리는 지도자 없이는 큰 집단이 기능을 제대로 발휘할 수 없기" 때문에 국가와 다국적기업에는 왕이나 대통령, CEO가 필요하다.[16] 이 이론은 의심할 여지없이 많은 관리자와 군주의 귀에 완벽히 그럴듯하게 들리는 음악이다. 감독이 꼭두각시의 줄을 당기지 않는다면 어떻게 사원과 피라미드와 도시를 지을 수 있었단 말인가?

그러나 역사는 엄격한 계층 구조 없이 처음부터 사원과 심지어 도시 전체를 건설한 사회의 많은 예를 보여준다. 1995년 고고학자들은 터키 남부에서 무게가 각 20톤이 넘는 아름다운 조각 기둥으로 이루어진 거대한 사원 단지를 발굴하기 시작했다. 영국의 스톤헨지와 다른 점은 훨씬 더 인상적이라는 사실이다. 연구원들은 기둥의 연대가 측정되었을 때 이 단지가 1만 1000년이 넘었다는 사실에 놀랐다. 이는 (왕이나 관료가 지배하는) 농업사회에 의해 건설되기에는 너무 이른 시기였다. 그리고 실제로 고고학자들은 농업의 흔적도 찾을 수 없었다. 이 거대한 구조물은 유목민들의 작품이어야 했다.[17]

괴베클리 테페Göbekli Tepe(터키어로 '배불뚝이 언덕')는 세계에서 가장 오래된 사원으로 학자들이 집단 작업 사건collective work event이라고 일컫는 사례이기도 하다. 사원을 건설하기 위해 수천 명의 사람들이 힘을 합쳤으며, 순례자들이 돕기 위해 각지에서 몰려왔다. 사원이 완성되자 구운 가젤(고고학자들은 수천 개의 가젤 뼈를 발견했다)의 향연과 함께 성대한 축하 행사가 열렸다. 이와 같은 건축물은 한 족장의 자아실현을 위해 세워진 것이 아니라 사람들을 하나로 모으는 데 그 목적이 있었다.[18] 사실 선사시대에 개인이 가끔 권력을 잡았다는 단서가 있는데, 1955년 모스크바에서 북쪽으로 약

201킬로미터 떨어진 숭기르에서 발견된 화려한 무덤이 그 좋은 예이다. 이 유적은 윤이 나는 매머드 엄니를 깎아서 만든 팔찌, 여우 이빨로 만든 머리 장식, 수천 개의 상아 구슬을 자랑했다. 모두 3만 년 된 물건들이다. 이와 같은 무덤은 우리가 피라미드나 성당을 짓기 훨씬 전에 왕자와 공주 같은 이들의 마지막 안식처였을 것이다.[19]

그럼에도 불구하고 이러한 유적은 수백 킬로미터 떨어져 있는 소수의 매장지에 불과할 정도로 매우 드물다. 요즘 과학자들은 통치자가 권력을 잡은 드문 경우에 체제는 곧 무너졌다는 가설을 내세우고 있다.[20] 수만 년 동안 우리는 잘난 체하는 사람을 모두 쓰러뜨리는 효율적인 방법, 즉 유머, 비웃음, 뒷담화 등을 가지고 있었다. 만일 이것들이 작동하지 않으면 뒤에서 활을 쏘면 된다. 그러다 돌연 이 시스템이 작동을 멈췄다. 통치자들은 갑자기 자리를 공고히 하고 권력을 유지하는 데 간신히 성공했다. 다시 질문으로 이어진다. 왜?

정주와 사유재산의 출현

일이 어디서부터 잘못되기 시작했는지 이해하려면 우리는 1만 5000년 전 마지막 빙하기의 말기로 거슬러 올라가야 한다. 그때까지 지구에는 정주인이 거의 없었으며 사람들은 추위를 피하기 위해 무리를 이루었다. 생존을 위한 투쟁이라기보다는 서로를 따뜻하게 지켜주는 '생존을 위한 끌어안기'였다.[21] 그 후 기후가 바뀌어 서쪽의 나일강과 동쪽의 티그리스강

사이의 지역이 젖과 꿀이 흐르는 땅으로 변했다. 여기서 생존은 더 이상 비바람에 맞서 무리를 이루는 일에 좌우되지 않았다. 많은 식량이 공급되었으므로 한곳에 머무르는 것이 합리적이었다. 오두막과 사원이 지어지고 소도시와 마을이 형성되었으며 인구가 증가했다.[22]

더욱 중요한 것은 사람들의 소유물이 늘어났다는 점이다. 루소라면 이것에 대해 무엇이라고 이야기했을까? "하나의 땅덩어리에 울타리를 친 뒤 '이건 내 거야'라고 말하기로 결심한 최초의 인물." 여기서부터 모든 일이 잘못되기 시작했다. 땅이나 동물 심지어 다른 인간까지 누군가의 소유물이 될 수 있다고 사람들을 믿게 만드는 것은 쉽지 않을 터이다. 어쨌든 수렵-채집인들은 거의 모든 것을 공유했다.[23] 그리고 소유권이라는 새로운 관행이 생겼다는 것은 불평등이 커지기 시작했음을 의미했다. 누군가가 죽으면 그의 소유물은 다음 세대로 이어졌다. 상속이 시작되자 빈부 격차가 벌어졌다.

흥미로운 점은 마지막 빙하기가 끝나고 이 특정 시점에 전쟁이 처음 발생했다는 사실이다. 고고학적 연구 결과에 따르면 사람들이 한곳에 정착하기 시작했을 때 최초의 군사 요새를 건설했다. 또한 이 시기는 궁수들이 서로를 공격하기 위해 달려드는 장면을 묘사한 최초의 동굴벽화가 나타났을 때이기도 하고, 이 무렵의 수많은 유골들에 폭력에 의한 부상의 흔적이 분명하게 남아 있는 것으로 밝혀졌다.[24]

어쩌다 이렇게 되었을까? 학자들은 최소한 두 가지 원인이 있다고 생각한다. 첫째, 이제 우리에게는 땅을 비롯해 지켜야 할 소유물이 생겼다. 둘째, 정착민의 삶은 낯선 사람에 대한 불신을 낳았다. 수렵과 채집하는 유목민들은 상당히 여유로운 가입정책을 가지고 있었다. 즉 항상 새로운 사람들과 함께 고개를 넘어 다른 집단에 쉽게 합류할 수 있었다.[25] 반면 마을 사람들은 자신의 공동체와 소유물에 점점 더 집중하게 되었다. 코스모폴리탄이었던 호모 퍼피는 외국인 혐오자로 변했다.

우리가 외부인들과 무리를 이루는 경우 가장 큰 이유 중 하나는 역설적이게도 전쟁을 일으키기 위해서였다. 집단은 다른 집단의 공격을 방어하기 위해 동맹을 맺기 시작했다. 전장에서 자신의 패기를 입증한 카리스마 넘치는 지도자들이 등장했다. 새로운 갈등이 생길 때마다 그들의 지위는 더욱 공고해졌다. 세월이 흐르면서 이 장군들은 자신들의 권위에 집착하게 되었고 심지어 평상시에도 과거와 달리 이를 포기하지 않았다. 장군들은 강제로 불러나는 것이 일반적이었다. 한 역사학자는 "영구적인 왕권으로 도약하는 데 실패한 벼락출세자들이 수천 명 존재했을 것"이라고 지적한다.[26]

그러나 개입이 너무 늦었을 때도 있었는데, 장군이 이미 자신을 보호할 수 있는 추종자들을 충분히 갖추고 있는 경우였다. 이런 통치자가 지배하는 사회는 전쟁에 더 집착하게 되었다. '전쟁'이라는 현상을 이해하려면 지휘자들을 살펴보아야 한다. 장군과 왕, 대통령과 고문, 즉 이들은 전쟁이 힘과 명성을 드높인다는 사실을 알고 있는 리바이어던들이다.[27] 예언자 사무엘이 이스라엘 백성에게 왕을 받아들이는 일의 위험성에 대해 경고한 구약성경을 생각해보라. 이는 성경에서 가장 선견지명이 있고 불길한 구절 중 하나이다.

너희들 위에 군림할 왕의 길은 이러할 것이다. 그는 너희의 아들들을 데려가 전차(병거)병으로 임명하고, 그의 기수가 되어 자신의 전차 앞에서 달리게 할 것이다. 그리고 그는 자신을 위해 천인대장과 50인대장을 임명할 것이며, 일부에게는 땅을 갈고 수확을 거두며 전쟁 도구와 병거 장비를 만들게 할 것이다. 너희의 딸들은 조향사, 요리사, 제빵사로 데려갈 것이다. 그는 너희의 밭과 포도원과 올리브 과수원에서 가장 좋은 것을 가져다가 그의 종들에게 줄 것이다. 그는 너희의 곡식과 포도원에서 10분의 1을 취하여 그의 장교와 종들에게 줄 것이다. 그는 너희의 남성 종과 여성 종과 가장 좋은 청년들과 당나귀들을 데려다가 그의 일을 맡길 것이다. 그는 너희가 가진 양의 10분의 1을 취하고 너희는 그의 노예가 될 것이다.

정착지와 사유재산의 출현은 인류 역사에 새로운 시대를 열었다. 1퍼센트가 99퍼센트를 억압하기 시작했고, 달변가는 지휘관에서 장군으로 그리고 족장에서 왕으로 등진했다. 자유, 평등, 형제애의 시대는 끝났다.

유목시대의 종말과 국가의 탄생

최근의 이 같은 고고학적 발견에 대한 내용을 읽은 나의 생각은 장 자크 루소에게로 돌아갔다. 자칭 '현실적인' 작가들은 그를 순진한 낭만주의자로 너무 자주 무시했다. 하지만 결국 루소가 진정한 현실주의자인 것처럼 보이기 시작했다. 이 프랑스 철학자는 문명의 발전에 대한 개념을 거부했다. 루소는 오늘날에도 여전히 학교에서 가르치고 있는 내용, 즉 우리가 항상 서로의 머리통을 박살내고 꿀꿀거리는 원시인으로 출발했다는 생각을 거부했다. 마침내 우리에게 평화, 안전, 번영을 가져다준 것은 농업과 사유재산이라는 생각, 그리고 지속된 굶주림과 싸움에 지친 우리 조상들이 농업과 사유재산이라는 선물을 기꺼이 받아들였다는 인식 또한 거부했다.

루소는 이보다 더 진실에서 멀어진 발상은 있을 수 없다고 믿었다. 그는 우리가 한곳에 정착한 뒤에 비로소 망가지기 시작했다고 생각했는데 오늘날 고고학이 이를 증명하고 있다. 그는 농업의 발명을 하나의 큰 실패로 보았다. 이 사실에 대해서도 우리는 이제 풍부한 과학적 증거를 가지고 있다. 먼저 첫 번째로 인류학자들은 수렵-채집인들이 일주일에 평균 20시간에서 30시간 일하면서 매우 편안한 삶을 살았다는 사실을 발견했다. 그렇게 하지 못할 이유가 어디 있겠는가. 자연은 그들에게 필요한 모든 것을 제공했다. 휴식을 취하고, 서로 어울리고, 유대를 맺을 시간을 주었다.

이와 대조적으로 농부들은 들판에서 땀을 흘려야 했다. 땅을 일구는 삶에는 여가 시간이 거의 없었다. 고통 없이는 곡물도 없었다. 일부 신학자들은 에덴동산의 추방 이야기가 체계적인 농업으로의 전환을 암시한다고까지 의심하기도 한다. '창세기 3장'에서 냉정하게 묘사한 바와 같이 "너희는 이마에 땀을 흘리고 나서야 빵을 먹을 수 있을 것이다."[28]

정착 생활은 특히 여성에게 큰 피해를 주었다. 사유재산과 농업의 부상은 원시 페미니즘의 시대를 종식시켰다. 아들들은 땅과 가축을 돌보라는 아버지의 계획을 받아들였으며, 이는 이제 가족 농장을 위해 신부를 사와야(매매혼 – 옮긴이)함을 의미했다. 수 세기 동안 결혼 적령기의 딸들은 소나 양 같은 물물교환용 상품에 불과한 수준으로 추락했다.[29] 그들의 새로운 집안에서 이 신부들은 의심을 받았으며, 아들이라는 선물을 낳은 뒤에야 비로소 어느 정도 지위를 인정받았다. 합법적인 아들을 말이다. 여성의 처녀성에 대한 집착이 생긴 것은 우연이 아니다. 원하는 대로 자유롭게 오갈 수 있었던 선사시대 여성과 달리 이제 그들은 옷으로 꽁꽁 싸매야 했고 사슬에 매여야 했다. 가부장제가 탄생한 것이다.

상황은 계속 악화되었다. 정착한 농부들이 유목민들만큼 건강하지 않다고 한 루소의 말은 다시 한번 옳았다. 유목민으로서 우리는 운동도 많이 하고 비타민과 섬유질이 풍부한 다양한 식단을 즐겼다. 하지만 농부로서 우리는 아침, 점심, 저녁 매끼마다 단조로운 곡물 메뉴를 먹기 시작했다.[30] 또한 우리는 더 좁은 구역에서 우리가 버린 쓰레기 근처에서 살기 시작했다. 우리는 소와 염소 같은 동물들을 길들여 우유를 마시기 시작했는데, 이는 마을을 박테리아와 바이러스를 변이시키는 거대한 배양 접시로 만들었다.[31]

루소는 "시민사회의 역사를 따라가면서 우리는 인간의 질병에 대해서도 이야기할 것이다"라고 했다.[32] 홍역, 천연두, 결핵, 매독, 말라리아, 콜레라, 페스트 같은 전염병은 우리가 유목 생활에서 농업으로 전향하기 전까지는 전혀 들어본 적이 없었다. 그렇다면 이 전염병들은 어디에서 왔을까? 우리가 새로 길들인 가축, 더 구체적으로는 그들의 미생물로부터 전해졌다. 우리는 소를 통해 홍역에 걸리고, 독감은 인간과 돼지, 오리 사이의 미생물이 모두 한곳에 사는 삼자 동거에서 발생하며 지금도 새로운 변종이 끊임없이 출현 중이다.

성병도 마찬가지이다. 유목시대에는 사실상 없던 질병이 목축을 하면서 만연하기 시작했다. 왜? 그 이유는 좀 창피하다. 인간이 가축을 기르기 시작하면서 수간도 이루어졌다. 즉 동물과 성행위를 했다. 세상이 점점 불안해지자 특이한 농부는 은밀히 자신의 양떼와 강제로 성행위를 했다.[33] 그리고 이것이 남성이 여성의 처녀성에 집착하게 된 두 번째 이유이다. 합법적인 자손이라는 문제 이외에도 성병에 대한 두려움도 있었던 것이다. 하렘 전체를 손안에 넣고 있던 왕과 황제는 섹스 파트너의 '순수'함을 지키기 위해 많은 노력을 기울였다. 여기서부터 혼전 성관계는 죄악이라는 생각이 나타났고 오늘날까지도 수백만 명이 이를 지지하고 있다.

인류는 한곳에 정착하면서 기근, 홍수, 전염병 등 끝없는 재난과 맞서 싸우게 되었다. 단 한 번의 수확 실패나 치명적인 바이러스는 인구 전체를 소멸시키기에 충분했다. 호모 퍼피에게 이것은 당황스러운 사건이었

1부 | 자연 상태의 인간

음에 틀림없었다. 왜 이런 일이 일어났을까? 배후에 누가 있었을까? 학자들이 동의하는 바에 따르면 사람들은 아마도 항상 신과 영혼을 믿었을 것이다.[34] 그러나 우리의 유목민 조상의 신들은 단순한 인간의 삶에 관심이 별로 없었을 뿐만 아니라 그들의 규칙 위반을 처벌하는 데도 마찬가지였다. 유목민의 종교는 탄자니아의 하드자 유목민들과 여러 해를 함께 생활했던 미국의 인류학자가 묘사한 것과 더 비슷했을 것이다.

나는 하드자족이 정말로 종교, 확실히 우주론을 가지고 있다고 생각한다. 하지만 그것은 (기독교, 이슬람교, 힌두교 등을 믿는) 복잡한 사회에서 우리 대부분이 종교로 생각하는 것과는 유사점이 거의 없다. 그들에게는 교회, 설교자, 지도자, 종교 수호자, 우상이나 신의 이미지, 조직화된 정기 모임이나 종교적 도덕성, 내세에 대한 믿음이 없다. 그들의 종교는 주요 종교와 전혀 다르다.[35]

최초의 대규모 정착지가 출현하면서 종교 생활에 지대한 변화를 일으켰다. 갑자기 닥친 재앙을 설명하기 위해 우리는 복수심을 지닌 전지전능한 존재, 즉 우리가 저지른 행위 때문에 격노한 신들을 믿기 시작했다. 신들이 왜 그렇게 화가 났는지 알아내는 일을 성직자 전체가 담당했다. 금지된 음식을 먹은 탓일까? 무언가 잘못된 말을 내뱉었을까? 금지된 생각을 했던 것일까?[36] 역사상 처음으로 우리는 죄에 대한 개념을 발전시켰다. 그리고 우리는 참회를 어떻게 해야 하는지 명해줄 사제들을 찾기 시작했다. 때로는 기도를 하거나 엄격한 의식을 마치는 것만으로도 충분했지만 소중한 소유물인 먹거리나 동물, 심지어 사람을 희생해야 하는 경우도 종종 있었다.

아즈텍인들은 자신들의 수도 테노치티틀란Tenochtitlan에 인간을 제물로 바치기 위해 방대한 산업을 설립했다. 1519년 이 도시로 진군한 정복자들은 가장 큰 사원에서 수천 개의 인간 두개골이 높이 쌓여 있는 거대한 선반과 탑을 보고 놀랐다. 오늘날 학자들은 이러한 인간 희생의 목적이 신의 노여움을 달래기 위한 것만은 아니라고 믿고 있다. 한 고고학자가 관찰한 바에 따르면 다음과 같다. "포로를 처형하는 것은 심지어 종교의식의 맥락에서도 강력한 정치적 성명이다. [……] 이것은 자신의 국민을 통제하는 방법이다."[37]

이 모든 비참함, 즉 기근, 전염병, 억압을 되돌아보면 '왜?'라고 묻지 않을 수 없다. 한곳에 정착하는 것이 왜 좋을 것이라고 생각했을까? 우리는 왜 건강하고 여유 있는 유목 생활에서 수고와 고난이 따르는 농부의 삶으로 전환했을까? 학자들은 무슨 일이 일어났었는지에 대해 꽤 괜찮은 그림을 끼워 맞출 수 있었다. 첫 번째 정착지는 너무나 유혹적이었을 것이다. 나무에는 과일이 주렁주렁 열리고 들판에는 무수한 가젤과 순록이 풀을 뜯고 있는 지상낙원을 발견했을 때 그대로 정착하지 않는 것은 어리석어 보였을 것이다.

농사에서도 마찬가지였다. 누군가가 "유레카! 작물을 심기 시작합시다!"라고 외치는 깨달음의 순간은 없었다. 우리 조상들은 식물을 심은 뒤 수확할 수 있다는 사실을 수만 년 동안 인식하고 있었지만 그 길로 가지 않을 만큼 충분히 현명했다. !쿵족 사람은 한 인류학자에게 "세상에 몽공고 열매가 이렇게 많은데 왜 우리가 심어야 하나요?"[38]라고 외치기도 했다. 가장 논리적인 설명은 우리가 함정에 빠졌다는 것이다. 그 함정은 티그리스강과 유프라테스강 사이의 비옥한 범람원이었다. 그곳에서는 별다른 노력 없이도 농작물이 잘 자랐다. 해마다 홍수로 범람했다가 물이 빠지면 영양이 풍부한 침전물로 비옥해진 부드러운 토양에 씨를 뿌릴 수 있었다. 자연이 대부분의 일을 했기 때문에 일하기 싫어하는 호모 퍼피조차도 기꺼이 농사를 지었다.[39]

우리 조상들이 예견하지 못한 것은 인류가 어떻게 번성할 것인가였다. 정착지의 인구밀도가 높아지면서 야생동물의 개체수가 감소했다. 이를 보완하기 위해 경작 면적을 비옥한 토양이 없는 지역으로까지 확대해야 했다. 이제 농사는 그렇게 쉽게 이루어지지 않았다. 새벽부터 해 질 녘까지 쟁기질을 하고 씨를 뿌려야 했다. 우리의 몸은 이런 종류의 일을 하도록 만들어지지 않기 때문에 온갖 종류의 통증과 고통을 겪었다. 우리는 열매를 모으고 긴장을 풀도록 진화해왔는데 이제 힘들고 과중한 노동으로 가득한 삶을 살게 되었다.

그렇다면 왜 우리는 자유분방한 삶의 방식으로 되돌아가지 않았을까? 너무 늦었기 때문이다. 먹여야 할 입이 너무 많았을 뿐만 아니라 이때에는 수렵과 채집하는 요령도 잊어버렸다. 그리고 우리는 짐을 싸서 더 푸른 목초지를 향해 떠날 수 없었는데, 이는 이웃 정착촌에 둘러싸여 있었고 그들은 불법 침입자를 환영하지 않았기 때문이다. 우리는 덫에 갇혀버렸다.

오래지 않아 농부들의 숫자가 수렵-채집인보다 많아졌다. 농업 정착촌은 면적당 더 많은 식량을 수확할 수 있었으며, 이는 더 큰 군대를 육성할 수 있다는 의미이기도 했다. 전통적인 삶의 방식을 고수했던 유목민들은 침입하는 식민지 주민들과 그들의 전염병을 막아야 했다. 결국 독재자에게 순종하기를 거부한 부족들은 무력으로 혹독하게 진압당했다.[40] 이 첫 번째 충돌을 시작으로 세계사를 형성할 위대한 인종이 출범했다. 마을은 소도시에 의해 정복당했고 소도시는 도시에 합병되었으며, 도시는 전쟁의 끝없는 요구를 충족시키기 위해 모든 사회가 미친 듯이 확장됨에 따라 지방을 집어삼켰다. 이것은 루소가 그토록 한탄한 마지막 파국적 사건에서 절정에 달했다. 국가가 탄생한 것이다.

문명과 국가의 본질

지구 위를 걷는 최초의 인간을 그린 토머스 홉스의 그림으로 잠시 돌아가 보자. 홉스는 자유로운 삶이 우리 조상들을 '만인에 대한 만인의 투쟁'에 빠뜨렸다고 믿었다. 우리가 첫 리바이어던(추장과 왕)들과 그들이 보장한 안전을 받아들이기 위해 서둘렀다는 이야기는 매우 타당하다는 것이다. 이제 우리는 우리의 유목민 조상들이 실제로 이 독재자들을 피해 달아났다는 사실을 알고 있다. 최초의 국가들은 메소포타미아의 우루크나 파라오가 지배하는 이집트처럼 예외 없이 노예국가였다.[41] 사람들은 비좁게 함께 모여 사는 것을 선택하지 않았다. 하지만 노예들이 계속해서 수두와 전염병으로 죽어가면서 새로운 신민에 굶주린 정권은 그들을 한곳에 몰아넣었다(구약성경이 도시를 그토록 부정적인 시선으로 그리는 것은 우연이 아니다. 실패한 바벨탑에서 소돔과 고모라의 멸망에 이르기까지 죄로 뒤덮인 도시에 대한 하느님의 심판은 크고 분명했다).

이것은 좋게 평가해도 아이러니했다. 돈의 발명, 글쓰기의 발전, 법적 제도의 탄생 등 오늘날 우리가 '문명의 이정표'라고 주장하는 바로 이것들은 압제의 도구에서 시작되었다. 첫 번째로 동전은 우리의 삶을 더 편하게 해줄 것이라고 생각해 주조하기 시작한 것이 아니라 통치자들이 세금을 부과하는 효율적인 방법을 원했기 때문이다.[42] 또한 가장 초기에 쓰인 문서는 낭만적인 시집이 아니라 미결제 부채의 긴 목록이었다.[43] 그리고 그 법률기관들은? 최초의 법전인 전설적인 '함무라비 법전'은 노예들의 탈출을 돕는 행위를 처벌하는 규정들로 가득 차 있었다.[44] 서양 민주주의의 요람이었던 고대 아테네에서는 인구의 3분의 2가 노예화되었다. 플라톤과 아리스토텔레스 같은 위대한 사상가들은 노예제도 없이는 문명이 존재할 수 없다고 믿었다.

국가의 진정한 본질을 가장 잘 보여주는 예는 중국의 만리장성일 것이다. 이 세계의 불가사의는 위험한 '야만인'을 차단하려는 것일 뿐만 아니라 백성들을 가두기 위한 것이기도 했다. 사실상 만리장성은 중국제국을

세계에서 가장 큰 야외 감옥으로 만들었다.[45]

그리고 대부분의 역사 교과서가 침묵하는 미국의 과거에는 고통스러운 금기가 있다. 이를 기꺼이 인정한 몇 안 되는 사람 중 한 명은 국부 벤저민 프랭클린이었다. 루소가 책을 집필한 바로 그해에 프랭클린은 "야만적인 삶을 맛본 유럽인은 나중에 우리 사회에서 살 수 없다"고 인정했다.[46] 그는 인디언들에게 붙잡혔다가 풀려난 '문명화된' 백인 남성과 여성이 변함없이 '숲속으로 다시 도망칠 가장 좋은 기회를 잡고 싶어 하는지'에 대해 설명했다.

식민지 주민들은 수백 명씩 황야로 도망쳤지만 그 반대의 현상은 거의 일어나지 않았다.[47] 누가 그들을 비난할 수 있을까? 식민지 주민들은 인디언으로 살면서 농부와 납세자보다 더 많은 자유를 누렸다. 여성에게는 그 매력이 훨씬 더 컸다. "우리는 원하는 만큼 여유 있게 일할 수 있었다." 이는 그녀를 '구출'하기 위해 파견된 동포들로부터 숨어 있던 한 식민지 여성이 한 말이다.[48] 또 다른 사람은 프랑스 외교관에게 "이곳에는 주인이 없어요. 나는 내가 원하면 결혼하고 내가 원하면 다시 독신이 될 수 있어요. 당신의 도시에 나만큼 독립적인 여성이 단 한 명이라도 있나요?"라고 이야기했다.[49]

최근 몇 세기 동안 문명의 흥망성쇠에 대한 수많은 저술이 집필되었다. 덩굴로 뒤덮인 마야의 피라미드와 그리스의 버려진 사원을 생각해보라.[50] 이 모든 책을 뒷받침하는 전제는 문명이 멸망하면 모든 것이 악화되어 세

1부 | 자연 상태의 인간

계가 '암흑시대'로 몰락한다는 것이다. 현대의 학자들은 노예가 자유를 되찾고 전염병이 감소하며 식단이 개선되고 문화가 번성했던 암흑기를 유예 기간으로 특징짓는 것이 더 정확할 것이라고 제안한다. 인류학자 제임스 스콧James C. Scott은 뛰어난 저작 《농경의 배신》(2017)에서 《일리아드》와 《오디세이》 같은 걸작은 미케네 문명이 붕괴된 직후의 '그리스 암흑기'(기원전 1110~기원전 700)에 기원을 두고 있다고 지적했다. 오랜 세월이 지난 뒤 호메로스가 비로소 이들 시대를 기록하게 된다.[51]

그렇다면 '야만인'에 대한 우리의 인식이 왜 그렇게 부정적일까? 왜 우리는 '문명'의 결핍과 암흑시대를 무의식적으로 동일시하는 것일까? 역사는 우리가 알고 있는 것처럼 승자들에 의해 기록된다. 가장 초기의 문서들은 다른 모든 사람을 내려다보면서 스스로를 높이려는 압제자들의 국가와 주권을 찬양하는 선전propaganda으로 가득 차 있다. '야만인'이라는 단어의 어원은 고대 그리스어를 사용하지 않는 사람들을 포괄하는 용어이다.

이 같은 방식으로 우리의 역사의식은 왜곡되게 된다. 문명은 평화와 진보, 황무지는 전쟁과 쇠퇴의 동의어가 되었다. 실제로 인간이 존재한 대부분의 기간 동안은 그 반대였다.

문명은 재앙인가, 숙명인가

옛 철학자 토머스 홉스의 생각은 한참 빗나갔다. 그는 우리 조상의 삶과

시대를 '못되고 야만적이며 짧다'고 묘사했지만 더 진실된 묘사는 친절하고 평화롭고 건강했을 것이다. 아이러니한 사실은 문명의 저주가 홉스를 평생 괴롭혔다는 것이다. 1628년 그의 후원자를 죽인 전염병과 1640년 강제로 영국을 떠나 파리로 향하게 만든 내전의 전조를 생각해보라. 인류에 대한 그의 견해는 인류 역사의 처음 95퍼센트에 해당하는 기간 동안 거의 알려지지 않은 질병과 전쟁에 대한 자신의 경험에 뿌리를 두고 있다. 홉스는 '현실주의의 아버지'로 역사에 남았지만 인간 본성에 대한 그의 견해는 현실적이지 않다.

하지만 문명은 모두 나쁜 것일까? 우리에게도 좋은 것을 많이 가져다주지 않았을까? 전쟁과 탐욕은 차치하고 현대사회는 우리에게 감사할 일도 많이 주지 않았을까? 물론 그렇다. 그러나 진정한 진보가 극히 최근에 일어난 현상이라는 사실을 잊기 쉽다. 프랑스혁명(1789)이 일어날 때까지 거의 모든 국가는 강제 노동을 동력으로 삼았다. 1800년까지 전 세계 인구의 4분의 3 이상이 부유한 영주에게 속박되어 살았다.[52] 인구의 90퍼센트 이상이 농지를 갈았고, 80퍼센트 이상이 극심한 빈곤 속에서 살았다.[53] 루소에 따르면 "인간은 자유롭게 태어났으나 어디에서나 사슬에 묶여 있었다."[54]

오랫동안 문명은 재앙이었다. 도시와 국가, 농업과 글쓰기의 출현은 대부분의 사람들에게 번영이 아니라 고통을 가져다주었다. 지난 2세기 동안 눈 깜짝할 사이에 상황이 너무 빨리 좋아져서 우리는 삶이 얼마나 혹독했는지 잊어버렸다. 만약 문명의 역사를 24시간으로 기록한다면 처음 23시간 45분은 그야말로 비참할 것이다. 그리고 마지막 15분만이 시민 사회가 좋은 예처럼 보이기 시작할 것이다. 이 마지막 15분 동안 우리는 대부분의 전염병을 정복했다. 이제 백신은 우리가 20세기 내내 세계 평화를 누렸다면 목숨을 구했을 사람의 수보다 더 많은 생명을 해마다 구하고 있다.[55] 둘째, 우리는 그 어느 때보다 부유해졌다. 극심한 빈곤에 처한 사람들의 수는 10퍼센트 미만으로 감소했다.[56] 그리고 세 번째로 노예제도가 폐지되었다.

1842년 영국 총영사는 모로코 술탄에게 편지를 보내 노예무역을 금지하기 위해 무엇을 하고 있는지 물었다. 술탄은 놀랐다. "노예 매매는 아담의 아들 시대부터 모든 종파와 국가가 합의한 문제이다."[57] 그는 150년 뒤 노예제도가 전 세계에서 공식적으로 금지되리라는 사실을 상상도 하지 못했다.[58] 마지막으로 무엇보다도 우리는 역사상 가장 평화로운 시대를 맞이했다.[59] 중세에는 유럽과 아시아 인구의 12퍼센트가 폭력으로 사망했다. 그러나 두 차례의 세계대전을 포함해 지난 100년 동안 이 수치는 전 세계적으로 1.3퍼센트로 감소했다[60](미국에서는 현재 0.7퍼센트이고, 내가 사는 네덜란드에서는 0.1퍼센트 미만이다).[61]

시민사회를 인류의 숙명으로 받아들일 이유는 없다. 우리는 모든 사람에게 혜택을 주는 새로운 방식으로 도시와 국가를 조직할 수 있다. 문명의 저주는 제거할 수 있다. 과연 우리가 그렇게 할 수 있을까? 장기적인 생존과 번영이 가능할까? 그것은 아무도 모른다. 지난 수십 년 동안의 발전을 부정할 수는 없지만 동시에 우리는 실존을 위협하는 규모의 생태적 위기에 직면해 있다. 지구는 온난화되고 있으며 생물 종들은 멸종하고 있고, 현재 시급한 문제는 문명화된 생활양식이 얼마나 지속 가능한가이다. 나는 1970년대 중국의 정치인이 1789년 프랑스혁명의 영향에 대한 질문을 받았을 때 했던 말을 종종 떠올리곤 한다. "말하기에는 아직 너무 이르다."[62] 문명도 마찬가지일 것이다. 문명의 건설은 좋은 생각이었을까? 답하기에는 너무 이르다.

Chapter 6

×

이스터섬의 수수께끼
: 잘못된 인용과 확대재생산

문명으로부터 고립되어 내전과 살육으로 점철된 이스터섬의 신화는 지구 문명에 임박한 파멸에 대한 묵시록처럼 비유되곤 한다. 그러나 이 섬에는 전쟁과 기아, 식인이 존재한 적이 없다. 잘못된 연구자료의 인용과 확대재생산만이 있었을 뿐이다.

오늘에 이르러 인류 역사에 대해 내가 이해한 모든 내용이 바뀌었다. 현대 과학은 문명의 껍데기 이론을 짧은 시간에 이루었으나 지난 몇십 년 동안 많은 반대 증거가 쌓였으며 지금도 계속 추가되고 있다. 물론 선사시대에 대한 우리의 지식은 결코 완벽해지지 못할 것이다. 우리는 조상의 삶에 관한 모든 수수께끼를 앞으로도 결코 풀지 못할 것이다. 고고학적 퍼즐을 맞추는 데는 많은 추측이 필요하며, 우리는 현대의 인류학적 발견이 과거에 투영되는 것을 언제나 조심해야 한다.

그러므로 나는 사람들이 자기 마음대로 하도록 내버려두면 어떻게 행동하는지 마지막으로 살펴보고자 한다. 마노를 포함해 현실의 《파리대왕》에 나오는 소년들이 외따로 고립되지 않았다고 가정해보자. 배에 소녀들도 타고 있었다면 이들은 계속해서 아이를 낳고 손자를 얻었을 것이다. 그리고 아타섬이 수백 년이 지나서야 발견되었다면? 그러면 무슨 일이 일어났을까? 사회가 고립 상태에서 발전하면 어떤 모습이 될까? 물론 우리는 지금까지 알게 된 지식을 토대로 선사시대의 삶의 모습을 떠올려볼 수 있다. 그러나 문서로 기록된 실제 사례 연구에 주목해보면 굳이 추측할 필요는 없다. 오랫동안 신화와 미스터리로 가려진 외딴섬에서 우리가 지금까지 살펴본 통찰이 한데 모여 있다.

외딴섬의 발견

야코프 로헤베인Jacob Roggeveen은 젊은 시절 자신의 아버지에게 언젠가 남부의 땅Southern Land(과거 남반구에 있을 것으로 상상했던 대륙 – 옮긴이)을 찾겠다고 약속했다. 신대륙의 발견은 역사의 위대한 탐험가 명단에 그의 이름을 올리고 집안에 영원한 명성을 가져다줄 것이다. 이 땅은 태평양 어딘가에 위치한 것으로 생각되었다. 지도 제작자인 야코프의 아버지 아렌트 로헤베인Arent Roggeveen은 북반구의 땅 질량과 균형을 맞추기 위해서는 대륙이 존재해야 한다고 확신했다. 그리고 여행자들이 들려주는 이야기가 있었다. 포르투갈의 항해사인 페드루 페르난드스 드 케이로스Pedro Fernandes de Queirós는 기독교를 갈망하는 평화로운 원주민들이 살고 있는 남부의 땅을 지상낙원으로 묘사했다. 그곳은 담수와 비옥한 토양을 갖추고 엄청난 양의 금, 은, 진주를 보유하고 있다고 자세히 설명했다.

1721년 8월 1일 야코프는 아버지가 세상을 떠난 지 40년 뒤 마침내 항해를 시작했다. 목적지는 남부의 땅이었다. 기함 아렌트호에서 그는 3척의 범선, 70문의 대포, 244명의 승무원을 지휘했다. 예순두 살의 제독은 역사를 창조하겠다는 희망에 가득 차 있었다. 그리고 그는 이를 생각지도 못한 방법으로 해냈다. 야코프가 해낸 것은 새로운 문명의 건설이 아니라 오래된 문명의 발견이었다.[1]

그로부터 8개월 뒤에 일어난 일은 놀라웠다. 1722년 부활절 일요일에 그의 범선 중 하나가 깃발을 올렸다. 아렌트호는 그 배의 승무원이 무엇을 보았는지 확인하기 위해 다가갔다. 그것은 땅이었다. 그들은 배 우현 쪽에서 작은 섬을 발견했다. 이 섬은 수십만 년 전에 3개의 화산이 한곳에 모여 형성된 곳이었다. 네덜란드 승무원이 이스터섬^{Paasch Eyland, 'Easter Island'}이라고 이름 붙인 이 섬은 259제곱킬로미터가 조금 넘는 광활한 태평양의 한 점 땅으로, 야코프가 우연히 발견할 확률은 0에 가까운 곳이었다. 그러나 섬의 놀라운 존재는 이어지는 발견으로 인해 희미해졌다. 이 섬에 사람이 살고 있었기 때문이다.

네덜란드인들이 섬에 다가가자 이들을 만나기 위해 해변에 군중이 모여들었다. 야코프는 당황했다. 그들은 어떻게 여기까지 올 수 있었을까? 바다를 항해할 만한 배는 보이지 않았다. 더욱 당혹스러운 것은 섬에 점점이 흩어져 있는 우뚝 솟은 석상들이었다. 거대한 머리가 그보다 더 큰 상체 위에 올려져 있는 석상의 높이는 약 9미터 정도 되었다. 야코프는 자신의 일지에 "우리는 크고 두꺼운 목재나 튼튼한 밧줄 같은 건설장비 없이 어떻게 이 조각상을 세울 수 있었는지 이해할 수 없었다"라고 털어놓았다.[2] 야코프와 승무원들은 답보다 질문을 더 많이 간직한 채 일주일 뒤 닻을 올렸다.

오늘날 태평양에 자리한 이 작은 섬은 지구상에서 가장 큰 미스터리로 남아 있으며, 몇 세기에 걸쳐 억측을 불러일으키고 있다. 예를 들어 섬 주민들은 잉카의 후손이었다는 것이다. 조각상은 키가 약 360센티미터인

거인 종족에 의해 세워졌다는 가설도 있다.[3] 심지어 외계인이 공중에서 떨어뜨렸다는 주장도 있다(스위스 호텔 매니저 한 명이 이 이론으로 책 700만 권을 판매하는 데 성공했다).[4] 진실은 이보다 덜 판타지적이지만 크게 동떨어진 것도 아니다. DNA 검사 덕분에 우리는 야코프가 등장하기 훨씬 전 탐험가들이 이곳에 도착했다는 사실을 알게 되었다. 태평양의 바이킹인 폴리네시아인들이 먼저 이 섬을 발견했던 것이다.[5] 그들은 광기에 가까운 용기를 가지고 2,574킬로미터 떨어진 갬비어섬에서 지붕이 없는 카누를 타고 그 지역의 탁월풍에 맞서 출발한 것으로 생각된다. 얼마나 많은 탐험대가 목숨을 잃었는지 결코 알 수 없지만 이 이야기가 성립하려면 오직 한 팀만 성공했어야 한다.

그리고 거대한 '모아이' 인물상은? 1914년 캐서린 루트리지Katherine Routledge 라는 젊은 인류학자가 현장 조사를 하러 왔을 때 서 있는 석상은 하나도 없었다. 석상은 모두 쓰러져 있었는데 일부는 부서져 산산조각이 났으며, 파편 위를 무성한 잡초가 덮고 있었다. 이런 소규모 사회가 어떻게 이런 거대 석상을 만들고 옮길 수 있었을까? 그들은 나무가 없는 섬에 살았고 사용할 만한 바퀴도 없었으며 기중기는 더더욱 없었다. 루트리지는 섬에서 가장 나이가 많은 주민들에게 과거에는 인구가 지금보다 많았었는지 물었다. 그들은 그녀에게 수백 년 전 이곳에서 일어난 일에 대해 이야기해주었다. 오싹한 이야기였다.[6]

그들은 옛날에 이 섬에 긴 귀와 짧은 귀를 가진 장이족과 단이족 두 부족이 살았다고 했다. 그들은 수 세기 동안 유지해온 평화를 파괴하고 피비린내 나는 내전을 촉발한 어떤 사건이 일어날 때까지 사이좋게 함께 지냈다. 장이족은 섬의 동쪽으로 도망쳐 땅을 판 뒤 그곳에 숨었다. 다음 날 아침 단이족은 양쪽에서 은신처를 공격해 불을 질러 장이족을 자신들이 만든 함정에 소각시켰다. 참호의 유적은 오늘날에도 볼 수 있다. 그리고 그것은 시작에 불과했다. 그 후 몇 년 동안 상황은 전면적인 홉스식 전쟁으로 악화되었고, 섬 주민들은 서로를 잡아먹기까지 했다. 무엇이 이 모든 불행을 낳은 것일까? 루트리지는 추측만 할 수 있었다. 그러나 분명 사회가 스스로를 파괴하게 만드는 일이 일어났을 것이다.

세월이 흘러 1955년 토르 헤위에르달Thor Heyerdahl이라는 노르웨이의 유명한 탐험가가 이스터섬을 탐험했다. 몇 년 전 그는 다섯 명의 친구들과 함께 만든 뗏목을 타고 페루에서 폴리네시아까지 6,920킬로미터를 항해한 뒤 라로이아섬에서 난파된 적이 있다. 이 장거리 뗏목 여행은 폴리네시아가 뗏목을 타고 노를 젓는 잉카인들의 거주지가 되었다는 증거였다. 헤위에르달에게는 그렇게 보였다. 전문가들을 설득하지 못했지만 그의 이론을 담은 책은 5,000만 권이 팔리는 기염을 토했다.[7] 그는 베스트셀러를 통해 얻은 재산으로 이스터섬 탐험대의 자금을 댈 수 있었다. 이 탐사에는 저명한 과학자 여러 명이 초청을 받았는데, 그중에는 이스터섬 연구에 여생을 바친 미국의 윌리엄 멀로이William Mulloy도 있었다. 그는 출발하기 전 헤위에르달에게 "나는 당신이 출판한 내용을 조금도 믿지 않는다"라고 확실하게 이야기했다.[8]

과학자와 저돌적인 인물은 놀랍게도 서로 잘 지냈다. 이스터섬에 도착한 지 얼마 되지 않아 두 사람은 놀라운 발견을 했다. 헤위에르달팀은 늪 깊은 곳에서 알려지지 않은 나무의 꽃가루를 발견한 뒤 그 표본을 스톡홀름으로 보냈다. 이를 분석한 유수한 고식물학자는 현미경 분석 결과를 곧바로 알려주었다. 섬은 한때 광대한 숲이 있던 곳이었다. 느리지만 확실하게 조각들이 모이기 시작했다. 멀로이는 사망하기 몇 년 전인 1974년 이스터섬의 실제 이야기와 그곳 주민들이 맞이한 숙명에 대한 책을 출판했다.[9] 스포일러 주의, 해피엔드가 아니다.

이스터섬의 수수께끼

이 모든 것은 신비한 모아이에서부터 시작되었다. 멀로이는 어떠한 이유로 인해 이스터섬 주민들이 이 거대 석상을 아무리 세워도 충분하지 않다고 여겼으리라 추측했다. 거인이 하나둘 바위에 조각된 뒤 제자리로 옮겨졌다. 명예욕에 불탄 족장들은 점점 더 큰 모아이를 요구했다. 석상을 운반하기 위해 더 많은 노동 인력과 더 많은 식량이 필요했으며, 섬의 나무는 점점 더 많이 잘려나갔다는 것이다.

그러나 유한한 섬은 무한한 성장을 지속할 수 없다. 나무가 모두 쓰러진 날이 찾아왔다. 토양이 침식되어 작물 수확량이 감소했다. 카누를 만들 나무가 없으니 고기를 잡을 수가 없었다. 석상 제작이 정체되고 긴장이 고조되었다. 두 부족(캐서린 루트리지가 말한 장이족과 단이족) 사이에 대규

1부 | 자연 상태의 인간

모 전쟁이 발발해 1680년경 장이족이 거의 전멸했다. 멀로이는 살아남은 주민들은 모든 모아이를 쓰러뜨리며 파괴 행위를 벌였다고 기록했다. 최악은 이들이 서로를 잡아먹으며 배고픔을 달래기 시작했다는 것이다. 섬 주민들은 여전히 식인종 조상에 대한 이야기를 들려준다. 가장 자주 하는 모욕은 "네 어미의 살 조각이 내 이빨 사이에 끼어 있다"는 것이다.[10] 고고학자들은 수많은 흑요석 화살촉, 즉 대규모 학살의 증거인 마타아mata'a를 발굴했다.

그러므로 1722년 야코프 로헤베인이 이스터섬에 도착했을 때는 몇천 명 되지 않는 비참한 사람들밖에 남아 있지 않았다. 바위에 모아이를 조각하던 라노 라라쿠Rano Raraku 채석장은 지금도 갑자기 버려진 듯한 인상을 풍긴다. 끌은 땅에 던져진 채 놓여 있고, 수백 개의 모아이는 미완성 상태로 남겨져 있다.

윌리엄 멀로이의 논문은 이스터섬의 미스터리를 풀 수 있는 돌파구를 제시했다. 곧이어 다른 연구자들이 그의 주장을 뒷받침하는 증거를 추가했다. 예를 들어 1984년 섬의 화산 분화구 3곳 모두에서 꽃가루 알갱이 화석을 발견한 두 명의 영국 지질학자는 이 섬이 한때 숲으로 덮여 있었다는 가설을 확인했다.[11] 궁극적으로 이스터섬의 비극적인 역사에 불후의 명성을 부여한 것은 세계적으로 유명한 지리학자 재러드 다이아몬드였다.[12] 2005년 다이아몬드는 베스트셀러 《문명의 붕괴》에서 다음과 같은 중요한 사실을 요약했다.

- 이스터섬에는 이른 시기인 900년경에 폴리네시아인들이 거주했다.
- 발굴된 주택 수를 분석한 결과 인구가 1만 5,000명에 달했던 시절도 있었음을 알 수 있다.
- 모아이의 크기가 꾸준히 커짐에 따라 인력, 식량, 목재 등에 대한 수요도 증가했다.
- 석상은 통나무 위로 굴리는 방법에 의해 수평으로 옮겨졌으므로 여기에는 대규모 인력, 많은 나무 및 운영을 감독할 강력한 지도자가 필요했다.
- 결국 나무가 더 이상 남아 있지 않게 되어 토양이 침식되고 농업이 정체되고 주민들 사이에 기근이 발생했다.
- 1680년경 내전이 발발했다.
- 1722년 야코프 로헤베인이 섬에 도착했을 때는 단지 몇천 명의 주민들만이 남아 있었다. 수많은 모아이가 쓰러져 있었고 섬 주민들은 서로를 잡아먹고 있었다.

이 이야기의 교훈은 바로 우리를 가리킨다. 이스터섬과 지구를 나란히 놓고 보면 충격적인 유사점이 몇 가지 있다. 생각해보자. 이스터섬은 광대한 바다 위의 한 점에 불과하고, 지구는 광대한 우주이 한 점에 불과하다. 섬 주민들은 도망칠 배가 없었다. 우리에게는 지구 밖으로 우리를 데려갈 우주선이 없다. 이스터섬의 숲은 점점 황폐해지고 인구는 넘쳐나게 되었다. 우리의 행성은 오염되고 지나치게 온난화되고 있다. 이것은 내가 앞의 장에서 주장한 것과 정반대되는 결론으로 우리를 이끈다. 고고학자 폴 반Paul Bahn과 존 플렌리John Flenley는 그들의 저서《이스터섬, 지구섬Easter Island, Earth Island》에서 "인간의 탐욕은 끝이 없다. 그 이기심은 유전적으로 타고난 것 같다"라고 했다.[13]

홉스의 껍데기 이론에서 벗어났다고 생각했을 때 이것은 부메랑처럼 배가 되어 되돌아온다. 이스터섬의 이야기는 인류에 대한 냉소적인 견해를 입증하는 듯하다. 지구가 계속해서 온난화되고 우리가 계속해서 소비하고 오염시킴에 따라 이스터섬은 우리의 미래를 보여주는 완벽한 비유로 부각되고 있다. 호모 퍼피와 고결한 야만인은 잊어버려라. 우리 종은 바이러스나 구름 같은 메뚜기 떼처럼 보인다. 모든 것이 황폐하고 부서질 때까지 퍼지는, 즉 너무 늦을 때까지 퍼지는 전염병 말이다.

이것이 이스터섬의 교훈이다. 이것의 재앙적인 역사는 다큐멘터리, 소설, 백과사전, 보고서, 학술 논문 및 대중 과학 서적 등에서 반복해 언급되고 또 언급되었다. 나 또한 이것에 대해 직접 글을 쓰기도 했다. 오랫동안 나는 이스터섬의 미스터리가 윌리엄 멀로이, 재러드 다이아몬드를 비롯한 그들의 많은 동료들에 의해 해결되었다고 믿었다. 그토록 많은 주요 전문가들이 똑같이 음울한 결론을 내린다면 남아 있는 논쟁의 여지는 없지 않을까? 그 후 나는 얀 보어세마Jan Boersema의 연구 결과를 우연히 접하게 되었다.

내전과 학살의 고고학적 증거

라이덴대학에 있는 그의 사무실에 도착한 나는 바흐의 〈칸타타〉 연주를 들을 수 있었다. 노크를 하자 선명한 꽃무늬 셔츠를 입은 남자가 쌓여 있는 책들 사이에서 모습을 드러냈다. 보어세마는 환경생물학자이지만 그의 서가에는 역사와 철학에 관한 책이 가득 차 있으며, 그의 작업은 예술과 과학 모두를 아우르고 있다. 2002년 그는 이러한 접근방식을 통해 우리가 이스터섬에 대해 알고 있다고 생각했던 모든 것과 모순되는 단순하지만 심오한 발견을 했다. 수많은 다른 연구자와 작가들이 보지 못했거나 보고 싶어 하지 않았던 것이다.

보어세마는 당시 교수 취임 강연을 준비하고 있었는데 이스터섬의 몰락에 대한 배경 지식이 필요했다. 로헤베인의 일지가 여전히 존재하는지 궁금했던 그는 도서관 장서 목록을 확인하러 갔다. 30분 뒤 그의 책상에는 《야코프 로헤베인의 발견의 항해 일지Journal of the Voyage of Discovery of Mr. Jacob Roggeveen》가 펼쳐져 있었다. "처음에는 내 눈을 믿을 수가 없었다." 보어세마는 학살과 식인 풍습의 끔찍한 장면을 기대하고 있었지만 앞에 놓여 있는 것은 경쾌한 여행 일지였다. "쇠퇴하는 사회에 대한 언급은 전혀 없었다."

로헤베인은 이스터섬 주민들을 근육질의 체격과 반짝이는 하얀 치아를 가졌으며, 겉보기에 친절하고 건강한 것이 특징이라고 묘사했다. 그들은 음식을 구걸하기는커녕 오히려 네덜란드 승무원들에게 대접했다. 로헤베인은 섬의 '예외적으로 비옥한' 토양에 주목했지만 무기나 식인 풍습은 고사하고 무너진 조각상에 대해서는 언급조차 하지 않았다. 대신 그는 이 섬을 '세상의 낙원'으로 묘사했다. 보어세마는 활짝 웃으며 "그래서 나는 여기서 무슨 일이 벌어지고 있는지 궁금했다"고 이야기했다.

얀 보어세마는 이스터섬의 파괴에 대해 널리 받아들여진 설명에 강한 의혹을 표명한 최초의 과학자 중 한 명이다. 내가 그의 2002년 강의 내용을 보았을 때 이스터섬의 역사는 훌륭한 미스터리 소설, 즉 과학 추리소설 같다는 생각이 들었다. 그러므로 보어세마처럼 한 번에 한 단계씩 이 미스터리를 풀려고 노력해보자. 목격자의 진술을 검증하고, 섬 주민들의 알리바이를 확인하고, 가능한 한 정확하게 연대표를 확정짓고, 살인 무기에 주목해보자. 우리는 조사하는 과정에서 역사에서 지질학, 인류학에서 고고학에 이르는 모든 분야의 학문을 동원해야 할 것이다.[14] 먼저 1680년 장이족이 숨어 있다 죽임을 당한 참호의 범죄 현장으로 돌아가보자. 이 야만적인 이야기의 출처는 무엇일까?

우리가 가진 첫 번째 기록은 이스터섬 주민들이 1914년 캐서린 루트리지에게 들려준 이야기이다. 오늘날의 모든 조사자는 인간의 기억에 오류가 있을 수 있다는 사실을 알고 있다. 그리고 우리가 여기에서 다루는 기억은 여러 세대에 걸쳐 구전된 내용들이다. 200년 또는 300년 전의 우리 조상이 어떤 존재였는지 설명해야 한다고 상상해보라. 그런 다음 우리에게 역사책도 없고 오로지 기억하고 있는 이야기의 기억에만 의존해야 한다고 상상해보라. 결론은 루트리지의 메모가 최고의 출처가 아닐 수도 있다는 것이다.

그러나 전해오는 이야기가 학살의 유일한 증거는 아니었다. 토르 헤위에르달의 탐사대원 중 한 명인 고고학자 칼라일 스미스Carlyle Smith는 장이족 대학살의 현장으로 알려진 참호 주변을 발굴하기 시작했다. 그는 그곳에서 2개의 목탄 표본을 채취해 연대 확인을 의뢰했다. 하나의 표본은 연대가 1676년으로 좁혀졌다. 스미스에게 이 증거는 결정적이었다. 그 날짜는 구전된 이야기에서 장이족을 학살하고 불에 태운 시기와 일치했다. 따라서 그는 이야기가 사실임을 확인했다고 결론지었다.[15]

여기에는 반전이 있다. 스미스는 나중에 이 해석에 몇 가지 주의사항을 추가했으며, 후속 분석에서 목탄 표본의 날짜를 1460년에서 1817년 사이로 다시 작성했다. 또한 현장에서 사람의 유해는 발견되지 않았고, 지질학자들이 참호는 사람이 판 것이 아니라 풍경의 자연스러운 특징이라는 사실을 규명했지만 이 모든 반대 증거에도 불구하고 1680년의 학살에 대한 신화는 계속되었다.[16] 그리고 이는 헤위에르달, 멀로이, 다이아몬드에 의해 계속 전파되었다.

법의학적 증거를 고려하면 부족 간 전쟁이 벌어졌다는 이야기는 더욱 힘을 잃는다. 이론에 따르면 섬 주민들은 굶주림으로 인해 식인 풍습을 갖게 되었다. 그러나 수백 명의 섬 주민 유골에 대한 보다 최근의 고고학적 분석 결과에 따르면 실제로 로헤베인의 관찰이 옳았다는 사실이 확인되었다. 18세기 초 이스터섬에 살던 사람들은 건강하고 체격이 좋았다.[17] 그들이 굶주렸다는 사실을 나타내는 근거는 전혀 찾아볼 수 없었다. 그렇다면 대규모 폭력을 가리키는 단서는 어떨까? 최근 스미소니언 연구소의 인류학자팀이 이스터섬에서 발굴된 469개의 두개골을 조사한 결과 원주민 간의 대규모 전쟁이 있었다는 어떠한 증거도 발견하지 못했다. 적어도 가설적으로라도 그 악명 높은 마타아(흑요석 화살촉)로 인한 부상의 흔적을 가지고 있는 두개골은 단 2개뿐이었다.[18]

하지만 과학자들은 더 이상 마타아가 무기라고 믿지 않는다. 아마도 그것은 평범한 과도 역할을 했을 가능성이 가장 크다. 로헤베인 휘하의 선장 중 한 명이 원주민이 바나나 껍질을 벗기기 위해 사용하는 흑요석 조각과 같은 것을 목격한 바 있다. 2016년 미국의 한 연구팀은 마타아 400점을 조사한 결과 날이 너무 무뎠으므로 이것이 무기로서 쓸모가 없었을 것이라고 결론지었다.[19] 이는 이스터섬 주민들이 치명적인 무기 제조방법을 몰랐다는 말은 아니다. 하지만 연구팀장이 건조하게 언급했듯이 "그들은 만들지 않기로 결정했다."[20]

그래서 상황은 더 복잡해진다. 왜냐하면 그들이 서로를 죽이지 않았다면 섬에 살았던 수천 명의 사람들은 어떻게 되었을까? 모두 어디로 갔을까? 로헤베인이 방문했을 당시 섬 주민은 2,000명에 불과했던 반면, 재러드 다이아몬드에 따르면 그 수는 한때 1만 5,000명에 달했다고 한다. 그들의 알리바이는 무엇일까? 다이아몬드가 이 수치를 얻기 위해 사용한 방법부터 살펴보자. 먼저 그는 고고학적 유물을 바탕으로 섬에 얼마나 많은 집이 있었는지 측정했다. 다음으로 그는 한 집에 얼마나 많은 사람들이 살았는지를 추정했다. 그런 다음 계산을 완료하기 위해 반올림했다. 이것은 완벽한 공식처럼 보이지 않는다.

드라마가 진행된 기간을 정확히 파악할 수 있다면 인구를 훨씬 정확하게 추정할 수 있다. 이스터섬은 원래 900년경 또는 이르면 300년경에 사람이 거주한 것으로 여겨졌다. 하지만 최근에는 첨단 기술 덕분에 거주 시점은 매우 늦은 1100년경이었던 것으로 확인되었다.[21] 이 날짜를 사용해 얀 보어세마는 간단한 계산을 수행했다. 1100년에 약 100명의 폴리네시아인 뱃사람들이 이스터섬에 상륙했다고 가정해보자. 인구 증가율은 연간 0.5퍼센트라고 하자(산업화 이전 사회에서 달성할 수 있는 최대 수치이다). 이는 로헤베인이 섬에 도착했을 당시 최대 2,200명의 주민이 존재했을 가능성을 의미한다. 이 수는 18세기 유럽 항해자들이 섬에 도착했을 때 기록했던 추정치와 일치한다. 이는 서로 고문하고 죽이고 잡아먹었다는 이스터섬 주민 수천 명에게 훌륭한 알리바이가 된다. 그들은 처음부터 존재하지 않았던 것이다.

다음 해결할 미스터리는 이스터섬의 숲에서 일어난 일이다. 재러드 다이아몬드와 윌리엄 멀로이를 비롯한 많은 과학자들의 가설이 성립하려면 가능한 많은 모아이를 세우고 싶어 하는 탐욕스러운 주민들이 모든 나무를 베어버렸어야 한다. 심지어 캐나다의 한 역사학자는 '조증'과 '이념의 병적 측면'을 진단하기까지 한다.[22] 그러나 계산을 해보면 이 결론이 조금 성급하다는 것을 금방 깨닫게 된다. 보어세마는 1,000개의 석상을 각각 제자리에 굴리는 데 약 15그루의 나무가 필요하다고 생각한다. 이를 합치면 최대 1만 5,000그루가 된다. 그렇다면 섬에는 몇 그루의 나무가 있었을까? 생태학적 연구에 따르면 수백만에서 1,600만 그루에 달할 수도 있다고 한다![23]

대부분의 석상은 조각된 장소인 라노 라라쿠 채석장에서 벗어난 적이 없다. 그러나 오늘날 과학자들은 섬이 갑자기 내전에 휩싸였을 때 석상들이 '버려졌다'기보다는 채석장의 '수호자' 역할을 하기 위해 의도적으로 그곳에 남겨졌다고 생각한다.[24] 결국에는 493개의 석상이 다른 장소로 옮겨졌다. 이 숫자가 많은 것처럼 들릴지 모르지만 수백 년 동안 이스터섬 주민들이 이곳에 고립되어 있었다는 사실을 잊지 마시라. 기껏해야 1년에 한두 개의 석상만 옮겼을 뿐이다. 왜 그들은 딱 12개만 옮기고 중단하지 않았을까? 보어세마는 이것에 대한 단순한 이유가 있었을 것이라는 의구심을 가졌는데, 바로 지루함이었다. 그는 웃으며 "그런 섬에서 살았으니 기본적으로 남는 시간이 많았다. 이 모든 벌목과 운반은 하루를 보내는 데 도움이 되었다"라고 이야기했다.[25]

나는 모아이를 만드는 것은 1만 년 전 괴베클리 테페에 사원 단지를 건설한 것과 같이 집단 작업 사건으로 간주해야 한다고 생각한다(5장 참조). 또한 보다 최근인 20세기 초에는 수마트라 서쪽의 니아스섬에서 남성 525명이 나무 썰매를 이용해 커다란 석상을 끌고 있는 것이 관찰되었다.[26] 이와 같은 노력이 더 효율적으로 수행될 수 있었다는 데는 의심의 여지가 없지만 그것이 중요한 것은 아니었다. 이는 과대망상적인 통치자가 꿈꾸는 명예 프로젝트가 아니었다. 사람들을 하나로 모으는 공동의식이었다.

오해하지 말자. 이스터섬 사람들은 모아이를 운반하기 위해서뿐만 아니라 나무의 수액을 수확하고 카누를 만들고 농작물을 재배하고 작물 심을 땅을 개간하기 위해서 매우 많은 나무를 베었다. 그럼에도 불구하고 숲 전체가 사라진 이유를 설명할 때 더 큰 가능성의 주범인 라투스 엑설란스Rattus exulans, 일명 폴리네시아쥐를 빼놓을 수 없다. 이 설치류는 아마도 처음으로 섬에 도착한 배의 밀항자였을 것이다. 이스터섬에는 자연적인 포식자가 없었기 때문에 자유롭게 먹이를 먹고 번식할 수 있었다. 실험실에서 키우는 쥐의 수는 47일마다 배가 된다. 이는 단 3년 만에 한 쌍의 쥐가 1,700만 마리의 새끼를 낳을 수 있다는 것을 의미한다.

이는 이스터섬의 진정한 생태적 재앙이었다. 생물학자들은 빠르게 번식하는 이 쥐가 나무의 씨앗을 먹어치워 숲의 성장을 방해했다고 의심한다.[27] 이스터섬 주민들에게 삼림 벌채는 그리 큰 문제가 아니었다. 나무가 쓰러질 때마다 경작지가 늘어났기 때문이다. 2013년 고고학자 마라 멀루니Mara Mulrooney는 논문에서 나무가 사라진 뒤 실제로 식량 생산이 증가했다고 설명했다. 섬 주민들이 바람으로부터 작물을 보호하고 열과 습기를 유지하기 위해 작은 돌담을 쌓는 것과 같이 정통 농업 기술을 사용한 덕분이다.[28]

고고학자들은 인구가 1만 5,000명에 이르렀더라도 모두에게 골고루 돌아갈 식량이 여전히 풍부했을 것이라고 이야기한다. 멀루니는 이스터섬은 어쩌면 "인간의 독창성이 실패가 아닌 성공으로 이어질 수 있는 방법의 전형적 사례"로 이해되어야 한다고 시사한다.[29]

1부 | 자연 상태의 인간

침입자들과 잘못된 신화의 탄생

이 성공은 오래가지 못했다. 궁극적으로 이스터섬을 파괴하게 될 전염병은 섬 내부가 아니라 유럽 선박에서 유입되었다. 이 비극의 장은 1722년 4월 7일 로헤베인과 그의 승무원들이 해변으로 이동할 준비를 하면서 시작되었다. 벌거벗은 남자 한 명이 배를 타고 노를 저어왔다. 50대로 보이는 남자는 건장했으며, 검은 피부에 문신을 하고 수염을 기르고 있었다. 배에 오른 남자는 활기차 보였다. 그는 높은 마스트, 두꺼운 로프, 돛, 대포 등 모든 것을 조심스레 만지면서 놀라움을 나타냈다.[30] 그는 거울에 비친 자신을 보았을 때, 배의 종소리가 울렸을 때, 그리고 선원이 브랜디 한 잔을 권하며 따랐을 때 삶에 대해 두려움을 느꼈다.

로헤베인에게 가장 깊은 인상을 준 것은 섬 주민들의 고양된 사기였다. 그들은 춤을 추고 노래하고 웃으며 '오 도로가!O dorroga'라고 거듭 외쳤다. 훗날 학자들은 이것이 아마도 '환영한다'는 뜻일 것이라고 단정했다. 이는 비통한 환영이 되었다. 로헤베인이 정박시킨 3척의 배와 2척의 작은 범선(돛대가 1개)에는 134명이 타고 있었다. 이스터섬 주민들이 기쁨의 표현을 유감없이 나타냈지만 네덜란드인은 전투대형을 갖추었다. 그리고 느닷없이 4, 5발의 총성이 울렸다. 누군가 "자, 지금부터 사격 개시!"라고 외쳤다. 이어 30발이 더 발사되었다. 섬 주민들은 내륙으로 도망쳤으며 해변에는 10여 명의 시신이 남겨져 있었다. 그중에는 '오 도로가!'를 외치며 함대를 맞이했던 친근한 원주민도 있었다.

로헤베인은 오해에서 비롯된 일이라고 주장하는 주범들에게 몹시 화를 냈다. 하지만 그의 일지에는 처벌에 대한 언급은 없었다. 저녁이 되자 로헤베인은 남부의 땅을 찾아야 하는 임무를 재개하기 위해 떠나야 한다고 주장했다.

그 후 다른 함대가 이스터섬에 정박하기까지는 48년이 걸렸다. 선장 돈 펠리페 곤살레스Don Felipe González가 이끄는 탐험대는 3개의 나무 십자가를 심고 스페인 국기를 올린 뒤 이 섬이 성모 마리아의 지역이라고 주장했다. 이스터섬 주민들은 신경 쓰지 않는 듯했다. 정복자들은 "적대감이라고는 전혀 보이지 않았다"고 기록했다.[31] 스페인 사람들이 활과 화살을 선물하자 평화를 사랑하는 원주민들은 이것으로 무엇을 해야 할지 몰라 결국 목걸이처럼 착용했다.

4년 뒤인 1774년 제임스 쿡의 지휘 아래 영국 탐험대가 도착했다. 쿡 선장은 태평양을 가로질러 세 차례의 장대한 항해를 마치고 마침내 남부 땅의 신화를 증명했다. 그는 역사에 남을 위대한 탐험가 대열에 합류했으며, 로헤베인이라는 이름은 오랫동안 잊혔다.

쿡의 큰 키는 종말론자들이 이스터섬에 대한 그의 관찰을 그토록 깊게 믿는지를 설명할 수 있을지도 모른다. 쿡은 무너진 모아이에 대해 처음으로 보고한 인물이며, 이미도 더 중요한 것은 원주민을 '작고 마르고 소심하고 비참하다'고 묘사했다는 점일 것이다. 또는 그렇게 썼다는 식으로 항상 인용되고 있다는 것이 중요할지도 모른다. 토론토대학의 연구원이 쿡의 일지를 다시 읽었을 때 이 무례한 설명은 어디에도 없었다. 이상한

1786년 4월 9일 이스터섬을 방문한 화가 가스파르 뒤셰 드반시Gaspard Duché de Vancy의 그림을 담은 판화이다. 이 이미지는 이스터섬의 원주민보다 작가와 그의 식민지적 관점에 대해 더 많이 알려주는 듯하다. 이 작품이 살아남았다는 것 자체가 기적이다. 드반시는 탐험가 장 프랑수아 드 갈로Jean François de Galaup, 콩트 드 라페루즈Comte de La Pérouse가 이끄는 불운한 탐험대의 일원이었다. 1787년 이 프랑스인은 러시아 북동부의 캄차카반도에 도착했고, 만약을 위해서 자신의 항해에 대한 사전 보고서(이 그림 포함)를 집으로 보냈다. 1년 뒤 그의 탐험대가 탄 배는 난파되었다. 라페루즈, 탐험대의 화가인 드반시, 그리고 나머지 승무원들에게 정확히 무슨 일이 일어났었는지 오늘날까지도 학자들이 풀기 위해 애쓰는 미스터리이다. (출처: 헐튼 수장고 Hulton Archive)

일이었다.[32] 오히려 쿡의 보고에 따르면 원주민들은 "활기차고 활동적이며, 외모가 뛰어나고 무뚝뚝한 얼굴이 아니며, 낯선 사람들에게 매우 친절하다"고 한다.[33]

그렇다면 쿡은 어디에서 그 통렬한 판단을 내렸을까? 이스터섬의 멸망에 대한 이야기와 아주 잘 어울리고, 과학 저널《네이처》의 신성한 페이지에까지 오른 이 인용문을 어디에서 찾을 수 있을까?[34] 재러드 다이아몬드는 이 출처로 폴 반과 존 플렌리(《이스터섬, 지구섬》의 저자들)를 언급하고 있지만 그들은 결국 아무 자료도 인용하지 않았다. 나는 이 신비한 인용문을 직접 찾아보기로 하고 도서관에서 긴 하루를 보낸 뒤 1961년의 지루한 학술서에서 그 기록을 찾아냈다.[35]

주제는? 노르웨이인들의 이스터섬 탐험. 저자는? 토르 헤위에르달. 맞다. 엉망이 된 쿡의 인용문의 출처는 다름 아닌 노르웨이의 탐험가이자 말도 안 되는 아이디어의 대변인이었다. 단이족의 폴리네시아 식인종이 섬을 점령하기 전에는 원래 장이족의 잉카인들이 살고 있었다는 상상의 나래를 펴 베스트셀러를 출판한 바로 그 사람이다. 쿡의 '무해하고 친절한' 주민들을 '원시적인 식인종' 집단으로 재탄생시킨 바로 그 토르 헤위에르달이다.[36] 이것이 잘못된 신화가 탄생하는 방법이다.

한편 아직 풀어야 할 한 가지 미스터리가 더 남아 있다. 이스터섬 주민들은 왜 기념비적인 석상을 파괴했을까? 그 답을 알기 위해서는 로헤베인의 일지로 돌아가야 한다. 그가 도착할 때까지 섬의 주민들은 수백 년 동안 세상에서 완전히 혼자라고 생각했다. 모든 모아이가 바다 쪽을 등지고 섬 중앙을 향해 서 있는 것은 우연이 아닌 것이다.

그 후 오랜 세월이 지난 뒤 3척의 거대한 배가 지평선에 나타났다. 섬 주민들은 놀라운 배와 끔찍한 화력을 가진 이상한 네덜란드인들을 어떻게 생각했을까? 그들은 예언자였을까? 아니면 신이었을까? 그들의 도착과 해변에서의 학살은 큰 충격이었음이 틀림없다. 네덜란드 선원 중 한 명은 "그곳에 있는 아이들의 아이들도 언젠가는 그 이야기를 다시 할 수 있을 것"이라고 짐작했다.[37] 과시적으로 매우 요란하게 해변에 나타날 다음 상대는 스페인 사람들이었다. 그들은 북을 치고 깃발을 흔드는 의식 행렬을 한 뒤 3번의 천둥 같은 대포로 쇼를 마무리했다.

이러한 사건이 섬 주민들과 그들이 세계를 바라보는 방식에 영향을 미쳤다고 가정하는 것은 무리일까? 로헤베인은 그들이 모아이 앞에서 무릎을 꿇는 것을 보았다고 묘사했지만 쿡은 이 석상들은 더 이상 "네덜란드 시대에 어떤 것이었든 현재 주민들에게 우상으로 여겨지지 않는다"라고 이야기했다. 더욱이 그는 섬 주민들이 "부식되고 있는 받침대를 심지어 보수하지도 않는다"고 언급했다.[38]

러시아 선원의 기록에 따르면 1804년까지 서 있던 모아이는 몇 개 되지 않았다. 나머지는 무너졌거나 의도적으로 쓰러뜨렸거나 아니면 두 경우 모두 해당될 수도 있다.[39] 어떤 경우든 모아이를 둘러싼 전통은 희미해졌고 우리는 앞으로도 그 이유를 정확히 알 수 없을 것이다. 두 가지 가설이 제시되었는데 둘 중 하나 또는 둘 다 사실일 수 있다. 하나는 섬 주민들이 새로운 취미를 찾았다는 것이다. 숲이 사라진 뒤 거석을 옮기는 것이 더 어려워지면서 사람들은 하루를 보낼 새로운 방법을 고안했다.[40]

다른 가설은 학자들이 '화물 숭배cargo cult'라고 일컫는 것과 관련이 있다. 즉 서양인과 그들의 물건에 대한 집착 같은 것이다.[41] 어떤 이유에서인지 이스터섬 주민들은 모자에 매료되었다. 한 프랑스 탐험대는 도착한 지 하루 만에 모자를 모두 잃어버려 섬 주민들에게 큰 즐거움을 선사하기도 했다. 섬 주민들이 유럽 배 모양의 집을 짓고, 배를 닮은 돌무더기를 만들고, 유럽 선원을 흉내내는 의식에 참여한 것 또한 이 무렵이었다. 학자들은 이 외국인들이 기이하고 반가운 선물을 가지고 돌아오기를 기원하려는 시도였을 것이라고 해석한다. 그리고 그들은 실제로 돌아왔지만 이번에는 상품을 가져오지 않았다. 이번에는 섬 주민들이 스스로 상품이 되고 말았다.

문명에 관한 자기충족적 예언

1862년 어느 어두운 날 최초의 노예선이 수평선에 나타났다. 이스터섬은 페루 노예상인들의 완벽한 먹잇감이었다. 그곳은 고립되어 있었고 건강하고 쾌활한 사람들의 고향이며, 세계의 어떤 열강도 소유권을 주장하지 않았다. 한 역사학자는 "간단히 말해서 이 사람들에게 일어난 일에 대해 알거나 많은 관심을 갖는 사람은 없었을 것이다. 그리고 그들을 제거하는 데 드는 비용은 적었을 것이다"라고 요약하기도 했다.[42]

최종적으로 16척의 배가 섬 인구의 3분의 1에 해당하는 총 1,407명의 사람들을 싣고 항해하게 된다. 일부는 거짓 약속에 속아서, 또 다른 일부는 강제로 이송되었다. 범인은 '아타섬(100년 뒤 실제 《파리대왕》 이야기가 펼쳐질 섬)'의 주민들을 납치한 바로 그 노예상인들이었다. 페루에 도착한 노예들은 파리처럼 죽어나가기 시작했다. 광산에서 죽을 때까지 일하지 않

1부 | 자연 상태의 인간

으면 전염병으로 사망했다. 1863년 페루 정부는 국제적인 압력에 굴복해 생존자들을 고향으로 돌려보내기로 했다. 섬 주민들은 고향으로 돌아가기 위해 페루의 항구도시 카야오에 집결했다. 그들은 먹을 것이 거의 없었고, 심지어 항구에 정박된 미국의 고래잡이배에 천연두에 감염된 선원이 타고 있던 바람에 바이러스가 확산되어 이스터섬으로 향하는 긴 항해 동안 매일 시체를 배 밖으로 던져야 했다. 결국 해방된 470명의 노예 중 오직 15명만이 살아서 고향으로 돌아왔다. 만약 배에서 모두 죽었다면 차라리 더 나았을 것이다. 그들이 돌아오자마자 바이러스는 섬의 다른 사람들에게 퍼져 죽음과 파멸의 씨를 뿌렸다. 이스터섬의 운명이 결정되었다. 이제 섬에 정박한 유럽인들은 섬 주민들이 서로 적대시하는 것을 실제로 목격하게 되었다. 어느 프랑스 선장은 뼈와 두개골 더미가 있었다고 언급했으며, 병든 사람들은 절망에 빠진 나머지 수십 명이 절벽에서 스스로 목숨을 끊었다.

1877년 전염병이 마침내 진정되었을 때 살아남은 주민은 110명에 불과했다. 800년 전 카누를 타고 해안에 도착했던 첫 정착민들과 거의 같은 숫자였다. 전통은 사라지고 의식은 잊히고 문화는 파괴되었다. 노예상인들과 그들의 질병은 마침내 원주민과 쥐가 달성하지 못한 것을 이루었다. 이스터섬을 파괴해버린 것이다.

그렇다면 자신의 문명을 망가지도록 낭비한 이기적인 섬 주민들의 이야기 중에서 남은 부분은 무엇일까? 별로 없다. 전쟁도 기근도 다른 사람을 잡아먹은 일도 없었다. 삼림 벌채는 땅을 황량하게 만든 것이 아니라 오히려 더 비옥하게 만들었다. 1680년경에는 대량학살이 이루어지지 않았다. 수 세기 후인 1860년경까지 진정한 쇠퇴는 시작되지 않았다. 그리고 섬을 방문한 외국인들은 쇠퇴하는 문명을 발견한 것이 아니라 그들이 문명을 절벽에서 밀어버린 것이다.

그렇다고 토착 식물과 동물종들을 멸종시킨 쥐라는 재앙이 뜻하지 않게 유입된 것처럼 주민들이 그들 자신에게 피해를 입히지 않았다는 말은 아니다. 그러나 순조롭지 못한 시작 이후 가장 눈에 띈 것은 회복탄력성과 적응성이다. 그들은 오랫동안 세상이 그들을 보아왔던 것보다 훨씬 더 똑똑했다. 그렇다면 이스터섬은 여전히 우리 자신의 미래를 보여주는 적절한 비유일까? 보어세마 교수와 대화를 나눈 지 며칠 후 나는 "기후변화 탓에 이스터섬 석상들이 위험에 빠졌다"고 공표한 신문 머리기사를 보았다. 과학자들은 해수면 상승과 해안침식의 영향을 분석했으며, 기사는 이들이 예측하는 시나리오를 반영했다.[43]

나는 기후변화에 대해 회의적이지 않다. 이것이 우리 시대의 가장 큰 도전이며, 대처할 시간이 점점 짧아지고 있다는 것에는 의심의 여지가 없다. 그러나 내가 회의적인 것은 붕괴라는 숙명론적 수사이다. 우리 인간이 본질적으로 이기적이라거나 더 나쁘게는 지구의 재앙이라는 인식이다. 나는 이런 인식이 '현실적'으로 널리 퍼질 때 의심을 품으며, 여기에 출구가 없다는 말을 들었을 때 회의적이 된다. 너무 많은 환경운동가들이 인류의 회복력을 과소평가한다. 나의 두려움은 그들의 냉소주의가 자기

1부 | 자연 상태의 인간

충족적 예언, 즉 지구 기온이 변함없이 오르는 동안 우리를 절망으로 마비시키는 노시보가 될 수 있다는 데 있다. 기후행동 역시 새로운 현실주의를 적용할 수 있다.

보어세마 교수는 나에게 "문제뿐만 아니라 해결책도 기하급수적으로 증가할 수 있다는 사실을 다들 인식하지 못하고 있습니다. 그들이 해낼 것이라는 보장은 없지요. 그러나 그들은 할 수 있는 능력이 있습니다"라고 말했다.

이스터섬이 이를 증명한다. 섬 주민들은 마지막 나무가 사라졌을 때 수확량을 높이는 새로운 기술로 농업을 다시 일구었다. 이스터섬의 실제 이야기의 주인공은 수완이 매우 좋고 회복탄력성이 높은 사람들이다. 임박한 파멸에 대한 이야기가 아니라 마르지 않는 희망의 원천이다.

PART 2

아우슈비츠 이후

내가 모든 이상을 포기하지 않은 것은 놀라운 일이다. 이상은 너무 터무니없고

비현실적인 것처럼 보인다. 그럼에도 나는 이상에 매달린다. 모든 것에도 불구

하고 사람들의 마음이 진정 선하다고 여전히 믿기 때문이다.

— **안네 프랑크** Anne Frank(1929~1945)

──────── 만일 인간의 마음씨가 천성적으로 착하다는 것이 사실이라면 필연적인 질문에 답할 때가 되었다. 이는 많은 독일 출판사들이 내 책에 관심을 전혀 갖지 않게 만든 질문이다. 또한 내가 글을 쓰는 동안 계속 뇌리에서 떠나지 않은 질문이기도 했다. 아우슈비츠를 어떻게 설명할 수 있을까? 공습과 가스실, 인종 청소와 강제수용소에 대해 어떻게 설명할 수 있을까? 히틀러와 조인한 뒤 기꺼이 사형을 집행한 자는 누구였을까? 어쩌면 조인 상대는 스탈린이나 마오쩌둥 아니면 폴 포트였을까?

600만 명 이상의 유대인이 조직적으로 살해된 뒤 과학과 문학은 인간이 어떻게 그렇게 잔인할 수 있는지에 대한 질문에 집착하게 되었다. 처음에는 독일인을 완전히 다른 동물로 치부하고 모든 것을 뒤틀린 영혼, 병든 마음, 야만적 문화 탓으로 여기고 싶은 유혹이 컸다. 그들은 분명히 우리와 전혀 달랐다. 하지만 문제가 있다. 인류 역사상 가장 잔인한 범죄는 원시사회의 후미진 곳에서 일어난 것이 아니다. 칸트와 괴테, 베토벤과 바흐의 땅, 세계에서 가장 부유하고 선진국에 속하는 나라에서 일어났다.

어쨌든 시민사회가 보호 껍데기가 아니었을 수도 있을까? 루소가 옳았고 문명이란 서서히 퍼져나가는 부패에 불과했을까? 이 무렵 새로운 과학 분야가 두각을 나타내면서 현생인류에게는 실제로 근본적인 결함이 있다는 충격적인 증거를 제시하기 시작했다. 문제의 분야는 바로 사회심리학이었다.

1950년대와 1960년대 사회심리학자들은 평범한 사람들을 괴물로 만드는 정확한 요인을 찾아내기 위해 파고들고 조사하고 들쑤시기 시작했다. 이 새로운 유형의 과학자는 인간이 끔찍한 행동을 할 수 있다는 것을 보여주는 실험을 하나씩 고안해냈다. 우리의 상황을 조금만 조절하면 된다. 보라! 우리 각자에게서 나치가 걸어 나온다.

《파리대왕》이 베스트셀러 1위를 차지하고 있는 동안 스탠리 밀그램이라는 젊은 연구원은 사람들이 의심스러운 실력자의 명령조차도 얼마나 복종하며 따르는지를 입증했다(8장). 또한 미국 뉴욕시에서 한 젊은 여성이 살해된 사건은 현대시대의 무관심에 관한 수백 가지의 연구 기반이 되었다(9장). 그리고 심리학 교수인 무자퍼 셰리프와 필립 짐바르도의 실험은 착한 어린 소년들이 순식간에 캠프의 폭군으로 변할 수 있음을 보여주었다(7장).

나를 매료시키는 사실은 이 모든 연구가 비교적 짧은 기간에 이루어졌다는 점이다. 바야흐로 젊고 수완 좋은 연구자들이 충격적인 실험의 날개를 달고 과학의 스타덤에 올라설 수 있었던 사회심리학의 서부 개척시대였다. 50년이 지난 지금 젊고 유능했던 그들은 이미 세상을 떠났거나 저명한 교수가 되어 전 세계를 순회하고 있다. 그들이 행한 작업은 명성이 높으며 새로운 세대의 학생들에게 계속해서 교육되고 있다. 그러나 이제는 그들의 제2차 세계대전 후 실험 기록 보관소가 공개되어 처음으로 막후의 숨겨진 이야기를 살펴볼 수 있게 된 것이다.

Chapter 7

스탠퍼드 교도소 실험의 진실
: 그곳에선 아무 일도 벌어지지 않았다

"빌어먹을, 내 속이 불타고 있다고! 더 이상 못 참겠어!" 비인간적 환경에 놓인 수감자들은 굴복했고 교도관들은 그 권력을 누렸다. '평범하고 선한 일반인도 부정적인 상황에 놓이면 어김없이 괴물이 된다.' 《루시퍼 이펙트》의 전설이 탄생하는 순간이었다.

루시퍼 이펙트

1971년 8월 15일 오전 10시가 되기 직전 미국 서부 해안 도시인 팰로앨토 시의 경찰이 도착해 아홉 명의 젊은이를 침대에서 강제로 끌어낸다. 다섯 명은 절도, 네 명은 무장 강도로 체포되었다. 이웃 사람들은 남자들이 몸수색을 당하고 수갑을 찬 뒤 대기하고 있던 경찰차에 끌려가는 모습을 보고 놀라움을 금치 못한다. 이를 지켜보던 이웃들이 미처 깨닫지 못한 점은 이것이 실험의 일부라는 사실이다. 이는 역사상 가장 악명 높은 과학적 연구의 하나로 기록될 실험이다. 또한 신문의 1면을 장식하고 수백만 명의 대학 신입생을 위한 교과서에 실릴 실험이기도 하다.

같은 날 오후 범죄 용의자들, 실제로는 무고한 대학생들이 대학 심리학과가 있는 420동의 지하실로 돌계단을 거쳐 내려가자 '스탠퍼드 카운티 교도소STANFORD COUNTY JAIL'라는 팻말이 그들을 맞이한다. 계단 아래에는 유니폼을 입고 미러 선글라스를 착용한 아홉 명의 학생들이 그들을 기다리고 있다. 수갑을 찬 학생들처럼 이들 또한 돈을 벌기 위해 참가한 학생들이다. 차이점은 이들이 수감자가 아니라 교도관 역할을 맡았다는 데 있다. 수감자들은 옷을 벗으라는 명령을 받고 복도에 알몸으로 줄지어 선

스탠퍼드대학 지하실, 1971년 8월. (출처: 필립 짐바르도)

다. 모두가 발목에 쇠사슬을 차고 나일론 모자를 푹 눌러쓴 채 이제부터 이름 대신 불리게 될 번호를 배정받는다. 마지막으로 착용할 수인복을 지급받고 감옥에 갇힌다.

다음에 일어나는 일은 전 세계에 충격을 가할 것이다. 스탠퍼드 교도소 실험은 며칠 만에 통제할 수 없게 되고 그 과정에서 인간 본성에 대한 암울한 진실들을 드러낼 것이다. 이 실험은 평범하고 건강한 청년들의 집단으로 시작되었다. 그들 중 몇몇은 연구 계약에 서명할 때 스스로를 평화주의자라고 칭했다. 둘째 날이 되자 이미 모든 것이 흐트러지기 시작했다. 수감자들의 반란에 교도관들은 소화기로 대응했고, 이후 교도관들은 수감자들을 제압하기 위해 온갖 전술을 고안했다. 수감자들은 인간의 배설물 냄새가 나는 감방에서 수면 부족과 자존감 상실로 한 명씩 굴복했고, 교도관들은 자신의 권력을 즐겼다. 수감자 8612번은 분통을 터뜨렸다. 그는 감방 문을 발로 차며 소리를 질렀다. "빌어먹을, 내 속이 불타고 있다고! 몰라? 나가고 싶다고! 여긴 모든 것이 엉망이야! 하룻밤도 더 견딜 수 없어! 더 이상 못 참겠다고!"[1]

이 실험의 총책임자인 심리학자 필립 짐바르도Philip Zimbardo 역시 드라마에 심취했다. 그는 무슨 일이 있어도 사람들을 바짝 다잡으며 능숙하게 교도소를 운영하기로 작정한 감독관 역할을 맡았다. 그가 이 악몽을 끝내기로 한 것은 실험이 시작된 지 6일째 되던 날, 대학원생인 여자친구가 공포에 휩싸여 도대체 무슨 짓을 하고 있는 거냐고 물은 뒤였다. 그즈음 수감자 중 다섯 명은 '극도의 정서적 우울증, 울음, 분노, 극심한 불안' 등의 징후를 보이고 있었다.[2]

짐바르도와 그의 팀은 이 실험의 여파로 "무슨 일이 벌어졌는가?"라는 고통스러운 질문에 직면해야만 했다. 이 답은 오늘날 심리학 입문 교과서에서 쉽게 찾아볼 수 있다. 그리고 대흥행을 기록한 할리우드 영화나 넷플릭스 다큐멘터리, 말콤 글래드웰Malcolm Gladwell의 《티핑 포인트》 같은 초대형 베스트셀러에서도 답을 찾을 수 있다. 아니면 사무실 내 탕비실에 들렀을 때 누군가가 당신을 이야기에 끼워주면 답이 나올 것이다. 해답은 다음과 같다. 1971년 8월 15일 평범한 학생들이 괴물로 변했다. 그들이 나쁜 사람이어서가 아니라 나쁜 상황에 처해졌기 때문이다. 글래드웰은 "당신은 행복한 가정 출신으로 좋은 동네에 살며 좋은 학교를 다니는 평범한 사람들을 데려와 그들의 행동에 강력한 영향을 미칠 수 있다. 단지 처해 있는 상황의 구체적인 세부사항을 바꾸는 것으로 족하다"라고 이야기했다.[3]

필립 짐바르도는 강한 어조로 그의 실험이 나중에 그렇게 통제 불능 상태가 될 것이라고 아무도 의심하지 않았을 것이라고 이야기했다. 그 후 그는 우리 모두가 가장 끔찍한 행동을 할 수 있다는 결론을 내렸다. 그는 스탠퍼드대학 지하실에서 일어난 일은 "교도관의 제복을 입은 자연스러운 결과"로 이해해야 한다고 했다.[4]

아이들의 복수극, 로버스 동굴 공원 실험

이보다 17년 전에 거의 동일한 결론에 이른 또 다른 실험이 수행되었음을 아는 사람은 그리 많지 않다. 학계 밖에서 거이 잇힌 '로버스 동굴 공원 실험Robbers Cave Experiment'은 이후 수십 년 동안 사회심리학자들에게 영감을 주게 된다. 스탠퍼드 교도소 실험과는 달리 피험자는 학생 자원자가 아니라 순진한 아이들이었다.

1954년 6월 19일 열한 살 안팎의 소년 12명이 오클라호마시티 정류장에서 버스를 기다리고 있다. 그들 중 누구도 서로를 알지 못하지만 모두 교회에 다니는 정직한 가정 출신이다. 그들의 IQ는 학교 성적과 마찬가지로 평균적이다. 문제아나 괴롭힘을 당하는 아이는 아무도 없었다. 모두 정서적으로 안정된 평범한 아이들이었다. 이 특별한 날 그들은 흥분하고 있었다. 오클라호마 남동부의 '로버스 동굴 주립공원Robbers Cave State Park'에서 열리는 여름 캠프로 가는 중이었기 때문이다. 벨 스타나 제시 제임스 같은 전설적인 무법자들이 한때 은신했던 곳으로 이름난(robbers 즉 강도들의 은신처에서 비롯된 이름 – 옮긴이) 이 캠프에는 약 81만 제곱미터의 숲과 호수, 동굴이 있다.

소년들이 모르고 있는 사실은 다음 날 도착하는 다른 캠프 참가자들과 이 낙원을 함께 공유할 예정이라는 것이다. 또한 그들이 모르는 사실이 하나 더 있는데, 이것은 과학적 실험으로서 캠핑객은 실험동물이라는 점이다. 이 실험은 터키 출신의 미국 사회심리학자 무자퍼 셰리프Muzafer Sherif에 의해 시행되었는데, 그는 집단 간의 갈등이 발생하는 방식에 오랫동안 관심을 가져온 인물이다. 그는 캠프를 위해 꼼꼼하게 준비했으며 연구팀에 대한 그의 지시는 분명했다. 소년들은 원하는 대로 자유롭게 행동할 수 있어야 하며 어떤 제약도 없어야 한다는 것이다.

연구의 첫 번째 단계에서 두 그룹의 소년들은 상대방의 존재를 인식하지 못한다. 그들은 별도의 건물에 머물며 공원에 자신들 외에 다른 사람은 없다고 생각한다. 그런 뒤 소년들은 두 번째 주에 조심스럽게 접촉하게 된다. 무슨 일이 일어날까? 그들은 친구가 될까, 아니면 모든 지옥문이 열릴까?

이 실험은 선량한 어린 소년들 중 '정선된 알짜배기'에 대한 이야기이다. 셰리프가 나중에 묘사한 바에 따르면 며칠 되지 않는 기간 동안 이 아이들은 '사악하고 정신적 장애가 있으며 부도덕한 청소년 집단'으로 타락해간다.[5] 셰리프의 캠프는 윌리엄 골딩이 《파리대왕》을 출간한 해에 진행되었는데, 골딩은 아이들이 본질적으로 나쁘다고 생각한 것에 비해 셰리프는 모든 것이 맥락에 달려 있다고 여겼다. 생활은 매우 유쾌하게 시작된다. 두 그룹이 서로의 존재를 모르는 첫 주 동안 각 캠프의 소년들은 완벽하게 협력한다. 그들은 밧줄로 된 다리와 다이빙보드를 만들고 햄버거를 굽고 텐트를 치는 등 함께 뛰놀면서 매우 친한 친구가 된다.

그 다음 수에 실험이 진행될 차례가 온다. 스스로 '방울뱀'과 '독수리'라는 이름을 붙인 두 그룹은 조심스럽게 상대방에게 소개된다. 방울뱀팀은 독수리팀이 '자신들의' 야구장에서 경기하며 도전을 하고자 한다는 말을 듣게 된다. 이것이 이후 일주일 동안 벌어질 대립과 경쟁의 도화선이다. 그 이후 상황은 빠르게 진전된다. 둘째 날 독수리팀은 줄다리기에서 패한 뒤 방울뱀팀의 깃발을 태운다. 이에 방울뱀팀은 커튼을 찢고 만화책을 약탈하는 한밤중의 기습으로 보복한다. 독수리팀은 무거운 돌을 채운 양말을 무기로 사용해 복수하기로 결정했으나 아슬아슬하게 때를 맞추어 캠프 운영진이 개입하게 된다.

그 주에 대결이 끝나 독수리팀이 승리자로 선포되고 반짝이는 주머니칼이라는 선망의 상을 받게 된다. 방울뱀팀은 또 다른 공격을 개시해 모든 상품을 전리품으로 가져가는 것으로 복수한다. 분노에 찬 독수리팀과 마주친 방울뱀팀은 조롱으로 일관한다. 그중 한 명이 칼을 휘두르며 "덤벼, 겁쟁이들아"라고 하며 비웃는다.[6] 소년들이 끝장 싸움을 벌이는 동안 캠프 관리인 행세를 한 셰리프 박사는 한쪽에 앉아 바쁘게 메모를 기록한다. 그는 이 실험이 금광이 될 것임을 이미 알 수 있었다.

로버스 동굴 공원 실험 이야기는 최근 몇 년 동안 특히 도널드 트럼프가 미국 대통령으로 당선된 뒤 다시 등장했다. 얼마나 많은 전문가가 이 연구를 우리 시대를 이해할 수 있는 흥미 있는 이야기의 단초라고 지적했는지 모른다. 방울뱀과 독수리는 좌우, 보수, 진보가 어디에서나 벌이는 충돌을 상징하지 않는가? 텔레비전 프로듀서들은 이 연구의 전제를 보고 히트를 예감했다. 그들은 네덜란드에서 〈이제는 복수다. 각오하라This Means War〉('This Means War'는 이제는 복수를 하고 말겠다는 취지로 누군가를 대상으로 공개적으로 분노를 표현하는 말이다 – 옮긴이)라는 제목으로 포장해 리메이크를 시도했다. 하지만 프로그램의 취지가 정말로 전쟁을 의미한다는 것이 밝혀져 촬영을 조기에 종료해야 했다.

무자퍼 셰리프가 1961년 작성한 연구 보고서의 원본을 살펴볼 이유는 충분하다. 이것을 읽은 나는 흥미진진한 책은 아니라고 확언할 수 있다. 셰리프는 첫 페이지에서 "외부 집단에 대한 부정적인 태도가 상황에 따라 생성될 것"이라고 이야기하고 있다. 이는 '이제는 복수다. 각오하라'를 뜻한다. 그러나 나는 모든 학문적 추상화 중에서 몇 가지 흥미로운 사실을 발견했다. 먼저 일주일 동안 대회를 개최하기로 결정한 주체는 아이들이 아니라 실험자들이었다. 독수리팀은 그런 곳에 관심이 없었다. 한 소년은 다음과 같은 의견을 제시했다. "그들과 친구가 될 수 있을지도 모른다. 그러면 누군가 화를 내고 앙심을 품는 일은 없을 것이다."[7] 그리고 소년들은 연구자들의 강요에 따라 야구와 줄다리기처럼 분명한 승자와 패자가 있는 게임만 했다. 아차상은 없었으며 연구진은 아슬아슬한 경쟁이 계속되도록 점수를 조작했다. 이러한 계략은 시작에 불과했다.

아이들은 속지 않았다

2017년 여름 나는 멜버른에서 지나 페리^{Gina Perry}를 만났다. 로버스 동굴 공원 실험에 관한 그녀의 책이 출판되기 몇 달 전이었다. 페리는 오스트레일리아의 심리학자로 셰리프의 실험 기록을 처음으로 조사한 사람이다. 그녀는 수많은 노트와 녹음 파일을 뒤지면서 지난 50년 동안 교과서에서 반복해온 모든 것과 모순되는 이야기를 발견했다. 먼저 페리는 셰리프가 이전에 자신의 '현실 갈등 이론'에 대한 실험을 시도한 적이 있었음을 발견했다. 1953년 그는 뉴욕주의 미들그로브라는 작은 마을 외곽에서 또 다른 여름 캠프를 조직했다. 그는 그곳에서도 소년들을 서로 대결시키기 위해 최선을 다했다. 이와 관련해 셰리프가 나중에 자진해서 밝힌 내

2부 | 아우슈비츠 이후

용은 다양한 어려움과 불리한 조건으로 인해 "실험이 중단되어야 했다"는 것뿐이다.[8] 이 내용은 각주에 숨겨져 있었다.

멜버른에서 페리는 기록 보관소에서 알게 된 이 여름 캠프에서 실제로 일어난 일에 대해 이야기해주었다. 그에 따르면 도착한 지 이틀 뒤 소년들은 모두 친구가 되었다. 그들은 함께 게임을 하고 숲에서 신나게 달렸으며, 활로 화살을 쏘고 목청껏 노래를 불렀다. 셋째 날이 되자 실험자들은 아이들을 팬더와 비단뱀 두 집단으로 나눈 뒤 남은 한 주 동안 가능한 모든 방법을 동원해 두 팀이 서로 대항하도록 유도했다. 팬더팀이 평화의 올리브 가지가 특징인 팀 티셔츠를 디자인하고 싶어 하자 실험자가 이를 제지했다. 며칠 뒤 실험자 중 한 명이 팬더팀이 추궁당할 것을 예상하고 비단뱀팀의 텐트를 철거했다. 그는 아이들이 텐트를 다시 설치하기 위해 함께 노력하는 것을 보고 좌절했다.

다음으로 실험자들은 비단뱀팀이 비난받기를 바라면서 비밀리에 팬더팀의 캠프를 급습했다. 다시 한번 소년들은 서로를 도왔다. 습격에 우쿨렐레가 부서진 한 소년은 실험자를 불러 알리바이를 요구하기도 했다. 소년은 "어쩌면 우리가 어떻게 반응하는지 보고 싶은 게 당신들의 목적이었을지도 모르지"라며 비난했다.[9]

연구팀의 분위기는 첫 주가 지나면서 침울해졌다. 그들의 값비싼 실험은 무너져 실패하고 있었다. 소년들은 셰리프의 '현실 갈등 이론'처럼 싸우지 않았으며 오히려 가장 친한 친구로 남았다. 셰리프는 자신을 제외한 모든 사람을 비난했다. 그는 초조해하고 화를 내며 새벽 2시까지 서성이며 술을 마셨다. 페리는 이런 사실을 연구의 오디오 녹음을 통해 알게 되었다.

긴장이 고조된 것은 캠프가 끝날 무렵의 어느 날 저녁이었다. 셰리프는 캠프 참가자들이 평화롭게 잠들어 있는 동안 아이들 사이에 불화를 조성하기 위해 최선을 다하지 않은 연구 조교를 때리겠다고 위협했다. 조교는 자신을 방어하기 위해 나무 한 덩이를 움켜잡았다. "셰리프 박사님!" 그의 목소리는 밤공기를 타고 울려 퍼졌다. "그렇게 하면 내가 당신을 칠 거야."[10]

한 소년이 자세한 관찰 내용이 담긴 노트를 발견한 뒤 아이들은 결국 자신들이 조종당하고 있다는 사실을 깨닫게 되었다. 그 후 실험을 중단할 수밖에 없었다. 여기서 증명된 것이 있다면 일단 아이들이 친구가 되고 나면 서로 적대시하기란 매우 어렵다는 사실이다. 몇 년 뒤 한 참가자가 심리학자들에 대해 다음과 같이 이야기했다. "그들은 인간의 본성을 오해했다. 아이들에 대해 확실히 오해했다."[11]

조작된 인간 본성 실험

무자퍼 셰리프 박사의 조작이 사악하다고 생각한다고 해도 이것은 17년 뒤 날조되는 시나리오에 비하면 아무것도 아니다. 표면적으로 스탠퍼드 교도소 실험과 로버스 동굴 공원 실험은 공통점이 많다. 피험자가 24명의 백인 남성이었으며, 착한 사람들이 자발적으로 악하게 변할 수 있다는 것을 증명하기 위해 고안된 실험이었다.[12] 그러나 스탠퍼드 교도소 실험은 여기서 한 단계 더 나아갔다. 필립 짐바르도의 연구는 의심스러운 정도가 아니라 그것은 사기였다.

2007년에 출간된 그의 《루시퍼 이펙트》를 읽으면서 의심이 들기 시작했다. 나는 그의 교도소 '교도관들'이 자발적으로 가학적으로 변했다고 생각했다. 짐바르도 자신도 수없이 많은 인터뷰와 미국 의회 청문회에서 교도관이 "법, 질서 및 존경심을 유지하기 위해 자체 규칙을 만들었다"고 증언하기도 했다.[13] 그러나 짐바르도는 《루시퍼 이펙트》에서 실험 전 토요일에 갑자기 교도관들과 만났다고 언급했다. 그날 오후 그는 교도관들에게 각자 맡을 역할에 대해 설명했는데, 그의 지시는 착각할 수 없는 내용이었다.

> 우리는 좌절감을 만들어낼 수 있다. 우리는 그들 속에 두려움을 심을 수 있다. [……] 우리는 다양한 방법으로 그들의 개성을 제거할 것이다. 그들은 수인복을 입을 것이고, 아무도 그들을 이름으로 부르지 않을 것이다. 그들은 번호를 부여받으며 오직 번호로만 불릴 것이다. 일반적으로 이 모든 것을 통해 우리가 그들에게 심어주어야 하는 것은 무력감이다.[14]

이 구절에 이르렀을 때 나는 깜짝 놀랐다. 객관적이어야 할 과학자가 자신의 교도관을 훈련시켰다고 대놓고 이야기하고 있다니. 교도관들 스스로가 수감자들을 번호로 부르거나 선글라스를 쓰거나 가학적인 게임 등의 아이디어를 떠올린 것이 아니었다. 그렇게 하라는 지시를 받은 것이었다. 뿐만 아니라 짐바르도는 실험이 시작되기 전 토요일에 마치 그와 교도관이 같은 팀인 것처럼 이미 '우리'와 '그들'에 대해 이야기하고 있었다. 이는 실험이 진행됨에 따라 짐바르도 자신이 교도소 감독관으로서의 역할을 잃게 되었다는 이야기가 사실일 수 없다는 것을 의미한다. 짐바르도는 첫날부터 명령을 내렸다.

이것이 객관적인 연구에 얼마나 치명적인지 파악하려면 사회과학자들이 '요구특성demand characteristics'이라고 일컫는 것에 대해 알아야 한다. 이는 피험자가 연구의 목적을 추측할 수 있는 경우에 보이는 행동이며, 따라서 과학 실험을 계획적 생산으로 바꾸어버린다. 그리고 스탠퍼드 교도소 실험에서 한 실험심리학자가 이야기했듯이 "요구는 어디에나 있었다."[15] 그렇다면 교도관들은 자신들에게 무엇을 기대한다고 믿었을까? 그들이 둘러앉아 카드놀이를 하고, 스포츠와 소녀들에 대한 뒷담화를 할 수 있다는 것이었을까? 훗날 한 학생은 인터뷰에서 자신이 할 일에 대해 미리 계획을 세웠다고 말했다. "나는 확실한 계획을 염두에 두고 시작했다. 행동을 강요하고 어떤 일이 일어나도록 강제해서 연구자들에게 작업거리를 만들어주기로 했다. 어쨌든 만일 (아이들이) 컨트리클럽에서처럼 앉아만 있다면 (연구자들이) 무엇을 배울 수 있겠는가?"[16]

이와 같은 고백 뒤에도 스탠퍼드 교도소 실험이 교과서에서 폐기되지 않았다는 사실은 매우 불쾌하다. 하지만 사태는 더 나빠지게 된다. 2013

년 6월 프랑스의 사회학자 티보 르 텍시에르Thibault Le Texier는 짐바르도가 2009년에 발표한 테드TED 강연을 우연히 발견했다. 파트타임 영화제작자이기도 한 르 텍시에르는 짐바르도가 화면에서 보여준 이미지에 곧바로 사로잡혔다. 그의 노련한 시선으로 볼 때 비명을 지르는 학생들의 오리지널 영상은 매혹적인 다큐멘터리를 만들 수 있는 완벽한 소재처럼 보였다. 그래서 그는 조사를 좀 더 하기 위해 프랑스의 한 영화 기금에서 지원금을 받아 캘리포니아행 항공편을 예약했다.

그는 스탠퍼드대학에서 두 가지 충격적인 사실을 발견했다. 하나는 자신이 짐바르도의 기록 보관소를 찾은 최초의 인물이라는 점과 다른 하나는 보관소에 있는 내용이다. 르 텍시에르의 열정은 혼란에 빠졌고 이어 크게 실망했다. 지나 페리의 경우처럼 그는 완전히 다른 실험에 해당하는 내용을 보여주는 문서 더미와 녹음 파일에 둘러싸여 있었다. 2018년 가을 르 텍시에르는 세계 최고의 학술 심리학 저널인 《미국심리학회지》에 그의 통렬한 분석이 게재되기 1년 전 나에게 이야기했다. "모든 것이 가짜일 수 있다는 생각을 받아들이기까지는 꽤 오랜 시간이 걸렸습니다. 처음에 나는 믿고 싶지 않았어요. 나는 생각했지요. '아니야, 이 사람은 스탠퍼드대학의 유명 교수야. 내가 틀린 것이 분명해.'"

그러나 증거가 스스로 이야기하고 있었다. 먼저 말도 안 되는 실험을 생각해낸 사람은 짐바르도가 아니었다. 그의 학부생 중 한 명인 데이비드 재피David Jaffe라는 청년이었다. 그를 포함해 수업 과제를 찾고 있던 다섯 명의 친구들은 기숙사 지하를 교도소로 바꾸는 좋은 아이디어를 생각해냈다. 그들은 몇 명의 적극적인 동조자를 불러모았고 1971년 5월 여섯 명의 교도관, 여섯 명의 수감자를 대상으로 실험을 진행했다. 재피 자신은 교도소장 역을 맡았다. 교도관들은 '수감자는 서로를 이름 대신 번호로만 불러야 한다', '수감자는 항상 소장을 교도소장님이라고 불러야 한다' 등과 같은 규칙을 만들었다.

재피는 다음 주 월요일 수업에서 그의 흥미진진한 '실험'과 그 실험이 참가자들에게 불러일으킨 강렬한 감정에 대해 모두 이야기했다. 짐바르도는 이 아이디어에 매혹되어 실험을 반드시 실행해보고자 했다. 연구에서 짐바르도를 망설이게 만든 요인은 하나뿐이었다. 매우 가학적인 교도관을 찾을 수 있을까? 사람들의 내면에서 최악의 모습을 끌어내도록 도울 수 있는 사람을 어디에서 찾을 수 있을까? 심리학 교수는 이 학부생을 상담 역에 고용하기로 결정했다. 재피는 "최고 사디스트로서의 이전 경험을 바탕으로 선술을 제안하라는 요청을 받았다"고 이야기했다.[17]

필립 짐바르도는 40년 동안 수백 건의 인터뷰와 기사에서 스탠퍼드 교도소 실험의 교도관은 아무 지시도 받지 않았다고 변함없이 주장해왔다. 각종 규칙, 처벌 및 수감자들에게 가한 모욕 등 모든 것을 그들 스스로 생각해냈다는 것이다. 짐바르도는 재피를 그저 이 실험에 휩쓸린 평범한 교도관 중 한 명으로 묘사했다. 이는 사실과 전혀 다르다. 17가지 규칙 중 11가지를 재피가 만든 것으로 밝혀졌다. 수감자들을 맞이하는 절차에 대한 세부적인 의례의 초안을 작성한 사람도 재피였다. 발목에 쇠사슬을 채우

2부 | 아우슈비츠 이후

는 것? 그의 생각이었다. 수감자들의 옷을 벗기는 것? 마찬가지이다. 15분 동안 벌거벗은 채로 서 있게 강요하는 것? 이 또한 재피의 생각이었다.

재피는 실험 전 토요일 다른 교도관들과 함께 6시간을 보내면서 체인과 방망이를 가장 효과적으로 사용할 수 있는 방법에 대해 설명했다. 재피는 "나는 일어날 일, 일어나야만 하는 일에 대한 목록을 가지고 있다"고 교도관들에게 이야기했다.[18] 이 혹독한 시련이 끝난 뒤 동료 교도관들은 그의 '창의적인 가학적 발상'을 칭찬했다.[19] 한편 짐바르도 역시 가학적인 게임 계획에 기여했다. 그는 수감자들의 수면 시간을 줄이기 위해 오전 2시 30분과 오전 6시에 깨워 점호를 하는 등 빡빡한 일정을 잡았다. 수감자들에 대한 가벼운 처벌로 팔굽혀펴기를 제안하거나 담요에 가시가 있는 스티커나 꺼끌꺼끌한 풀씨를 넣을 것을 제안하기도 했다. 이와 더불어 그는 독방에 감금하는 것이 좋은 효과를 낼 것이라고 생각하기도 했다.

짐바르도가 실험을 제어하는 데 그렇게 많은 노력을 기울인 이유는 무엇일까? 대답은 단순하다. 애초에 짐바르도는 교도관들에게 관심이 없었다. 처음부터 그의 실험은 수감자들에게 집중되었다. 그는 수감자들이 극심한 압박 속에서 어떻게 행동하는지 알고 싶었다. 얼마나 지루해할까? 얼마나 좌절할까? 얼마나 두려워할까? 교도관들은 스스로 짐바르도의 연구 보조원이라고 생각했는데 짐바르도가 그들을 어떻게 대했는지 생각해보면 타당한 일이다. 짐바르도가 그들의 가학적인 행동에 충격적인 반응을 보인 것과 이것이 실험의 진정한 교훈이라는 생각은 모두 사후에 조작된 내용이다. 실험 중에 그와 재피는 교도관들에게 수감자들을 더욱 가혹하게 대하라고 압력을 가한 뒤 그러지 못하는 사람들을 질책했다.

이후 공개된 오디오 녹음에서 재피가 이 방법을 '마음이 여린' 교도관인 존 마커스John Markus에게 적용하는 것을 들을 수 있다. 일찍이 실험 이틀째 부터 수감자들을 더 가혹하게 대하도록 존을 밀어붙인 것이다.

> 재피 : 대체로 너는 뒤로 빠져 있는 편이었어. [……] 네가 좀 더 적극적으로 행동하고 실험에 적극 참여했으면 좋겠어. 교도관은 엄하고 냉정해 야 하거든. 그래야 한다는 것을 모두가 알아야 해. 그리고 음…….
>
> 마커스 : 난 너무 거칠게 굴지는 않지…….
>
> 재피 : 그래. 음, 너 자신이 그런 사람이 되도록 노력해야 해.
>
> 마커스 : 모르겠어…….
>
> 재피 : 이봐, 거칠어야 한다는 말은 알다시피 네가 **엄격**해야 하고 행동도 그렇게 해야 한다는 이야기야. 음, 그건 실험이 제대로 진행되는 데 정말로 중요해…….
>
> 마커스 : 잠깐, 미안해. [……] 만일 모든 것이 나에게 달려 있다면 아무것도 하지 않을 거야. 그냥 상황이 진정되도록 내버려두고 싶어.[20]

스탠퍼드 교도소 실험에서 매우 흥미로운 점은 대부분이 교도관들이 압박이 가중되는 상황에서도 '거친' 전술을 가하는 것 자체를 주저했다는 것이다. 3분의 2는 가학적인 게임에 참여하기를 거부했다. 3분의 1은 수 감자들에게 친절하게 대함으로써 짐바르도와 그의 팀을 좌절하게 만들었다. 교도관 중 한 명이 지시를 따르지 못하겠다며 실험 시작 전 일요일에 사임했다. 대부분의 피험자들은 약속한 보수가 컸기 때문에 그 상황을 견디었다. 하루 15달러, 현재 약 100달러에 상당하는 금액을 받기로 했지만 실제로는 끝내 손에 쥐지 못했다. 교도관과 수감자들은 짐바르도의 드라마 시나리오에 맞춰 행동하지 않으면 보수를 받지 못하게 될까 봐 걱정했다.

그러나 첫날 이후 너무 질려서 그만두고 싶었던 한 수감자에게 돈은 충분한 유인책이 되지 못했다. 그 주인공은 죄수번호 8612번, 스물두 살의 더글러스 코피Douglas Korpi로 그는 실험 둘째 날에 무너졌다("내 말은, 제기랄 [……] 더 이상 못 참겠다고!"[21]). 그가 신경쇠약 증세를 보인 이야기는 이후 모든 다큐멘터리에 등장하며, 스탠퍼드 교도소 실험 전체에서 가장 유명한 녹음이 되었다. 2017년 여름 한 기자가 그를 찾아왔다.[22] 코피는 자신이 신경쇠약 증세를 보인 것은 처음부터 끝까지 가짜 연기였다고 말했다. 그가 이 사실을 비밀로 한 것은 아니다. 실제로 그는 실험이 끝난 뒤 그를 무시한 짐바르도와 영화에서 이를 편집한 다큐멘터리 감독 등 여러 사람에게 이 사실을 이야기했다. 나중에 심리학 박사학위를 취득한 더글러스 코피는 자신이 처음에는 실험에 참여하는 것을 즐겼다고 말했다. 그는 첫날은 "정말 재미있었다. 나는 소리를 지르고 비명을 지르며 완전히 히스테리를 부렸다. 나는 죄수처럼 행동하기로 마음먹었다. 나는 좋은 직원이었다. 멋진 시간이었다"라고 회상했다.[23]

재미는 오래가지 못했다. 코피는 시험공부에 시간을 할애할 수 있을 것이라 기대하고 계약에 응했지만, 일단 교도소에 수감되자 짐바르도 회사Zimbardo & Co.는 교재를 가지고 있지 못하게 했다. 그래서 그는 바로 다음 날 그만두기로 결정했다. 놀랍게도 짐바르도는 그가 떠나는 것을 거부했다. 수감자들은 신체적·정신적 문제가 있을 경우에만 석방되었다. 그래서 코피는 문제가 있는 척 연기를 하기로 작정했다. 먼저 복통이 있는 척했고, 효과가 없자 신경쇠약증을 시도했다("내 말은, 제기랄, 내 속이 불타오르고 있다고! 모르겠어? 내보내줘! 이 안은 모든 것이 엉망이야! 하룻밤도 더 참을 수 없어! 더 이상 참을 수가 없다고!"[24]). 이 외침은 전 세계적으로 악명을 떨치게 된다.

실험 이후 수십 년 동안 수백만 명의 사람들은 필립 짐바르도의 무대에서 벌어지는 익살극에 속아 넘어갔다. 2011년 한 수감자는 "최악의 일은 짐바르도가 40년 동안 지대한 관심을 끌었다는 사실이다"라고 이야기했다.[25] 심지어 짐바르도는 자신의 자료를 분석하기도 전에 실험 영상을 텔레비전 방송국에 보냈다. 그 후 몇 년 동안 그는 그 시대의 가장 유명한 심리학자로 성장해 미국 심리학협회 회장까지 역임했다.[26]

1990년대 스탠퍼드 교도소 실험에 관한 다큐멘터리에서 학생 교도관인 데이브 에셜먼Dave Eshelman은 연구원이 교도관을 압박하지 않았다면 사태가 어떻게 전개되었을지 궁금해했다. 그는 "우리는 결코 알 수 없게 되었다"며 한숨을 쉬었다.[27] 그러나 이는 곧 밝혀지게 된다. 에셜먼이 알지 못했던 사실은 두 명의 영국 심리학자가 두 번째 실험의 토대를 마련하고 있었다는 점이다. 다음 질문에 답하기 위해 고안된 실험이었다. 평범한 사람들이 제복을 입고 교도소에 들어가면 어떻게 될까?

스탠퍼드 교도소 실험의 재현

2001년 BBC로부터 전화가 걸려왔다. 리얼리티쇼가 인기를 끌기 시작하던 초창기였다. 〈빅브라더Big Brother〉가 막 데뷔했고, 모든 텔레비전 방송국은 다음 우승 공식을 위해 아이디어 회의를 하느라 분주했다. 그러므로 BBC의 요청은 완전히 뜬금없는 제안은 아니었다. "수감자들과 교도관들의 그 끔찍한 실험을 다시 한번 시도해볼 의향이 있습니까? 이번에는 방송 황금 시간대에 말이지요." 두 사람 모두 심리학 박사인 알렉산더 하슬람Alexander Haslam과 스티븐 라이처Stephen Reicher에게는 꿈같은 제안이었다.

스탠퍼드 교도소 실험의 가장 큰 문제는 그것이 너무 비윤리적이어서 아무도 감히 그 실험을 재현하지 못했다는 점이다. 짐바르도는 수십 년 동안 최종 실험자의 지위를 누렸다. 하지만 이제 이 두 명의 영국 심리학자에게 화면에서 그 일을 재현할 수 있는 기회가 주어졌다. 하슬람과 라이처는 두 가지 조건을 제시했다. 첫째, 자신들이 연구를 완전히 통제할 수 있다. 둘째, 윤리위원회는 만약 상황이 통제 불능 상태가 될 경우 언제든지 실험을 중단시킬 권한이 있다. 방송을 앞둔 몇 달 동안 영국 언론은 추측 보도로 넘쳐나고 있었다. 사람들은 얼마나 깊은 곳까지 무너져 내릴까? 《가디언》은 "이 리얼리티쇼가 미쳤나?"라고 의문을 표했고,[28] 필립 짐바르도도 "그들은 내 원래 연구에서처럼 긴박한 상황이 만들어지길 바라면서 연구를 하고 있는 게 분명하다"[29]라고 혐오감을 나타냈다.

2002년 5월 1일 이 실험의 첫 번째 에피소드가 방영되었을 때 영국 전역에서 수백만 명의 사람들이 텔레비전 앞에 앉아 있었다. 다음에 일어난 일은 충격적이었……다? 사실은 그렇지 않다. 다음에 일어난 일은 아무것도 아니었다. 4시간 분량의 에피소드를 모두 시청하는 데는 정말 많은 노력이 필요했다. 나는 이처럼 멍해질 정도로 지루한 프로그램을 본 적이 없다. BBC의 방식은 어디에서 잘못되었을까? 하슬람과 라이처는 한 가지 잊은 것이 있었는데, 그들은 교도관에게 무엇을 어떻게 해야 하는지 이야기하지 않았다. 심리학자들은 오로지 관찰만 했다. 그들은 마치 컨트리클럽에서 주위에 앉아 있는 평범한 남자들처럼 옆에서 현장을 지켜보았다.

"솔직히 말하면 수감자 역할이 낫겠다……"라며 한 교도관이 자신은 이런 역할에 맞지 않는다고 이야기하면서 상황은 시작되었다. 둘째 날, 또 한 사람은 사기를 높이기 위해 교도관의 음식을 수감자들과 나눠 먹자고 제안했다. 나흘째 되는 날 논쟁이 벌어지려고 하자 한 교도관이 수감자에게 "이 실험을 끝내면 술집에서 한잔 할 수 있어"라며 조언했다. 또 다른 교도관도 맞장구를 쳤다 "인간답게 대화로 하자." 다섯째 날, 수감자 중 한 명이 민주주의 수립을 제안했다. 여섯째 날, 일부 수감자들은 감방에서 탈출했다. 그들은 담배를 피우기 위해 교도관용 매점으로 향했고,

그곳에서 교도관들은 곧 그들과 합류했다. 7일째 되는 날 이 그룹은 공동체를 만들기로 합의했다.

두 명의 교도관이 뒤늦게 그룹이 원래의 체제로 돌아가도록 설득했지만 진지하게 받아들여지지 않았다. 실험이 난관에 부딪혀 모든 것을 취소해야 했다. 마지막 에피소드는 소파에 둘러앉아 있는 남자들의 영상이 대부분을 차지한다. 맨 마지막에서는 피험자들이 서로 포옹하는 감상적인 장면이 등장하며, 교도관 중 한 명은 죄수에게 자신의 재킷을 선물하기까지 한다.

한편 시청자들은 속았다는 느낌을 받았다. 발목에 맨 쇠사슬은 어디에 있을까? 왜 머리 위에 종이봉투를 씌우지 않았을까? 가학적인 게임은 언제 시작되지? BBC는 4시간 동안 담배를 피우고 잡담을 나누며 둘러앉아 있는 모습을 방송했다. 아니면 《선데이헤럴드》가 요약했듯이 "선한 사람들을 악한 곳에 가두고 텔레비전에서 방송하면 어떤 일이 일어나는가? 사실 그다지 많은 일이 일어나지는 않는다."[30] 텔레비전 제작자에게 이 실험은 평범한 사람들을 그냥 내버려두면 아무 일도 일어나지 않는다는 가혹한 진실을 깨닫게 했다. 설상가상으로 그들은 평화주의 공동체를 출범시키려고까지 했다.

과학적 관점에서 이 실험은 큰 반향을 일으키며 성공을 거두었다. 하슬람과 라이처는 권위 있는 학술지에 이 결과와 관련해 10여 건의 논문을 발표했다. 그러나 나머지 분야에서는 실패라고 할 수 있다. BBC 교도소 실험은 그 이후 사람들의 기억에서 희미해졌고, 사람들은 여전히 스탠퍼드 교도소 실험에 대해 이야기한다.

그리고 필립 짐바르도는 이 모든 것에 대해 어떻게 이야기할까? 2018년 한 기자가 그에게 얼마나 많은 것이 조작되었는지가 새로이 드러남에 따라 오늘날 그의 실험을 바라보는 사람들의 시각이 바뀌게 될 것인지 물었다. 짐바르도는 신경 쓰지 않는다고 대답했다. "사람들은 그것에 대해 무슨 말이든지 할 수 있다. 이 시점에서 이것은 심리학 역사상 가장 유명한 연구이다. 50년 넘게 사람들에게 회자되는 연구는 없다. 평범한 사람들은 그것에 대해 알고 있다. [……] 그것은 이제 그 자체의 생명을 얻었다. [……] 나는 더 이상 방어하지 않을 것이다. 방어는 이 실험이 오래 살아남았다는 사실이다."[31]

Chapter 8

✕

스탠리 밀그램과 전기충격 실험
: 의도된 결말

1960년대, 제2차 세계대전과 아우슈비츠라는 오욕의 역사는 인류에게
이런 질문을 던졌다. 어떻게 인간이 이렇게까지 악해질 수 있는가. 당시
수많은 사회심리학 실험들이 이 질문에 응답하고자 수행되었다. 문제는
그것이 정해진 답을 의도한 실험이었다는 사실이었다.

타인에게 어디까지 고통을 가할 수 있나

스탠퍼드 교도소 실험보다 훨씬 더 유명한 심리학 실험이 하나 있다. 필립 짐바르도보다 더 널리 알려지게 된 심리학자도 있다. 내가 이 책을 쓰는 데 스탠리 밀그램Stanley Milgram이라는 사람을 무시할 수 없었다. 밀그램은 1961년 6월 18일 자신의 연구를 시작할 당시 젊은 조교수였다. 그날 《뉴헤이븐레지스터》에 '1시간당 4달러의 보수를 지급합니다'라는 전면 광고가 실렸다.¹ 이 광고는 이발사, 바텐더, 건축업자, 사업가 등 일반 남성 500명에게 인간 기억에 대한 연구에 참여할 것을 요청하는 내용이었다.

그 후 몇 개월 동안 수백 명의 남성이 예일대학에 있는 스탠리 밀그램의 연구소를 방문했다. 두 명이 한 조를 이루어 도착한 이들은 추첨을 통해 한 사람은 '교사', 다른 사람은 '학습자' 역할을 맡게 되었다. 교사들은 충격 기계라고 불리는 큰 장치 앞에 앉았다. 이어 옆방에서 의자에 묶여 있는 학습자와 함께 기억력 검사를 수행하라는 지시를 받았다. 오답이 나올 때마다 교사는 전기충격을 가하기 위해 스위치를 눌러야 했다. 실제로 학습자는 밀그램팀의 일원이었으며 기계의 전기충격은 가짜였다. 그러나 교사들은 그 사실을 몰랐다. 그들은 이 실험이 처벌이 기억에 미치는 영향에 대한 연구라고 생각했을 뿐 실제 연구 대상이 자신들이라는 사실을 깨닫지 못했다.

충격은 겨우 15볼트로 약하게 시작되었다. 그러나 학습자가 오답을 이야기할 때마다 회색 실험실 가운을 입은 남자가 교사에게 전압을 높이라고 지시했다. 15볼트에서 30볼트, 30볼트에서 다시 45볼트로 전압은 계속 높아졌다. 옆방의 학습자가 아무리 크게 소리를 질러도, '위험: 심각한 충격'이라고 표시된 영역에 도달한 뒤에도 지시는 계속되었다. 350볼트가 되자 학습자는 벽을 강하게 두드렸다. 그 후 그는 조용해졌다. 밀그램은 약 40명의 동료 심리학자들에게 자신의 피험자들이 얼마나 심한 정도까지 이를 수 있을지 예측해달라고 요청했다. 그들은 한목소리로 최대 1퍼센트에서 2퍼센트, 즉 완전히 사이코패스들만 450볼트까지 이어갈 것이라고 답했다.[2]

실제 충격은 실험 이후에 발생했다. 연구 참가자의 65퍼센트가 극단으로 치달아서 450볼트에 이를 때까지 계속 충격을 가했다. 보아하니 이들은 평범한 아빠이자 친구, 남편이었지만 그들 3분의 2는 무작위로 만난 낯선 사람에게 전기충격을 가하고자 했다.[3] 왜? 누군가가 그들에게 지시했기 때문이다.

당시 스물여덟 살이던 심리학자 스탠리 밀그램은 하루 아침에 유명 인사가 되었다. 거의 모든 신문, 라디오 방송국 및 텔레비전 채널에서 그의 실험을 다루었다. 《뉴욕타임스》에서 '고통을 가하는 테스트에서 65퍼센

스탠리 밀그램과 그의 전기충격 기계. (출처:《고등교육신문Chronicle of Higher Education》)

트가 맹목적으로 지시에 따랐다'는 머리기사를 실었다.[4] 신문에서는 '어떤 사람이 수백만 명을 가스실로 보낼 수 있을까?'라고 물었다. 밀그램의 결과를 보면 답은 분명했다. 우리 모두이다.

유대인이었던 스탠리 밀그램은 처음부터 자신의 연구를 홀로코스트에 대한 최고의 설명으로 제시했다. 무자퍼 셰리프가 집단이 서로 대결할 준비를 하자마자 전쟁이 일어난다는 가설을 세우고, 짐바르도(밀그램과 함께 학교에 다녔던)가 우리가 제복을 입자마자 괴물로 변한다고 주장한 것에서 더 나아가 밀그램은 한층 더 세련되고 명석한 설명을 제시했다. 그리고 이 설명은 특히 더 충격적이었다.

밀그램이 볼 때 모든 것은 권위에 달려 있었다. 그는 인간은 맹목적으로 명령을 따르는 생물이라고 설명했다. 예일대학에 있는 그의 지하 실험실에서 어른들은 '앉아', '흔들어', '다리에서 뛰어내려'와 같은 명령을 받앉을 때 행복하게 복종하는 잘 훈련된 래브라도처럼 생각을 하지 않는 어린아이로 전락했다. 전쟁이 끝난 뒤에도 똑같은 옛 경구 '명령은 명령이다Befehl ist Befehl'를 기계적으로 되풀이했던 나치와도 소름끼칠 정도로 비슷했다.

밀그램은 단 한 가지 결론만 이끌어낼 수 있었다. 인간 본성에는 치명적인 결함이 내재되어 있는데, 이 결함 탓에 우리는 복종하는 강아지처럼 행동하고 가장 끔찍한 짓을 하게 된다.[5] 그는 "만일 미국에 죽음의 수용소 시스템이 구축된다면 미국의 어떤 중소도시에서도 수용소를 운영할 충분한 인원을 찾을 수 있을 것이다"라고 주장했다.[6]

밀그램의 실험이 이루어진 시기가 이보다 더 좋을 수 없었다. 첫 번째 지원자가 그의 연구실을 찾았던 날 논란이 많던 전범재판은 마지막 주에 접어들었다. 나치 전범인 아돌프 아이히만Adolf Eichmann은 예루살렘에서 700명의 기자들이 지켜보는 가운데 재판을 받고 있었다. 그중에는《뉴요커》잡지의 특파원 자격으로 사건을 보도 중인 유대인 철학자 한나 아렌트Hannah Arendt도 있었다. 아이히만은 재판 전 구금에서 여섯 명의 전문가로부터 심리 평가를 받았는데, 행동장애 증상은 발견되지 않았다. 의사 중 한 명에 따르면 유일하게 이상한 점은 그가 '정상보다 더 정상적'인 것 같았다는 것이다.[7] 아렌트가 기술한 바에 따르면 아이히만은 사이코패스도 괴물도 아니었다. 그는 밀그램의 실험에 참여한 모든 이발사, 바텐더, 건축업자, 사업가들처럼 평범했다. 아렌트는 자신의 책 마지막 문장에서 이 현상을 '악의 평범성banality of evil'이라고 진단했다.[8]

그 후 밀그램의 연구와 아렌트의 철학은 하나로 이어졌다. 한나 아렌트는 20세기 가장 위대한 철학자 중 한 명이 되었다. 스탠리 밀그램은 그녀의 이론을 입증하는 증거를 제공했다. 수많은 다큐멘터리, 소설, 무대연극 및 텔레비전 시리즈가 밀그램의 악명 높은 충격 기계에 집중했다. 젊은 존 트라볼타가 출연한 영화, 〈심슨 가족〉의 한 에피소드, 프랑스 텔레비전의 게임쇼 등에 직접적인 영향을 미쳤다. 심지어 동료 심리학자 무자퍼 셰리프는 "밀그램의 복종 실험은 사회심리학, 아마도 심리학 분야에서 인간 지식에 대한 가장 큰 공헌일 것"이라고까지 이야기했다.[9]

솔직히 말해서 나는 밀그램의 실험을 무너뜨리고 싶었다. 사람들의 선함을 옹호하는 책을 쓰려고 하면 몇 가지 큰 도전 과제가 목록으로 주어진다. 윌리엄 골딩과 그의 어두운 상상력, 리처드 도킨스와《이기적 유전자》, 재러드 다이아몬드와 사기를 꺾는 이스터섬 이야기, 그리고 살아 있는 심리학자 중 세계에서 가장 유명한 필립 짐바르도 등. 하지만 내 목록 맨 위에는 스탠리 밀그램이 자리하고 있다. 나는 그의 충격 기계 실험만큼 냉소적이고 우울한 동시에 유명한 연구는 본 적이 없다.

몇 개월에 걸친 조사를 마칠 무렵 나는 그의 유산을 처리하기에 충분한 탄약을 모았다고 생각했다. 먼저 최근에 공개된 그의 개인 기록 보관소가 있는데, 그곳에는 치부를 드러내는 자료가 상당히 많이 있음이 밝혀졌다. "보관소의 자료를 활용할 수 있다는 소식을 들었을 때 저는 그 이면을 보고 싶었어요." 지나 페리가 멜버른을 방문했을 때 나에게 한 말이다(로버스 동굴 공원 실험이 사기라고 폭로한 지나 페리와 동일 인물이다. 7장 참조). 페리가 말하는 '환멸의 과정'은 그렇게 시작되어 자신이 발견한 내용을 통렬하게 기록한 책에서 절정에 이른다. 그녀가 폭로한 내용은 그녀를 밀그램 팬에서 신랄한 비평가로 바꾸어놓았다.

먼저 페리가 무엇을 발견했는지 살펴보자. 다시 말하지만 이것은 명성과 찬사를 좇는 의욕 넘치는 심리학자의 이야기이다. 자신이 원하는 결과를 얻기 위해 오도하고 조작한 남자. 자신을 신뢰하고 돕고자 했던 사람들에게 의도적으로 심각한 고통을 준 인물.

효과적인 연극

1962년 5월 25일 실험 종료를 이틀 앞둔 날이었다. 밀그램이 무언가 빠졌다는 것을 깨달았을 때는 이미 1,000명 가까운 자원자들이 그의 충격 기계에서 자신들의 역할을 한 다음이었다. 사진이 빠져 있었다. 참가자들의 반응을 기록하기 위해 몰래카메라가 급히 설치되었다. 밀그램은 이 세션 동안 자신의 이름이 악의 평범성과 동의어가 될 스타 피험자를 찾아내는데, 바로 본명보다는 가명으로 유명해진 프레드 프로지Fred Prozi이다.

만약 수백 건의 다큐멘터리나 유튜브의 동영상에서 밀그램의 실험 장면을 본 적이 있다면 프로지가 실제로 행동하는 모습을 보았을 것이다. 짐바르도와 죄수 8612번의 경우와 같이 밀그램의 메시지에 팩트 폭격을 가한 것은 프레드 프로지의 녹음이었다. 우리는 확실히 주저하면서도 지시받은 대로 행동하는 50대의 건장하고 상냥해 보이는 남자를 만나게 된다. 그는 "하지만 그 사람은 그곳에서 죽었을지도 몰라요!"라고 비탄에 빠져 소리를 지른 뒤 스위치를 누른다.[10] 시청자들은 이 드라마가 전개되는 것을 보면서 프로지가 어디까지 나아갈지 겁에 질린 동시에 매료되었다.

밀그램은 그것이 텔레비전에서 선풍적인 인기를 끄는 프로그램이 될 것을 알고 있었다. 그는 프로지의 연기에 대해 '눈부시다'고 표현했으며, 그의 '완벽한 포기와 뛰어난 긴장감'에 감동해 자신의 영화에 주인공으로 캐스팅하기로 결심했다.[11] 밀그램이 과학자라기보다는 감독처럼 들린다면 크게 틀리지 않을 것이다. 밀그램이 정말 빛난 것은 감독으로서였기 때문이다. 자신의 대본에서 벗어나는 행동을 하는 사람은 누구든지 강한 압력을 가해 굴복하게 만들었다. 밀그램이 고용한 존 윌리엄스라는 생물학 교사는 회색 실험실 가운을 입고 사람들이 강도 높은 스위치를 계속 누르도록 많게는 8번에서 9번까지 지시했다. 심지어 그는 충격기를 끈 마흔여섯 살의 한 여성에게 주먹질까지 했다. 윌리엄스는 기계를 다시 켜고 그녀에게 실험을 계속하라고 요구했다.[12] 지나 페리는 "이 녹음을 들을 때 권위에 대해 노예적으로 복종했다기보다 괴롭힘과 강요를 당한 것에 훨씬 더 가깝게 느껴진다"고 기록했다.[13]

핵심 질문은 피험자들이 자신들이 실제 충격을 가하고 있다고 믿었는지의 여부이다. 실험 직후 밀그램이 기록한 바에 따르면 "피험자들은 몇 가지 예외를 제외하고 실험 상황이 현실임을 확신했다."[14] 그러나 그의 기록은 의심을 표명하는 참가자들의 진술로 가득 차 있다. 이들에게 이 상황이 얼마나 이상하게 보였을지 생각해보면 그리 놀라운 일은 아니다. 사람들은 예일대학과 같은 권위 있는 기관의 과학자들이 지켜보는 가운데 누군가가 고문당하고 살해당하고 있다고 진심으로 믿었을까?

밀그램은 연구가 끝난 뒤 참가자들에게 설문지를 보냈다. 그중 한 가지 질문은 다음과 같다. "그 상황이 어느 정도까지 사실이라고 생각했습니까?" 그가 마침내 발표한 답변은 그로부터 10년이 지난 뒤 실험에 관한 자신의 저서 마지막 장에 실었다. 학습자에게 실제로 고통을 주고 있다고 믿은 피험자는 56퍼센트에 불과했다. 이것이 전부가 아니다. 밀그램의 연구 보조원 중 한 명이 끝내 발표하지 않은 분석에 따르면 대부분의 사람들은 충격이 진짜라고 믿으면 그만두었다고 한다.[15]

그렇다면 참가자의 거의 절반이 설정을 가짜라고 생각했다면 밀그램의 연구는 어떻게 되었을까? 밀그램은 공개적으로 자신의 발견이 '인간 본성에 대한 심오하고 충격적인 진실'을 드러낸다고 서술했다. 개인적으로 그는 의심을 품었다. 1962년 6월 그는 자신의 개인 일지에 다음과 같이 기록했다. "이 모든 소란이 중요한 과학적 연구를 가리키는지 아니면 단순히 효과적인 연극을 가리키는지의 여부는 미해결된 문제이다. 나는 후자의 해석을 받아들이고 싶다."[16]

1963년 그가 연구 결과를 발표했을 때 밀그램의 충격 실험은 혐오감을 불러일으켰다. 언론의 극히 일부 보도만 보아도 '공개적 고문', '혐오스러운', '나치의 생체 실험과 비슷'한 것으로 간주되었다.[17] 대중의 항의는 실험 연구에 대한 새로운 윤리 지침으로 이어졌다. 밀그램은 그 모든 시간 동안 또 다른 비밀을 간직하고 있었다. 그는 실험에 참가한 약 600명의 사람들에게 전기충격이 실제가 아니라는 사실을 추후에도 알리지 않았다. 밀그램은 자신의 연구에 대한 진실이 밝혀져 더 이상 피험자를 찾을 수 없게 될까 봐 두려워했다. 그 결과 수백 명의 사람들이 자신이 다른 사람을 전기충격으로 사망하게 만들었다고 생각하게 되었다. 그중 한 사람은 훗날 "실험이 끝난 뒤 적어도 2주 동안 《뉴헤이븐레지스터》 신문의 부음 광고를 확인했다. 소위 학습자라는 사람의 죽음에 자신이 연루되었거나 가담했는지의 여부를 알아보기 위해서였다"라고 이야기했다.[18]

선으로 위장된 악을 따르다

첫 번째 버전에서는 나는 이 장을 그대로 두었다. 나의 결론은 밀그램의 연구가 필립 짐바르도의 가학적인 연극처럼 희극이었다는 것이었다. 하지만 나는 지나 페리를 만난 뒤 몇 개월 동안 줄곧 의심을 떨칠 수가 없었다. 내가 충격 기계를 길바닥까지 차버리는 데 너무 열심이었을까? 나는 약 40명의 동료들에게 얼마나 많은 피험자가 최대 450볼트까지 충격 전압을 올릴지 예측하도록 요청한 밀그램의 여론조사를 떠올려보았다. 응답자 모두는 진정으로 미쳤거나 정신적으로 불안정한 사람들만이 마지막 스위치를 누를 것이라고 예측했다.

한 가지 확실한 것은 전문가들이 완전히 틀렸다는 사실이다. 밀그램의 편향된 관점, 괴롭히는 연구 보조원, 피험자들 사이의 회의론을 고려하더라도 권위에 굴복하는 사람은 여전히 지나치게 많았다. 너무나 많은 평범한 사람들이 충격이 진짜라고 믿었으며, 그럼에도 불구하고 최고 한도의 스위치를 계속 누르고 있었다. 어떤 관점에서 보더라도 밀그램의 결과는 여전히 심각하게 충격적이다. 밀그램의 실험 결과뿐만이 아니다. 전 세계 심리학자들은 대학의 연구윤리위원회를 만족시키기 위해 사소한 수정(예를 들면 기간 단축)을 거친 뒤 그의 충격 실험을 다양한 방법으로 반복해서 재현했다. 이러한 연구에 대해 비판할 점이 많지만 불편한 사실은 계속해서 결과가 동일하다는 것이다.

밀그램의 연구는 반박할 수 없는 듯하다. 변경을 허용하지 않는다. 죽기를 거부하는 좀비처럼 계속 되돌아온다. 미국의 한 심리학자는 "사람들은 그것을 부너뜨리려고 노력했지만 그것은 언제나 다시 일어서서 등장한다"라고 이야기한다.[19] 평범한 사람들이 서로에게 끔찍하게 잔인한 짓을 저지를 수 있다는 것은 분명하다. 하지만 어째서? 만약 호모 퍼피가 친절함을 타고났다면 450볼트의 스위치를 누르는 이유는 무엇인가? 이는 진정 대답을 필요로 하는 질문이다.

내가 가장 먼저 궁금해한 것은 밀그램의 복종 실험이 실제로 복종을 테스트했는지의 여부였다. 회색 실험실 가운을 입은 '실험자' 윌리엄스를 위해 그가 쓴 대본을 살펴보면 피험자에게 네 가지 표현을 이용해 '재촉'

하라는 지시가 담겨 있다.

첫째 : "계속하세요."

다음 : "당신이 계속해야 실험이 진행됩니다."

그 후: "당신이 계속하는 것이 절대적으로 중요합니다."

그리고 마지막 : "당신에게는 다른 선택의 여지가 없습니다. 계속해야만 합니다."

현대 심리학자들의 지적에 따르면 마지막 행만이 명령에 해당한다. 그리고 녹음 파일을 들어보면 윌리엄스가 이런 말을 하는 즉시 모두가 실험을 중단한다는 사실이 분명하게 나타난다. 그 효과는 즉각적인 **불복종**이다. 이는 1961년에도 사실이었고, 그 이후 밀그램의 실험을 재현했을 때도 사실이었다.[20] 밀그램의 충격 기계에서 진행된 수백 번의 세션을 면밀히 분석한 결과를 보면 회색 실험실 가운을 입은 남자가 더욱 위압적으로 나올수록 피험자들의 불복종은 점점 더 강해졌다는 것이 밝혀졌다. 다시 이야기하면 호모 퍼피는 권위자의 명령을 생각 없이 따르지 않았다. 우리는 우두머리 행세를 노골적으로 혐오한다.

그렇다면 밀그램은 어떻게 피험자들에게 스위치를 계속 누르도록 설득할 수 있었을까? BBC 교도소 실험(7장 참조)의 심리학자인 알렉산더 하슬람과 스티븐 라이처는 흥미로운 이론을 제시했다. 참가자들은 회색 실험실 가운을 입은 실험자에게 복종하는 대신 그와 함께 일하기로 결정했다. 왜? 그를 믿었기 때문이다.

하슬람과 라이처는 연구에 자원한 대부분의 사람들은 자신이 도움이 된다는 생각을 가지고 있었다고 이야기했다. 그들은 윌리엄스의 작업을 돕고 싶어 했다. 이는 밀그램이 예일대학이라는 수준 높은 환경이 아니라 평범한 사무실에서 실험을 수행했을 때 우호적인 태도를 보이는 사람들의 비율이 전반적으로 감소한 이유를 설명해준다. 또한 과학적 연구 대상에게 어떤 행동을 하라고 재촉하는 것(예를 들면 "당신이 계속해야 실험이 진행됩니다")이 가장 효과적이었던 이유와[21] 참가자들이 생각 없는 로봇처럼 행동하지 않고 의심에 사로잡혀 있었던 이유 역시 설명할 수 있다.

한편 교사들은 모든 것이 과학의 발전을 위해서라는 말을 되풀이한 회색 실험실 가운을 입은 남자와 자신들을 동일시했다. 또 한편으로 그들은 옆방에 있는 학습자의 고통을 무시할 수 없었다. 참가자들은 다음 단계의 스위치로 넘어갈 때에도 "더 이상 못 하겠어", "그만둘 거야"라고 반복해서 외쳤다. 나중에 한 남자는 뇌성마비를 앓고 있는 여섯 살짜리 딸을 위해 버티었다고 말했다. 그는 의료계가 언젠가 치료법을 찾을 수 있기를 희망했다. "나는 인류를 돕기 위한 것이라면 무슨 일이든 기꺼이 하겠다는 심정이었다. 그랬다고 표현하고 싶다. 하겠다고 말할 수밖에 없었다."[22] 그 후 밀그램이 연구 대상자들에게 그들의 기여 덕분에 과학이 발전할 것이라고 말하자 많은 사람이 안도감을 나타냈다. 연구에 참여한 사람들은 "봉사를 할 수 있어서 기쁩니다. 선善을 낳을 수 있다면 무슨 수를 써서라도 실험을 계속하세요. 정서가 뒤틀려 있는 이 미친 세상에서는 아주 작은 선이라도 소홀히 할 수 없어요"[23]라는 전형적인 반응을 보였다.

1970년대에 밀그램의 실험을 재현한 심리학자 돈 믹슨^{Don Mixon}도 같은 결론에 이르렀다. 그는 훗날 다음과 같이 이야기했다. "사실 사람들은 선한 사람이 되기 위해 열심히 노력하며 커다란 고통도 참아낸다. 좋은 사람이 되려고 애쓰는 데 온 힘을 다한다……."[24] 다시 말해서 충분히 강하게 압박하고 찌르고 재촉하고 미끼를 던지고 조작하면 우리 중 많은 사람에게 실제로 악을 행하게 할 수 있다. 지옥으로 가는 길은 선의로 포장되어 있다. 그러나 악은 표면을 들추기만 하면 바로 나오는 것이 아니다. 악을 끌어내려면 엄청난 노력이 필요하다. 그리고 가장 중요한 것은 선을 행하는 것처럼 악을 위장해야 한다는 점이다.

아이러니하게도 좋은 의도는 7장의 스탠퍼드 교도소 실험에서도 중요한 역할을 했다. 학생 교도관 데이브 에셜먼은 명시적인 지시를 받지 않았다면 자신이 그렇게까지 했을지 궁금해하던 인물이다. 그 역시 자신에 대해 '내심은 과학자'였다고 말했다.[25] 그 후 그는 "인간 본성에 대한 이해에 어떤 식으로든 기여했기 때문에" 자신이 긍정적인 일을 한 것으로 느꼈다고 말했다.[26]

이것은 애초 교도소 연구라는 개념을 생각해낸 짐바르도의 연구 보조원인 데이비드 재피도 마찬가지였다. 재피는 연구의 숭고한 의도를 지적함으로써 선의의 교도관들에게 더욱 강경한 노선을 취하도록 자신감을 주었다. 그는 마음이 흔들리는 교도관에게 "우리가 원하는 것은 우리가 작업한 결과를 가지고 [……] 세상을 향해 다음과 같이 이야기할 수 있게 되는 것이에요. '자 보세요. 이런 식으로 행동하는 교도관이 있을 때 일어나는 일이 이런 것입니다.' 하지만 그렇게 말할 수 있으려면 그런 식으로 행동하는 교도관이 있어야 합니다"라고 이야기했다.[27]

궁극적으로 데이비드 재피와 필립 짐바르도는 자신들의 작업이 교도소 시스템을 완전히 개편하는 충격요법으로 작용하기를 바랐다. 재피는 "이 연구로부터 개혁을 위한 매우 진지한 권고사항이 나오게 되기를 기대한다. 이것이 우리의 목표이다. 우리 모두가 음, 단지 사디스트이기 때문에 이런 일을 하려는 것이 아니다"라고 교도관을 안심시켰다.[28]

아렌트에 관한 오해

이를 염두에 두고 아돌프 아이히만 이야기로 돌아가보자. 1961년 4월 11일 전쟁범죄를 저지른 나치 장교에 대한 재판이 시작되었다. 이후 14주 동안 수백 명의 증인이 증언대에 섰으며, 검찰은 아이히만이 어떤 괴물인지 보여주기 위해 최선을 다했다. 그러나 이것은 법원의 재판 사건 그 이상이었다. 대규모의 역사 수업이었고, 수백만 명이 시청한 미디어의 구경거리이기도 했다. 시청자 중에는 그의 아내가 '뉴스 중독자'로 묘사한 스탠리 밀그램이 있었는데, 그는 재판의 진행 과정을 면밀히 추적했다.[29]

한편 한나 아렌트는 방청석에 앉아 있었다. 그녀는 나중에 "아이히만의 문제는 매우 많은 사람들이 그와 똑같았는데 그들이 변태적이거나 가학적인 사람이 아니라는 데 있다. 그들은 예전에도 끔찍하고도 무서울 정도로 정상적이었고 지금도 그러하다"라고 기술했다.[30] 그 후 몇 년 동안 아이히만은 우리 각자의 내면에 존재하는 악의 평범성을 나타내는 인물로서 생각 없는 '살인 관료'를 대변하게 되었다.

최근에 와서야 역사학자들은 매우 다른 결론에 이르렀다. 1960년 이스라엘의 비밀요원에게 체포될 당시 아이히만은 아르헨티나에 숨어 있었다. 네덜란드의 나치 친위대(SS) 장교였던 빌럼 사센Willem Sassen은 그곳에서 몇 개월 동안 그와 인터뷰를 진행했다. 사센은 아이히만으로 하여금 홀로코스트가 나치 정권의 평판을 떨어뜨리기 위해 조작된 새빨간 거짓말이라는 것을 인정하게 만들고 싶었다. 그러나 결과는 실망스러웠다. 아이히만은 "나는 아무 후회도 없다!"고 분명하게 이야기했다.[31] 그는 1945년 이미 다음과 같이 선언한 바 있다. "나는 웃으며 나의 무덤 속으로 뛰어들 것이다. 내 양심 속에 500만 명의 인간이 있다는 느낌이 나에게 엄청난 만족감을 주기 때문이다."[32] 비뚤어진 생각과 환상으로 가득 찬 1,300쪽의 인터뷰 내용을 읽어보면 아이히만은 생각 없는 관료가 아니었다는 것이 명백하다. 그는 광신자였다. 그는 무관심이 아니라 신념에 따라 행동했다. 밀그램의 실험 대상자들과 마찬가지로 그는 스스로 선을 행하고 있다고 믿었기 때문에 악행을 저질렀다.

재판 당시 검찰은 사센의 인터뷰 사본을 사용할 수 있었지만 아이히만은 그 문서가 진짜인지에 대해 의혹을 제기했다. 그래서 그는 온 세상을 잘못된 길로 인도했다. 그동안 인터뷰 테이프는 독일 중서부 코블렌츠시의 '독일연방문서보관소'에 처박혀 있었다. 철학자 베티나 슈탕네트Bettina

Stangneth가 이를 발견한 것은 50년이 지난 뒤였다. 그녀는 테이프를 들어본 뒤 사센 사본이 모두 사실임을 확인했다.

아이히만은 재판에서 "나는 아돌프 히틀러나 상관들로부터 사전에 명시적인 지시를 받지 않고는 크든 작든 어떤 일도 하지 않았다"라고 증언했다. 이는 뻔뻔스러운 거짓말이었다. 그리고 수많은 나치들은 "단지 명령을 수행하고 있었을 뿐"이라는 그의 거짓말을 앵무새처럼 되풀이했다. 그 후 역사학자들이 깨닫게 된 사실은 제3제국의 관료제도 내에서 내려온 명령은 내용이 모호한 경향이 있었다는 것이다. 공식 명령이 거의 내려지지 않기 때문에 히틀러의 추종자들은 자신의 창의성에 의존해야 했다. 영국 역사학자 이언 커쇼Ian Kershaw의 설명에 따르면 이들은 단순히 지도자에게 복종하는 것이 아니라 총통의 정신에 맞게 행동하려고 노력하면서 "그를 위해, 그를 바라보고 일했다."[33] 이는 나치당원들에게 점점 더 급진화하는 당원들이 히틀러의 호감을 얻고자 더욱더 과격한 조치를 고안하여 남보다 한 발 앞서기 위해 경쟁하는 문화를 조성했다.

즉 밀그램의 자원봉사자들이 멈춰서 생각하지 않고는 스위치를 누르지 않았던 것처럼 홀로코스트는 갑자기 로봇으로 변한 인간의 작업이 아니었다. 가해자들은 자신들이 역사의 옳은 편에 서 있다고 믿었다. 아우슈비츠는 전압이 단계적으로 올라가고, 아이 더 설득력 있게 선으로 통용되는 길고 복잡한 역사적 과정의 정점이었다. 나치의 선전 공장은 여러 해 동안 작가, 시인, 철학자, 정치인 등을 동원해 독일 국민의 마음을 둔화시키고 중독시키는 작업을 해왔다. 호모 퍼피는 속임수, 사상 주입, 세뇌,

조종을 당하는 희생자가 되었다. 그런 뒤에야 상상할 수 없는 일이 일어날 수 있었다.

한나 아렌트가 아이히만이 괴물이 아니라고 한 것은 오해의 결과였을까? 그녀는 증언대에 선 그의 연기에 속았던 것일까? 이것이 바로 그녀의 책을 '좋은 발상, 나쁜 예'의 사례로 인용하는 많은 역사학자들의 의견이다.[34] 그러나 일부 철학자들은 이 역사학자들이 아렌트의 생각을 이해하지 못했다고 주장하며 여기에 동의하지 않는다. 실제로 아렌트는 재판 기간 동안 사센이 아이히만과 인터뷰한 내용 중 일부를 연구했으며, 아이히만이 단순히 명령에 복종하고 있었다는 글을 어디에도 쓰지 않았다. 게다가 아렌트는 밀그램의 복종 실험을 공개적으로 비판하기도 했다. 젊은 심리학자가 철학자를 존경한 데 비해 감정은 상호적이지 않았다. 아렌트는 밀그램이 "유혹과 강압이 실제로 똑같다는 순진한 믿음"을 가졌다고 비난했다.[35] 그리고 밀그램과 달리 그녀는 나치가 우리 각자의 내부에 숨어 있다고 생각하지 않았다.

아렌트는 왜 밀그램과 함께 역사책에 등장하는 것일까? 일부 아렌트 전문가들은 그녀에 대한 해석이 잘못되었기 때문이라고 생각한다. 그녀는 쉽게 오해받을 수 있는 수수께끼 같은 어법을 사용하는, 경구를 통해 생각을 표현하는 철학자 중 한 명이었다. 아이히만이 "생각하지 않았다"라는 그녀의 진술을 살펴보자. 그녀는 그가 책상에 앉아 살인을 지시하는 로봇 같은 관료라고 이야기하지 않았지만, 오히려 아렌트 전문가인 로저 버코위츠Roger Berkowitz가 지적했듯이 아이히만은 다른 사람의 관점에서 생

각할 수 없었다.[36]

사실 한나 아렌트는 대부분의 사람들이 마음속 깊이 품위 있다고 믿는 보기 드문 철학자 중 한 명이다.[37] 그녀는 사랑과 우정에 대한 욕구가 증오와 폭력에 대한 어떤 성향보다 더 인간적이라고 주장했다. 그리고 우리가 악의 길을 택할 때 우리는 미덕처럼 보이는 거짓말과 진부한 경구 뒤에 숨어야 한다는 강박감을 느낀다. 아이히만이 그 대표적인 예이다. 아이히만은 자신이 위대한 업적을 이루었다고, 미래 세대가 존경할 만한 역사적 과업을 성취했다고 확신했다. 이는 그를 괴물이나 로봇으로 만들지 않았다. 대신 그를 참여자로 만들었다. 몇 년 뒤 심리학자들은 밀그램의 연구에 대해 동일한 결론에 이르렀다. 충격 실험은 복종에 관한 것이 아니었다. 규칙을 따르는 순응에 관한 것이었다. 한나 아렌트가 얼마나 시대를 앞서서 이와 완전히 똑같은 관찰을 했는지를 생각하면 놀라지 않을 수 없다.

안타깝게도 스탠리 밀그램의 단순한 추론(인간이 생각 없이 악에 복종한다는 것)은 한나 아렌트의 깊이 있는 철학(인간은 선으로 가장한 악의 유혹을 받는다는 것)보다 더 오랫동안 깊은 인상을 남겼다. 이는 밀그램이 감독적 재능, 드라마를 보는 안목, 텔레비전에서 무엇이 효과가 있는지에 대한 예리한 감각을 가지고 있음을 보여준다. 그러나 무엇보다도 밀그램이 유명해진 이유는 그가 오래된 믿음을 뒷받침하는 증거를 제공했기 때문이라고 생각한다. 심리학자 돈 믹슨은 다음과 같이 서술했다. "실험은 우리가 죄인으로 태어났다는, 역사상 가장 오래되고 가장 중대한 자기실현적 예언에 대해 강력한 기반을 제공하는 것 같았다. 심지어 무신론자들을 포함해 대부분의 사람들은 죄 많은 본성을 상기시키는 것이 우리에게 좋다고 믿는다."[38]

우리가 자신의 부패함을 그토록 믿고 싶어 하는 이유는 무엇일까? 껍데기 이론이 순서를 바꾸면서 수없이 계속 되돌아오는 이유는 무엇일까? 나는 편리함과 많은 관련이 있다고 의심한다. 이상하게도 우리 자신의 죄 많은 본성을 믿는 것은 위로가 된다. 그것은 일종의 사면을 제공한다. 만일 대부분의 사람들이 나쁘다면 참여와 저항은 노력할 가치가 없기 때문이다. 인류의 죄 많은 본성에 대한 믿음은 또한 악의 존재를 명확하게 설명해준다. 증오나 이기심에 직면했을 때 당신은 "아, 그건 그냥 인간의 본성이야"라고 스스로에게 말할 수 있다. 그러나 사람들이 본질적으로 선하다고 믿는다면 왜 악이 존재하는지 의문을 가져야 한다. 이는 참여와 저항에 가치가 있음을 의미하며, 행동할 의무를 우리에게 부과한다.

2015년 심리학자 매슈 홀랜더Matthew Hollander는 밀그램의 충격 기계에서 녹화된 117건의 녹음테이프를 검토했다.[39] 그는 광범위한 분석 끝에 패턴을 발견했다. 실험을 중단한 피험자는 세 가지 전술을 사용했다.

1. 피해자와 대화한다.
2. 회색 실험실 가운을 입은 남자에게 책임을 상기시킨다.
3. 계속할 것을 반복적으로 거부한다.

의사소통과 대립, 연민과 저항. 홀랜더는 사실상 모든 참가자가 이러한 전술을 사용했다는 사실을 발견했다. 사실 모든 참가자가 결국 중단하기를 원했으나 실제로 성공한 사람들은 이 전술을 훨씬 더 많이 사용한 것으로 나타났다. 희소식은 이것들이 훈련 가능한 기술이라는 점이다. 저항은 연습만 하면 된다. 홀랜더는 "밀그램의 영웅을 구별할 수 있는 것은 대체로 의심스러운 권위에 저항하는 역량이며, 이 역량은 가르치고 배우는 것이 가능하다"고 이야기한다.[40]

저항은 숙명적으로 실패하기 마련이라고 생각한다면 이와 관련한 이야기가 하나 있다. 제2차 세계대전 당시 덴마크에서 벌어진 일로, 이는 남다른 용기를 보여준 평범한 사람들의 이야기이다. 이 이야기는 모든 것을 잃어버린 것처럼 보일지라도 저항은 항상 가치가 있음을 보여준다.

저항의 전염성

1943년 9월 28일 코펜하겐의 뢰머스가데Rømersgade 24번지에 있는 노동당 의회 청사에 사회민주당 지도자들이 모두 모였다. 나치 제복을 입은 방문객이 그들 앞에 서 있었고, 충격에 빠진 지도자들은 그를 쳐다보고 있었다. 제복을 입은 남자는 "개항이 임박했다. 모든 세부사항이 계획되어 있다. 선박은 코펜하겐의 계류장에 닻을 내릴 것이다. 게슈타포에 붙잡힌 불쌍한 유대인 동포들은 강제로 배에 실려 예측할 수 없는 운명을 맞이하기 위해 이송될 것이다"라고 이야기했다.[41] 발언자는 창백한 얼굴로 몸을 떨고 있었다. 게오르크 페르디난트 두크비츠^{Georg Ferdinand Duckwitz}라는 사람이었는데, 그는 '개종한 나치'로 역사에 남을 것이며, 그의 경고는 기적을 일으킬 것이었다.

습격은 나치 친위대가 작성한 세부 계획에 따라 1943년 10월 1일 금요일에 시작되었다. 오후 8시가 되자 수백 명의 독일군이 덴마크의 모든 유대인을 검거하기 위해 전국적으로 문을 두드리기 시작했다. 그들은 항구로 끌려가 6,000명의 포로를 수용할 수 있는 배에 오르게 될 예정이었다. 밀그램의 충격 실험의 관점에 빗대어 표현하자면 덴마크인들은 15볼트에서 30볼트로, 30볼트에서 45볼트로 변경하지 않았다. 덴마크인은 한 번에 가장 높은 450볼트의 충격을 가하라는 지시를 받았다. 이 순간까지 현지에 차별적인 법, 의무적인 노란색 배지, 유대인의 재산 몰수는 존재하지 않았다. 덴마크 유대인들은 자신을 공격한 것이 누구인지도 모른 채 추방되어 폴란드 강제수용소로 이송될 예정이었다. 적어도 계획은 그랬다.

지정된 밤에 수만 명의 평범한 덴마크 이발사, 바텐더, 건축업자, 사업가 등은 충격 기계의 마지막 스위치 누르기를 거부했다. 그날 밤 독일군은 유대인들이 습격에 대해 미리 경고를 받았으며, 대부분 이미 도망쳤다는 사실을 알게 되었다. 실제로 그 경고 덕분에 덴마크 유대인의 약 99퍼센트가 전쟁에서 살아남았다.

덴마크의 기적을 어떻게 설명할 수 있을까? 이 나라가 어둠의 바다에서 빛의 등대가 된 이유는 무엇일까? 전쟁 후 역사학자들은 여러 가지 답을 제시했다. 한 가지 중요한 점은 나치가 덴마크에서 권력을 완전히 장악하지 않았는데, 이는 두 정부가 조화롭게 협력하고 있다는 인상을 유지하기 위해서였다. 결과적으로 덴마크에서 독일에 대한 저항은 점령지인 네덜란드 등의 국가에서처럼 위험하지 않았다. 그러나 궁극적으로 한 가지 설명이 눈에 띈다. 덴마크 역사학자 보 리데고르^{Bo Lidegaard}는 "그 답은 논의의 여지가 없다. 덴마크 유대인들은 동포들의 지속적인 참여 덕분에 보호받을 수 있었다"라고 기록했다.[42]

유대인 습격 소식이 전해지자 각 방면에서 저항이 일어났다. 교회, 대학, 재계, 왕실, 변호사협회, 덴마크 여성 국가위원회 등이 모두 이의를 제기했다. 거의 즉시 중앙 집중식 계획이나 수백 건의 개별적인 노력을 조정하려는 시도도 없이 탈출 경로 네트워크가 조직되었다. 시간이 없었다. 부자, 가난한 사람, 젊은이, 나이든 사람 등 수천 명의 덴마크인들은 지금이 행동할 때이고 이를 외면하는 것은 국가에 대한 배신이 될 것임을 알고 있었다. 독일 출신의 유대인 전문 역사학자 레니 위아힐^{Leni Yahil}은 "유대인을 거부한 곳은 어디에도 없었다"고 기록했다.[43] 학교와 병원이 문을 열어주었고, 작은 어촌은 수백 명의 난민을 받아들였다. 또한 덴마크 경찰은 가능한 최대의 도움을 주었으며 나치와의 협력을 거부했다. 저항신문인 《단스크 마네드포스트^{Dansk Maanedspost}》는 외쳤다. "우리 덴마크인들은 헌법을 엿바꿔 먹지 않는다. 시민의 평등권에 관해서라면 특히 그렇다."[44]

강력한 독일이 여러 해 인종차별적 선전에 취해 있는 동안 온건한 덴마크인은 인본주의 정신에 젖어 있었다. 덴마크 지도자들은 항상 민주적 법치의 신성함을 주장해왔다. 사람들을 서로 대립시키려고 하는 사람은 어느 누구도 덴마크인으로 불릴 자격이 없다고 여겨졌다. '유대인 문제Jewish question' 같은 것은 존재할 수 없었다. 존재하는 것은 동포뿐이었다. 단 며칠 만에 7,000명 이상의 덴마크 유대인들이 작은 어선을 타고 스웨덴과 국경 역할을 하는 외레순Øresund 해협을 건넜다. 그들의 구출은 암흑의 시기에 작지만 환하게 빛났다. 인류와 용기의 승리였다. 리데고르는 다음과 같이 이야기했다. "덴마크의 예외는 시민사회에서 인본주의를 집결하는 것이 [……] 이론적인 가능성만이 아니라는 것을 보여준다. 이것은 이루어질 수 있다. 실제로 일어났기 때문에 우리는 그렇다는 것을 알고 있다."[45]

덴마크의 저항은 전염성이 매우 높아 덴마크에서 히틀러의 가장 충성스러운 추종자들조차도 의심을 품기 시작했다. 그들이 올바른 이념을 지지하는 것처럼 행동하기가 점점 더 어려워졌다. 리데고르의 관찰에 따르면 "불의조차도 법과 같은 외형이 필요하다. 사회 전체가 강자의 권리를 부정하면 이 같은 외형은 찾기 어렵다"는 것이다.[46] 나치가 이에 비견될 만한 저항에 부딪힌 곳은 불가리아와 이탈리아밖에 없었다. 이들 나라에서 유대인 사망자 수는 비슷하게 적었다. 역사학자들은 점령 지역의 추방 규모는 각국의 정부가 어느 정도 협력하느냐에 달려 있다고 강조한다.[47] 몇 년 뒤 아돌프 아이히만은 빌럼 사센에게 독일인은 덴마크에서 다른 어느 곳보다 더 많은 어려움을 겪었다며 다음과 같이 이야기했다. "결과는 빈약했다……. 수송도 취하해야 했다. 이것은 나에게 엄청난 수치였다."[48]

분명한 것은 덴마크에 주둔한 독일군들은 '파리의 블러드하운드(사람을 찾거나 추적할 때 이용하는 후각이 발달한 큰 개 - 옮긴이)'로 더 잘 알려진 덴마크의 나치 최고위 인사 베르너 베스트$^{Werner Best}$가 증명한 것과 같이 약한 자들이 아니었다. 심지어 코펜하겐에서 전향한 나치인 두크비츠조차 1930년대 내내 광적인 반유대주의자였다. 그러나 세월이 흐르면서 그는 덴마크의 인도주의 정신에 전염되었다.

한나 아렌트는 자신의 책《예루살렘의 아이히만》에서 덴마크의 유대인 구출에 대해 매혹적인 관찰을 하고 있다. 그녀는 "우리가 아는 유일한 경우"라고 하면서 "나치가 공개적으로 원주민들의 저항에 부딪혔고, 그 결과 이를 접한 사람들이 마음을 바꾼 것으로 보인 것 같다. 이런 사람들은 더 이상 인종 청소를 당연하다는 듯이 그냥 방관하지 않았다. 그들은 원칙에 근거한 서항에 부딪혔으며, 그들의 단단함은 햇볕에 버터처럼 녹아내렸다……"라고 서술했다.[49]

Chapter 9

×

캐서린 제노비스의 죽음
: 언론이 만든 '방관자 효과'

1964년 3월 새벽 3시 뉴욕에서 캐서린 제노비스가 아파트 현관에서 칼에 찔려 사망했다. "나는 관여하고 싶지 않았어요"라는 한 목격자의 증언에 38명의 목격자들은 38명의 방관자로 전락했다. 여기까지가 언론에 보도된 내용의 전부다.

대도시에서 벌어진 비극

우리가 들어야만 하는 1960년대 이야기가 하나 더 있다. 인간 본성에 대한 고통스러운 진실을 폭로하는 또 다른 이야기이다. 이번에는 우리가 저지른 일이 아니라 하지 못한 일에 관한 것이다. 또한 제2차 세계대전에서 수백만 명의 유대인이 체포, 추방, 살해된 뒤 유럽 전역의 수많은 독일인, 네덜란드인, 프랑스인, 오스트리아인 및 기타 사람들이 주장하게 될 것을 반영하는 내용이기도 하다. '우리는 몰랐다.'

1964년 3월 13일 오전 3시 15분 캐서린 수전 제노비스^{Catherine Susan Genovese}는 빨간색 피아트를 몰고 어둠 속에서만 볼 수 있는 주차금지 표지판을 지나 오스틴가 지하철역 밖에 자동차를 세웠다. 캐서린, 즉 키티는 에너지가 넘쳤다. 춤에 열광한 스물여덟 살의 그녀는 자유시간보다 친구가 더 많다. 키티는 뉴욕을 사랑하고 이 도시는 그녀를 사랑한다. 뉴욕은 그녀가 자기 자신을 드러낼 수 있는 곳, 자유를 느낄 수 있는 도시이다.

하지만 그날 밤은 추웠으며 키티는 여자 친구가 기다리는 집으로 돌아가기 위해 서두르고 있었다. 그들의 연애 1주년을 기념하는 날, 키티는 메리 앤^{Mary Ann}을 껴안고 자는 것밖에 바랄 게 없었다. 키티는 재빨리 전조등을 끈 뒤 자동차 문을 잠그고 30미터도 떨어지지 않은 작은 아파트로 향했다. 그녀는 이것이 인생의 마지막 시간이 될 것이라는 사실을 알지 못했다.

"맙소사, 내가 칼에 찔렸어! 도와주세요!"

오전 3시 19분, 비명이 밤을 뚫고 이웃을 깨울 만큼 크게 울려 퍼졌다. 여러 아파트에서 불이 켜졌다. 창문이 올라가고 밤공기 속에서 두런대는 목소리가 들렸다. 한 사람이 외쳤다. "그 여자를 내버려둬!" 하지만 키티를 공격한 괴한이 돌아와 칼로 그녀를 다시 찔렀다. 그녀는 모퉁이를 비틀거리며 돌면서 외쳤다. "난 죽어가고 있어! 죽는다고!" 아무도 밖으로 나오지 않았고 도와주려고 손가락 하나 까딱하지 않았다. 대신 수십 명의 이웃이 마치 리얼리티쇼를 보는 것처럼 창문 밖을 내다보고 있었다. 한 커플은 의자를 창가로 당겨 앉은 뒤 조명을 어둡게 해 시야를 더 잘 확보하기까지 했다.

범인이 세 번째로 돌아왔을 때 그녀는 아파트 건물 안 계단 입구에 쓰러져 있었다. 위층에서는 메리 앤이 아무것도 모른 채 자고 있었다. 범인은 그녀를 찌르고 또 찔렀다.

경찰서에 처음 전화가 걸려왔을 때가 오전 3시 50분이었다. 무엇을 해야 할지 고민하는 데 오랜 시간을 보낸 뒤에야 한 이웃이 건 전화였다. 경찰관들이 2분 만에 현장에 도착했지만 이미 너무 늦었다. 신고자는 "나는

258

관여하고 싶지 않았다"라고 경찰에 고백했다.[1]

'나는 관여하고 싶지 않았다I didn't want to get involved'라는 여섯 단어는 전 세계에 큰 반향을 불러일으켰다. 처음에 키티의 죽음은 그해 뉴욕시에서 일어난 636건의 살인 사건 중 하나였다.[2] 한 생명은 스러졌고 사랑하는 이는 홀로 남았으며 도시는 계속 살아 움직였다. 그러나 2주 뒤 그녀의 이야기는 신문에 실렸으며 이후 역사책에도 실리게 된다. 살인자나 피해자 때문이 아니라 방관자들 때문이었다.

미디어의 폭풍은 1964년 3월 27일 성聖금요일에 시작되었다. "살인을 목격한 37명은 경찰에 신고하지 않았다." 이를 보도한 《뉴욕타임스》의 1면 제목으로, 기사는 다음과 같이 시작되었다. "법을 준수하는 퀸스Queens(뉴욕주 남동부 롱아일랜드의 한 구역 – 옮긴이)의 존경할 만한 시민 38명은 큐 가든스Kew Gardens에서 살인자가 세 차례에 걸쳐 여성을 칼로 찌르는 모습을 30분 이상 지켜만 보았다." 키티는 지금 살아 있을 수도 있었다고 기사는 전했다. 한 형사가 이야기했듯이 "전화 한 통화면 살릴 수 있었을 것이다."[3]

영국에서 구소련, 일본에서 이란에 이르는 모든 지역에서 키티는 큰 뉴스거리가 되었다. 구소련의 《이즈베스티야》는 여기에 자본주의의 '정글 도덕'에 대한 증거가 있다고 보도했다.[4] 브루클린의 한 목사는 미국 사회는 "예수를 십자가에 못박은 사람들만큼 아프게" 되었다고 설교한 반면, 어느 칼럼니스트는 자신의 동포들을 "냉정하고 부도덕한 겁쟁이들"이라

키티 제노비스의 가장 유명한 사진. 1961년 경범죄로 체포된 직후 경찰이 찍은 범죄자 얼굴 식별용 사진, 즉 머그샷이다(그녀는 술집에서 일하면서 후원자의 경마 베팅표를 예약해주었다). 키티에게는 50달러의 벌금이 부과되었다.《뉴욕타임스》에 실렸던 사진은 불필요한 부분을 잘라낸 채 전 세계로 전송되었다. (출처: 위키미디어)

고 비난했다.[5]

언론인, 사진작가, 텔레비전 제작진 등이 키티가 살던 큐 가든스로 모여들었다. 그들 중 누구도 그곳이 얼마나 멋지고 깔끔하고 존경할 만한 동네인지 믿을 수 없었다. 어떻게 이런 곳의 주민들이 그토록 끔찍하고 완벽한 무관심을 보일 수 있었을까? 어떤 사람은 그것이 텔레비전의 둔화 효과라고 주장했다. 어떤 이는 페미니즘 탓에 남자들이 겁쟁이가 되었다고 이를 부정했다. 또 다른 이는 그것이 대도시 생활의 익명성을 전형적으로 나타내는 것이라고 생각했다. 마치 홀로코스트 이후 독일인을 연상시키지 않는가? 그들 역시 모른다고 주장했었다. 우리는 전혀 몰랐다.

그러나 가장 널리 받아들여진 것은 《뉴욕타임스》의 로컬 뉴스 편집자이자 그의 세대를 대표하는 저널리스트인 에이브 로젠탈Abe Rosenthal이 제시한 분석이었다. 그는 다음과 같이 적었다. "오스틴가의 아파트와 집에서 일어난 일은 인간이 처한 상황의 끔찍한 정체를 나타내는 증상이었다."[6] 결론적으로 우리는 혼자라는 것이다.

방관자 효과

내가 처음으로 키티 제노비스에 대해 알게 된 것은 학생 시절이었다. 수백만 명의 사람들과 마찬가지로 나는 저널리스트인 말콤 글래드웰의 데뷔작 《티핑 포인트》를 탐독하며 38명의 목격자들에 대해 알게 되었다.[7] 밀그램의 전기충격 기계와 짐바르도의 교도소 실험에 대한 이야기처럼 이 이야기는 나를 사로잡았다. 여러 해가 지난 뒤 로젠탈은 "아직도 이 사건에 관한 메일을 받고 있어요. [사람들]이 집착하는 거지요. 이 사건은 보석 같아요. 계속 바라보고 있으면 다른 일들이 떠오릅니다"라고 이야기했다.[8]

그 운명적인 13일의 금요일은 연극과 노래의 주제가 되었다. 미국 NBC의 시트콤 〈사인펠드, 여성들과 법과 질서Seinfeld, Girls and Law and Order〉의 에피소드 전 회에서는 이것에 관한 내용만 다루었다. 1994년 빌 클린턴 대통령은 큐 가든스에서 열린 연설에서 키티의 피살이 남긴 '소름끼치는 메시지'를 상기시켰고, 미국 국방부 차관 폴 울포위츠Paul Wolfowitz는 이를 2003년이라크 침공을 정당화하는 데 우회적으로 사용하기도 했다(그는 전쟁에 반대한 미국인들이 38명의 목격자만큼 냉담하다고 말했다).⁹

이 이야기의 교훈은 나에게도 분명해 보였다. 왜 아무도 키티 제노비스를 돕기 위해 나서지 않았을까? '사람들은 냉담하고 무관심하기 때문이다.' 이 메시지는 키티 제노비스가 누구나 아는 이름이 된 시기에 이미 주목을 받고 있었다. 《파리대왕》이 베스트셀러가 되고, 아돌프 아이히만이 재판을 받고, 스탠리 밀그램이 전 세계에 충격을 주고, 필립 짐바르도의 경력이 시작되던 시기였다. 그러나 키티의 죽음을 둘러싼 정황에 대한 연구를 읽었을 때 나는 다시 한번 완전히 다른 이야기를 추적하고 있었다.

당시 비브 라타네Bibb Latané와 존 달리John Darley라는 두 명의 젊은 심리학자가 있었다. 그들은 방관자들이 긴급 상황에서 무엇을 하는지 연구하다가 이상한 점을 발견했다. 그들은 키티가 살해되고 얼마 뒤 실험을 하기로 결정했다. 피험자는 의심이 없는 대학생들이었다. 이들은 폐쇄된 방에 홀로 앉아 인터컴을 통해 동료들과 대학 생활에 대해 이야기하라는 요청을 받았다. 그러나 다른 학생들은 실제로 없었으며 대신 연구원들이 미리 녹음한 오디오 테이프를 재생했다. 어느 순간 신음 소리가 나기 시작했다. "나는 정말로 도움이 필요해요. 그러니까 누군가가 어ー나를 조금이라도 도와주면ー어ー어ー어ー어ー어 누, 누군가ー어ー어ー도와ー어ー어ー어ー어ー어ー누군가ー어ー어ー어ー어ー도, 도와ー어ー어ー어ー어ー[숨이 막히는 소리]······ 죽을 것 같아······."¹⁰

이후 무슨 일이 일어났을까? 피험자가 도움을 청하는 소리를 자신만 들었다고 생각한 경우 그들은 복도로 뛰쳐나갔다. 그들 모두 예외 없이 달려가 개입했다. 그러나 다섯 명의 다른 학생들이 근처 방에 앉아 있다고 믿은 사람들 중 62퍼센트만이 조치를 취했다.[11] 보라, 방관자 효과를! 라타네와 달리의 연구 결과는 사회심리학에 가장 중요한 기여를 하게 될 터였다. 그 후 20년 동안 방관자들이 긴급 상황에서 어떻게 행동하는지에 대한 논문과 책이 1,000건 이상 출판되었다.[12]

또한 그들의 결과는 큐 가든스의 목격자 38명이 반응하지 않은 이유도 설명해주었다. 키티 제노비스는 비명을 지르며 이웃 사람 모두를 깨웠음에도 불구하고 죽은 것이 아니었다. 그 반대로 이웃 사람 모두를 깨웠기 때문에 죽은 것이다. 이는 어느 건물 거주자가 나중에 기자에게 이야기한 내용에서 실제로 증명되었다. 그녀는 남편이 경찰에 신고하려고 하자 "이미 전화가 30통은 갔을 걸요"라며[13] 그를 제지했다고 한다. 만일 키티가 인적이 드문 골목길에서 공격을 받았고 목격자가 한 명뿐이었다면 살았을지도 모른다.

이 모든 사실은 키티가 유명해지는 데 한몫을 했다. 그녀의 이야기는 10대 심리학 교과서에 실렸으며, 오늘날까지도 언론인과 전문가들에 의해 계속 인용되고 있다.[14] 이 사례는 대도시 생활의 위험한 익명성을 보여주는 그야말로 현대의 우화이다.

목격자의 즉각적 개입

오랫동안 나는 방관자 효과가 대도시 생활의 불가피한 일부일 뿐이라고 추측했다. 그러나 내가 일하는 바로 그 도시에서 어떤 일이 일어나 나로 하여금 기존의 추측을 재고할 수밖에 없도록 만들었다. 2016년 2월 9일 오후 4시 15분 전 산느는 암스테르담의 운하 옆 거리인 슬로터카데에 흰색 알파 로미오를 주차했다.[15] 그녀는 운전석에서 내려 아이를 카시트에서 꺼내기 위해 조수석 쪽으로 향했는데 자동차가 갑자기 굴러 내려가기 시작했다. 간신히 운전대 앞으로 뛰어올랐지만 브레이크를 밟기에는 이미 너무 늦었다. 자동차가 운하로 넘어져 가라앉기 시작했다.

나쁜 소식은 이 일이 일어나는 현장을 목격한 사람이 수십 명에 이른다는 것이었다. 이보다 더 많은 사람들이 산느의 비명 소리를 들었다. 그리고 큐 가든스와 마찬가지로 재난 현장을 내려다볼 수 있는 아파트가 있었는데 이곳 또한 멋진 중상류층 동네였다. 그러나 예기치 않은 일이 발생했다. 길모퉁이에 있는 부동산 중개업소의 사장인 루벤 아브라함스는 나중에 지역 텔레비전 리포터에게 이렇게 이야기했다. "차가 물속에 빠져? 분명히 나쁜 일이지."[16] 그는 사무실로 달려가 도구상자에서 망치를 꺼낸 뒤 얼음같이 차가운 운하를 향해 전력 질주했다. 이는 마치 순간적인 반사작용 같았다.

추운 1월의 어느 날 내가 만난 루벤은 얼굴에 회색 수염이 까칠하게 자라 있었고 큰 키에 체격이 좋은 사내였다. 그는 나에게 사건이 일어난 장소를 보여주면서 "순식간에 모든 일이 동시에 일어난 기괴한 우연의 순간"이었다고 말했다. 루벤이 운하에 뛰어들었을 때 또 한 명의 목격자인 리엔크 켄티는 이미 침몰하는 자동차를 향해 헤엄쳐가고 있었다. 또 다른 목격자인 레이니르 보스도 물속에 있었다. 마지막 순간에 한 여성이 레이니르에게 벽돌을 건네주었다. 목격자 4번인 위체 몰은 자동차에서 비상용 망치를 꺼낸 뒤 마지막으로 물속으로 뛰어들었다.

"우리는 창문을 깨기 시작했다"고 루벤은 그날의 일을 회상했다.[17] 레이니르가 옆 창문을 부수려고 했지만 실패했다. 자동차는 운하에 코를 박으며 기울어졌다. 레이니르가 벽돌로 뒤 창문을 강하게 내려치자 마침내 창문이 깨졌다. 모든 일이 매우 빠르게 진행되었다. 루벤은 "아이 엄마는 뒤 창문을 통해 아이를 나에게 건네주었다"고 말을 이었다. 아이는 잠깐 창틀에 걸렸지만 몇 초 뒤 루벤과 레이니르가 아이를 구출하는 데 성공했고, 레이니르가 헤엄쳐 아이를 안전한 곳에 데려다놓았다. 아이 엄마는 아직 자동차 안에 있었는데 자동차는 물에 완전히 잠기기 직전이었다. 겨우 시간에 맞춰 루벤, 리엔크, 위체가 그녀의 탈출을 도왔다. 2초도 지나지 않아 자동차는 운하의 더러운 물속으로 사라졌다. 그 무렵 수많은 구경꾼들이 물가로 모여들었다. 그들은 엄마와 아이, 그리고 네 명의 남자를 물속에서 끌어올려 수건으로 감싸주었다.

구조 작업은 2분도 안 되어 모두 끝났다. 그동안 서로 전혀 몰랐던 네 사람은 한 마디의 말도 나누지 않았다. 그들 중 누군가 단 1초라도 주저했다면 때는 늦었을 것이다. 만약 네 명 모두 뛰어들지 않았다면 구조에 실패했을지도 모른다. 그리고 이름 모를 구경꾼이 마지막 순간에 레이니르에게 벽돌을 건네주지 않았다면 뒤 창문을 부수고 엄마와 아이를 구출할 수 없었을 것이다. 즉 산느와 그녀의 아이는 많은 수의 구경꾼이 있었음에도 살아남은 것이 아니라 그들 덕분에 살아남은 것이다.

방관자 효과의 메타 분석 결과

이제 당신은 이것이 감동적인 이야기이기는 하지만 아마도 방관자 규칙의 예외일 것이라고 생각할 수 있다. 아니면 네덜란드 문화나 암스테르담의 이웃들, 또는 이 네 사람에게 변칙을 설명할 수 있는 특별한 요인이 있을지도 모른다. 사실은 그 반대이다. 방관자 효과는 여전히 많은 교과서에서 가르치고 있지만 2011년에 발표된 메타 분석은 방관자가 긴급 상황에서 어떤 행동을 하는지에 대한 새로운 시각을 제공했다. 메타 분석은 연구에 대한 연구로 수많은 연구 사례를 분석한다. 이번 메타 분석은 라타네와 달리의 첫 번째 실험(학생들이 있는 방)을 포함해 지난 50년 동안 방관자 효과를 다룬 것 중 가장 중요한 105건의 연구를 검토했다.[18]

이 연구에서 두 가지 통찰을 얻을 수 있었다. 첫째, 방관자 효과가 존재한다. 때때로 우리는 다른 사람에게 책임을 지게 하는 것이 더 합리적이기 때문에 비상 상황에 개입할 필요가 없다고 생각한다. 때때로 우리는 잘못된 일을 하는 것을 두려워하고 비난에 대한 두려움 때문에 개입하지 않는다. 그리고 때때로 우리는 아무도 행동에 나서지 않는다는 것을 알기 때문에 아무 문제가 없다고 생각한다. 둘째, 통찰은? 생명이 위험한 비상

266

상황에서(누군가 익사하거나 공격을 당하고 있음) 목격자들이 서로 의사소통을 할 수 있다면(별도의 방에 격리되지 않음), 역世방관자 효과가 나타난다. 논문의 저자들은 다음과 같이 서술하고 있다. "추가적인 목격자들이 있으면 도움이 감소하는 것이 아니라 더 증가한다."[19]

이것이 전부가 아니다. 나는 루벤의 자발적인 구조 노력에 대해 인터뷰한 지 몇 달 뒤 암스테르담의 카페에서 덴마크의 심리학자 마리 린데고르Marie Lindegaard를 만났다. 그녀는 빗방울을 털어내면서 자리에 앉아 노트북을 열고 내 앞에 서류 뭉치를 내놓은 뒤 강의를 시작했다. 린데고르는 우리가 왜 복잡한 실험, 설문지, 인터뷰를 고안해내는지 의문을 제기한 최초의 연구원 중 한 명이다. 어째서 실제 상황에서 실제 사람들의 행동을 담은 실제 영상을 보지 않는 것일까? 어쨌든 현대 도시에는 감시 카메라가 빽빽이 들어차 있지 않은가. 마리의 동료들은 좋은 생각이라고 하면서도 그 영상을 손에 넣지는 못할 것이라고 지적했다. 이에 마리는 "정말 그런지 알아보자"고 했다. 최근 마리는 코펜하겐, 케이프타운, 런던, 암스테르담에서 촬영된 동영상 1,000여 건의 데이터베이스를 보유하고 있다. 영상에는 싸움, 강간 및 살인미수 등이 기록되어 있는데 여기서 그녀가 발견한 내용은 사회과학에서 작은 혁명을 일으켰다.

마리는 자신의 노트북을 내 쪽으로 밀더니 이렇게 이야기했다. "내일 우리는 이 논문을 최고의 심리학 저널에 제출할 예정이에요."[20] 논문 제목은 다음과 같았다. '방관자 효과에 대해 당신이 알고 있다고 생각하는 거의 모든 것은 틀렸다.' 린데고르는 노트북 화면 아래에 있는 표를 가리켰다. '90퍼센트의 사례에서 사람들이 서로 돕는다는 사실을 당신은 여기서 알 수 있다.' 90퍼센트.

키티는 혼자가 아니었다

그렇다면 루벤, 레이니르, 리엔크, 위체가 2월 오후 암스테르담 운하의 얼음처럼 차가운 물속으로 뛰어든 이유는 미스터리가 아니다. 자연스러운 반응이었다. 이제 질문은 1964년 3월 13일 키티 제노비스가 살해된 날 밤에 무슨 일이 일어났는가 하는 것이다. 그 유명한 이야기는 어디까지가 사실일까? 목격자들의 무관심에 처음으로 의문을 제기한 사람 중 한 명은 큐 가든스에 새로 이사온 조지프 드 메이Joseph De May였다. 아마추어 역사가인 그는 키티가 죽은 지 10년 뒤 그곳으로 이사를 갔고, 이웃을 악명 높게 만든 살인 사건에 흥미를 가졌다. 그는 자신이 연구하기로 결심하고 기록 보관소를 샅샅이 뒤지기 시작한 끝에 빛바랜 사진과 오래된 신문, 그리고 경찰 보고서를 발견했다. 모든 자료를 모으기 시작하면서 실제로 일어난 일에 대한 그림이 한 조각씩 나타났다.

처음부터 다시 한번 살펴보자. 다음은 1964년 3월 13일에 일어난 사건의 내용이다. 이번에는 드 메이와 그의 발자취를 따라간 여러 사람들이 수고로운 조사 결과에 의존했다는 점이 특징이다.[21]

오전 3시 19분 끔찍한 비명 소리가 오스틴 거리의 침묵을 깨뜨렸다. 그러나 밖은 춥고 대부분의 주민들은 창문을 닫고 있는 상태였다. 거리의 조명은 어두웠고 밖을 내다보는 사람들 대부분은 이상한 점을 알아차리지 못했다. 몇몇 사람은 갈지자로 걸어가는 한 여성의 실루엣을 보고 취객이 분명하다고 생각했다. 거리 바로 위쪽에 술집이 있었기 때문에 그리 드문 일이 아니었다. 그럼에도 불구하고 최소한 두 명의 주민이 전화기를 들어 경찰에 신고했다. 그들 중 한 명은 나중에 경찰이 되는 마이클 호프만Michael Hoffmann의 아버지였고, 다른 한 명은 근처 아파트에 사는 해티 그룬드Hattie Grund였다. 몇 년 뒤 그녀는 반복해 이야기했다. "경찰이 말했어요. '이미 신고 전화를 받았다'고."[22] 하지만 경찰은 오지 않았다.

경찰이 오지 않았다고? 왜 그들은 경찰서에서 뛰쳐나와 사이렌을 울리지 않았을까? 최초의 두 차례 전화를 바탕으로 담당자는 이것이 부부싸움이라고 생각했을 수도 있다. 이제 현역에서 은퇴한 호프만은 그들이 현장에 늦게 도착한 이유가 이것이라고 생각했다. 당시만 해도 배우자 간 폭행을 대수롭지 않게 여겼던 시절, 배우자 강간이 형사 범죄가 아니던 시절이었다는 점을 염두에 두어라.

하지만 38명의 목격자는 어떻게 된 것일까? 이 악명 높은 숫자는 노래와 연극에서부터 블록버스터 영화와 베스트셀러에 이르기까지 모든 분야에 등장하게 되는데, 이는 사건과 관련해 경찰 수사관에게 조사를 받은 모든 사람의 목록에서 나온 숫자이다. 목록에 있는 대부분의 이름들은 목격자가 아니었다. 이들은 기껏해야 무언가를 들은 사람들이었으며, 일부는 아예 잠에서 깨지도 않았었다.

두 건의 분명한 예외가 있었다. 하나는 같은 건물에 사는 이웃인 조지 프 핑크였다. 핑크는 유대인을 미워하는 것으로 알려진 이상하고 외로운 사람이었다(동네 아이들은 그를 '아돌프'라고 불렀다). 그는 그 사건이 일어났을 때 완전히 깨어 있었으며, 키티의 첫 번째 공격을 목격했지만 아무 행동도 취하지 않았다. 키티의 목숨을 그녀의 운명에 맡겨버린 또 한 명은 그녀와 메리 앤의 친구였던 이웃집의 카를 로스였다. 로스는 건물 계단에서 두 번째 공격을 목격했지만(실제로는 공격이 세 차례가 아니라 두 차례 있었다) 당황한 나머지 그 자리를 떠났다. 또한 로스는 경찰에 "관련되고 싶지 않았다"고 말한 사람이기도 하다. 이 말은 신원이 공개되는 것을 원치 않는다는 의미였다. 그날 밤 그는 술에 취해 있었으며, 자신이 게이라는 것이 밝혀질까 봐 두려워했다.

그 당시 동성애는 단연 불법이었고, 로스는 경찰과 동성애를 위험한 질병으로 낙인찍는 《뉴욕타임스》 같은 신문을 동시에 두려워했다.[23] 1964년 남자 동성애자들은 통상적으로 경찰에 의해 잔인한 폭력을 당했고 신문은 정기적으로 동성애를 전염병으로 묘사했다(특히 키티를 유명하게 만든 편집자 에이브 로젠탈은 악명 높은 동성애 혐오자였다. 키티가 살해되기 얼마 전에 그는 '도시에서 공공연한 동성애가 늘어나는 것을 크게 우려한다GROWTH OF OVERT HOMOSEXUALITY IN CITY PROVOKES WIDE CONCERN)'는 제목의 또 다른 기사를 게재했었다[24]).

물론 이 중 어느 것도 카를 로스의 잘못에 대한 변명이 되지 못한다. 비록 술에 취했고 겁이 났어도 그는 친구를 돕기 위해 무엇인가를 했어야 한다. 그 대신 그는 다른 친구에게 전화를 걸었지만 그 친구는 즉시 경찰에 전화하라고 재촉했다. 하지만 로스는 자신의 아파트에서 감히 그렇게 하지 못했고 지붕을 타고 넘어 옆집으로 들어갔다. 그 집에 있던 여자는 또 자기 옆집에 사는 여자를 깨웠다. 잠에서 깬 여자는 소피아 패러였다. 소피아는 키티가 아래층에서 피를 흘리고 있다는 소식을 듣고 1초도 망설이지 않았다. 그녀는 바지를 입고 있는 남편을 남겨두고 아파트에서 뛰어나와 키티에게 기다리라고 말했다. 소피아는 자신이 살인자의 품으로 곧장 돌진하고 있는 것일 수 있다는 사실을 잘 알고 있었지만 그 이유가 그녀를 막지는 못했다. "나는 돕기 위해 달려갔다. 당연히 해야 할 일이라고 생각했다."[25]

키티가 누워 있는 계단 문을 열었을 때 살인자는 사라진 뒤였다. 소피아는 친구를 팔로 감쌌고 키티는 잠시 긴장을 풀고 그녀에게 기댔다. 캐서린 수전 제노비스가 실제로 사망한 과정은 이러했다. 이웃의 품에 안겨 숨진 것이다. 몇 년 뒤 그녀의 오빠 빌은 이 사실을 전해 듣고 다음과 같이 이야기했다. "키티가 친구의 품에 안겨 숨졌다는 사실을 알았다면 우리 가족의 심정은 크게 달랐을 것이다."[26]

소피아는 왜 잊혔을까? 왜 그녀는 어떤 신문에도 언급되지 않았을까? 진실은 매우 실망스럽다. 그녀의 아들에 따르면 "엄마는 당시 신문사의 한 여성과 이야기를 나눴다"고 한다. 그러나 다음 날 기사에는 소피아가 관여하고 싶지 않아 했다고 쓰여 있었다. 소피아는 이 기사를 읽고 화가 나서 다시는 기자와 이야기하지 않겠다고 맹세했다. 소피아뿐만이 아니었다. 실제로 수십 명의 큐 가든스 주민들은 자신들의 말이 언론에서 계속 왜곡되고, 주민 중 많은 사람이 결국 이 지역을 떠나게 되었다고 불평했다.

한편 기자들은 계속 이 동네를 찾아왔다. 1965년 3월 11일 키티가 사망한 지 1주기를 이틀 앞두고 한 기자는 큐 가든스에서 한밤중에 공포스러운 소리를 지르면 재미있는 농담거리가 될 것이라고 생각했다. 사진기자들은 주민들의 반응을 포착하기 위해 카메라를 들고 서 있었다. 모든 상황이 미친 것처럼 돌아갔다. 그해 뉴욕시에서는 적극적 실천주의가 무르익기 시작했고 마틴 루터 킹이 노벨평화상을 수상했으며, 수백만 명의 미국인이 거리 행진을 시작했고 문제의 퀸스 지역에는 200개가 넘는 지역사회 단체가 만들어졌다. 그러나 언론은 '무관심의 전염병'이라고 나팔을 부는 망상에 집착했다.

무관심한 방관자들에 대한 이야기에 의심을 품은 대니 미넌^{Danny Meenan}이라는 라디오 기자가 있었다. 그는 자세한 내용을 확인한 결과 대부분의 목격자가 그날 밤 술에 취한 여성을 본 것으로 생각했다는 사실을 발견했다. 미넌이《뉴욕타임스》기자에게 왜 그 정보를 기사에 싣지 않았는지 묻자 "그러면 이야기를 망쳤을 것"이라는 답변이 돌아왔다.[27] 그렇다면 미넌은 왜 이 사실을 혼자만 알고 있었을까? 자기 보호를 위해서였다. 그 당시 한낱 기자가 세계 최대의 영향력 있는 신문 기사를 반박할 수 없다는 것을 스스로도 너무 잘 알고 있었다. 자신의 직업을 유지하고 싶지 않다면 또 모르겠지만 말이다.

몇 년 뒤 다른 기자가 비판적인 견해를 피력했을 때 《뉴욕타임스》의 에이브 로젠탈로부터 몹시 화를 내는 전화를 받았다. 그는 "당신은 이 이야기가 미국의 상황을 상징하게 되었다는 것을 알고는 있소? 이미 사회학 수업, 책, 논문의 주제가 되었단 말이요!"라고 소리를 질렀다.[28]

충격적인 사실은 실제 이야기에서 살아남은 부분이 거의 없다는 점이다. 운명적인 그날 밤 실패한 것은 평범한 뉴요커가 아니라 당국자들이었다. 키티는 혼자가 아닌 친구의 품에 안겨 세상을 떠났다. 그리고 근본적으로 목격자의 존재는 과학이 오랫동안 주장했던 것과 정반대의 효과를 가지고 있다. 우리는 대도시, 지하철, 붐비는 거리에서 혼자가 아니다. 우리에게는 서로가 있다.

그리고 키티의 이야기는 여기서 끝나지 않았다. 마지막으로 예상 밖의 반전이 있었다. 키티가 죽은 지 5일 후 퀸스 주민인 라울 클리어리는 거리에서 낯선 사람을 발견했다. 그는 대낮에 텔레비전을 들고 이웃집에서 나오는 중이었다. 라울이 그를 막아서자 그 남자는 자신을 일꾼이라고 주장했다. 그러나 라울은 의심스러워 이웃인 잭 브라운에게 전화를 걸어 "배니스터가 이사를 가나요?"라고 물었다. 브라운은 "전혀 아니에요"라고 대답했다. 두 남자는 주저하지 않았다. 잭이 그 남자의 차량을 움직일 수 없게 만드는 동안 라울은 경찰에 전화를 걸었다. 출동한 경찰은 (도망갔던)

도둑이 다시 나타나자마자 체포했다. 바로 몇 시간 뒤 그는 범행을 자백했다. 무단 침입뿐 아니라 큐 가든스에서 젊은 여성을 살해한 사실도 시인한 것이다.[29] 그렇다. 키티의 살인범은 두 명의 목격자가 개입한 덕분에 체포되었다. 그러나 살인범 체포 사실을 보도한 신문은 단 한 곳도 없었다.

이것이 키티 제노비스의 실제 이야기이다. 심리학과 1학년뿐만 아니라 언론인 지망생도 반드시 읽어야 할 이야기이다. 우리에게 세 가지를 가르쳐주기 때문이다. 첫째, 인간 본성에 대한 우리의 견해가 얼마나 자주 엉망이 되는가. 둘째, 기자들이 선정적인 이야기를 팔기 위해 얼마나 교묘하게 자판을 두드리는가. 그리고 마지막으로 중요한 것은 우리가 서로를 신뢰할 수 있는 때는 정확히 위급한 상황에서라는 점이다.

나는 암스테르담의 물 건너편을 바라보면서 루벤 아브라함스에게 운하에 뛰어든 뒤 영웅이 된 기분이 들었는지 물었다. 그는 "아니오. 살면서 우리는 서로를 지켜줘야 해요"라며 어깨를 으쓱했다.

PART 3

선한 본성의
오작동

나는 인간의 행동을 비웃거나 이를 보고 울거나 미워하지 않고 이해하려고 노
력했다.

— **바뤼흐 스피노자**Baruch Spinoza(1632~1677)

───── 얼마 전 나는 자리에 앉아 2013년에 모국어인 네덜란드어로 저술한《진보의 역사 $^{\text{The History Of Progress}}$》를 펼쳤다. 이 책을 다시 읽는 것은 마음이 불편한 경험이었다. 나는 책에 착한 사람들이 자발적으로 괴물처럼 행동하게 될 수 있음을 증명하기 위해 필립 짐바르도의 스탠퍼드 교도소 '연구'를 일말의 비판 없이 실었다. 이 관찰 결과에 관한 무언가가 나에게 매우 유혹적으로 다가왔었음이 분명하다.

나뿐만이 아니었다. 제2차 세계대전이 끝난 뒤 껍데기 이론(인간의 도덕이란 그의 이기적인 본성을 숨기는 얇은 껍데기에 불과하다는 이론 - 옮긴이)의 변형 이론들이 무수히 주창되어왔다. 이론들은 점점 더 철갑처럼 단단해 보이던 증거들로 뒷받침되었다. 스탠리 밀그램은 전기충격 기계를 사용해 그것을 실증했다. 키티 제노비스의 죽음 뒤 언론은 세상 사람들 모두가 알 수 있도록 외쳐댔다. 그리고 윌리엄 골딩과 필립 짐바르도는 이 이론으로 세계적 명성을 얻었다. 300년 전에 토머스 홉스가 주장했던 것처럼 악은 모든 인간의 피부 아래에서 부글부글 끓고 있는 것으로 생각되었다.

하지만 이제 앞에서 이야기한 살인 사건과 실험들의 기록이 공개되고 보니 그동안 우리가 반대로 생각하고 있었음이 밝혀졌다. 짐바르도의 교도소 교도관들? 그들은 자신의 역할에 충실한 배우들이었을 뿐이다. 밀그램의 전기충격 기계 앞의 실험 지원자들? 그들은 단순히 옳은 일을 하고 싶었을 뿐이다. 그리고 키티? 그녀는 이웃의 품에서 세상을 떠났다.

이 사람들 중 대부분은 그저 돕고 싶었던 것으로 보인다. 그리고 만약 실패한 사람이 있다면 이는 과학자, 수석 편집자, 주지사, 경찰서장 등 책임자들이었을 것이다. 그들이 바로 거짓말을 하고 조작한 리바이어던이었다. 이 권위자들은 피험자들을 표면적으로 사악해 보이는(그러나 실제로는 그렇지 않을 수 있는) 성향으로부터 보호하는 대신 이들을 서로 싸우게 만드는 데 최선을 다했다. 이는 우리에게 사람들은 왜 악한 행동을 하는가라는 근본적인 질문으로 되돌아오게 만든다. 어떻게 그토록 친절한 두 발 동물인 호모 퍼피가 교도소와 가스실을 만든 유일한 종일 수 있는가?

앞의 장에서 우리는 악이 선善의 가면을 쓸 때 인간은 그것에 유혹될 수 있다는 사실을 배웠다. 하지만 이 발견은 바로 또 다른 의문을 제기한다. 역사의 과정에서 악은 왜 우리를 속이는 데 그토록 점점 더 능숙해졌는가? 그것이 어떻게 우리가 (상황에 따라서는) 서로에게 전쟁을 선포할 수 있는 지경에까지 이르게 했을까? 나는 3장에서 언급한 우리의 강아지 전문가 브라이언 헤어의 관찰을 계속 생각하게 된다. 그는 다음과 같이 이야기했다. "우리를 가장 착한 종으로 만드는 메커니즘은 우리를 지구상에서 가장 잔인한 종으로 만들기도 한다."

이 책의 1부에서 우리는 인간 역사의 대부분에 이 서술이 적용되지 않는다는 사실을 밝혀냈다. 우리가 항상 그렇게 잔인했던 것은 아니다. 수만 년 동안 우리는 유목민으로 전 세계를 떠돌아다녔고 분쟁을 멀리해왔다. 우리는 전쟁을 일으키지 않았고 강제수용소를 만들지도 않았다. 하지만 헤어가 무언가 알고 있는 것이 맞다면? 만일 인류 역사의 마지막 5퍼센트에는, 즉 우리가 영구적으로 정착해 살기 시작한 시점부터 그의 관찰이 타당하다면 어떻게 되는가? 전쟁의 첫 고고학적 증거가 약 1만 년 전에 갑자기 나타나고 이때 사유재산과 농경의 발달이 이루어졌다는 사실은 우연이 아닐 수 없다. 이 시기에 우리가 선택한 삶의 방식에 우리의 몸과 마음이 미처 대처할 준비를 갖추지 못한 것이 아니었을까?

진화심리학자들은 이를 '부조화'라고 이야기한다. 이는 신체적·정신적으로 현대를 살아갈 준비가 되어 있지 않은 상태를 의미한다. 가장 친숙한 예시는 비만이다. 수렵-채집인으로서 우리는 언제나 날씬했고 언제나 적당한 몸매를 유지했던 반면, 오늘날에는 전 세계적으로 굶주리는 사람들보다 과체중인 사람들이 더 많다. 우리는 주기적으로 설탕과 지방, 소금을 마음껏 먹으면서 우리 몸이 필요로 하는 양보다 훨씬 더 많은 칼로리를 섭취한다.

그렇다면 왜 우리는 계속해서 먹을까? 이유는 단순하다. 우리의 DNA는 우리가 아직도 밀림 속에서 뛰어다니고 있다고 생각하기 때문이다. 선사시대에는 열매가 가득 맺힌 과일 나무를 우연히 발견할 때마다 배불리 먹는 것이 너무나 타당한 행동이었다. 그러나 그런 일은 그리 자주 일어나지 않았다. 따라서 몸에 지방층을 더 쌓는 것은 기본적으로 좋은 자기

3부 | 선한 본성의 오작동

보존 전략이었다.¹ 하지만 오늘날 값싼 패스트푸드가 넘쳐나는 세상에서 여분의 지방을 쌓는 것은 자기 파괴에 더 가깝다.

이것이 우리가 인류 역사의 가장 어두운 시기에 대해서도 생각해야 하는 방식일까? 이것들 또한 극적인 부조화의 결과일 수 있을까? 그리고 이것은 오늘날의 호모 퍼피가 어떻게 가장 악랄하고 잔인한 행동을 서슴지 않고 할 수 있게 되었는지를 설명할 수 있을까? 만약 그렇다면 우리 본성이 현대적이고 '문명화된' 세상의 삶에 직면했을 때 오작동을 유도하는 어떤 측면이 있어야만 할 것이다. 수천 년 동안 우리를 성가시게 하지 않았지만 갑자기 스스로의 단점들을 드러낸 어떤 성향 말이다. 그것은 무엇일까?

앞으로 이어지는 3개의 장에서 나는 이를 탐색하려고 한다. 나는 제2차 세계대전 당시 왜 독일군이 종전 직전까지 그토록 부단히 싸웠는지를 이해하겠다고 굳게 결심한 어린 미국인 한 명을 소개하고자 한다(10장). 그리고 권력에 수반되는 냉소주의를 다룬 심리학적 연구에 대해서도 깊이 살펴볼 것이다(11장). 그런 다음 궁극적인 질문에 답할 것이다. 사람들이 이 부조화를 인정하고 인류에 대해 새롭고 현실적인 관점을 채택한다면 우리는 과연 어떤 모습의 사회를 갖게 될까?

Chapter 10

✕

공감의 맹목성
: 거리가 멀어질수록 공격은 잔인해진다

아이러니하게도 용기와 충성심, 헌신과 연대의식이 때로는 전쟁과 같은 참혹한 결과를 불러오기도 한다. 적과의 거리가 멀어질수록 공감은 낮아지고 공격은 더 잔인해지는 법. 그리고 뉴스는 이러한 공감을 한계로 몰아붙이는 자극제가 된다.

전우애와 이데올로기

제2차 세계대전이 발발할 당시 모리스 자노위츠^{Morris Janowitz}는 스물두 살이었다. 1년 뒤 미 육군의 징집 통지서가 드디어 그의 문 앞에 도착했다. 모리스는 입대할 생각에 몹시 흥분했다. 폴란드에서 망명한 유대인의 아들인 그는 군복을 입고 나치를 무찌르는 데 도움이 되기를 고대했다.¹ 이 청년은 오래전부터 사회과학에 매료되어 있었다. 그리고 이제 막 대학을 수석으로 졸업한 그는 대의를 위해 자신의 전문 지식을 활용할 계획이었다. 모리스는 헬멧을 쓰고 소총을 쏘는 전투 대신 펜과 종이를 휘두르는 전투에 투입될 예정이었다. 그는 런던에 위치한 심리전 사단^{Psychological Warfare Division}에 배치되었다.

모리스는 코번트 가든^{Covent Garden}(런던의 중심 지구 – 옮긴이) 근처에 위치한 기관의 본부에서 최고의 과학자 수십 명과 함께 일하게 되었다. 이 과학자들 중 다수는 훗날 사회학과 심리학 분야에서 눈부신 성공을 이루게 된다. 하지만 당시는 추상적 이론이나 연구를 하고 있을 때가 아니었다. 과학은 실제적·구체적으로 도움이 되어야 했다. 수행해야 할 임무가 있었고 한순간도 허투루 보낼 수 없었다. 가장 똑똑한 물리학자늘이 미국 남서부의 로스앨러모스에서 첫 번째 원자폭탄을 제조하고 있는 동안, 그리고 가장 영리한 수학자들이 영국의 시골 지역인 블레츨리 파크에서 독일군의 이니그마 암호를 해독하고 있는 동안 모리스와 그의 동료들은 그어떤 것보다도 더 어려운 과제와 씨름하고 있었다. 그들은 나치 정신의 미스터리를 풀어야만 했다.

1994년 초 과학자들을 곤경에 빠뜨린 난제가 하나 있었다. 독일군은 왜 계속 그렇게 열심히 싸웠을까? 왜 더 많은 독일군들이 무기를 내려놓고 패배를 인정하지 않았을까? 전장을 둘러본 사람이라면 누구라도 그 결과를 알 수 있었다. 독일군은 엄청난 수적 열세에 몰려 있었고, 동쪽에서는 구소련군이 전진해오고 서쪽에서는 연합군의 침공이 목전에 있는 상황에서 그들은 양군 사이에 샌드위치처럼 끼어 있었다. 전투 현장의 일반 독일군은 전세가 얼마나 크게 기울어져 있는지를 깨닫지 못했을까? 연합군은 의아해했다. 그들이 그토록 철저히 세뇌를 당했단 말인가? 독일군이 최후의 순간까지 계속 싸우는 이유에 대해 다른 어떤 설명이 가능할까?

대부분의 심리학자들은 전쟁이 시작될 때부터 한 군대의 전투력을 결정함에 있어 하나의 요소가 다른 무엇보다 더 중요하다고 굳게 믿었다. 이데올로기, 예를 들어 조국에 대한 사랑이나 지지 정당에 대한 믿음 등이다. 그래서 생각은 다음과 같이 흘러갔다. 최고의 전투 기량을 보이는 병사들은 자신들이 역사 속 정의의 편에 서 있고, 자신들의 세계관이 유일하게 타당하다고 확고히 믿는 자들일 것이다.

대부분의 전문가들은 독일군이 본질적으로 무엇인가에 홀려 있었다는 데 의견이 일치했다. 이는 그들의 탈영률이 0에 가까운 이유와 왜 미군이나 영국군보다 더 열심히 싸웠는지를 설명해주는 핵심 요인이다. 전쟁이 끝난 뒤 역사학자들이 계산해보니 당시 독일군은 실로 대단하게 싸웠다. 평균적인 독일 국방군Wehrmacht 병사는 평균적인 연합군 병사보다 50퍼센트 더 많은 사상자를 낸 것으로 나타났다.[2]

독일군 병사들은 거의 모든 면에서 더 뛰어났다. 공격을 하든 방어를 하든 또는 공중 지원이 있든 없든 아무런 차이가 없었다. 후에 어느 영국인 사학자는 다음과 같이 진술했다. "외면할 수 없는 사실은 히틀러 휘하의 독일 국방군이 제2차 세계대전에서 대단히 뛰어난 전투부대였다는 점이다. 이들은 역사상 가장 뛰어난 부대 중 하나였다."[3] 연합군은 이들의 사기를 꺾을 방법을 찾아야만 했다. 모리스와 그가 속한 팀은 자신들이 크게, 매우 넓은 시각에서 생각해야만 한다는 것을 알고 있었다. 심리전 사단의 권고에 따라 수천만 장의 선전용 전단이 적진 상공에 뿌려졌다. 상륙작전 개시일 이후 노르망디에 주둔했던 독일 병력 중 90퍼센트가 이 전단을 보았다. 이들이 비처럼 퍼부어댔던 메시지는 명확했다. 독일이 처한 상황은 절망적이고 나치 철학은 비루하며, 연합군의 대의는 정당하다는 것이었다.

이 작전은 성공했을까? 모리스 자노위츠는 전혀 감을 잡을 수가 없었다. 책상 앞에 앉아서 알아낼 가능성은 희박했다. 그래서 그는 동료 연구원인 에드워드 실스Edward Shils와 함께 전단작전의 효과를 측정하는 상세한 조사방법을 고안하기로 결정했다. 몇 달 뒤 모리스는 수백 명의 독일군 포로를 심문하기 위해서 독일로부터 탈환한 파리를 향해 떠났다. 그는 포로들과 대화하면서 비로소 무언가 깨닫기 시작했다. 연합군은 완전히 잘못 짚고 있었던 것이다.

모리스는 몇 주 동안 독일군 포로를 한 명씩 차례로 심문했다. 똑같은 답변이 반복되었다. 그들을 이끈 것은 나치 이데올로기가 아니었다. 여전히 자신들이 어떻게든 이길 수 있다고 착각하지도 않았다. 그렇다고 세뇌된 적도 없었다. 독일 군대가 신기神奇에 가까운 전투를 할 수 있었던 진짜 이유는 훨씬 더 단순했다. 바로 '전우애'였다.

수백 명의 제빵사, 정육점 주인, 교사, 재단사 그리고 연합군의 진격에 맞서 필사적으로 저항한 모든 독일인들은 서로를 위해 무기를 들었다. 본질적으로 그들은 동료를 실망시키고 싶지 않다는 마음으로 전투에 임했던 것이다. 천년의 제국Tausendjähriges Reich(나치 제3제국을 달리 부르는 명칭 – 옮긴이)이나 혈통과 영토Blut und Boden(나치의 민족주의적 슬로건 – 옮긴이)를 위해서가 아니었다. 한 독일군 포로는 비웃으며 말했다. "나치즘은 전선前線에서 10마일 떨어진 후방에서 시작된다."[4] 반면 전우애는 모든 엄폐호와 참호 안 바로 그곳에 있었다. 군사령관들은 이를 잘 알고 있었다. 훗날 역사학자들이 발견한 바에 따르면 사령관들은 이런 사실을 자신들에게 이득이 되게 이용하기도 했다.[5] 나치 장군들은 병사들이 전우애를 형성하도록 많은 노력을 기울였다. 심지어 신병들이 전우애를 충분히 쌓을 수 있도록

3부 | 선한 본성의 오작동

사단 전체를 철수시켰다가 상황이 만족스럽다고 판단이 되면 다시 전원을 전장으로 보내기도 했다.

이처럼 독일 국방군에 존재했던 전우애의 힘을 상상하기란 쉽지 않다. 어쨌든 수십 년 동안 우리는 포화 속 연합군의 용기와 독일의 광기를 끊임없이 그려내던 할리우드 서사 영화에 젖은 채 살아왔기 때문이다. 우리 병사들이 서로를 위해 목숨을 바쳤다는 것? 타당한 이야기이다. 이들이 떨어질 수 없는 형제와 같은 전우가 되었다는 것? 이해가 된다. 하지만 독일군도 이와 같았다고 상상해보라. 또는 독일군이 전우애를 더욱 굳건하게 구축했을 수도 있다고 한다면? 그들의 군대가 더 뛰어났던 이유가 바로 그 전우애 때문이었다고 한다면?

어떤 사실들은 인정하기가 너무 고통스럽다. 어떻게 인류의 선한 속성이 이 괴물 같은 독일군에게 동기로 작용할 수 있었을까? 다시 말해서 그들을 움직인 동력 또한 용기와 충성심, 헌신과 연대의식이었음이 어떻게 사실일 수 있을까? 그러나 모리스 자노위츠가 내린 결론은 정확히 그것이었다.

종합적으로 추론해본 심리전 사단의 연구원들은 어째서 자신들의 선전전이 사실상 아무 효과도 발휘하지 못했는지 불현듯 이해할 수 있게 되었다. 자노위츠와 실스는 적진에 투하된 수백만 장의 전단 효과에 대해 글을 쓰면서 다음의 사실에 주목했다. "우리는 나치 지도자들을 이념적으로 공격하는 데 많은 노력을 기울였지만 심문을 받을 때 이 주제를 언급한 포로는 고작 5퍼센트에 불과했다."[6] 사실 독일군 대부분은 전단지가 국가사회주의를 비난했다는 사실조차 기억하지 못했다. 연구원들이 한 독일군 병장에게 정치적 견해에 대해 묻자 그는 웃음을 터뜨리며 말했다. "그런 질문을 하는 것을 보니 무엇이 군인을 싸우게 하는지 당신이 전혀 모르고 있다는 걸 잘 알겠소."[7]

모리스와 그의 동료들은 전술, 훈련, 이념 모두 군대에 매우 중요하다는 사실을 확인했다. 하지만 궁극적으로 군대의 강함을 결정하는 척도는 같은 부대에 소속된 병사들 사이의 유대감이 얼마나 강한지의 여부이다. 동지애가 전쟁을 승리로 이끄는 무기인 것이다. 이렇게 확인된 사실은 전쟁 직후에 발표되었으며, 많은 후속 연구에 의해 다시 입증될 예정이었다. 하지만 결정타는 2001년에 나왔다. 미국의 첩보기관이 도청한 15만 쪽의 녹취록 문서를 역사학자들이 발견한 것이다. 도청은 미국 워싱턴 근처 포트 헌트Fort Hunt에 위치한 포로수용소에서 이루어졌다. 녹취록은 약 4,000명의 독일군 재소자들의 대화를 담고 있었다. 그들의 대화는 나치 국방군 소속 평범한 군인들의 삶과 마음속을 들여다볼 수 있는 창이 열린 것으로 이는 전례 없는 일이었다.

이 기록을 보면 독일 병사들이 엄청난 '군인 정신'을 가지고 있었으며 충성, 동지애, 자기희생과 같은 자질에 큰 가치를 두고 있었음을 알 수 있다. 반대로 반유대주의 정서와 이념적 순수성의 역할은 미미했다. 독일의 한 역사학자는 다음과 같이 서술했다. "포트 헌트의 도청 기록이 보여주듯이 대부분의 독일 국방군 구성원들 의식 속에서 이데올로기는 기껏해야 부차적인 역할밖에 하지 못했다."[8]

이와 같은 사실은 제2차 세계대전에서 싸웠던 미군들도 마찬가지였다. 1949년 사회학자팀이 미국의 참전용사 약 50만 명을 대상으로 실시한 방대한 조사 결과를 발표했는데, 이에 따르면 이상주의나 이념은 참전용사들의 주된 동기가 아니었다. 영국군이 민주적 법치주의에 의해 움직이지 않았던 것처럼 미군과 애국심 사이의 관계도 마찬가지였다. 이들이 싸운 것은 조국을 위해서라기보다는 자신들의 전우를 위해서였다.[9]

이러한 전우 간의 유대가 너무 깊은 나머지 몇몇 기이한 상황이 발생하기도 했다. 병사들은 진급의 기회가 있더라도 다른 사단으로 전출되어야 한다면 이를 거절했다. 부상자들과 병자들 중 다수는 휴가를 거부했다. 신병이 그들의 자리를 대신 맡는 것을 원하지 않았기 때문이다. 심지어 전방으로 복귀하기 위해 병상에서 몰래 탈출하는 자들도 있었다.

한 사회학자는 놀라움을 표시하면서 다음과 같이 언급했다. "우리는 한 사람이 다른 이들을 실망시킬까 봐 두려운 나머지 자신의 이익에 따라 행동하지 못한 경우들을 거듭 접했다."[10]

'친절한' 테러리스트

나는 이런 발상을 이해하는 데 오랜 시간이 걸렸다. 네덜란드에서 자란 10대 시절 나는 제2차 세계대전을 용맹한 영웅들과 나쁜 악당들 사이의 장렬한 전투인 20세기의 〈반지의 제왕〉 정도로 상상했다. 하지만 모리스

자노위츠는 전혀 다른 일이 벌어지고 있었다는 것을 보여주었다. 그는 악의 기원이 타락한 악당들의 가학적 성향이 아니라 용감한 전사들의 결속에 있다는 사실을 발견했다. 제2차 세계대전은 인류가 가진 최고의 특성인 우정, 충성, 결속이 수백만 명의 평범한 사람들에게 역사상 최악의 대학살을 저지르게 고무시킨 영웅적 투쟁이었다.

심리학자 로이 바우마이스터[Roy Baumeister]에 따르면 우리의 적이 악의로 가득한 가학성애자들이라는 가정은 잘못된 것이다. 그는 이것을 '순수한 악의 신화'라고 부른다. 실제로 우리의 적은 우리와 흡사하다.

이 사실은 심지어 테러리스트들에도 적용된다. 전문가들은 그들도 우리와 비슷하다고 강조한다. 물론 자살 폭탄 테러리스트들이 괴물임에 틀림없다는 생각은 솔깃하다. 그들은 심리학적·생리학적·신경학적 등 모든 면에서 정상적이지 않음에 틀림없다. 그들은 사이코패스(반사회적 인격장애자)이거나 학교에 다닌 적이 없거나 극심한 빈곤 속에서 자랐을지도 모른다. 왜 그들이 보통 사람들과 멀리 떨어져 있는지를 설명하는 무엇인가가 있을 것이다. 그러나 사실은 그렇지 않다고 사회학자들은 이야기한다. 데이터 과학자들은 인내심을 가지고 자살 폭탄 테러리스트들의 성격 특성을 알아내기 위해서 방대한 데이터를 구축해왔다. 경험적인 결론에 따르면 '평균적인 테러리스트' 같은 것은 존재하지 않는다.

테러리스트들은 고등교육을 받은 사람에서 교육을 거의 받지 못한 사람까지, 부자에서 빈자까지, 유치한 사람에서 진지한 사람까지, 독실한 사람에서 무신론자까지 매우 광범위하게 걸쳐 있다. 정신질환자는 거의 없었고 유년기에 트라우마를 겪은 사람 또한 드물었다. 미디어는 테러 행위 후 테러리스트의 이웃, 지인, 친구들이 충격에 휩싸인 모습을 종종 보여주는데 이들은 자살 폭탄 테러리스트를 '친절한 사람' 또는 '좋은 사람'으로 기억하고 있었다.[11]

전문가들은 테러리스트들의 공통적 특징이 하나라도 있다면 그것은 그들이 매우 쉽게 조종당한다는 점이라고 말한다. 그들은 타인의 의견이나 외부의 권위에 쉽게 흔들린다. 또한 그들은 가족과 친구들의 눈에 옳은 사람으로 보이고 싶어 하고, 옳은 일을 행하고 싶어 한다.[12] 미국의 한 인류학자는 다음과 같이 언급했다. "테러리스트들은 그저 대의를 위해 죽고 죽이는 것이 아니다. 서로를 위해 그렇게 하는 것이다."[13]

나아가 테러리스트들은 스스로 과격해지지 않는다. 그들은 친구나 사랑하는 사람들과 함께 있으면서 그렇게 된다. 테러 조직 중 상당수는 말 그대로 '형제의 무리bands of brothers'이다. 2001년 쌍둥이 빌딩 공격에 적어도 4쌍의 형제가 연루되었고, 2013년 보스턴 마라톤 대회에서 일어난 폭탄 테러의 가해자들도 형제였다. 2015년 파리 대량학살의 주동자들인 살라 압데슬람Salah Abdeslam과 브라힘 압데슬람Brahim Abdeslam 또한 형제였다.[14] 테러리스트들이 함께 행동하는 이유는 미스터리가 아니다. 잔인한 폭력은 무섭다. 정치인들이 '비겁한 행동'에 대해 이야기하는 것만큼 사실 목숨을 걸고 싸우려는 것에는 커다란 용기와 결단력이 필요하다. 스페인의 테러 전문가는 "당신이 신뢰하고 사랑하는 사람과 함께 위험을 감수하는

편이 더 쉽다"고 지적하기도 했다.[15]

테러리스트가 공격하면 뉴스 매체는 주로 공격을 촉발한 것으로 추정되는 병든 이데올로기에 초점을 맞춘다. 물론 이데올로기는 정말 중요하다. 이는 나치 독일에서 중요했고, 알카에다나 이슬람국가(IS)와 같은 테러 조직의 지도자들에게도 확실히 중요하다. 이들 중 상당수는 급진 이슬람에 관한 책들을 탐독하며 어린 시절을 보냈으며, 그로 인해 지금과 같은 인격이 형성되었다(예를 들면 유명한 책벌레였던 오사마 빈 라덴).[16]

그러나 연구에 따르면 이러한 조직의 보병들에게 이데올로기는 매우 작은 역할을 할 뿐이다. 2013년과 2014년에 시리아로 떠난 수천 명의 지하디스트(이슬람교를 지키기 위한 성전聖戰에 참가한 전사 – 옮긴이)를 예로 들어보자. 이들 중 4분의 3이 지인과 친구들에 의해 모집되었다. 이슬람국가가 실시한 여론조사에 대한 응답의 유출본에 따르면 대부분은 이슬람 신앙에 대한 기본적인 사항도 거의 알지 못했다.[17] 극소수만이 현명하게도 출발 직전에 《바보들을 위한 코란The Koran for Dummies》을 구입했을 뿐이다. 한 중앙정보국(CIA) 관리는 그들에게 있어 "종교는 나중에 덧붙인 요소"에 불과하다고 이야기했다.[18]

우리가 이해해야 할 것은 테러분자 대부분이 종교적 광신자가 아니라는 점이다. 그들은 가장 친한 친구였다. 그들은 함께 있으면서 자신들이 더 큰 무언가의 일부라고, 자신들의 삶이 마침내 의미를 갖게 되었다고 생각했다. 마침내 그들은 자신의 서사적 이야기의 저자가 되었다. 그리고 이것은 그들의 범죄에 대한 변명이 아니라 사실을 설명한 것이다.

차이에 민감한 아이들의 본성

1990년 가을 스탠리 밀그램이 30년 전에 전기충격 실험을 실시한 대학에 새로운 연구센터가 문을 열었다. 예일대학의 ('아기 연구소Baby Lab'로도 알려진) 영아인지센터Infant Cognition Center는 주변에서 가장 흥미로운 연구를 수행하고 있다. 이곳에서 연구 중인 주제는 홉스와 루소로 거슬러 올라간다. 인간의 본성은 무엇인가? 양육의 역할은 무엇인가? 사람들은 근본적으로 선한가, 악한가?

2007년 아기 연구소의 연구원 킬리 햄린Kiley Hamlin은 획기적인 연구 결과를 발표했다. 그녀와 그녀의 팀은 유아가 타고난 도덕성을 가지고 있다는 것을 증명했다. 생후 6개월 정도 된 유아는 옳고 그름을 구별할 수 있을 뿐만 아니라 나쁜 것보다 좋은 것을 더 선호한다는 것이다.[19] 햄린이 어떻게 그렇게 확신할 수 있는지 궁금할 것이다. 어쨌든 아기들이 스스로 할 수 있는 일은 많지 않다. 쥐는 미로를 달릴 수 있지만 아기는? 글쎄, 아기들이 할 수 있는 한 가지는 '볼 수 있다'는 것이다. 그래서 연구원들은 아주 작은 피험자들(생후 6개월과 10개월)을 위해 한 인형은 도움이 되고, 다른 인형은 멍청이처럼 행동하는 내용의 인형극을 기획했다. 과연 유아들은 어떤 인형을 선택할까?

짐작대로 유아는 도우미 인형을 선호했다. 나중에 연구원 중 한 명은 "이것은 섬세한 통계적 추세가 아니었다. 거의 모든 아기가 착한 인형을 선택했다"고 밝혔다.[20] 수 세기 동안 아기들이 세상을 어떻게 보는지 추론한 끝에 우리에게는 타고난 도덕적 나침반이 있으며, 호모 퍼피는 빈 서판이 아니라는 것을 의미하는 신중하게 선택된 증거가 나왔다. 우리는 태생적으로 선을 선호한다. 이는 우리의 본성이다. 하지만 나는 아기의 세계를 더 깊이 연구하며 파고들면서 곧 낙관적이지 않게 되었다.

문제는 인간 본성에 또 다른 차원이 존재한다는 점이다. 이 첫 번째 실험 이후 몇 년 뒤 햄린과 그녀의 팀은 같은 주제의 다른 연구를 생각해냈다.[21] 이번에는 유아들에게 통밀 비스킷과 녹색 콩 중 하나를 선택할 수 있는 기회를 주어 선호도를 확인했다. 그런 다음 아기들에게 하나는 크래커를 좋아하고, 다른 하나는 콩을 좋아하는 2개의 인형을 제시했다. 다시 한번 그들은 아기들이 어떤 인형을 좋아하는지 관찰했다. 당연히 압도적으로 많은 아기들이 자신의 취향을 공유하는 인형에게 끌렸다. 놀라운 사실은 자신들과 같은 생각을 가진 인형이 비열하고 다른 인형이 착한 것으로 밝혀진 뒤에도 이 선호가 지속되었다는 점이다. 햄린의 동료 중 한 명은 "우리가 계속해서 발견한 것은 아기들이 자신과 다른 의견을 가진 [좋은] 사람보다는 실제로 비열하지만 자신과 비슷한 사람을 선택한다는 사실이다"라고 이야기했다.[22]

사실을 알면 알수록 우울해지지 않는가? 말하는 것을 배우기도 전에 우리는 익숙하지 않은 것에 혐오감을 느끼는 것 같다. 아기 연구소의 연구원들은 아기들이 낯선 얼굴, 알 수 없는 냄새, 외국어, 이상한 억양 등을 좋아하지 않는다는 것을 보여주는 수십 가지 실험을 실시했다. 마치 우리 모두가 타고난 외국인 혐오자인 듯하다.[23]

3부 | 선한 본성의 오작동

그런 다음 나는 이것이 '우리의 치명적인 부조화의 증상일까?'라는 의문을 품기 시작했다. 우리가 이미 알고 있는 대상을 본능적으로 선호하는 것은 인류가 존재한 대부분의 기간 동안 별 문제가 되지 않다가 문명이 발전하면서 비로소 문제가 된 것일 수도 있을까? 인류 역사의 95퍼센트가 넘는 기간 동안 우리는 떠돌아다니면서 수렵과 채집을 하며 살았다. 우리는 낯선 사람과 함께 고개를 넘을 때 언제라도 멈춰 서서 대화를 나눌 수 있었으며, 그 사람은 더 이상 낯선 사람이 아니었다.

요즘은 상황이 매우 다르다. 우리는 익명의 도시에 살고 있으며, 수백만 명의 낯선 사람들 사이에서 사는 경우도 적지 않다. 우리가 다른 사람들에 대해 알고 있는 대부분의 정보는 언론과 언론인에게서 나온다. 문제는 이들이 썩은 사과에 초점을 맞추는 경향이 있다는 것이다. 우리가 낯선 사람을 그렇게 의심하게 된 것이 놀라운 일인가? 익숙하지 않은 것에 대한 우리의 타고난 혐오감이 시한폭탄이 될 수도 있을까?

킬리 햄린의 첫 번째 연구 이후 아기의 도덕성을 시험하는 다양한 연구가 수행되었다. 아직 초기 단계이지만 매우 흥미로운 연구 분야이다. 이런 연구에서는 아기들이 산만해지기 쉬우므로 신뢰할 만한 실험을 설계하기 어렵다는 점이 걸림돌로 작용한다.[24] 다행히도 인간은 생후 18개월이 될 무렵에는 훨씬 똑똑해져서 학습하기가 더 쉬워진다. 독일의 심리학자 펠릭스 바르네켄Felix Warneken의 연구를 살펴보자. 박사과정을 밟고 있는 학생인 그는 유아가 얼마나 기꺼이 돕고자 하는지 조사하는 데 관심을 쏟게 되었다. 지도 교수는 그의 아이디어 자체를 거부했다. 2000년대 초반에 흔히 볼 수 있었던 것처럼 유아가 기본적으로 걸어다니는 자기중심주의라고 믿고 있었던 탓이다. 그러나 바르네켄은 이에 굴하지 않았고 결국 전 세계에서 재현될 일련의 실험을 시작했다.[25]

전반적으로 결과는 모두 동일했다. 실험 결과 아기들은 생후 18개월이라는 어린 나이에도 다른 사람을 열심히 도와주었으며, 장난을 잠시 멈추고 다른 사람에게 도움을 주고자 한 것으로 밝혀졌다. 심지어 작은 공들로 채워진 볼풀에서 놀고 있다가도 나와서 낯선 사람을 돕는 것으로 나타났다.[26] 그리고 보상으로 바라는 것은 아무것도 없었다.[27]

하지만 낙관적이지 않은 이야기도 있다. 나는 펠릭스 바르네켄의 고무적인 연구에 대해 알게 된 뒤 많은 연구 결과를 접했다. 이 중에는 결과가 그리 장밋빛이지 못한, 아이들이 서로 반목하게 될 수 있음을 보여주는 결과도 적지 않았다. 우리는 이것을 무자퍼 셰리프의 '로버스 동굴 공원 실험'(7장 참조)에서 확인했다. 그리고 이것은 마틴 루터 킹 목사가 암살된 다음 날 시작된 1960년대의 악명 높은 실험에서 다시 증명되었다.

1968년 4월 5일 제인 엘리엇Jane Elliott은 미국 아이오와주 라이스빌에 있는 작은 초등학교에서 3학년 학생들을 대상으로 인종차별에 대한 실습 수업을 하기로 했다. 엘리엇은 다음과 같이 설명했다. "이 교실에서는 갈색 눈을 가진 사람들이 더 나은 사람들입니다. 그들은 더 청결하고 더 똑똑합니다." 그녀는 칠판에 대문자로 멜라닌이라는 단어를 쓴 뒤 이것이 사람들을 똑똑하게 만드는 화학물질이라고 설명했다. 갈색 눈을 가진 아이들은 멜라닌을 더 많이 가지고 있기 때문에 더 똑똑한 반면, 파란 눈을 가진 아이들은 "앉아서 아무것도 하지 않는다"고 설명했다.[28]

오래지 않아 갈색 눈의 학생들이 파란 눈의 학생들을 깔보는 듯한 말투로 이야기하기 시작했다. 평소 똑똑했던 파란 눈의 소녀는 수학 수업 중에 실수를 하기 시작했다. 또 휴식 시간에는 그녀에게 갈색 눈을 가진 세 명의 친구가 다가오더니 그중 한 명이 말했다. "네가 우리를 가로막고 있잖아. 우리가 너보다 더 나으니까 네가 사과해."[29]

몇 주 뒤 엘리엇이 인기 있는 〈조니 카슨의 투나잇쇼〉에 게스트로 출연하자 백인 위주의 미국은 격분했다. 화가 난 한 시청자는 "이렇게 잔인한 실험을 어떻게 감히 백인 아이들에게 할 수 있는가? 흑인 아이들은 자라는 과정에서 그런 행태에 익숙해지지만 백인 아이들은 이를 이해할 수 있는 방법이 없다. 이것은 백인 아이들에게 잔인한 처사이며 심각한 심리적 피해를 입힐 것이다"라고 항의했다.[30] 제인 엘리엇은 평생 이 같은 인종차별에 맞서 싸웠다. 하지만 그녀의 실험은 과학적으로 통제된 것이 아니라는 점을 명심하자. 예를 들어 그녀는 파란 눈의 아이들이 교실 뒤쪽에 앉도록 강요하고 그들의 쉬는 시간을 줄이고 갈색 눈의 친구들과 놀지 못하게 하는 등 학생들이 서로 대결하도록 많은 노력을 기울였다.

그녀의 실험이 답하지 않은 질문이 있다. 아이들을 서로 다른 집단으로 나눈 뒤 그 외에는 전혀 개입하지 않았을 때 어떤 일이 발생하는가? 2003년 가을 한 심리학자팀이 이 의문을 정확히 풀기 위한 연구를 설계했다. 그들은 텍사스에 있는 2곳의 탁아소에 3세에서 5세까지의 모든 아이들에게 빨간색 또는 파란색의 셔츠를 각기 다르게 입혀달라고 요청했다. 불과 3주 만에 연구자들은 이미 몇 가지 결론을 도출할 수 있었다.[31] 먼저 어른들이 색의 차이를 무시하는 한, 아이들도 전혀 관심을 갖지 않았다. 그럼에도 불구하고 아이들은 집단 정체성을 실제로 발달시켰다. 아이들은 연구자들과의 대화에서 자신들의 색깔을 "더 똑똑하고 더 좋다"고 이야기했다. 그리고 어른들이 차이점을 강조한 변형 실험('안녕하세요, 빨간색과 파란색!')에서 이 효과는 훨씬 더 강하게 나타났다.

후속 연구에서는 5세의 아이들에게 빨간색이나 파란색 셔츠를 입히고 같은 색이나 다른 색 셔츠를 입은 또래들의 사진을 보여주었다. 연구 대상자들은 사진 속 인물들에 대해 아무것도 알지 못했지만 자신과 다른 색 셔츠를 입은 아이들에게 훨씬 더 부정적인 견해를 가졌다. 연구자들은 아이들의 인식이 "특정한 사회집단에 소속되어 있다는 사실만으로도 전반적으로 왜곡되었으며, 이것이 시사하는 바는 충격적"이라고 논평했다.[32]

가혹한 교훈은 유아가 색맹이 아니라는 것이다. 그와는 정반대이다. 아이들은 대부분의 성인이 인식하는 것보다 차이에 더 민감하다. 심지어 사람들이 모두를 동등하게 대하고 피부색, 외모 또는 부의 차이가 없는 것처럼 행동하더라도 아이들은 여전히 그 차이를 인식한다. 우리는 뇌에 종족중심주의 버튼을 장착하고 태어나는 것 같다. 남은 일은 전원을 켜는 것뿐이다.

공감의 메커니즘

나는 영유아의 분열된 본성(기본적으로는 친절하지만 외국인 혐오 성향이 있음)에 대해 읽으면서 '사랑의 호르몬'인 옥시토신을 떠올렸다. 이것이 바로 시베리아에 있는 류드밀라 트루트의 여우에게서 고농도로 발견되는 물질이다(3장 참조). 과학자들은 이제 사랑과 애착에 중요한 역할을 하는 이 호르몬이 우리로 하여금 낯선 사람을 불신하게 만들 수도 있다는 사실을 알고 있다. 옥시토신이 좋은 사람들이 왜 나쁜 짓을 하는지 그 이유를 설명하는 데 도움이 될 수 있을까? 소속 집단에 느끼는 강한 유대감 때문에 우리가 타인에게 적대감을 갖는 경향이 있는가? 그리고 호모 퍼피가 세상을 정복할 수 있게 해준 사교성이 인류 최악의 범죄행위를 일으키는 원인이 될 수 있을까?[33]

처음에 나는 이런 식의 사고방식이 옳을 리 없다고 생각했다. 결국 사람들은 우리의 강아지 같은 본성에 뿌리를 둔 또 다른 인상적인 본능을 가지고 있지 않은가. 바로 공감 능력 말이다. 우리는 개인적 사고의 틀에서 벗어나 다른 사람의 입장에서 생각해볼 수 있다. 우리는 낯선 사람이 되는 것이 어떤 것인지 감정으로 느낄 수 있도록 태어났다. 우리는 이것을 할 수 있을 뿐만 아니라 잘하기도 한다. 사람들은 다른 사람들의 감정을 쉬지 않고 빨아들이는 감정적인 진공청소기이다. 책과 영화가 얼마나 쉽게 우리를 웃거나 울게 만들 수 있는지 생각해보라. 나의 경우 언제나 최악인 것은 비행기 안에서 보게 되는 슬픈 영화이다(다른 승객들이 나를 위로할 필요가 없도록 계속 일시 정지를 눌러야 한다).[34]

오랫동안 나는 다른 사람의 고통을 느끼는 이 놀라운 본능이 사람들을 더 가깝게 만드는 데 도움이 될 수 있다고 생각했다. 확실히 세상에 필요한 것은 훨씬 더 많은 공감이었다. 하지만 그 후 나는 아기들을 실험한 연구원 중 한 명이 쓴 새로운 책을 읽었다. 사람들이 블룸 교수에게 그의 책이 무엇에 관한 것인지 물어보면 그는 이렇게 답할 것이다. "공감에 관한 것이지요." 사람들은 미소를 지으며 고개를 끄덕일 것이다. 블룸 교수가 다음과 같이 덧붙여 이야기하기 전까지 말이다. "나는 그것에 반대합니다."[35]

폴 블룸Paul Bloom은 농담을 하고 있는 것이 아니다. 이 심리학자에 따르면 공감은 세상을 비추는 선한 태양이 아니다. 스포트라이트, 즉 집중 조명이다. 또한 그것은 당신의 삶에서 특정한 사람이나 집단을 골라내고, 당신이 그 한 줄기 빛에 가득 담긴 감정을 모두 빨아들이느라 바쁜 동안 나머지 세상은 어둠속으로 사라진다.

다른 심리학자가 수행한 다음 연구를 살펴보자. 이 실험에서 일련의 피험자들은 치명적인 질병에 시달리고 있는 열 살의 어린 소녀 셰리 서머스의 슬픈 이야기를 처음 들었다. 그녀는 생명을 구하는 치료를 받기 위한 대기자 명단에 올라 있지만 시간이 얼마 남지 않았다. 피험자들은 셰리를 명단 앞쪽으로 순서를 바꿀 수 있지만 객관적인 견정을 내리라는 요청을 받았다. 대부분의 사람들은 셰리의 특별 대우를 고려하지 않았다. 그들은 그 명단에 있는 모든 아이들이 아프고 치료가 필요하다는 사실을 너무나 잘 알고 있었다.

그런 다음 상황을 꼬아 보았다. 두 번째 피험자에게도 동일한 시나리오를 제시한 뒤 셰리가 어떤 기분일지 상상해보라고 요청했다. 어린 소녀의 병이 너무 깊어서 가슴이 아프지 않은가? 이 한 차례의 공감은 모든 것을 바꾸어놓았다. 이제 대다수의 피험자들은 셰리의 대기 순서를 앞쪽으로 옮기고 싶어 했다. 생각해보면 그것은 상당히 수상한 도덕적 선택이다. 셰리에 대한 스포트라이트는 사실상 대기자 명단에서 더 오래 기다리고 있던 다른 아이들의 죽음을 의미할 수 있다.[36]

이제 당신은 "정확히 그렇다! 이것이 우리에게 더 많은 공감이 필요한 이유"라고 생각할지도 모른다. 우리는 셰리의 입장뿐만 아니라 전 세계의 대기자 명단에 올라 있는 다른 아이들의 입장도 헤아려보아야 한다. 더 많은 감정, 더 많은 느낌, 더 많은 공감! 하지만 집중 조명은 그렇게 작동하지 않는다. 한번 시도해보라. 다른 사람의 입장에서 자신을 상상해보라. 이제 수백 명의 다른 사람의 입장에서 자신을 상상해보라. 그리고 100만명, 아니 70억 명의 입장에서는 어떨까? 우리는 전혀 그렇게 할 수 없다.

블룸 교수는 실질적인 측면에서 공감은 절망적으로 제한된 기술이라고 말한다. 공감은 우리와 가까운 사람들, 즉 우리가 냄새를 맡고 보고 듣고 만질 수 있는 사람들에게서 느끼는 것이다. 가족과 친구, 우리가 가장 좋아하는 음악 밴드의 팬들, 그리고 아마도 길거리에 있는 노숙자 등에게. 우리의 눈길이 미치지 않는 곳의 공장식 축산 농장에서 학대당한 동물을 먹으면서도 우리는 손으로 쓰다듬을 수 있는 귀여운 강아지들에게 공감을 느낀다. 텔레비전에 등장하는 사람들의 경우 슬픈 배경 음악이 점점 크게 울리는 동안 주로 카메라가 확대하는 대상에게 공감을 느낀다.

나는 블룸의 책을 읽으면서 공감이 뉴스라는 현대의 현상과 꼭 닮았다는 것을 깨닫기 시작했다. 1장에서 우리는 뉴스가 스포트라이트처럼 작동하는 것을 보았다. 공감이 특정 항목을 확대해 우리를 오도하는 것처럼 뉴스도 예외 항목을 확대해 우리를 속인다. 한 가지는 확실하다. 더 나은 세상은 더 많은 공감에서 시작되지 않는다. 공감은 우리로 하여금 덜 용서하게 만든다. 왜냐하면 우리가 피해자와 더 많이 동일시할수록 적에 대해 더 일반화하기 때문이다.[37] 우리가 스스로 선택한 소수에게 밝은 스포트라이트를 비추면 적의 관점은 보지 못하게 된다. 다른 사람들은 모두 우리의 시야에서 벗어나기 때문이다.[38] 이는 강아지 전문가 브라이언 헤어가 이야기한 우리를 지구상에서 가장 친절하면서도 잔인한 종으로 만드는 메커니즘이다. 슬픈 진실은 공감과 외국인 혐오증xenophobia이 함께한다는 것이다. 이는 동전의 양면이다.

폭력에 대한 혐오감

그렇다면 좋은 사람은 왜 나빠질까? 나는 이제 답의 틀을 잡을 수 있다고 생각한다. 제2차 세계대전 당시 독일 국방군 병사들은 무엇보다도 먼저 서로를 위해 싸웠다. 이들의 동기는 사디즘이나 피에 대한 갈증이 아니라 동지애였다. 우리는 일단 전투가 시작되면 병사들이 여전히 상대방을 죽이기 어려워한다는 것을 알게 되었다. 4장에서 살펴본 것과 같이 마셜 대령이 깨달은 것은 대부분의 병사들이 총을 발사한 적이 없다는 사실이다. 스페인 내전 중에 조지 오웰이 어느 날 공감에 압도당하는 자신을 발견했을 때와 동일한 상황이다.

> 이 순간 한 남자가 [······] 참호에서 뛰어나와 방어용의 낮은 벽 위로 달려갔다. 코앞에서 벌어진 일이었다. 그는 옷도 제대로 갖춰 입지 못한 채 두 손으로 바지를 추켜올리면서 달려가고 있었다. 나는 그를 쏘지 않았다. [······] 바지를 추켜올리려고 하던 상세한 장면 때문이었다. 나는 '파시스트'에게 총을 쏘기 위해 이곳에 왔다. 하지만 바지를 추키고 있는 남자는 '파시스트'가 아니라 분명히 나와 같이 생긴 인간이었다. 그에게 총을 쏘고 싶은 기분이 들지 않았다.[39]

마셜과 오웰의 관찰은 우리가 너무 가까이 있는 사람들에게 해를 끼치는 데 어려움을 느낀다는 사실을 보여준다. 무언가가 방아쇠를 당길 수 없도록 방해한다. 군사 역사학자들은 총을 쏘는 것보다 훨씬 더 어려운 일이 있다는 것을 발견했다. 바로 같은 인간을 찌르는 것이다. 예를 들어 워털루 전투(1815)와 솜강 전투(1916)에서 총검을 휘두른 병사에 의해 발생한 부상은 1퍼센트 미만이었다.[40] 그렇다면 수백 곳의 박물관에 전시된 수천 개의 총검은 전부 무엇인가? 대부분은 전혀 사용되지 않은 것이다. 한 역사학자가 지적했듯이 "일반적으로 둘 중 어느 한쪽은 총검이 난무하기 전에 다른 곳에서의 긴급한 약속을 떠올린다."[41]

여기에서도 우리는 텔레비전과 영화산업에 속아 넘어갔다. 〈왕좌의 게임〉 같은 시리즈나 〈스타워즈〉 같은 영화는 다른 사람을 꼬챙이로 찌르는 것이 식은 죽 먹기라고 믿게 만든다. 그러나 실제로 다른 사람의 몸을 찌르는 것은 심리적으로 매우 어렵다. 그렇다면 지난 1만 년 동안 전쟁에서 발생한 수억 명의 사상자를 어떻게 설명할 수 있을까? 그 모든 사람들은 어떻게 죽었을까? 이 질문에 답하기 위해서는 피해자에 대한 법의학적인 조사가 필요하므로 제2차 세계대전 당시 영국군의 사망 원인을 예로 들어보겠다.[42]

기타 : 1퍼센트

화학 : 2퍼센트

폭발, 압착 : 2퍼센트

지뢰, 부비트랩 : 10퍼센트

총알, 대전차 지뢰 : 10퍼센트

박격포, 수류탄, 공중 폭탄, 포탄 : 75퍼센트

뭐가 눈치챘는가? 이 희생자들의 공통점이 하나 있다면 대부분이 원격으로 제거되었다는 점이다. 압도적으로 많은 수의 병사들은 한 번도 본적 없는 사람이 버튼을 누르거나 폭탄을 떨어뜨리거나 지뢰를 설치한 결과로 인해 목숨을 잃었다. 옷도 제대로 갖춰 입지 못하고 바지를 추켜올리는 동안에 사망한 것은 결코 아니다.

대부분의 경우 전시 살인은 멀리서 벌어지는 행위이다. 몽둥이와 단검에서 활과 화살, 머스킷총과 대포에서 폭탄과 수류탄에 이르기까지 군사기술이 진화한 모든 과정은 전선이 점점 더 멀어지는 과정으로 설명할 수도 있다. 역사 속에서 무기체계는 모든 전쟁의 핵심 문제인 폭력에 대한 근본적인 혐오감을 더욱 잘 극복하게 만들도록 진화되었다. 누군가의 눈을 쳐다보면서 살해하는 것은 사실상 불가능하다. 대부분의 병사들은 적이 너무 가까워지면 양심적 병역 거부자가 된다. 대부분의 사람들이 만일 강제로 소를 도살해야 하는 입장에 처하게 되면 즉시 채식주의자가 되는 것과 같다.

어느 시대에서나 대부분의 전쟁에서 승리하는 방법은 멀리서 최대한 많은 사람을 쏘는 것이었다.[43] 이것이 바로 영국이 백년전쟁(1337~1453) 동안 크레시와 아쟁쿠르에서 프랑스를 패배시킨 방법이었다. 스페인 정복자들이 15, 16세기에 아메리카를 정복한 방법이자 오늘날 미군이 무장무인기 편대로 행하는 일이기도 하다.

군대는 장거리 무기 외에도 적과의 심리적 거리를 넓히는 수단을 추구한다. 만약 상대방을 해충으로 묘사하는 방법 등으로 그들을 비인간화할 수 있다면 상대를 정말로 인간이 아닌 것처럼 대하기가 더 쉬워진다. 또한 병사들을 마약에 취하게 해서 인간의 자연스러운 공감 능력과 폭력에 대한 반감을 무디게 만들 수도 있다. 트로이에서 워털루, 한국에서 베트남에 이르기까지 취하게 만드는 물질의 도움 없이 싸운 군대는 거의 없었다. 오늘날 학자들은 만일 독일 군대가 메스암페타민 알약(일명 크리스탈 메스, 극도의 공격성을 유발할 수 있는 마약) 3500만 정을 먹지 않았다면 1940년 파리가 함락되지 않았을 것이라고 생각한다.[44]

또한 군대는 군인들을 '조건화'할 수 있다. 미군은 제2차 세계대전 이후 마셜 대령의 권유로 이를 시작했다. 베트남전쟁에 참전할 신병들은 신병 훈련소에서 전우애뿐만 아니라 가장 잔인한 폭력성도 고취되어 병사들은 '죽여! 죽여! 죽여!'라고 목이 쉴 때까지 외쳐야 했다. 제2차 세계대전 참전용사들(대부분 죽이는 법을 배운 적이 없었다)은 이런 종류의 훈련 이미지를 보여주자 충격을 받았다.[45]

요즘 병사들은 더 이상 평범한 종이 과녁으로 연습하지 않는다. 인간 형상의 과녁을 향해 본능적으로 사격하도록 훈련을 받음으로써 총을 쏘는 것은 생각을 거치지 않고도 수행할 수 있는 파블로프의 조건반사 반응이 된다. 저격수들은 훈련이 훨씬 더 과격하다. 검증된 방법 중 하나는 훈련병이 특수 장치로 인해 강제로 눈을 크게 뜨고 의자에 묶여 앉아 있는 동안 점점 더 끔찍한 일련의 비디오를 보여주는 것이다.[46]

그래서 우리는 타고난 뿌리 깊은 감정인 폭력에 대한 혐오감을 근절할 수 있는 방법을 찾고 있다. 현대 군대에서 전우애의 중요성은 작아졌다. 그 대신 미국의 한 참전용사의 말을 인용하자면 우리는 "만들어진 경멸"을 갖게 되었다.[47] 이 조건화는 실제로 효과가 있다. 이러한 기법으로 훈련을 받은 병사들과 구식 군대를 마주치게 하면 구식 군대는 매번 박살이

3부 | 선한 본성의 오작동

나고 만다. 1982년의 포클랜드전쟁을 예로 들어보자. 구식 훈련을 받은 아르헨티나 군대는 비록 수적으로 우세했지만 영국의 조건화된 사격 기계와 맞붙었을 때 승리의 기회가 전혀 없었다.[48]

또한 미군은 '발사율'을 높이는 데 어렵사리 성공해 총을 쏘는 병사의 비율을 한국전쟁에서는 55퍼센트, 베트남전쟁에서는 95퍼센트까지 높였다. 그러나 여기에는 대가가 따랐다. 수백만 명의 젊은 병사들을 훈련 중 세뇌시킨다면 베트남전쟁 이후 많은 젊은이들이 실제로 그랬던 것처럼 이들이 외상후스트레스장애PTSD를 가지고 돌아오는 것은 그리 놀랄 일이 아니다.[49] 수많은 병사들이 다른 사람들을 죽였으며, 이때 그들 안에 있는 무엇인가도 함께 죽었다.

마지막으로 적과 거리를 쉽게 유지할 수 있는 집단이 있다. 바로 지도자들이다. 높은 곳에서 명령을 내리는 군대나 테러 조직의 지휘관은 적에 대한 공감의 감정을 억누를 필요가 없다. 흥미로운 사실은 병사들은 대체로 평범한 사람들이지만 지도자들은 차원이 다르다는 것이다. 테러 전문가와 역사학자들이 일관되게 지적하는 바에 따르면 권력을 가진 사람들의 심리학적 상태는 독특하다. 아돌프 히틀러와 요제프 괴벨스Joseph Goebbels 같은 전쟁범죄자들은 권력에 굶주린 편집증적 나르시시스트의 전형적 사례이다.[50] 이와 비슷하게 알카에다와 이슬람 무장단체 IS 지도자들은 사람을 조종하는 데 능하고 자기중심적이며 연민이나 의심으로 괴로워하는 일이 거의 없다.[51]

이는 우리를 다음 미스터리로 인도한다. 호모 퍼피가 천성적으로 우호적인 존재라면 왜 병적으로 자기중심적인 사람과 기회주의자, 나르시시스트, 소시오패스가 계속 성공하게 되는 것일까? 얼굴을 붉히는 유일한 종인 우리 인간이 어떻게 완전히 파렴치한 표본으로 하여금 자신들을 지배하도록 내버려둘 수 있는 것일까?

Chapter 11

권력이 부패하는 방식
: 후천적 반사회화

"누군가 호의를 베푼다면 속지 말라. 그것은 가짜이다" 마키아벨리의《군주론》은 지도자와 CEO를 꿈꾸는 이들의 필독서다. 호모 퍼피가 우호적인 존재라면 왜 병적으로 자기중심적인 인간과 기회주의자, 나르시스트가 우리를 지배하도록 내버려두는가?

마키아벨리즘과 후천적 소시오패스

권력에 대해 글을 쓸 때 피할 수 없는 이름이 하나 있다. 3장에 잠깐 등장한 인물로, 무엇이든 성취하고자 한다면 거짓말과 속임수의 그물을 짜는 것이 가장 좋다는 이론을 펼친 니콜로 마키아벨리이다. 1513년 겨울 술집에서 또다시 긴 밤을 보낸 빈털터리의 한 시청 서기가《군주론》이라고 일컬은 소논문을 쓰기 시작했다. 마키아벨리가 '나의 조그만 기발함'이라고 설명한 이 글은 서양 역사에서 가장 영향력 있는 작품 중 하나로 손꼽히게 된다.' 《군주론》은 프랑스의 황제 샤를 5세, 루이 14세, 구소련의 서기장인 스탈린의 침대 옆 탁자에 놓였으며, 독일 수상인 오토 폰 비스마르크Otto von Bismarck는 처칠, 무솔리니, 히틀러와 마찬가지로 이 책을 소장하고 있었다. 심지어 워털루 전투에서의 패배 직후 나폴레옹의 마차에서도 발견되었다.

니콜로 마키아벨리 철학의 가장 큰 장점은 실행 가능하다는 것이다. 그는 권력을 원한다면 그것을 잡아야 한다고 했다. 당신은 원칙이나 도덕에 얽매이지 않고 뻔뻔스러워야 한다. 목적은 수단을 정당화한다. 그리고 스스로 조심하지 않으면 사람들은 당신을 짓밟으면서 춤을 출 것이다. 마키아벨리에 따르면 "일반적으로 인간은 배은망덕하고 변덕스러우며 가식적이고 위선적이며 비겁하고 탐욕스럽다고 할 수 있다."[2] 누군가 당신에게 호의를 베푼다면 속지 말라. 그것은 가짜이다. "사람들은 자신의 필요에 의해서가 아니라면 결코 좋은 일을 하지 않"기 때문이다.[3]

마키아벨리의 책은 종종 '현실적'이라고 불린다. 이 책을 읽고 싶다면 가까운 서점을 방문해 스테디셀러 코너로 가면 된다. 또는《매니저를 위한 마키아벨리Machiavelli for Managers》,《엄마들을 위한 마키아벨리Machiavelli for Moms》등 그의 철학을 다룬 수많은 자기계발서 중 하나를 선택할 수도 있다. 혹은 그의 아이디어에서 영감을 받은 연극, 영화, 텔레비전 시리즈를 볼 수도 있다. 〈대부〉, 〈하우스 오브 카드〉, 〈왕좌의 게임〉은 모두 기본적으로 16세기 이탈리아에서 저술한 이 작품에 대한 다양한 각주이다. 그의 이론이 누리고 있는 인기를 감안할 때 마키아벨리가 옳았는지의 여부를 묻는 것은 의미가 있다. 사람들은 권력을 차지하고 이를 유지하기 위해 뻔뻔하게 거짓말을 하고 속여야만 하는가? 최신 과학은 이것에 대해 무엇이라고 이야기하는가?

대커 켈트너Dacher Keltner 교수는 응용 마키아벨리즘 분야의 최고 전문가이다. 그는 1990년대 처음으로 권력의 심리학에 관심을 갖게 되면서 두 가지를 발견했다. 첫째, 거의 모든 사람이 마키아벨리가 옳다고 믿는다. 둘째, 이를 뒷받침할 수 있는 과학적 연구를 수행한 사람이 아무도 없다. 켈트너는 첫 연구자가 되기로 결심했다. 그가 '자연 상태' 실험이라고 이름 붙인 연구를 살펴보자. 이 미국인 심리학자는 기숙사에서 여름 캠프에 이르기까지 인간이 지배권을 위해 자유롭게 경쟁하는 일련의 환경에 잠입했다. 그는 사람들이 처음 만나는 바로 이런 종류의 장소에서 시대를 초월한 마키아벨리의 지혜가 온전히 드러나기를 기대했다.

그러나 그는 실망했다. 켈트너는 《군주론》이 처방한 대로 행동한다면 캠프에서 바로 쫓겨나게 된다는 사실을 발견했다. 선사시대와 마찬가지로 이 작은 사회는 오만함을 참지 않는다. 사람들은 당신을 멍청이라 생각하고 차단해버린다. 켈트너의 발견에 따르면 권좌에 오른 것은 가장 친절하고 공감을 잘하는 사람들이었다.[4] 가장 친근한 자의 생존이다.

이제 당신은 다음과 같이 생각할 수 있다. 켈트너 교수는 사무실에 들러서 나의 상사를 만나야 한다. 그러면 좋은 지도자에 대한 내 상사의 되지도 않는 이론은 근본적으로 치유될 것이다. 하지만 여기에는 더 많은 내용이 있다. 또한 켈트너는 사람들이 이미 권력을 갖게 된 뒤에 받게 되는 영향도 연구했다. 이번에 그는 완전히 다른 결론에 이르렀다. 아마도 가장 재미있는 연구는 〈세사미 스트리트〉에 나오는 털북숭이 푸른 머펫의 이름을 딴 '쿠키몬스터' 연구일 것이다.[5]

1998년 켈트너와 그의 팀은 세 명의 지원자로 이루어진 소규모 그룹을 실험실로 안내했다. 한 명은 그룹 리더로 무작위로 배정되었고, 모두에게는 완수해야 할 지루한 업무가 주어졌다. 곧이어 한 보조원이 그룹이 함께 나누어 먹을 쿠키 5개가 담긴 접시를 가지고 왔다. 모든 그룹은 접시에 하나의 쿠키를 남겼지만(예절의 황금률) 대부분의 경우 네 번째 쿠키는 리더가 급하게 먹어치웠다. 켈트너팀의 박사과정을 밟고 있는 학생 중 한 명은 리더들이 더 지저분한 사람들이라는 사실을 발견했다. 영상을 보면 분명히 이 '쿠키몬스터'들이 입을 벌린 채 시끄럽게 소리를 내며 쿠키를 먹으면서 셔츠에 부스러기를 흘리는 경우가 더 많았다. 당신의 상사 이야기처럼 들리는가?

처음에 나는 이런 종류의 멍청한 실험을 비웃었지만 최근 몇 년 동안 전 세계에서 수십 건의 유사한 연구 결과가 발표되었다.[6] 켈트너와 그의 팀은 값비싼 자동차가 심리에 미치는 영향을 조사하는 또 다른 연구를 수행했다. 이 실험에서 첫 번째 피험자들은 낡은 미쓰비시나 포드 핀토를 횡단보도 방향으로 운전해갔다. 횡단보도에서는 보행자가 발을 막 내딛는 중이었으며 법에 따라 모든 운전자가 자동차를 멈췄다. 하지만 연구의 2부에서 피험자들은 멋진 메르세데스 벤츠를 운전하게 되었다. 이번에는 45퍼센트가 보행자를 위해 정지하지 않았다. 사실 자동차가 비쌀수록 도로상의 매너는 더 거칠어진다.[7] 한 연구원은 《뉴욕타임스》에 "BMW 운전자가 최악이었다"고 말했다[8](이 연구는 지금껏 두 차례 재현되었는데 결과는 모두 비슷했다).[9]

운전자의 행동을 관찰한 켈트너는 그것이 무엇을 생각나게 했는지를 깨달았다. 의학 용어로는 '후천적 소시오패스'라고 하는데, 19세기에 심리학자들이 처음으로 진단한 유전되지 않는 반사회적 성격장애이다. 머리에 타격을 받아 뇌의 주요 부위가 손상되면 발생하는데, 이를 통해 가장 좋은 사람을 최악의 마키아벨리안으로 만들 수 있다. 알고 보니 권력을 가진 사람들이 이와 동일한 경향을 나타냈다.[10] 그들은 말 그대로 뇌 손상을 입은 사람처럼 행동한다. 보통 사람보다 더욱 충동적이고 자기중심적이며, 무모하고 오만하며 무례하다. 뿐만 아니라 배우자를 속이고 바람을 피울 가능성이 더 높고 다른 사람들의 이야기를 경청하지 않으며, 그들의 관점에 관심을 보이지 않는 경향이 있다. 또한 그들은 더 뻔뻔스럽고 종종 영장류 사이에서 인간을 구별할 수 있는 하나의 얼굴 현상을 나타내지 않는다. 얼굴이 붉어지지 않는다는 말이다.

권력은 타인에게 무감각해지게 만드는 마취제처럼 작용하는 것 같다. 2014년 연구에서 세 명의 미국 신경학자는 '경두개 자기자극 기계'를 사용해 권력이 있는 사람과 그렇지 않은 사람들의 인지 기능을 검사했다. 그들이 발견한 바에 따르면 권력을 가졌다는 느낌은 공감에 핵심적인 역할을 하는 정신적 과정인 미러링mirroring을 방해한다.[11]

일반적으로 우리는 항상 미러링을 한다. 누군가 웃으면 당신도 웃는다. 누군가 하품을 하면 당신도 하품을 한다. 그러나 권력을 가진 사람들은 이런 경향이 매우 약하다. 이는 마치 플러그가 뽑힌 것처럼 자신들이 더 이상 동료 인간들과 연결되어 있다고 느끼지 않는 것과 같다.[12]

권력을 가진 사람들이 타인과 '연결'되어 있다는 느낌을 덜 받으면 그들이 더 냉소적인 성향을 보인다는 게 사실일까? 수많은 연구에 따르면 권력의 영향 중 하나는 타인을 부정적인 시각으로 보게 만든다는 것이다.[13]

만약 당신이 권력을 가지고 있다면 대부분의 사람들이 게으르고 신뢰할 수 없다고 생각할 가능성이 더 크다. 그들에게는 감독과 감시, 관리와 규제, 검열과 명령이 필요하다고 여기는 것이다. 또한 권력은 당신을 다른 사람보다 우월하다고 느끼게 만들기 때문에 당신이 이 모든 감시를 담당해야 한다고 믿게 될 것이다. 안타깝게도 권력을 갖지 못하면 정반대의 결과가 나타난다. 심리학 연구에 따르면 힘이 없다고 느끼는 사람들은 자신감도 훨씬 떨어진다. 자신의 의견을 제시하기를 주저하고 집단에서 스스로를 더 작아 보이게 만들며 자신의 지능을 과소평가한다.[14]

권력자들에게 이러한 망설임은 편리하다. 자기 의심은 사람들이 반격할 가능성을 낮추기 때문이다. 자신감이 부족한 사람들은 스스로 침묵하기 때문에 검열이 불필요하다. 여기서 우리는 노시보 효과가 작동하는 것을 볼 수 있다. 사람들을 어리석은 것처럼 대하면 그들은 스스로 어리석다고 느끼기 시작할 것이다. 이는 통치자들로 하여금 다음과 같이 추론하게 만든다. '대중은 너무 멍청해서 스스로 생각할 능력이 없기 때문에 비전과 통찰력을 가진 내가 책임을 맡아야 해.' 하지만 진상은 정확히 그 반대가 아닌가? 우리를 근시안적으로 만드는 것이 권력 아닌가? 정상에 오르면 다른 관점에서 사물을 보고 싶은 동력이 감소한다. 공감은 필수 요수가 아니게 된다. 자신이 보기에 비합리적이거나 짜증나는 사람은 무시하거나 제재하거나 가두거나 이보다 더욱 나쁘게 처리할 수도 있기 때문이다. 권력을 가진 사람들은 자신의 행동을 정당화할 필요가 없으므로 편협한 시각을 갖게 된다.

이는 공감 테스트에서 여성이 남성보다 높은 점수를 받는 이유와도 연결지을 수 있다. 2018년 케임브리지대학에서 실시한 대규모 연구에서는 이러한 차이를 가져오는 유전적 근거를 발견하지 못했으나 대신 과학자들이 사회화라고 부르는 데서 그 원인을 찾았다.[15] 권력이 분배되는 전통적 방식 때문에 남성을 이해하는 것은 대부분 여성의 몫이었다. 여성이 남성보다 직관력이 우월하다는 생각이 끈질기게 지속되는 이유는 아마도 이와 같은 불균형에 뿌리를 두고 있을 것이다. 여성이 남성의 시각으로 세계를 볼 것이라 기대하지만 그 반대의 경우는 거의 없지 않은가.

권력의 본질적 속성

권력의 심리학에 대해 더 많이 알게 될수록 권력은 수많은 부작용을 지닌 마약과 같다는 것을 더욱더 이해하게 되었다. 19세기 영국의 역사가 액턴 경은 다음과 같은 언급을 한 것으로 유명하다. "권력은 부패하는 경향이 있고 절대권력은 절대적으로 부패한다." 심리학자, 사회학자 및 역사학자들이 이토록 만장일치로 동의하는 진술은 거의 없다.[16] 대커 켈트너는 이를 '권력의 역설'이라고 일컫는다. 여러 연구 결과에 따르면 우리는 가장 겸손하고 친절한 사람을 선택해 우리를 이끌도록 한다. 그러나 그들이 정상에 이르면 권력은 종종 그들의 가슴이 아닌 머리로 곧장 들어가버린다. 그 후 그를 몰아내는 일에 행운이 따르기를.

우리와 사촌인 고릴라와 침팬지만 보아도 지도자를 무너뜨리는 것이 얼마나 어려운 일인지 알 수 있다. 고릴라 무리에는 모든 결정을 내리고 암컷들에게 독점적으로 접근할 수 있는 한 마리의 나이 많은 수컷 독재자가 있다. 또한 침팬지 우두머리들도 정상에 머물기 위해 많은 노력을 기울인다. 정상은 가장 힘이 세고 연합을 형성하는 데 능숙한 수컷을 위한 자리이다. 동물학자 프란스 드 발은 1980년대 초에 출판한《침팬지 폴리틱스》에서 "마키아벨리의 서술 전체가 침팬지 행동에 직접적으로 적용될 수 있는 것 같다"고 언급했다.[17] 우두머리인 알파 수컷은 남성성을 뽐내며 돌아다니면서 다른 개체들을 조종해 자신의 명령을 따르게 만든다. 우두머리의 대리인들은 그가 고삐를 잡도록 도우면서도 뒤에서 그를 찌르는 데 쉽게 공모한다.

과학자들은 이미 수십 년 전부터 침팬지와 우리의 DNA가 99퍼센트 일치한다는 사실을 알고 있었다. 1995년 당시 미국 하원의장이던 뉴트 깅그리치Newt Gingrich는 드 발의 책 수십 권을 동료들에게 나눠주었다. 그가 생각하기로 미국 의회는 침팬지 무리와 크게 다르지 않았다. 기껏해야 의원들은 본능을 감추기 위해 조금 더 노력한다는 정도였다.

그 당시 널리 알려지지 않은 사실은 인간에게는 99퍼센트의 DNA를 공유하는 또 다른 영장류 친척이 있다는 점이다. 바로 보노보이다. 프란스 드 발이 처음으로 한 마리를 본 것은 1970년대 초반으로 당시에는 여전히 '피그미 침팬지'로 알려져 있었다. 오랫동안 침팬지와 보노보는 같은 종으로 여겨졌으나[18] 실제로 보노보는 완전히 다른 생물체이다. 4장에서 우리는 이들이 호모 퍼피처럼 스스로 길들여졌다는 사실을 알게 되었다.

이 과정에서 핵심 역할을 하는 것은 암컷으로 보인다. 왜냐하면 수컷만큼 강하지는 않지만 이성에게 괴롭힘을 당할 때마다 그들은 똘똘 뭉치기 때문이다. 필요한 경우 그들은 수컷의 성기를 물어뜯어버린다.[19] 이러한 힘의 균형 덕분에 보노보 암컷은 자신의 짝을 선택할 수 있으며, 일반적으로 가장 친절한 수컷이 먼저 선택받는다(이 모든 해방이 따분한 성생활을 의미한다고 생각하지 마시라. 드 발은 "보노보들은 마치 《카마수트라》를 읽은 것처럼 행동한다. 그들은 상상할 수 있는 모든 체위를 실행한다"[20]라고 언급했다. 보노보 두 집단이 처음 만나면 난교로 마무리되는 일이 종종 일어난다).

우리가 너무 열광하기 전에 해둘 말이 있다. 인간은 분명히 보노보가 아니다. 그러나 점점 더 많은 연구가 시사하는 바에 따르면 우리에게는 마키아벨리적인 침팬지보다 사교적인 보노보와 공통점이 더 많다. 먼저 인류 역사에서 대부분의 기간 동안 우리의 정치체제는 보노보의 정치체제와 훨씬 더 비슷했다. !쿵족의 전술을 떠올려보자(5장 참조). "우리는 자랑하는 사람을 거부한다. 언젠가는 그의 자존심이 누군가를 죽일 것이기 때문이다. 그래서 우리는 항상 그가 잡은 고기를 쓸모없다고 말한다. 이런 식으로 우리는 그의 마음을 가라앉히고 온화하게 만든다."

수렵-채집 사회에 대한 48건의 연구를 분석한 미국의 한 인류학자에 따르면 마키아벨리주의는 거의 항상 재앙의 시작이었다. 그에 따르면 선사시대의 지도자로 선출되기 위해서는 몇 가지 필요한 특성이 있다. 당신은 관대하고 용감하고 현명하고 카리스마가 있으며, 공평하고 공정하고 믿을 수 있으며, 재치 있고 강하고 겸손해야 한다.[21] 수렵-채집인들 사이에서 리더십은 일시적이었고 결정은 집단적으로 이루어졌다. 나중에 마키아벨리가 처방한 것처럼 행동할 만큼 어리석은 사람은 목숨이 위험했다. 이기적이고 탐욕스러운 사람들은 부족에서 쫓겨나 굶어 죽기 십상이었다. 결국 아무도 자의식이 과잉된 사람들과 음식을 나누고 싶어 하지 않았다.

인간의 행동이 침팬지보다 보노보의 행동과 더 유사하다는 또 다른 증거는 불평등에 대한 우리의 선천적인 혐오감이다. 구글 학술 검색에서 '불평등 혐오'를 검색하면 이 원시적 본능에 대한 1만 건 이상의 과학 기사를 찾을 수 있다. 세 살배기 아이들은 이미 케이크를 똑같이 나누고, 여섯 살이 되면 한 사람이 더 많은 양을 차지하게 하는 것보다 차라리 한 조각을 버리는 편이 낫다.[22] 보노보처럼 인간도 열정적으로 자주 공유한다. 물론 이러한 연구 결과들을 과장해서는 안 된다. 호모 퍼피는 타고난 공산주의자가 아니다. 심리학자들은 우리가 정당하다고 생각한다면 약간의 불평등도 인정한다고 강조한다. 겉으로 공정해 보이는 한 그렇다. 대중에게 당신이 더 똑똑하거나 더 낫거나 더 신성하다는 것을 납득시킬 수 있다면 책임자의 자리가 타당하며, 반대를 두려워할 필요 없을 것이다.

정착 생활이 시작되고 불평등이 심화됨에 따라 족장과 왕은 자신이 신민들보다 더 많은 특권을 누리는 이유를 정당화해야 했다. 즉 그들은 선전을 하기 시작했다. 유목민족의 족장들이 모두 겸손했던 것과 달리 이제 지도자들은 잘난 척을 하기 시작했다. 왕은 자신이 신성한 권리에 의해

3부 | 선한 본성의 오작동

다스리고 있다거나 그 자신이 신이라고 선언했다.

물론 오늘날 권력의 선전은 더 미묘하지만 우리가 더 이상 독창적인 이데올로기를 설계하지 않는다는 의미는 아니다. 일부 개인이 다른 사람들보다 더 많은 권위, 지위 또는 부를 갖는 것이 '마땅'한 이유를 정당화하기 위한 이데올로기 말이다. 자본주의 사회에서 우리는 '장점merit' 논리를 사용하는 경향이 있다. 하지만 누가 큰 장점이 있는지 어떻게 결정할까? 누가 사회에 가장 많이 기여하는지 어떻게 판단할까? 은행가 아니면 청소부? 간호사 혹은 항상 고정관념 밖에서 생각하는 소위 교란자? 자신에 대한 이야기를 잘 만들어낼수록 자신의 몫은 더 커진다. 사실 문명의 진화 전체를 자신의 특권을 정당화하는 새로운 이론을 지속적으로 고안해낸 통치자들의 역사로 볼 수 있다.[23]

하지만 여기서 이상한 점은 왜 우리는 지도자들이 우리에게 하는 이야기를 믿느냐는 것이다. 일부 역사학자들은 우리가 순진하기 때문이라고 말한다. 그것이 하나의 종으로서 우리가 초강력 파워를 가지게 된 이유일지도 모른다.[24] 간단히 말해서 이론은 다음과 같다. 수천 명의 낯선 사람들을 한 팀으로 일하게 만들려면 이들을 하나로 묶을 무언가가 필요하다. 이 접착제는 친절함보다는 강력해야 한다. 호모 퍼피의 사회관계망은 모든 영장류 중에서 가장 크지만 도시나 나라를 건설할 만큼 거대하지는 않기 때문이다.

일반적으로 사회 내 집단의 구성원은 대략 150명을 넘지 않는다. 과학자들이 이 한계를 찾아낸 것은 1990년대로, 두 명의 미국 연구원이 자원 봉사자 그룹에게 크리스마스카드를 보낸 친구와 가족을 모두 나열하게 한 결과 평균값은 155명의 개인으로 구성된 68가구가 나왔다.[25] 검색을 시작하면 이 숫자가 모든 곳에서 나타난다. 로마 군단에서 독실한 식민지 개척자, 기업 부서에서 페이스북의 진정한 친구에 이르기까지 이 마법의 문턱은 여기저기에서 튀어나온다. 이것이 암시하는 바는 인간의 두뇌가 150건이 넘는 의미 있는 관계를 다룰 준비가 되어 있지 않다는 것이다.

문제는 150명의 손님이 멋진 파티를 열기에는 좋지만 피라미드를 만들거나 달에 로켓을 보내기에는 충분하지 않다는 점이다. 이 같은 규모의 프로젝트에는 훨씬 더 큰 집단의 협력이 필요하므로 지도자는 우리에게 장려책을 제공해야 했다. 어떻게? 신화를 통해서이다. 우리는 만나본 적이 없는 사람들과의 동류의식을 상상하는 법을 배웠다. 종교, 국가state, 기업, 국민은 모두 실제로 우리의 마음속, 지도자와 우리 자신이 말하는 이야기 속에만 존재한다. 아무도 '프랑스'를 만나거나 '로마 가톨릭 교회'와 악수한 적이 없다. 하지만 우리가 허구를 믿기로 결정하면 상관없다.

이러한 신화의 가장 명백한 예는 당연히 신이다. 또는 원조 빅브라더라고 부를 수도 있다. 기독교 문화 속에서 자란 나는 10대 시절에도 기독교 창조주는 왜 인간에 대해, 우리의 일상적인 행동에 대해 그토록 많은 관심을 기울이는지 늘 궁금했었다. 그 당시 나는 우리의 유목민 조상들이 신성에 대해 매우 다른 개념을 가지고 있었고, 그들의 신들이 인간의 삶에 거의 관심이 없었다는 사실을 알지 못했다(5장 참조). 문제는 우리가 전능한 신에 대한 이 같은 믿음을 어디에서 얻었는가 하는 것이다. 또한 인간의 죄에 분노한 하느님에 대한 믿음 역시 마찬가지이다. 과학자들은 최근에 흥미로운 이론을 제시했다. 이를 이해하려면 호모 퍼피의 눈에 뭔가 독특한 것이 있다는 사실을 배운 3장으로 돌아가야 한다. 홍채를 둘러싼 흰자위 덕분에 우리는 서로의 시선을 따라갈 수 있다. 이로 인해 우리는 다른 사람들의 마음을 살짝 엿볼 수 있는데 이는 신뢰에 기반한 유대를 형성하는 데 중요한 역할을 한다.

우리가 수천 명의 낯선 사람들과 함께 대규모 집단을 이루어 함께 살기 시작하면서 모든 것이 바뀌었다. 말 그대로 우리는 서로를 시야에서 놓쳤다. 수천, 수만 명 혹은 100만 명의 사람들과 눈을 마주칠 수 있는 방법이 없기 때문에 서로에 대한 불신이 자라기 시작했다. 점점 더 많은 사람들이 다른 사람들이 공동체에 기생한다고 의심하기 시작했다. 자신들이 등골이 휘도록 일하는 동안 다른 사람들은 모두 쉬고 있다는 것이다. 그래서 통치자들에게는 대중을 감시할 누군가가 필요했다. 모든 것을 듣고, 모든 것을 보는 사람. 모든 것을 보는 눈. 바로 하느님이다. 새로운 신들이 복수심을 품은 것은 결코 우연이 아니다.[26]

신은 모든 사람을 하루 24시간, 일주일 내내 감시하는 슈퍼 리바이어던이 되었다. 신은 당신의 생각도 감시한다. 성경의 '마태복음' 10장 30절에는 "너희에게는 머리털까지 다 세신 바 되었나니"라는 내용이 나온다. 이 전지적 존재는 이제 하늘에서 세상을 지켜보고 감시, 감독하다가 필요한 경우 공격을 가했다.

신화는 인류를 돕는 열쇠였다. 우리의 지도자들은 이전에 다른 종들이 해본 적이 없는 일을 한다. 그들은 우리로 하여금 수백만 명의 낯선 사람들과 대규모로 함께 일할 수 있게 했다. 더욱이 이 이론은 위대한 문명이 생겨난 것은 이러한 거대한 위조의 힘에서부터 비롯되었다고 계속해서 이야기한다. 유대교와 이슬람교, 민족주의와 자본주의는 모두 상상의 산물이다. 이스라엘의 역사학자 유발 하라리는 자신의 저서 《사피엔스》(2011)에서 다음과 같이 이야기했다. "그 모두가 사람들에게 이야기를 들려주는 것 그리고 그 이야기를 믿게 만드는 것 중심으로 돌아간다."[27]

이는 매혹적인 이론이지만 한 가지 단점이 있다. 인류 역사의 95퍼센트를 무시한다는 점이다. 실제로 우리의 유목민 조상들은 이미 150명의 친구라는 마법의 한계를 넘어섰다.[28] 물론 우리는 소집단을 이루어 사냥 및 채집을 했지만 집단들도 정기적으로 구성원을 교환했다. 그 결과 우리는 교차 꽃가루받이를 하는 호모 퍼피의 거대한 네트워크의 일부가 되었다. 우리는 3장에서 파라과이의 아체족과 탄자니아의 하드자족의 경우를 살펴보았다. 이들은 평생 1,000명 이상의 사람들을 만난다.[29]

게다가 선사시대 사람들 역시 풍부한 상상력을 가지고 있었다. 우리는 항상 독창적인 신화를 창조해 서로에게 전해주어 수많은 사람이 협력하는 바퀴가 매끄럽게 돌아가도록 만들었다. 오늘날 터키의 괴베클리 테페에 있는 세계에서 가장 오래된 사원(5장 참조)은 수천 명이 협력해서 건설한 대표적인 사례이다. 유일한 차이점은 선사시대에는 이런 신화들이 불안정했다는 점이다. 족장은 그 자리에서 쫓겨나고 기념물은 빠르게 파괴될 수 있다. 두 인류학자는 이를 다음과 같이 표현했다.

선사시대의 우리 조상들은 불평등이라는 정령이 어떻게든 병에서 빠져나올 때까지 태초의 순수함 속에서 유유자적한 것은 아니었다. 그렇다기보다는 정기적으로 문제의 병을 여닫는 데 성공한 것처럼 보인다. 제의적인 시대극 안에 불평등을 가둬두고 자신들이 기념물을 건설했듯이 신들과 왕국을 만들어냈으며, 그 이후에 다시 한번 이것들을 즐겁게 해체했다.[30]

수천 년 동안 우리는 우리가 들은 이야기에 회의적일 만했다. 목소리가 큰 어떤 사람이 일어나 자신이 하느님 손에 선택받았다고 선언하더라도 당신은 이를 대수롭지 않게 여길 수 있었다. 만일 그 사람이 성가신 존재가 된다면 조만간 등에 화살을 맞을 테니까. 호모 퍼피는 친절했지만 순진하지는 않았다. 이 모든 것이 변한 것은 군대와 지휘관이 등장한 이후였다. 모든 적의 껍데기를 벗겨버리고, 산 채로 불태우고, 수장시키고, 사지를 찢어버린 강자에게 대항하려고 시도해보라. 갑자기 당신의 비판이 시급한 일이 아니게 될 것이다. 마키아벨리는 "이것이 바로 무장한 선지자들이 모두 승리하고, 무장하지 않은 선지자들이 모두 무너진 이유"라고 했다.

이때부터 신과 왕은 더 이상 쉽게 축출되지 않았다. 신화를 지지하지 않으면 이제 치명적일 수 있다. 잘못된 신을 믿으면 이 사실을 비밀에 부쳐야 하고, 국민국가가 어리석은 환상이라고 믿는다면 목이 잘릴 수도 있다. 마키아벨리는 "사람들이 더 이상 믿지 않을 때 강제로 믿게 만들 수 있도록 사태를 정리하는 것이 유용하다"라고 조언했다.[31] 적어도 지루한 관료주의가 있는 깔끔한 민주주의에서는 폭력이 더 이상 방정식의 큰 부분이 아니라고 생각할 수 있다. 그러나 분명히 이야기하면 폭력의 위협은 여전히 아주 많이 존재하며 만연해 있다.[32] 이것이 바로 아이가 있는 가족이 주택 대출금을 갚지 못해 집에서 쫓겨날 수 있는 이유이다. 이것이 바로 이민자들이 국경을 넘나들며 그냥 산책을 할 수 없는 이유이다. 여기서 국경이란 우리가 '유럽'과 '미국'이라고 부르는 허구에 부여한 경계선을 의미한다. 그리고 이것이 바로 우리가 계속해서 돈을 믿는 이유이기도 하다.

생각해보자. 왜 사람들은 일주일에 40시간 동안 금속이나 송이조각 혹은 은행 계좌에 숫자 몇 개를 추가하는 대가로 우리가 '사무실'이라고 부르는 우리에 숨죽이고 갇혀 있을까? 우리가 권력의 정치 선전에 설득당했기 때문일까? 만일 그렇다면 왜 반대자가 사실상 없는 것일까? 왜 아무도 세무기관에 가서 "안녕하세요. 방금 신화의 힘에 관한 재미있는 책을 읽었는데 돈이 허구라는 것을 깨달았어요. 그래서 올해는 세금을 내지 않겠어요"라고 말하지 않는 것일까? 그 이유는 자명하다. 청구서를 무시하거나 세금을 내지 않으면 벌금이 나오거나 수감된다. 이것을 기꺼이 받아들이지 않으면 당국은 당신을 뒤쫓을 것이다. 돈은 허구일 수 있지만 매

우 실제적인 폭력의 위협이라는 강제력을 갖는다.[33]

민주주의는 누구를 위해 작동하는가

나는 대커 켈트너의 연구 결과와 권력의 심리학에 대해 읽으면서 사유재산과 농업의 발달 탓에 어떻게 호모 퍼피가 길을 잃게 되었는지 알게 되었다. 수천 년 동안 우리는 좋은 사람을 책임자로 뽑았다. 우리는 선사시대에도 권력이 부패한다는 사실을 잘 알고 있었기 때문에 수치심과 동료 집단으로부터 받는 사회적 압력peer pressure을 활용해 집단의 구성원을 통제했다. 그러나 1만 년 전에는 권력자를 쫓아내는 것이 훨씬 더 어려워졌다. 우리가 도시와 국가에 정착하고 통치자들이 군대 전체에 대한 명령권을 갖게 되면서 약간의 가십이나 잘 조준된 창으로는 더 이상 권력자를 끌어내기에 충분하지 않게 되었다. 왕들은 자신의 퇴위를 결코 허용하지 않았다. 대통령들은 조롱과 야유에 굴복하지 않았다.

일부 역사학자들은 이제 우리가 실제로 불평등에 의존하고 있다고 의심한다. 예를 들어 유발 하라리는 "복잡한 인간 사회에는 상상으로 만들어낸 계층 구조와 부당한 차별이 필요한 것 같다"[34]고 했다(그리고 이러한 진술이 최고 권력자의 강력한 승인을 받고 있다는 사실은 분명하다). 그러나 나를 매료시키는 것은 전 세계 사람들이 족장과 왕이 출현한 뒤에도 지도자를 길들일 수 있는 방법을 계속해서 찾았다는 점이다. 그렇게 할 수 있는 한 가지 분명한 방법은 혁명이다. 프랑스혁명(1789), 러시아혁명(1917), 아랍의 봄(2011) 등 모든 혁명은 동일한 역학에 의해 동력을 얻었다. 대중은 폭군을 쫓아내고자 한다.

하지만 대부분의 혁명은 결국 실패한다. 폭군을 끌어내리자마자 새로운 지도자가 등장해 권력을 끝없이 탐하기 시작한다. 프랑스혁명 이후 나폴레옹이 그랬다. 러시아혁명 이후에는 레닌과 스탈린이 그랬다. 이집트도 또 다른 독재체제로 되돌아갔다. 사회학자들은 이것을 '과두제의 철칙'이라고 일컫는다. 심지어 사회주의자와 공산주의자조차도 자유와 평등을 그토록 장담했지만 강한 권력이 부패하는 경향에서 자유롭지 못했다. 일부 사회에서는 '민주주의democracy'라는 분산형 권력 시스템을 설계함으로써 이에 대처했다. 민주주의라는 단어가 사람들이 통치한다는 것을 의미하지만(그리스어에서 '데모스demos'는 '사람들'을, '크라토스kratos'는 '권력'을 의미한다) 실제로 그렇게 작동하지 않는 것이 일반적이다. 루소는 이미 이러한 형태의 정부가 더 정확하게는 '선출된 귀족제'라는 사실을 인지했다. 왜냐하면 사람들은 실제로 권력을 전혀 갖고 있지 않기 때문이다. 대신 누가 우리를 지배할 것인지 결정할 수 있다. 또한 이 모델이 애초에 사회의 평민을 배제하도록 설계되었다는 점을 인식하는 것도 중요하다.

미국 헌법을 살펴보면 역사학자들은 이것이 "원래 당시의 민주적 경향을 제어하기 위해 선계된 귀족 문서"였다는 데 동의한다.[35] 일반 대중이 정치에서 적극적인 역할을 하는 것은 미국 건국의 아버지들의 의도가 결코 아니었다. 지금도 모든 시민은 누구나 공직에 출마할 수 있지만 기부자 및 로비스트들로 구성된 귀족적 네트워크에 접근하지 않고서는 선거에서 승리하기는 힘들다. 미국의 '민주주의'가 왕조적 경향을 보인다는 것은 놀라운 일이 아니다. 케네디 가문, 클린턴 가문, 부시 가문을 생각해보라.

우리는 더 나은 지도자를 계속해서 원하지만 이런 희망은 너무 자주 좌절된다. 켈트너 교수는 그 이유에 대해 사람들은 친절하고 겸손한 덕분에 당선되더라도 권력은 이런 자질을 잃게 만들거나 애초에 그런 훌륭한 자질을 갖추지 못했기 때문이라고 말한다. 계층적으로 조직된 사회에서 마키아벨리안은 한 발 앞서 있다. 그들은 경쟁에서 이기는 궁극적인 비장의 무기를 가지고 있다. 그 무기는 뻔뻔함이다.

우리는 앞에서 호모 퍼피가 수치심을 느끼도록 진화했다는 것을 살펴보았다. 우리가 동물계의 모든 종 중에서 얼굴이 붉어지는 몇 안 되는 부류에 속하는 데는 이유가 있다. 수천 년 동안 수치심은 지도자를 길들일 수 있는 가장 확실한 방법이었으며, 오늘날에도 여전히 효과적인 장치일 수 있다. 수치심은 규칙이나 규정, 비난이나 강압보다 더 효과적이다. 수치심을 느끼는 사람들이 스스로를 제어하기 때문이다. 기대에 어긋났다고 느낄 때 또 자신이 가십의 대상이라는 사실을 깨달았을 때 사람들은 말에 자신이 없어지고 역력히 얼굴을 붉힌다.[36] 수치심에는 분명히 어두운 면(예를 들어 빈곤으로 인한 수치심)도 있지만 만약 수치심이 존재하지 않는다면 사회가 어떤 모습일지 상상해보라. 지옥이 열릴 것이다.

불행하게도 권력에 중독되었든 반사회병리학적 특성을 타고난 소수든 수치심을 느낄 수 없는 사람은 항상 존재하기 마련이다. 이러한 개인들은 유목민 부족에서 오래 버티지 못할 것이다. 그들은 무리에서 쫓겨나 홀로 죽어가게 될 것이다. 하지만 무질서하게 뻗어나가는 현대의 조직에서 소시오패스는 출세 가도에서 실제로 몇 걸음 앞서 있는 것처럼 보인다. 연구 결과에 따르면 CEO의 4퍼센트에서 8퍼센트는 의학적으로 소시오패스, 즉 반사회적 인격장애자인 반면 일반인의 비율은 1퍼센트에 불과하다.[37]

그러나 현대 민주주의 사회에서 뻔뻔함은 매우 유리한 속성이다. 수치심을 개의치 않는 정치인은 다른 사람들이 감히 시도할 수 없는 일을 자유롭게 할 수 있다. 당신은 스스로를 자기 나라에서 가장 뛰어난 사상가라고 자부할 수 있는가? 혹은 자신의 섹스 기술이 뛰어나다고 자랑할 수 있는가? 거짓말이 들통나고도 다른 사람에게 한 마디도 빠뜨리지 않고 다시 이야기할 수 있는가? 대부분의 사람들이 접시에 마지막 쿠키를 남기는 것처럼 이런 경우 대부분의 사람들은 수치심에 사로잡힐 것이다.

하지만 뻔뻔한 사람들은 전혀 신경 쓰지 않는다. 그리고 그들의 대담한 행동은 대중매체가 막강한 영향력을 가진 현대사회에서 보상으로 돌아온다. 뉴스는 비정상적이고 터무니없는 것을 집중 조명하기 때문이다. 이런 유형의 세상에서 정상에 오르는 것은 가장 친절하고 공감력이 큰 사람이 아니라 그 반대인 사람이다. 오늘날의 세상에서는 가장 뻔뻔한 자가 살아남는다.

Chapter 12

계몽주의의 함정
: 비관주의의 자기충족적 예언

데이비드 흄은 말한다. "그러므로 모든 사람이 악한이라고 생각해야만 한다는 것은 단순히 정치적 격언에 불과하다. 물론 어떤 격언이 실제로는 거짓이면서 정치에서는 참이어야 한다는 것은 뭔가 이상해 보이지만 말이다."

호모 퍼피의 역설

권력의 심리학을 살펴본 뒤 나의 생각은 이 책의 서문에 실린 이야기로 되돌아갔다. 본질적으로 11장까지에 실린 교훈들은 런던에 폭탄이 떨어졌을 때 벌어진 영국 대공습 이야기에서 모두 찾을 수 있다는 사실을 깨달은 것이다. 영국 당국은 광범위한 공황 상태를 예견했다. 약탈과 폭동 같은 이런 종류의 재난은 우리 내면에 잠재해 있던 야만성을 폭발하게 만들어 만인에 대한 만인의 투쟁 상태를 촉발할 것이 분명하다고 본 것이다. 그러나 그 반대가 사실이라는 것이 판명되었다. 재난은 우리의 내면에서 가장 좋은 것을 끄집어내게 만든다. 마치 집단 전체에 재시동 스위치를 눌러 우리로 하여금 원래의 더 나은 자신으로 되돌아가게 만드는 것과 같다.

영국 대공습의 두 번째 교훈은 우리가 집단적인 동물이라는 것이다. 런던 시민들은 포화 속에서 보여준 자신들의 용기가 본질적으로 영국인 특유의 것이라고 짐작했다. 자신들의 회복탄력성이 경직된 윗입술이나 건조한 유머 감각과 비슷하다고 생각했다. 자신들이 가진 우월한 문화의 여러 요인 중 하나라는 것이다. 10장에서 우리는 이런 종류의 집단 편견이 인간의 전형적인 특징이라는 것을 살펴보았다. 우리 모두 '우리'와 '그들'의 관점에서 생각하는 경향이 매우 크다. 전쟁의 비극은 호모 퍼피로 하여금 무기를 들게 만드는 동인이 충성심, 동지애, 연대와 같은 인간 본성의 가장 좋은 면이라는 점에 있다.

그러나 우리는 일단 최전선에 도착하면 종종 허장성세를 잃는다. 4장과 10장에서 우리는 인간이 폭력에 대해 뿌리 깊은 혐오감을 가지고 있다는 것을 보았다. 수 세기 동안 많은 병사들은 방아쇠를 당길 수조차 없었다. 총검은 사용되지 않았다. 대부분의 사상자를 낸 것은 적의 눈을 볼 필요가 없었던 멀리 떨어져 있는 조종사나 사격수에 의해서였다. 이는 최악의 공격이 하늘 높은 곳에서 이루어진 대공습의 교훈이기도 했다. 영국군이 자체적인 폭격을 계획했을 때 권력의 타락한 영향력이 그 추악한 고개를 치켜들었다. 처칠의 측근 중 한 명인 프레더릭 린데만은 폭탄이 적의 사기를 꺾지 않는다는 모든 증거를 무시했다. 그는 이미 독일인들이 항복할 것이라고 판단을 내렸고, 이를 반박하는 사람에게는 모두 배신자라는 낙인을 찍었다. 훗날 한 역사학자는 "폭격정책이 거의 반대 없이 강행되었다는 사실은 권력 최면의 전형적인 예"라고 이야기했다.[1]

그리고 마침내 홉스와 루소가 제기한 인간 본성은 본질적으로 선한가, 악한가라는 질문에 대한 답을 얻었다. 이에 대한 답에는 두 가지 측면이 있다. 호모 퍼피는 완전히 역설적인 생물이기 때문이다. 먼저 우리는 동물계에서 가장 친절한 종 중 하나이다. 과거 대부분의 기간 동안 우리는

3부 | 선한 본성의 오작동

왕이나 귀족, 대통령이나 CEO가 없는 평등한 세상에서 살았다. 때때로 개인들이 권력을 잡기도 했지만 11장에서 보았듯이 그들은 빠르게 무너졌다.

낯선 사람에 대한 본능적 경계심은 오랫동안 큰 문제가 되지 않았다. 우리는 친구들의 이름과 얼굴을 알고 있었고, 낯선 사람과 우연히 마주쳐도 공통점을 쉽게 찾을 수 있었다. 사람들을 서로 대항하게 만드는 광고나 선전, 뉴스나 전쟁은 없었다. 우리는 확장된 관계망을 구축하는 과정에서 자유롭게 한 집단을 떠나 다른 집단에 합류할 수 있었다.

그러다가 1만 년 전에 문제가 시작되었다. 우리가 한곳에 정착하고 사유재산을 축적하기 시작한 순간부터 우리의 집단 본능은 더 이상 무해하지 않게 되었다. 우리의 본능은 희소성과 계층 구조와 결합해 완전히 독이 되었다. 지도자들이 명령을 내리기 위해 군대를 양성하기 시작하자 부패된 권력의 영향을 막을 방법이 없었다. 농부와 전사, 도시와 국가의 새로운 세상에서 우리는 친절과 외국인 혐오증 사이에 그어진 불편할 정도로 희미한 경계에 양다리를 걸쳤다. 소속감을 갈망하면서 우리에게는 외부인을 밀어내는 경향이 빠르게 생겨났다. 설사 지도자들이 우리를 역사의 잘못된 방향으로 이끌더라도 반대하기가 어려웠다.

문명이 시작되면서 호모 퍼피의 가장 추악한 부분이 표면화되었다. 역사책에는 이스라엘과 로마, 훈족과 반달족, 가톨릭과 개신교를 비롯한 수많은 집단이 저지른 셀 수 없이 많은 대량학살의 연대기가 기록되어 있다. 이름은 다르지만 메커니즘은 동일하다. 동료애에 의해 고취되고 냉소적인 권력자들에게 선동된 사람들은 서로에게 가장 끔찍한 짓을 저지른다. 이는 수천 년 동안 우리의 고충이었다. 심지어 문명의 역사를 역사상 가장 큰 실수에 맞서 싸우는 장대한 투쟁으로 볼 수도 있다. 호모 퍼피는 자연 서식지에서 억지로 떼어내진 동물이다. 그 이후 지금껏 이 때문에 나타난 깊은 '부조화'를 좁히기 위해 스스로를 완전히 개조하고 있는 동물이기도 하다. 수천 년 동안 우리는 문명의 저주를 풀기 위해, 5장에서 언급한 질병, 전쟁, 억압이라는 저주를 제거하기 위해 노력해왔다. 그리고 최근에 이르러서야 이를 실행할 수 있는 것처럼 보였다.

계몽주의의 모순

17세기 초 우리가 오늘날 '계몽주의'라고 부르는 운동이 시작되었다. 이는 철학적 혁명으로 계몽주의 사상가들은 법치에서 민주주의에 이르기까지, 교육에서 과학에 이르기까지 근대 세계의 토대를 마련했다. 언뜻 보기에 토머스 홉스와 같은 계몽주의 사상가들은 이전의 사제나 목사들과 크게 다르지 않은 것처럼 보였다. 이들 모두는 인간 본성이 타락했다는 동일한 가정하에 작동되었다. 스코틀랜드의 철학자 데이비드 흄^{David} ^{Hume}은 계몽주의 관점을 다음과 같이 요약했다. "모든 사람은 악당이며, 그의 모든 행동에는 사적인 이익 외에 다른 목적이 없다고 보아야 한다."[2]

하지만 이 사상가들에 따르면 우리에게는 이기심을 생산적으로 활용할 수 있는 방법이 있었다. 그들은 우리 인간에게는 한 가지 경이로운 재능이 있다고 했는데, 이는 우리를 다른 생명체와 차별화하는 구원의 은혜였다. 그것은 우리가 매달릴 수 있는 선물이었으며, 우리가 희망을 걸수 있는 기적이었다. 이성이 바로 그것이다. 공감이나 감정, 신앙이 아니다. 이성이다. 계몽주의 철학자들이 무언가에 믿음을 두었다면 그것은 합리적 사고의 힘에 있었다. 그들은 우리가 타고난 이기심을 고려해 지적인 제도를 설계할 수 있다고 확신하게 되었다. 계몽주의 사상가들은 우리의 어두운 본능 위에 문명이라는 층을 덧칠할 수 있다고 믿었다. 혹은 더 정확하게 이야기하면 우리의 나쁜 자질을 동원해 공동선에 봉사하게 만들수 있다고 믿었다.

계몽주의 사상가들이 옹호한 죄가 하나 있다면 그것은 탐욕이었다. 이를 '사적인 악, 공공의 이익'이라는 모토 아래 널리 퍼뜨렸다.[3] 이는 개인수준에서 반사회적인 더 넓은 사회에 이익이 될 수 있다는 독특한 인식을 의미한다. 계몽주의 경제학자 애덤 스미스Adam Smith는 자유시장의 원리를 옹호한 최초의 저서인 고전《국부론》(1776)에서 이 아이디어를 제시했다. 그가 쓴 유명한 구절은 다음과 같다. "우리가 저녁 식사를 기대할 수 있는 것은 정육점 주인, 양조업자, 제빵사의 선의 덕분이 아니라 그들이 자신의 이익을 추구하는 덕분이다. 우리는 그들의 인간성이 아니라 자기애에 호소하며, 그들에게 우리 자신의 필요에 대해서는 결코 이야기하지 않고 그들이 얻게 되는 이익에 대해서만 이야기한다."

현대 경제학자들은 이기심을 억압해서는 안 되며 오히려 풀어놓아야 한다고 주장했다. 이런 식으로 부에 대한 욕망은 어떤 설교자 군단도 이

룰 수 없었던 업적을 성취하게 만든다. 이는 전 세계 사람들을 하나로 묶는 일이다. 오늘날 우리가 슈퍼마켓에서 식료품이나 잡화 값을 지불할 때 우리는 카트에 담긴 물건의 생산과 유통에 기여하는 수천 명의 사람들과 협력하고 있는 것이다. 마음속에서 우러나오는 선의에서가 아니라 우리가 자신의 이익을 보살피는 데 따른 행동이다.

계몽주의 사상가들은 근대 민주주의 모델을 뒷받침하기 위해 동일한 원칙을 사용했다. 여전히 유효한, 세계에서 가장 오래된 미국 헌법을 살펴보자. 건국의 아버지들이 만든 이 헌법은 본질적으로 이기적인 우리의 본성은 억제될 필요가 있다는 비관적 견해를 전제하고 있다. 이를 위해 그들은 모두가 다른 사람을 감시하는 '견제와 균형' 시스템을 마련했다. 그 발상은 다음과 같다. 만일 정부의 최고 기관(상원과 하원, 백악관과 대법원)에 있는 권력자들(우파에서 좌파까지, 공화당원에서 민주당원까지)이 서로를 견제한다면 미국인들은 부패한 본성에도 불구하고 화합하며 함께 살 수 있을 것이다.[4] 그리고 이 이성주의자들은 부패하기 쉬운 정상배politician들을 통제하는 유일한 방법은 다른 정상배들과 균형을 맞추는 것이라고 믿었다. 미국의 정치가 제임스 메디슨James Madison의 말에 따르면 "야망은 다른 야망으로 견제해야 한다."

한편 이 시대에 근대 법치주의가 탄생했다. 여기에 우리의 어두운 본능에 대한 또 다른 해독제가 있다. 왜냐하면 눈을 가리고 있는 정의의 여신은 그 정의의 맹인이기 때문이다. 정의는 공감이나 사랑을 비롯한 어떤 종류의 편견에도 방해받지 않으며, 오직 이성에 의해서만 지배된다. 마찬

3부 | 선한 본성의 오작동

가지로 모든 사람에게 동일한 절차, 규칙 및 법률이 적용되는 새로운 관료체제의 토대를 제공한 것도 이성이었다. 이제부터는 종교나 신념에 관계없이 원하는 상대와 거래할 수 있게 되었다.

이에 따른 부수적 효과가 있다. 규제를 보장하고 계약을 존중하는 법치주의가 강력한 바로 그 나라에서 복수심에 찬 신에 대한 믿음이 감소하게 되었다는 사실이다. 하느님 아버지의 역할은 국가에 대한 믿음으로 대체되었다. 계몽주의의 여파로 종교는 결과적으로 훨씬 더 친근한 태도를 취하게 되었다. 오늘날까지 여전히 하느님의 심판의 눈에 의존하는 국가는 거의 없으며, 교황들은 피의 십자군 대신 '온유의 혁명revolution of tenderness'을 논하는 가슴 따뜻한 연설을 한다.[5] 덴마크나 스웨덴 같은 국가에 무신론자의 비율이 가장 높다는 것은 우연의 일치일까? 또한 이 국가들은 가장 강력한 법치주의와 가장 신뢰할 수 있는 관료제도를 갖추고 있다.[6] 이 같은 국가들에서 종교는 다른 것으로 대체되었다. 일찍이 대량생산이 전통 수공업자들을 몰아낸 것처럼 신은 관료들에게 자리를 빼앗겼다.

그래서 우리는 이성의 시대를 몇 세기 보낸 뒤 현재에 이르렀다. 모든 것을 고려할 때 우리는 인류의 승리라는 결론을 내려야 한다. 계몽주의가 자본주의, 민주주의, 법치주의를 가져다주었기 때문이다. 통계는 분명하다. 우리의 삶은 기하급수적으로 향상되었고, 세상은 그 어느 때보다 풍요롭고 안전하며 건강해졌다.[7] 불과 200년 전만 해도 정착민의 삶은 세계 어느 곳에서든 여전히 극심한 빈곤을 의미했으나, 이는 오늘날 세계 인구의 10퍼센트 미만에 불과하다. 우리는 가장 큰 전염병을 사실상 정복한 것이나 다름없다. 그리고 설령 뉴스 탓에 당신이 다르게 생각할지라도 지난 수십 년 동안 유아 사망, 기아, 살인, 전쟁 사상에 이르는 모든 희생자의 비율은 급격히 줄어들었다.[8]

그런데 낯선 사람을 불신한다면 우리가 어떻게 조화롭게 살 수 있을까? 1만 년 동안 우리를 괴롭힌 문명, 질병, 노예제도 및 억압의 저주를 어떻게 추방할 수 있을까? 계몽주의의 차갑고 견고한 이성이 이 오래된 딜레마에 대한 답을 제시했다. 그것은 지금까지 최고의 답이었다.

그 이유는 솔직히 말해서 계몽주의에도 어두운 면이 있었기 때문이다. 지난 몇 세기 동안 우리는 자본주의가 미친 듯이 폭주할 수 있고, 소시오패스가 권력을 장악할 수 있으며, 규칙과 협약이 지배하는 사회는 개인에 대해 거의 관심이 없다는 것을 알게 되었다. 역사학자들은 계몽주의가 우리에게 평등을 가져다주었지만 인종차별도 초래했다고 지적한다. 18세기 철학자들은 인간을 서로 다른 '인종'으로 분류한 최초의 사람들이다. 예를 들어 데이비드 흄은 "흑인[……]이 원래 백인보다 열등하다고 의심하는 경향이 있다"고 언급했다. 프랑스의 볼테르Voltaire는 "그들의 이해 능력이 우리와 다른 종류의 것이 아니라면 적어도 그게 열등한 것은 사실이다"라고 동의했다. 이러한 인종차별주의적 발상은 법률과 행동 규범에 스며들게 되었다. 미국의 독립선언문에 "모든 사람은 평등하게 창조되었다"는 불멸의 명언을 남긴 토머스 제퍼슨Thomas Jefferson은 노예 소유주였다.

3부 | 선한 본성의 오작동

또한 그는 "나는 평범한 대화 수준 이상의 생각을 표현하는 흑인을 한 번도 본 적이 없다"라고 이야기하기도 했다.

그리고 역사상 가장 피비린내 나는 갈등이 일어났다. 홀로코스트는 계몽주의의 요람이었던 곳에서 자행되었다. 이는 초근대적인 관료주의에 의해 실행되었는데, 관료들은 강제수용소의 관리 업무를 나치 친위대 본부의 '경제 및 행정' 부서에 맡겼다. 이는 많은 학자들이 600만 유대인의 말살을 잔인함의 극치일 뿐만 아니라 근대성의 극치라고 생각하게 된 이유이다.[9]

계몽주의의 모순은 인간 본성에 대한 묘사를 검토할 때 두드러진다. 표면적으로 데이비드 흄과 애덤 스미스 같은 철학자들은 냉소적인 견해를 가지고 있었다. 근대 자본주의, 민주주의, 법치주의는 모든 사람이 이기적이라는 원칙에 기반을 두고 있다. 그러나 실제로 그들의 책을 읽어보면 계몽주의 작가들이 완고한 냉소주의자가 전혀 아니라는 사실을 깨닫게 된다. 애덤 스미스는 《국부론》(자본주의의 경전이 될 운명)을 출판하기 17년 전에 《도덕감정론》이라는 책을 저술했다. 그 안에 다음과 같은 구절이 실려 있다.

인간이 얼마나 이기적인 존재라고 보는가와 상관없이 그의 본성에는 몇 가지 원칙이 분명히 존재한다. 다른 사람의 운명에 관심을 갖게 만들며, 그들의 행복을 자신에게 필요한 것으로 만드는 원칙 말이다. 그것으로부터 얻는 것이라고는 그것을 보는 즐거움밖에 없을지라도.

스미스와 흄 같은 영향력 있는 합리주의자들은 공감 및 이타주의와 관련해 인간이 보여주는 방대한 능력을 강조했다. 그렇다면 이 모든 철학자들이 우리의 훌륭한 자질에 그토록 익숙하다면 그들의 제도(민주주의, 무역, 산업)는 왜 비관주의를 전제로 하고 있을까? 왜 그들은 인간 본성에 대한 부정적인 견해를 계속 키워왔을까?

그 대답은 계몽주의 사상에 내재해 있는 모순을 정확하게 표현한 데이비드 흄의 책에서 찾을 수 있다. "그러므로 모든 사람이 악한이라고 생각해야만 한다는 것은 단순히 정치적 격언에 불과하다. 물론 어떤 격언이 실제로는 거짓이면서 정치에서는 참이어야 한다는 것은 뭔가 이상해 보이지만 말이다." 다시 말해서 흄은 실제로는 그렇지 않다는 것을 알고 있으면서도 사람의 본성이 이기적인 것처럼 우리가 행동해야 한다고 믿었다. 이 사실을 깨달았을 때 마음속에 노시보라는 하나의 단어가 떠올랐다. 이것이 계몽주의와 더 나아가 우리 현대사회가 잘못 생각하고 있는 것일까? 우리가 인간 본성에 대한 틀린 모델을 기반으로 사회를 계속 운영해야 하는 이유가 이것일까?

1장에서 우리는 어떤 것들은 우리가 그것을 신봉하기 때문에 진실이 된다는 것을, 비관주의는 자기충족적인 예언이 된다는 사실을 살펴보았다. 현대 경제학자들은 사람들이 타고난 이기주의자라 가정하고 이기적인 행동을 부추기는 정책을 옹호했다. 정치인들이 정치가 냉소적인 게임이라고 스스로 확신했을 때 그것은 실제로 그렇게 되었다. 이제 우리는 다음과 같은 질문을 제기해야 한다. 상황은 달라질 수 있을까? 머리를 사용하고 이성을 활용해 새로운 제도를 설계할 수 있을까? 인간 본성에 대해 완전히 다른 관점에서 운영되는 기관은 가능할까? 학교와 기업, 도시와 국가가 인간에 대해 최악의 경우 대신 최선을 기대한다면 어떻게 될까? 이러한 질문들은 이 책의 나머지 부분에서 중점적으로 다루고자 한다.

PART 4

새로운 현실

그래서 우리는 어떤 면에서 이상주의자가 되어야 한다. 왜냐하면 그때 우리는

정말로 진정한 현실주의자가 되기 때문이다.

— **빅터 프랭클**Viktor Frankl(1905~1997)

──── 내가 철학 강의를 처음 들은 것은 열아홉 살 때로, 나는 위트레흐트대학 강당의 밝은 형광등 아래에 앉아 영국의 수학자이자 철학자인 버트런드 러셀을 알게 되었다. 그날 그곳에서 그는 나의 새로운 영웅이 되었다. 러셀은 훌륭한 논리학자이자 혁명학파의 창립자일 뿐만 아니라 동성애자들의 초기 옹호자였으며, 러시아혁명이 불행으로 끝날 것을 예견한 자유 사상가였다. 또한 그는 반전운동가로서 여든아홉 살의 나이에 시민 불복종 운동으로 수감되었으며, 60여 권의 책과 2,000건의 논문을 저술했고 항공기 추락 사고에서 살아남았다. 그는 노벨문학상을 수상했다.

내가 개인적으로 러셀을 가장 존경했던 부분은 그의 지적 성실성과 진실에 대한 충실함이었다. 러셀은 자신에게 편리한 것을 믿는 너무나 인간적인 (나쁜) 성향이 우리에게 있다는 사실을 이해했으며, 평생 이것에 저항했다. 그는 몇 번이고 시류에 반하는 입장을 취했다. 그가 한 말 중에 특히 눈에 띄는 내용이 있다. 1959년 영국 BBC는 러셀에게 미래 세대에게 어떤 조언을 해줄 것인지 물었다. 그는 다음과 같이 답했다.

4부 | 새로운 현실

무언가를 공부하거나 어떤 철학을 고찰할 때는 오로지 사실이 무엇인지, 그 사실이 뒷받침하는 진실이 무엇인지만을 스스로에게 물어보라. 당신이 믿고 싶은 것 또는 만일 그것을 믿는다면 사회에 유익한 영향을 미칠 것이라고 스스로 생각하는 것 때문에 주의를 다른 곳으로 돌리지 말라. 오직 사실이 무엇인지 그것만 바라보라.

이 말은 나에게 큰 영향을 미쳤다. 마침 내가 하나님에 대한 믿음에 의문을 품기 시작했을 때였다. 목사의 아들이자 기독교 학생회 회원으로서의 본능에 따르면 의심을 던져버려야 했다. 나는 스스로 무엇을 원하는지 알고 있었다. 나는 죽음 이후의 삶이 있기를 원했다. 세상의 모든 잘못이 내세에 바로 잡히고 우리가 우주의 이 바위 행성에 홀로 있는 것이 아니기를 바랐다. 그러나 나는 그때부터 러셀의 경고에 사로잡히게 되었다. "믿고 싶은 것에 마음을 빼앗기지 말라."

나는 이 책을 쓰면서 최선을 다했다. 내가 러셀의 조언을 따르는 데 성공했을까? 그러했기를 희망한다. 이와 동시에 나는 의심스럽다. 내가 잘못된 길로 들어서지 않으려면 비판적인 독자의 많은 도움이 필요하다는 것을 알고 있다. 그러나 러셀의 말을 인용하자면 "우리의 믿음 중 어느 것도 진실이 아니다. 모든 것에 모호함과 오류의 그림자가 최소한 희미하게라도 드리워져 있다." 따라서 가능한 한 진실에 가까워지려면 확실성을 피하고 매 단계마다 스스로에게 의문을 제기해야 한다. 러셀은 이 같은 접근법을 '의심하려는 의지The Will to Doubt'라고 일컬었다.

이 영국 사상가에 대해 알게 된 후 여러 해가 지나서야 나는 그의 격언에 참고문헌이 포함되어 있다는 것을 알게 되었다. 러셀은 미국의 철학자인 윌리엄 제임스에 대립각을 세우기 위해 이 문구를 썼다. 윌리엄 제임스는 미국 대통령 시어도어 루스벨트, 소설가 거트루드 스타인, 흑인 민권운동가 윌리엄 듀보이스를 비롯해 미국 역사의 등불과 같은 수많은 인물들의 멘토였다. 인기가 대단한 인물이었다. 러셀이 만나본 바에 따르면 제임스는 "인간적 친절함의 온기로 가득했다"고 한다.

그러나 러셀은 제임스의 생각에 그다지 매혹되지 않았다. 1896년 제임스는 의심하려는 의지가 아니라 '믿고자 하는 의지'에 대해 연설했다. 그는 어떤 것들은 설사 우리가 그 진실성을 증명할 수 없더라도 믿어야만 한다고 공언했다. 우정을 예로 들어보자. 당신이 다른 사람을 계속 의심하면서 돌아다니면 사람들이 당신을 싫어하게 만드는 방식으로 행동하게 할 것이다. 우정, 사랑, 신뢰, 충성심과 같은 것은 우리가 그들을 믿기 때문에 정확하게 실현된다. 제임스는 자신의 믿음이 틀렸을 수도 있다는 것을 인정했지만 '희망을 통한 복제'가 '두려움을 통한 복제'보다 낫다고 주장했다.

버트런드 러셀은 이런 종류의 정신 체조에 참여하지 않았다. 러셀은 제임스를 매우 좋아했지만 그의 철학은 좋아하지 않았다. 그는 진실은 희망 사항을 다루지 않는다고 이야기했다. 이는 오랫동안 나의 모토이기도 했다. 그러던 어느 날 나는 의심 자체를 의심하기 시작했다.

러셀이 BBC와 인터뷰한 지 4년 뒤인 1963년 미국 매사추세츠주 케임브리지에 사는 젊은 심리학자 밥 로젠탈은 자신이 소속된 하버드대학 실험실에서 작은 실험을 실시했다. 그는 2개의 쥐 우리 옆에 상반되는 내용의 표지판을 붙여두었다. 하나는 특별한 훈련을 받은 지능이 높은 표본들이라고 적어놓았고, 다른 하나는 둔하고 멍청한 것들이라고 적어놓았다. 그날 늦게 로젠탈은 학생들에게 쥐들을 미로에 풀어놓은 뒤 탈출하는 데 걸리는 시간을 기록하도록 지시했다. 사실 양쪽 모두 특별할 게 없는 평범한 실험용 쥐일 뿐이었지만 로젠탈은 이를 학생들에게 이야기하지 않았다. 그런데 이상한 일이 벌어졌다. 학생들이 더 똑똑하고 빠르다고 믿은 쥐가 실제로 과제를 더 잘 처리하는 것으로 나타난 것이다.

마법과 같았다. '똑똑한' 쥐는 '둔한' 쥐와 다르지 않은데도 2배의 실력을 발휘했다. 처음에는 아무도 로젠탈을 믿지 않았다. 수십 년 뒤 그는 "나는 이것을 출판하는 데 어려움을 겪고 있었다"라고 회상했다.[1] 심지어 그 자신도 처음에는 뭔가 신비한 힘이 작용하고 있지 않다는 사실, 그리고 완벽하게 논리적인 설명이 존재한다는 사실을 받아들이기가 어려웠다. 로젠탈은 학생들이 '똑똑하다'고 믿은 쥐(더 큰 기대를 받은 개체들)를 더욱 따뜻하고 다정하게 다루었다는 사실을 깨달았다. 이 같은 대우로 쥐의 행동이 달라졌으며 수행 능력이 향상되었다.

이 실험의 결과로 로젠탈의 마음속에는 하나의 급진적인 생각이 뿌리를 내렸다. 눈에 보이지는 않지만 근본적인 힘을 발견했다는 확신이었다. 그는 과학 잡지 《아메리칸 사이언티스트》에서 "만일 쥐가 기대에 부응해 더 똑똑해진다면 아이들이 선생님의 기대에 따라 더 똑똑해질 수 있다고 생각하는 것은 황당한 이야기가 아닐 것"이라고 추측했다.

몇 주 뒤 이 심리학자에게 편지가 도착했다. 샌프란시스코의 스프루스 초등학교 교장이 로젠탈의 기사를 읽고 거부할 수 없는 제안을 해온 것이다. 그는 편지에 "제가 도움이 될 수 있는지 알려주세요"라고 적었다.[2] 로젠탈은 두 번 생각할 필요도 없이 즉시 새로운 실험을 설계하기 시작했다. 이번에 그의 피험자는 실험실 쥐가 아니라 어린이들이었다.

새 학년이 시작되었을 때 스프루스 초등학교 교사들은 로젠탈 박사라는 저명한 과학자가 학생들에게 시험을 실시할 것이라는 사실을 알게 되었다. 소위 '굴절 습득Inflected Acquisition 검사'라는 것으로, 그해 학생들 중 누가 가장 큰 진전을 이루게 될지를 알려주는 것이었다. 사실 이것은 일반적인 종류의 지능(IQ) 검사였다. 일단 점수가 집계되자 로젠탈과 그의 팀은 점수를 모두 제쳐두고 동전을 던져서 어떤 아이들이 '잠재력이 높다'고 교사에게 이야기할지를 결정했다. 한편 아이들은 아무것도 알지 못했다.

아니나 다를까 기대의 힘은 빠르게 마법을 발휘하기 시작했다. 교사들은 '똑똑한' 학생들에게 더 많은 관심을 보이며 격려와 칭찬을 해주었고, 이는 아이들이 자신을 바라보는 방식도 변화시켰다. 그 효과는 가장 어린 아이들에게서 뚜렷하게 나타났는데, 지능 검사 점수가 1년 동안 평균 27점 높아졌다. 가장 큰 혜택은 일반적으로 캘리포니아에서 기대치가 가장 낮은 집단이었던 라틴계 소년들 사이에서 나타났다.[3]

로젠탈은 자신의 발견에 피그말리온 효과$^{Pygmalion\ Effect}$라는 이름을 붙였다. 그리스신화에 나오는 조각가로 자신의 창작물 중 하나에 너무 열중한 나머지 신들이 그의 조각상에 생명을 불어넣은 인물에서 따온 이름이다. 그렇다. 우리가 헌신하는 믿음 역시 진실인지 상상인지의 여부에 관계없이 현실화되어 세상에 커다란 실질적 변화를 가져올 수 있다. 피그말리온 효과는 1장에서 언급한 플라시보 효과와 유사하지만 기대 효과가 자신이 아니라 다른 사람에게 미친다는 점에서 차이가 있다.

처음에 나는 1960년대 미디어의 각광을 받은 다른 모든 실험과 마찬가지로 이 오래된 연구가 틀렸다는 것이 지금쯤이면 확실히 밝혀졌을 것이라고 생각했다. 그러나 전혀 그렇지 않다. 50년이 지난 지금도 피그말리온 효과는 심리학 연구에서 중요한 발견으로 남아 있다. 군대, 대학, 법정, 가족, 요양원 및 조직 내에서 수백 건의 연구 결과를 통해 검증되었다.[4] 사실 그 효과는 로젠탈이 처음에 생각했던 것만큼 항상 강력하지는 않다. 특히 아이들이 지능 검사에서 나타내는 성적에 이르면 그렇다. 그럼에도 불구하고 2005년에 시행된 비판적 리뷰에서는 다음과 같은 결론을 내렸다. "교사의 기대가 학생들에게 명확한 영향을 실제로 미치는 일이—최소한 종종—일어난다는 자연적이고 실험적인 증거가 풍부하다."[5] 높은 기대치는 효과적인 도구가 될 수 있다. 관리자들이 활용하면 피고용인들의 업무 성과가 향상된다. 장교들이 활용하면 병사들은 더 열심히 싸운다. 간호사들이 활용하면 환자는 더 빨리 회복된다.

그럼에도 불구하고 로젠탈의 발견은 그와 그의 팀이 바라던 혁명을 일으키지는 못했다. 이스라엘의 한 심리학자는 "피그말리온 효과는 제대로 적용되지 않은 위대한 과학이다. 이것이 세상에서 일으켰어야 할 변화는 실제로 일어나지 않았고, 이는 매우 실망스럽다"라고 한탄했다.[6]

한 가지 더 좋지 않은 소식은 긍정적인 기대가 매우 실제적인 영향을 미치는 것처럼 악몽도 실제로 이루어질 수 있다는 점이다. 피그말리온 효과의 반대인 골렘 효과Golem Effect는 원래 프라하 시민을 보호하던 생물이 일탈해서 괴물로 변한다는 유대인 신화 속 이름에서 유래했다. 피그말리온 효과와 마찬가지로 골렘 효과는 어디에나 존재한다. 누군가에 대해 부정적인 기대를 할 때 우리는 그들을 자주 쳐다보지 않게 되며 그들과 거리를 두게 된다. 그리고 그들을 향해 자주 웃지 않는다. 기본적으로 우리는 로젠탈의 학생들이 '멍청한' 쥐를 미로에 풀어놓았을 때 했던 일을 똑같이 반복한다.

골렘 효과에 대한 연구는 거의 이루어지지 않았는데, 이는 사람들을 부정적인 기대에 노출시키는 것이 비윤리적이라는 점을 감안하면 그리 놀라운 일이 아니다. 그러나 우리가 실제로 알고 있는 내용은 충격적이다. 1939년 아이오와주 데번포트에서 심리학자 웬들 존슨이 수행한 연구를 살펴보자. 그는 20명의 고아를 두 그룹으로 나누어 한 그룹에게는 발음이 분명한 훌륭한 연사가 될 것이라고, 다른 그룹에게는 말더듬이가 될 운명이라고 이야기했다. 오늘날 '괴물 연구'로 악명 높은 이 실험은 여러 사람이 평생 언어장애를 겪게 만들었다.[7]

골렘 효과는 일종의 노시보이다. 가난한 학생들은 더 뒤처지게 만들고, 노숙자는 희망을 잃게, 고립된 10대들은 더 과격하게 만든다. 이는 또한 인종차별의 이면에 있는 사악한 메커니즘 중 하나이기도 하다. 왜냐하면 기대치가 낮으면 최선을 다하지 않게 되고 이것은 다른 사람들의 기대를 더욱 떨어뜨려서 자신의 성취를 더욱 낮게 만들기 때문이다. 골렘 효과와 부정적인 기대를 증가시키는 악순환이 조직 전체를 망가뜨릴 수 있다는 증거도 있다.[8]

피그말리온 효과와 골렘 효과는 우리 세계의 구조에 이미 포함되어 있다. 우리는 매일 서로를 더 똑똑하거나 멍청하게 만들고, 더 강하거나 약하게, 더 빠르거나 느리게 만든다. 우리의 시선, 몸짓언어, 목소리에 기대가 드러나지 않을 수가 없다. 당신에 대한 나의 기대는 당신을 대하는 나의 태도를 결정한다. 당신을 대하는 나의 태도는 당신의 기대와 그에 따라서 나에 대한 당신의 행동에 영향을 미친다.

생각해보면 이것은 인간 조건의 핵심에 해당한다. 호모 퍼피는 다른 사람들에게 끊임없이 맞춰지는 안테나와 같다. 다른 사람이 문에 손가락을 찍히면 당신은 움찔한다. 외줄타기 선수가 가느다란 줄 위에서 균형을 잡으면 당신은 위장이 쪼그라드는 것을 느낀다. 누군가 하품을 하는데 당신이 하품하지 않는 것은 거의 불가능하다. 우리는 거울처럼 서로에게 영향을 주게 되어 있다. 대부분의 경우 이 같은 미러링은 잘 작동한다. 모두가 무도회장에서 함께 즐길 때처럼 연대와 좋은 느낌을 조성한다. 타인을 비추는 우리의 본능은 바로 이러한 이유로 긍정적으로 비춰지는 경향이 있지만 이 본능은 두 가지 방식으로 작동한다. 또한 우리는 증오, 질투, 탐욕과 같은 부정적인 감정도 투영한다.[9] 그리고 우리가 주위의 모든 사람이 가지고 있는 생각이라고 짐작해 서로의 나쁜 생각을 취할 때 그 결과는 완전히 재앙이 될 수 있다.

경제적 버블을 예로 들어보자. 1936년 영국의 경제학자 존 케인스는 금융시장과 미인대회 사이에 현저한 유사점이 있다는 결론을 내렸다. 당신에게 제시된 100명의 참가자 중에서 자신이 좋아하는 대상을 선택하는 대신 다른 사람들이 선호할 대상을 선발해야 한다고 상상해보자.[10] 이런 상황이 되면 우리의 성향은 다른 사람들이 어떻게 생각할 것인지를 추측하는 쪽으로 기울어진다. 마찬가지로 모든 사람들이 주식의 가치가 올라갈 것이라고 생각한다면 실제로 가치는 올라간다. 이런 일은 오랫동안 지속될 수 있지만 결국에는 버블이 꺼지게 된다. 예를 들어 1637년 1월 튤립 파동이 네덜란드를 강타했을 때 튤립 알뿌리 하나가 숙련된 장인 연봉의 10배가 넘는 가격으로 잠깐 거래되었지만 며칠 뒤 아예 쓸모없는 물건이 되었다.

이런 종류의 버블은 금융계에 국한되어 있지 않다. 버블은 어디에나 존재한다. 듀크대학의 심리학자 댄 에리얼리는 대학 강의에서 기발한 실험을 한 적이 있다. 그는 자신이 연구하는 행동경제학 분야를 설명하기 위해 매우 기술적인 것처럼 들리는 수업을 진행했다. 그러나 학생들이 알지 못한 사실은 모든 용어가 컴퓨터에 의해 무작위로 생성되었다는 점이다.

'변증법적 수수께끼 이론'과 '신해체주의적 합리주의' 등 의미 없는 말들이 그 같은 예이다. 세계 최고의 대학 중 한 곳에 다니는 애리얼리의 학생들은 무단 도용한 언어들의 조합에 넋을 잃고 귀를 기울였다. 시간이 분 단위로 계속 흘러갔다. 아무도 웃지 않았다. 아무도 손을 들어 질문을 하지 않았다. 아무도 자신들이 이해하지 못하고 있다는 내색을 하지 않았다. 애리얼리는 최종 결론을 내렸다. "그리고 이것은 우리에게 중요한 질문을 던진다. 왜 아무도 내가 말하는 #$?@!에 대해 질문을 하지 않았는가?"[11]

심리학에서는 이 수업에서 일어난 일을 다원적 무지pluralistic ignorance라고 일컫는다. 이는 컴퓨터가 무작위로 만든 용어가 아니다. 애리얼리의 학생들은 그가 무슨 이야기를 하는지 이해할 수 없었지만 다른 학생들이 주의 깊게 듣고 있었기 때문에 자신에게 문제가 있다고 생각했다(이 현상은 '혁신적인 공동 창작'과 같은 주제를 다루는 회의에 참석하는 독자들에게는 익숙할 것이 틀림없다).

이번 경우에는 문제가 없었지만 연구 결과에 따르면 다원적 무지는 재앙을 초래하거나 심지어 치명적일 수도 있다. 폭음을 생각해보자. 대학생들을 대상으로 설문조사를 실시하면 대부분은 필름이 끊길 정도로 술을 마시는 것이 가장 좋아하는 취미가 아니라고 답할 것이다. 그러나 그들은 다른 학생들이 술을 좋아한다고 생각하기 때문에 그들에 맞추기 위해 노력하다가 결국은 모두가 배수구에 토하는 것으로 마무리한다.

연구자들은 이러한 종류의 부정적인 악순환이 인종차별, 집단 강간, 명

357

예 살인, 테러리스트 및 독재 정권 지원, 심지어 인종 청소와 같은 심각한 사회악의 요인이 될 수도 있음을 보여주는 많은 데이터를 수집했다.[12] 가해자들은 마음속으로는 이러한 행동을 비난하면서도 외톨이가 될까 봐 두려워 결국 대세에 따르기로 결정한다. 결국 호모 퍼피가 고심하는 문제가 한 가지 있다면 그것은 집단에 맞서는 것이다. 우리는 몇십 그램의 수치심이나 사회적 불편함보다 최악의 비참함 몇 킬로그램을 선호한다.

이 때문에 나는 궁금해졌다. 인간 본성에 대한 우리의 부정적인 생각이 실제로 다원적 무지의 한 형태인 것은 아닐까? 우리에게는 대부분의 사람들이 자신의 이익을 극대화하기 위해 행동할 것이라는 두려움이 있다. 하지만 이 두려움이 실은 다른 사람들이 그렇게 생각할 것이라는 가정에서 기인한 것이 아닐까? 그래서 우리 대부분이 더 친절하고 연대가 강한 삶을 갈망하면서도 현실에서는 냉소적인 관점을 채택하는 것이 아닐까?

나는 가끔 개미가 꼬리를 물고 끝없이 원을 돌게 되는 상황을 떠올린다. 개미는 서로의 페로몬 흔적을 따라가도록 프로그램되어 있다. 이는 일반적으로 깔끔한 개미 길을 만들지만 때때로 한 무리가 탈선해 원을 그리며 도는 '여행'을 하게 된다. 수만 마리의 개미가 수십 미터 너비의 원 모양으로 회전하면서 갇힐 수 있다. 이들은 피로와 굶주림으로 죽을 때까지 맹목적으로 계속 움직인다. 때때로 가족, 조직, 심지어 국가 전체가 이러한 종류의 악순환에 휘말리는 것 같다. 우리는 서로에 대한 최악의 상황을 가정하면서 계속 빙빙 돌고 있다. 저항하기 위해 움직이는 사람은 드물고 따라서 우리는 스스로 몰락을 향해 나아간다.

밥 로젠탈은 50년이 넘는 학문적 경력에도 불구하고 오늘날까지도 여전히 기대의 힘을 유익하게 사용할 수 있는 방법을 찾으려 하고 있다. 증오와 마찬가지로 신뢰도 전염될 수 있음을 알고 있기 때문이다. 신뢰는 누군가 흐름을 과감히 거스를 때 시작된다. 이런 사람은 처음에는 비현실적이고 심지어 순진하다는 취급을 받는다. 다음 장에서는 이러한 사람들을 소개하고자 한다. 직원을 전적으로 신뢰하는 관리자, 아이들에게 마음껏 뛰놀 수 있는 자유를 주는 교사, 그리고 유권자들을 창의적이고 참여적인 시민으로 대하는 선출직 공무원들. 이들은 윌리엄 제임스가 '믿고자 하는 의지'라고 일컫던 것에 힘입은 사람들이다. 또한 자신의 상상에 따라 세상을 재창조하는 사람들이기도 하다.

✕

내재적 동기부여의 힘
: 경제적 보상의 한계

인간 본성에 대한 의심이 아닌 긍정적 관점으로 사회를 바라볼 때 어떤 변화가 일어날 것인가. 문제는 동기를 부여하는 방법이 아니라 스스로 동기를 부여하는 사회를 만드는 것이다. 이는 유토피아가 아니라 신현실주의다.

요스 드 블록과의 만남

나는 얼마 전부터 요스 드 블록Jos de Blok을 만나고 싶었다. 드 블록이 창립한 가정건강돌보미 조직인 뷔르트조르흐Buurtzorg의 성공담을 읽은 뒤 그가 새로운 현실주의의 대표자 중 한 명이라고 직감한 것이다. 인간 본성에 대한 새로운 관점을 대표하는 현실주의 말이다. 솔직히 말하자면 그와 처음으로 대화를 나누었을 때 그가 훌륭한 사상가처럼 보이지 않았다. 그는 하나의 포괄적인 성명을 통해 관리직 전체를 묵살해버렸다. "관리는 헛소리이다. 사람들이 자신의 일을 하도록 내버려두어라."

아, 그러세요. 멍청한 짓 계속하세요, 요스 씨. 하지만 그 뒤 당신은 깨닫게 된다. 이것은 단순한 괴짜와의 대화가 아니다. 1만 4,000명 이상의 직원을 고용해 매우 성공적인 조직을 만든 사람의 이야기이다. 그는 네덜란드에서 올해의 고용주로 5번이나 선정되기도 했다. 뉴욕에서 도쿄에 이르기까지 세계 곳곳의 교수들이 그의 지혜를 직접 확인하기 위해 알멜로까지 방문한다. 나는 큰 웃음을 주는 요스 드 블록의 과거 인터뷰를 되짚어보았다.

인터뷰어: 스스로에게 동기를 부여하기 위해 하는 행동이 있나요? 스티 브 잡스는 매일 아침 거울을 보면서 자신에게 물었다고 합니다. 오 늘이 내 생애 마지막 날이라면 무슨 일을 해야 할까?

요스: 저도 그의 책을 읽었지만 한 마디도 믿지 않아요.[1]

인터뷰어: 인맥 쌓기 모임networking session에 참석한 적이 있습니까?

요스: 대부분의 경우 모든 사람이 다른 사람들의 의견을 재확인하는 게 전부입니다. 그 외에는 아무 일도 일어나지 않아요. 그것은 나를 위한 것이 아닙니다.[2]

인터뷰어: 직원들에게 어떻게 동기를 부여합니까?

요스: 그러지 않습니다. 동기부여를 하는 것은 윗사람 행세를 하는 것처 럼 보입니다.[3]

인터뷰어: 당신의 수평선에 있는 작은 점은 무엇입니까? 당신과 팀원들 에게 엉감을 주는 번 곳의 복표 말입니다.

요스: 나에게 그런 목표는 없습니다. 작은 점에서 받는 영감은 전혀 없습 니다.[4]

그럴 가능성이 없다고 생각할지 모르지만 이 사람은 런던의 왕립예술 협회로부터 권위 있는 앨버트 메달을 수여받았다. 이 메달을 수여받은 사 람은 월드 와이드 웹www의 두뇌인 팀 버너스리, DNA 구조를 밝힌 프랜 시스 크릭, 그리고 뛰어난 물리학자 스티븐 호킹 등이 있다. 2014년 11월 네덜란드의 작은 마을 출신인 요스 드 블록이 이 수상의 영예를 안았고,

영국 학계의 거물이 그의 기조연설을 듣기 위해 참석했다. 드 블록은 서툰 영어로 처음에는 수상 소식이 농담인 줄 알았다고 고백했다. 하지만 농담이 아니었다. 마침 알맞은 때에 이루어진 수상이었다.

20세기의 동기부여 방식

드 블록의 아이디어를 DNA 구조를 파악하는 일과 동등할 정도로 혁신적이게 만든 요인을 이해하려면 경영학이 처음 등장한 20세기 초로 거슬러 올라가야 한다. 이 새로운 과학 분야는 인간이 천성적으로 탐욕스럽다는 홉스의 관점에 확고하게 뿌리를 두고 있다. 우리는 우리를 바른 길로 이끄는 관리자가 필요했다. 이런 사상에 따르면 관리자는 올바른 '인센티브'를 제공해야 한다. 은행 직원에게는 일을 더 열심히 하도록 보너스를 주고, 실업수당은 사람들을 소파에서 일어나게 만들려면 조건부로 지급해야 한다. 아이들에게는 다음 학기에 더 많은 노력을 기울이도록 F학점을 준다.

  흥미로운 것은 20세기의 주요 이데올로기인 자본주의와 공산주의가 인류에 대한 이러한 견해를 공유했다는 점이다. 자본주의자와 공산주의자 모두 사람들을 행동으로 이끌 수 있는 방법은 당근과 채찍 두 가지뿐이라고 이야기할 것이다. 자본주의자들은 당근(돈이라고 읽는다)에 의존한 반면, 공산주의자들은 주로 채찍(처벌이라고 읽는다)에 의존했다. 모든 차이점에도 불구하고 양쪽 모두가 동의할 수 있는 한 가지 기본 전제는 사람들 스스로 동기를 부여하지 않는다는 점이다. 이제 당신은 다음과 같이 생각할 수 있다. 오, 그렇게 나쁘지는 않아요. 나는 충분히 동기부여가 되어 있답니다.

나는 이것에 대해 논쟁하지 않을 것이다. 사실 나는 당신이 옳다고 확신한다. 논점은 다른 사람들에게 동기가 부족하다고 생각하는 경향이 우리에게 있다는 것이다. 스탠퍼드대학의 칩 히스Chip Heath 교수는 이것을 우리의 외부 인센티브 편향이라고 일컫는다. 즉 우리는 다른 사람들에게 돈으로만 동기를 부여할 수 있다고 가정한다. 예를 들어 히스가 법대생을 대상으로 실시한 설문조사를 살펴보면 응답자의 64퍼센트는 법을 공부하는 것이 오랜 꿈이거나 관심이 있어서 선택했다고 답했다. 그러나 다른 법대생도 마찬가지일 것이라고 믿는 비율은 12퍼센트에 불과했다. 나머지 모든 학생들이 돈 때문에 법을 공부하고 있다고 생각한 것이다.[5]

자본주의의 토대를 마련한 것은 바로 인류에 대한 냉소적인 견해이다. 세계 최초의 비즈니스 컨설턴트 중 한 명인 프레더릭 테일러Frederick Taylor 는 약 100년 전 "노동자가 고용주에게 가장 원하는 것은 무엇보다 높은 임금이다"라고 주장했다.[6] 테일러는 공장을 최대한 효율적으로 가동하게 만들기 위해서는 성과를 최대한 정확하게 평가해야 한다는 개념을 전제로 한 과학적 경영기법의 창안자로 명성을 떨쳤다. 관리자는 나사를 조이거나 상자를 포장하는 데 걸리는 시간을 기록하기 위해서 초시계를 준비한 뒤 모든 생산 라인에 배치되어야 했다. 테일러 자신은 이상적인 직원을 두뇌가 없는 로봇에 비유했다. "너무 멍청하고 느긋해서 황소와 거의 비슷한 존재이다."[7]

프레더릭 테일러는 이 메시지로 역사상 가장 유명한 경영 과학자 중 한 사람이 되었다. 20세기 초 전 세계는 공산주의자, 파시스트, 자본가 할 것 없이 그의 사상에 정신이 팔려 있었다. 레닌에서 무솔리니, 르노에서 지멘스에 이르기까지 테일러의 경영 철학은 계속해서 퍼져나갔다. 그의 전기 작가의 말에 따르면 테일러주의는 "거의 모든 곳에 바이러스처럼 적응한다"고 한다.[8] 물론 테일러 시대 이후로 많은 것이 변했다. 이제 슬리퍼를 신고 사무실에 나타나도 되는 많은 스타트업들을 찾아볼 수 있다. 그리고 요즘은 많은 근로자가 근무시간을 스스로 유연하게 정할 수 있다. 그러나 테일러의 인간관과 당근과 채찍만이 사람들을 움직이게 만든다는 확신은 그 어느 때보다 널리 퍼져 있다. 테일러주의는 근무시간표, 비용 청구 가능 시간 및 핵심 성과지표[KPI], 의사의 성과급제, 모든 움직임이 CCTV로 모니터링되는 창고 직원 등에서 찾아볼 수 있다.

경제적 보상의 맹점

1969년 여름 누군가 처음으로 이것에 이의를 제기했다. 심리학 분야가 '행동주의'에 사로잡혀 있을 때 에드워드 데시[Edward Deci]는 박사과정을 밟고 있던 젊은 심리학자였다. 당시 심리학 이론에 따르면 사람은 프레더릭 테일러의 주장과 같이 아무 의욕도 없는 존재였다. 우리를 행동하게 만들 만큼 강력한 것은 보상의 약속이나 처벌에 대한 두려움뿐이다. 그러나 데시는 이 이론이 말이 되지 않는다는 의심을 계속 가지고 있었다. 사람들은 등산(힘들다!), 자원봉사(무료인데!), 임신(강렬하다!)처럼 행동주의적 관점에 맞지 않는 온갖 종류의 어리석은 행동을 하고 다닌다. 사실 우리는 한 푼도 벌지 못하고 완전히 지치게 만드는 활동에 자유의지에 따라 지속적으로 참여하고 있다. 왜?

그해 여름 데시는 어떤 경우에는 당근과 채찍으로 인해 성과가 저하될 수 있다는 변칙을 우연히 발견했다. 학생 자원봉사자들에게 1달러를 받고 퍼즐을 푸는 과제를 내주자 그들은 과제에 대한 흥미를 잃고 말았다. 나중에 데시는 "돈은 스스로 어떤 활동을 하고자 하는 내재적 동기를 가로막는 효과를 낼 수도 있다"고 설명했다.[9]

경제학자들은 이 가설이 너무나 혁명적이어서 즉각 거부했다. 그들은 금전적 인센티브는 동기부여를 증가시키는 데만 작용한다고 변함없이 주장했다. 만일 퍼즐 풀기를 즐기는 어떤 학생에게 보상이 주어지면 그는 더욱 열정적이 된다는 것이다. 동료 심리학자들도 마찬가지로 에드워드 데시와 그의 생각을 경멸했다. 그의 공동 연구자이자 가장 친한 친구인 리처드 라이언Richard Ryan은 "우리는 주류에서 벗어났다. 보상이 때때로 동기를 약화시킬 것이라는 생각은 행동주의자들에게는 혐오스러운 것이었다"라고 회상했다.[10]

그러나 그 후 지속적인 연구들이 데시의 의심을 확증하기 시작했다. 1990년대 후반 이스라엘의 하이파에서 이루어진 연구를 살펴보자. 그곳의 어린이집들은 난처한 상황에 처해 있었다. 아이를 맡긴 부모 중 4분의 1이 운영 시간이 지나 늦게 아이를 데리러 오는 바람에 아이들은 부산스러워지고 직원들은 초과 근무를 하게 된 것이다. 그래서 어린이집은 부모가 늦게 올 때마다 3달러의 벌금을 부과하기로 결정했다. 좋은 계획처럼 들리는가? 이제 부모들에게는 제시간에 도착하게 하는 인센티브가 도덕적인 것과 경제적인 것 두 가지가 되었다.

새로운 방안이 발표된 뒤 늦게 도착한 부모의 수는…… 증가했다. 오래지 않아 3분의 1이 마감 시간 이후에 도착했으며, 몇 주 만에 40퍼센트가 되었다. 그 이유는 간단했다. 부모들은 지체 요금을 벌금이 아니라 할증금으로 해석하고 이제 아이를 제시간에 데리러 와야 하는 의무에서 벗어났다고 생각한 것이다.[11]

이후 많은 다른 연구에서 이 결과를 확증했다. 어떤 상황에서는 사람들이 일을 하는 이유가 항상 같은 선상에 있지 않다는 것이 밝혀졌다. 사람들이 일하는 이유는 가끔 서로 충돌하게 마련이다. 몇 년 전 매사추세츠 대학의 연구자들은 직장에서 경제적 인센티브가 가져오는 효과에 대한 51건의 연구를 분석했다. 그들은 보너스가 직원의 자발적인 동기와 도덕적 잣대를 둔화시킬 수 있다는 '압도적인 증거'를 발견했다.[12] 그리고 그것만으로 충분하지 않았는지 그들은 보너스와 목표가 창의성을 훼손할 수 있다는 사실도 발견했다. 외부 인센티브는 일반적으로 현물로 지급한다. 시간당으로 임금을 지불하면 근무시간이 늘어난다. 출판물별로 비용을 지불하면 출판을 더 많이 할 수 있다. 외과 수술 횟수로 비용을 지불하면 수술 횟수가 늘어난다.

여기에서도 서구 자본주의 경제와 구소련 경제체제의 유사점은 놀라울 정도이다. 구소련시대의 관리자들은 목표치를 가지고 일했다. 예를 들어 가구 공장에서 목표치를 높이면 제품의 품질이 떨어졌다. 다음으로 테이블과 의자의 가격이 무게에 따라 책정되자 갑자기 공장에서는 무거워서 옮기기도 힘든 부품이 생산되었다. 재미있게 들릴지 모르지만 슬픈 사실은 오늘날 많은 조직에서 이런 일이 여전히 일어나고 있다는 점이다. 치료 횟수로 돈을 받는 외과의사는 더 나은 치료를 제공하는 것보다 수술용 메스를 연마하는 경향이 있다. 직원에게 최소 시간(연간 1,500시간) 근무 청구서를 요구하는 거대 로펌은 변호사로 하여금 일을 더 잘하게 만드는 것이 아니라 더 오래하게 만들 뿐이다. 공산주의나 자본주의 두 시스템 모두에서 숫자의 폭정은 우리에게서 내재적 동기를 앗아간다.

그렇다면 보너스는 완전히 돈 낭비일까? 완전히 그렇지는 않다. 행농성제학자인 댄 애리얼리의 연구에 따르면 프레더릭 테일러가 생산 라인에서 초시계로 시간을 측정한 것처럼 단순 반복 작업의 경우 보너스가 효과적일 수 있음을 알 수 있다.[13] 다시 말해서 현대 경제에서 로봇들이 점점 대체해가고 있는 종류의, 내재적 동기를 필요로 하지 않는 단순 작업들이다. 하지만 인간은 내재적 동기 없이는 불가능하다.

안타깝게도 에드워드 데시의 교훈은 일상의 관행에 결코 전혀 영향을 미치지 못했다. 사람들은 여전히 사무실에서, 학교에서, 병원에서, 사회복

지시설 등에서 너무 자주 로봇 취급을 당한다. 우리는 다른 사람들이 스스로에게만 관심이 있다고 반복해서 가정한다. 즉 눈앞에 보상이 없는 한 사람들은 게으름 피우는 쪽을 훨씬 더 선호한다는 것이다. 최근 영국에서 발표한 연구 결과에 따르면 인구의 대다수(74퍼센트)가 부, 지위, 권력보다는 도움, 정직, 정의와 같은 가치와 자신을 동일시하는 것으로 나타났다. 그러나 거의 비슷한 비율(78퍼센트)이 다른 사람들에 대해 실제보다 더 이기적이라고 생각하고 있었다.[14]

일부 경제학자들은 인간 본성에 대한 이런 왜곡된 견해가 문제가 되지 않는다고 생각한다. 예를 들어 노벨경제학상을 수상한 미국의 경제학자 밀턴 프리드먼Milton Friedman은 예측이 옳았다고 증명되는 한, 사람에 대해 잘못된 가정을 하는 것은 중요하지 않다고 주장했다.[15] 하지만 프리드먼은 노시보 효과를 고려하지 않았다. 단순히 무언가를 믿는 것만으로도 그것이 현실화될 수 있기 때문이다.

당신이 하는 일에 대가를 지불하는 방식은 당신을 완전히 다른 사람으로 만들 수 있다. 몇 년 전 미국의 심리학자 두 명은 시간당 보수를 받는 변호사와 컨설턴트가 모든 시간에, 심지어 사무실 밖에서 보낸 시간까지도 보수를 요구한다는 것을 입증했다. 그 결과는? 시간을 꼼꼼하게 기록하는 변호사는 무보수 작업을 하는 경향이 적다.[16] 목표, 보너스, 처벌의 가능성 탓에 우리가 어떻게 실수를 저지르게 되는지는 놀라울 정도이다.

• 분기별 실적에만 집중하다가 회사를 파산시키는 CEO를 생각해보라.

- 출판된 결과물로 평가를 받은 뒤 가짜 연구 결과를 제출하려는 학자
- 표준화된 검사 결과에 따라 평가를 받으므로 정량화할 수 없는 기술은 가르치지 않는 학교
- 환자를 계속 치료하는 것에 따라 보수를 받으므로 필요 이상으로 오래 치료하는 정신과 의사
- 비우량 주택담보대출(서브프라임 모기지) 상품을 판매해 보너스를 받고 결국 세계경제를 파멸의 위기에 빠뜨리는 은행가

목록은 계속 이어진다. 프레더릭 테일러 이후 100여 년이 지난 지금도 우리는 서로의 내재적 동기를 대거 훼손하느라 바쁘다. 142개국에서 23만 명을 대상으로 실시한 주요 연구 결과에 따르면 실제로 직장에서 업무에 '참여'한다고 느끼는 비율은 13퍼센트에 불과하다.[17] 이런 종류의 수치를 분석해보면 당신은 얼마나 많은 야망과 에너지가 낭비되는지 또한 상황을 바꿀 여지가 얼마나 있는지에 대해서 깨닫게 될 것이다.

관리자와 보너스가 없는 기업

다시 요스 드 블록 이야기로 돌아가보자. 2006년 초까지 그는 네덜란드의 대형 의료기관에서 이사로 근무했다. 그는 동료 관리자들이 화를 낼 때까지 '자기 주도형팀'과 '자율 관리'에 대한 아이디어를 연이어 내놓았다. 드 블록은 경영 교육을 받지도 않았고 학위도 없었다. 그는 여러 해 전

에 경제학 공부를 시작했다가 중퇴하고 간호사가 되었다.

드 블록은 알멜로에 있는 그의 사무실을 방문했을 때 나에게 다음과 같이 이야기했다. "의료, 교육 분야의 최상위층에 있는 사람들과 실제 업무를 수행하는 사람들 사이에는 엄청난 격차가 존재한다. 관리자는 함께 뭉치는 경향이 있다. 그들은 모든 종류의 절차와 회의를 마련해 서로에게 잘하고 있다고 이야기한다." 이 때문에 그들은 현실 세계로부터 동떨어지게 된다. 그는 계속해서 말했다. "실무자는 전략적 사고를 할 수 없다는 인식이 있다. 그들에게는 비전이 부족하다는 것이다. 하지만 실제로 일을 하는 사람들은 아이디어로 넘쳐난다. 그들은 수천 가지를 생각해내지만 자기 의견을 반영하지 못한다. 관리자들은 사내 수련회 같은 것을 해야 일벌들에게 제시할 계획을 떠올릴 수 있다고 생각하기 때문이다."

드 블록은 이에 대해 매우 다른 견해를 가지고 있다. 그의 견해에 따르면 직원은 자신의 업무가 어떻게 수행되어야 하는지에 대해 내재적 동기를 가지고 있는 전문직이자 전문가이다. "내 경험에 따르면 대체로 관리자들은 아이디어가 거의 없다. 그들은 지시를 잘 따르고 시스템에 스스로를 맞추기 때문에 일자리를 얻는다. 대단한 비전을 가지고 있어서가 아니다. 그들은 '높은 성과 리더십' 과정을 수강한 뒤 갑자기 자신이 대단한 혁신가가 되었다고 생각한다."

드 블록에게 '의료보건 관리자'가 1996년에서 2014년 네덜란드에서 가장 빠르게 성장한 직업군이라고 지적하자 그는 한숨을 쉬었다.[18] "이러한 MBA 프로그램을 통해 얻을 수 있는 것은 사람들이 자기가 세상을 관리할 편리한 방법을 배웠다고 확신하게 만드는 것이다. 인사, 재무, IT 분야가 그렇다. 결국 당신은 조직이 수행하는 많은 것들이 자신에게 달려 있다고 믿게 된다. 많은 관리자들이 그렇게 생각한다. 그러나 관리 자체를 없애면 업무 수행은 이전과 같거나 심지어 훨씬 더 좋아진다." 이와 같은 진술이 증언하듯이 드 블록은 대세를 거스르는 경향이 있다.

그는 관리하지 않는 것을 선호하는 관리자이다. 실무 경험이 있는 CEO. 사다리 꼭대기에 있는 무정부주의자. 그래서 치료가 제품이 되고 환자가 고객이 되는 것을 본 드 블록은 관리직을 포기하고 새로운 일을 시작하기로 결심했다. 그는 거대한 관료주의적 황무지에서 시장의 힘과 성장에 의해 에너지를 얻는 것이 아니라 소규모 팀과 신뢰에서 에너지를 얻는 오아시스를 꿈꿨다.

뷔르트조르흐는 네덜란드 동부 변두리에 있는 인구 15만 명의 도시인 엔스헤더에서 네 명의 간호사로 구성된 팀으로 사업을 시작했나. 오늘날 전국적으로 800개 이상의 팀이 활동하는 회사로 성장했다. 그러나 뷔르트조르흐를 차별화하는 것은 해당 조직이 무엇인가가 아니라 무엇이 아닌가에 있다. 관리자도 콜센터도 기획자도 없다. 목표나 보너스도 없다. 간접비는 무시할 수 있을 정도로 작으며 회의에 소요되는 시간도 마찬가지이다. 뷔르트조르흐는 수도에 화려한 본사가 있지 않고 알멜로 외곽 지저분한 공단의 별 볼일 없는 구역에 자리하고 있다.

12명으로 구성된 각 팀은 최대의 자율성을 가진다. 팀은 스스로 일정을 계획하고 동료를 고용한다. 그리고 국가의 무한히 세분화된 돌봄산업과 달리 각 팀에는 코드 H126('개인 돌봄'), 코드 H127('추가 개인 돌봄'), 코드 H120('특별 개인 돌봄'), 코드 H136('보조 원격 개인 돌봄') 같은 것이 없다. 뷔르트조르흐는 오직 돌봄 한 가지만 제공한다. 보험사가 정의한 '돌봄 상품Care Products'을 자세히 수록한 '상품 책자'에서 뷔르트조르흐는 이제 R002-'뷔르트조르흐'라는 자체 코드를 가지고 있다. 이외에도 동료들이 지식과 경험을 공유할 수 있는 내부 인트라넷이 있다. 각 팀에는 자체 교육 예산이 있으며, 50개 팀으로 구성된 각각의 그룹에는 난관에 봉착할 경우 호출할 수 있는 코치가 있다. 마지막으로 재정적인 부분을 담당하는 본사가 있다.

이것이 전부이다. 이 간단한 공식으로 뷔르트조르흐는 인사팀이 없음에도 불구하고 5회에 걸쳐 네덜란드 '최고의 고용주'로 선정되었다. 또한 마케팅 부서가 없음에도 '돌봄 분야 최고의 마케팅'상을 수상했다. KPMG사의 한 컨설턴트는 "직원과 고객의 만족도가 놀라울 정도로 높다. 비용은 평균보다 약간 저렴하지만 돌봄의 질은 평균을 확실히 능가한다"는 결론을 내렸다.[19] 그렇다. 뷔르트조르흐는 환자에게 더 좋고 직원에게 더 잘해주며 납세자에게는 더 저렴하게 서비스를 제공한다. 윈-윈-윈 상황이다. 조직은 계속 성장하고 있다. 매달 수십 명의 간호사가 뷔르트조르흐에 입사하기 위해 기존의 직장을 그만둔다. 이는 놀라운 일이 아니다. 이곳은 그들에게 더 많은 자유와 더 많은 임금을 제공한다. 드 블록은 최근 파산한 회사의 일부를 뷔르트조르흐가 인수했을 때 다음과 같이 발표했다. "우리가 가장 먼저 할 일은 직원의 급여를 인상하는 것이다."[20]

오해하지 말기 바란다. 뷔르트조르흐는 완벽하지 않다. 의견충돌도 있고, 일이 잘못되는 등 다른 곳과 거의 비슷하다. 조직 구조는 구식에 속하는데, 드 블록의 목표는 항상 1980년대 네덜란드의 복잡하지 않은 국내 의료 서비스로 돌아가는 것이었다. 그러나 가장 중요한 점은 요스 드 블록이 지난 2006년에 시작한 일이 매우 놀랍다는 것이다. 그의 조직은 좌파와 우파의 최선을 결합했다고 볼 수 있다. 납세자의 돈을 사용해 독립적인 개업의들로 하여금 소규모 돌봄 서비스를 제공하게 만드는 것이다. 드 블록은 자신의 철학을 다음과 같이 요약했다. "일을 어렵게 만드는 것은 쉽지만 쉽게 만드는 것은 어렵다." 그의 기록이 분명히 말하고 있듯이 대부분의 관리자는 복잡한 것을 선호한다. 드 블록은 "이 같은 선호가 생기는 이유는 복잡성 덕분에 당신의 직업이 더 흥미로워지기 때문이다. 그리고 당신이 이렇게 말할 수 있게 만들어주기 때문이다. '알겠죠? 이러한 복잡성을 정밀하게 관리하려면 내가 필요하다니까요'"라고 설명한다.

이런 방식이 소위 '지식 경제'의 큰 부분을 이끌고 있는 것이지 않을까? 혈통 있는 관리자와 컨설턴트가 단순한 일을 최대한 복잡하게 만들고, 그 모든 복잡성을 헤쳐나가기 위해 그들을 필요로 하게 되는 것은 아닐까? 나는 가끔 이것이 월스트리트 은행가들뿐만 아니라 이해할 수 없는 전문 용어나 유포하는 포스트모던 철학자들의 수익 모델이 아닐까라고 속으로 생각해본다. 둘 다 단순한 일을 불가능할 정도로 복잡하게 만든다.

요스 드 블록은 그 반대이다. 그는 단순함을 선택했다. 보건의료학회에는 변혁과 혁신을 주장하면서 높은 보수를 받는 트렌드 워처trend-watcher(최신 유행과 소비자 경향을 신속하게 포착하고 분석해 기업들에게 해당 정보를 전문적으로 제공하는 사람 – 옮긴이)가 참여하지만 그는 실제로 효과가 있는 것을 보존하는 것이 더 중요하다고 믿는다. 드 블록은 "세상은 지속적인 변화보다는 연속성에서 더 많은 이익을 얻는다. 이제 의료 서비스업계에는 변화 관리자, 변화 대리인 등이 있다. 하지만 지역사회의 실제 돌봄을 살펴보면 지난 30년 동안 업무는 거의 바뀌지 않았다. 어려운 상황에 처한 누군가와 관계를 구축해야 한다는 것은 변하지 않는 사실이다. 물론 새로운 통찰과 기술을 몇 가지 추가할 수 있지만 기본은 달라지지 않았다"고 주장했다.

드 블록은 실제로 변화해야 할 것은 돌봄 시스템이라고 이야기할 것이다. 최근 수십 년 동안 보건의료 서비스 분야는 변호사들이 점령한 식민지가 되어버렸다. "이제 당신은 서로 반대되는 진영에 동시에 속해 있다. 한쪽은 팔고, 다른 쪽은 산다. 지난주에 방문한 병원에서 들은 말이 있다. '이제 우리는 자체 영업팀을 가지고 있다.' 이것은 미친 짓이다. 이제 병원에는 상업부서와 조달팀이 모두 있는데 이들은 의료 관련 지식이 전혀 없는 직원들이다. 한 사람은 사고 다른 사람은 팔지만 어느 쪽도 그것이 무엇을 위한 것인지 전혀 알지 못한다."

그러는 동안에도 관료주의는 계속 확산되고 있다. 의료 서비스를 시장에 맡기면 결국 산더미 같은 서류 작업으로 끝나게 되기 때문이다. 드 블록은 다음과 같이 이야기했다. "아무도 다른 사람을 신뢰하지 않는다. 그래서 그들은 온갖 안전장치를 구축하기 시작한다. 모든 종류의 점검은 엄청난 양의 관료적 요식 행위이다. 이것은 정말 터무니없는 짓이다. 보험 회사의 컨설턴트와 관리자 수는 증가하고 있는 반면, 실제 간병인 수는 계속 감소하고 있다."

드 블록은 의료기금에 대해 근본적으로 다른 접근방식을 지지한다. 그는 "제품을 사고판다는 사고방식을 폐기하라. 돌봄이 다시 중심에 서게 만들라. 비용을 대폭 단순화하라"라고 이야기한다. 또한 그는 다음과 같이 설명한다. "비용 청구가 간단할수록 실제 진료를 더 중시하게 된다. 청구가 복잡할수록 더 많은 참여자가 시스템의 허점을 찾을 것이다. 이에 따라 회계부서가 점점 더 중요해지면서 결국은 이 부서가 돌봄이란 무엇인가를 정의하게 될 것이다."

요스 드 블록과 이야기를 나누다 보면 그의 교훈이 의료 분야를 초월하고 있으며, 교육과 법 집행, 정부와 산업 분야 같은 다른 영역에도 확실히 적용된다는 것을 알 수 있다. 자동차 부품을 공급하는 프랑스 회사인 파비FAVI가 그 좋은 예이다. 1983년 장 프랑수아 조브리스트Jean-François Zobrist가 새로운 CEO로 임명되었을 때 파비는 엄격한 계층 구조를 유지하며 열심히 일하면 보너스를 받을 수 있고, 출근이 늦으면 임금이 깎인다는 등 여전히 구식으로 작업을 수행하고 있었다. 조브리스트는 취임 첫날부터 자신이 아닌 직원이 결정을 내리는 조직을 구상했다. 직원들이 제시간에 출근하는 것이 의무라고 느끼는 곳(지각하는 경우 합당한 이유가 있을 것이라고 확신할 수 있는 곳). 조브리스트는 나중에 "모두가 가족처럼 서로를 편

안하게 대할 수 있는 곳을 꿈꾸었다. 그 이상도 그 이하도 아니다"라고 설명했다.[21]

CEO로서 그가 취한 첫 번째 행동은 경영진이 전체 작업장을 주시할 수 있도록 거대한 창을 만드는 것이었다. 다음으로 그는 시간기록계를 없애고 보관실에서 자물쇠를 제거하고 보너스 시스템을 대폭 축소했다. 조브리스트는 회사를 25명에서 30명의 직원으로 구성된 '미니 공장'으로 나누고 팀마다 리더를 자율 선택하도록 했다. 그는 이들에게 임금, 근무시간, 고용할 사람 및 그 밖의 모든 것을 스스로 결정할 수 있는 재량권을 주었다. 각 팀은 고객을 직접 응대했다. 또한 조브리스트는 회사의 나이든 관리자들이 퇴직할 때 대체 인력을 충원하지 않기로 결정하고 인사, 기획, 마케팅 부서를 없앴다. 파비는 팀에서 직접 경영진을 호출하지 않는 스스로 모든 일을 수행하는 '역 위임' 방식으로 전환했다.

이것은 돈이 많이 드는 히피 공동체를 만드는 비법처럼 들릴지 모르지만 실제로 파비의 생산성은 향상되었다. 회사 인력은 100명에서 500명으로 늘어났고, 변속기 포크 시장의 50퍼센트를 차지하게 되었다. 핵심 부품의 평균 생산시간은 11일에서 단 1일로 단축되었다. 경쟁사들이 저임금 국가로 사업장을 이전할 때 파비 공장은 유럽에 그대로 남아 있었다.[22] 그동안 조브리스트의 철학은 아주 단순했다. 직원을 책임감 있고 신뢰할 수 있는 존재로 대하면 실제로 그렇게 될 것이다. 심지어 그는 그것에 관한 책도 저술했는데, 책의 부제는 '사람들이 선량하다고 믿는 회사L'entreprise qui croit que l'homme est bon'이다.

내재적 동기를 중시하는 사회

뷔르트조르흐나 파비와 같은 회사는 인간 본성에 대한 의심을 버리고 보다 긍정적인 시각으로 보면 모든 것이 변한다는 살아 있는 증거이다. 이때 주된 가치는 수익이나 생산성이 아니라 기술과 역량이 된다. 이것이 다른 직업과 전문 분야에서 의미하는 바를 상상해보라. CEO는 회사에 대한 믿음으로 책임을 떠맡고, 학자는 지식에 대한 갈증으로 밤늦도록 열정을 불사르고, 교사는 학생에 대한 책임감을 느끼기 때문에 가르치고, 심리학자는 환자에게 필요한 만큼만 치료하고, 은행가는 고객에게 제공하는 서비스에서 만족을 얻게 될 터이다.

물론 다른 사람들을 도우려는 열정과 동기를 가진 교사와 은행가, 학자 및 관리자는 이미 많이 있다. 하지만 이들은 목표, 규칙, 절차의 미로 때문이 아니라 그런 장애에도 불구하고 그렇게 하는 것이다.

미국의 심리학자 에드워드 데시는 동기부여에 대한 우리의 사고방식을 뒤집은 인물이다. 그의 생각에 따르면 이제는 다른 사람에게 동기를 부여하는 방법이 문제가 아니라 사람들이 스스로에게 동기를 부여할 수 있는 사회를 만들어가는 방법이 문제가 되어야 한다. 이 같은 문제의식은 보수적인 것도 진보적인 것도 아니며, 자본주의적이지도 공산주의적이지도 않다. 이것은 새로운 운동, 새로운 현실주의를 말한다. 스스로 하고 싶어서 무언가를 하는 사람보다 더 강력한 것은 없기 때문이다.

Chapter 14

✕

놀이하는 인간
: 우리 안의 무한한 회복탄력성

규칙과 억압에 얽매이지 않고 자유롭고 개방적으로 놀이하는 호모 루덴스. 그러나 현대문명은 자유와 놀이 대신 통제와 감시로 인간을 억압하고 있다. 놀이의 반대는 일이 아니다. '우울'일 뿐이다.

노는 법을 잊은 아이들

요스 드 블록과 대화를 나눈 뒤 며칠 동안 내 마음속에는 계속 같은 질문이 떠올랐다. 사회 전체가 신뢰에 기반을 두고 있다면 어떻게 될까? 나는이 정도의 유턴을 이루려면 처음부터 시작해야 한다고 생각했다. 아이들교육부터 시작해야 한다. 그러나 나는 교육 문헌을 깊이 파고들면서 곧바로 몇 가지 가혹한 진실에 직면해야 했다. 지난 수십 년 동안 아이들의 내재적 동기는 체계적으로 억압당했다. 어른들은 숙제, 운동, 음악, 드라마,과외, 시험 연습 등으로 아이들의 시간을 채우고 있다. 이 같은 활동 목록은 끝이 없어 보인다. 이는 다른 활동, 즉 놀이에 대한 시간이 부족하다는의미이다. 그리고 여기서 놀이란 가장 넓은 의미에서 노는 것을 뜻한다.자신의 호기심이 이끄는 곳이라면 어디든 갈 수 있는 자유, 검색하고 발견하고 실험하고 창조할 자유를 말한다. 부모나 교사가 정한 어떤 노선을따르는 것이 아니라 순전히 재미로 말이다.

어디를 가든 아이들의 자유는 제한되어 있다.[1] 1971년 영국의 일곱 살에서 여덟 살 어린이 중 80퍼센트가 걸어서 등교한 반면, 요즘은 10퍼센트에 불과하다. 10개국의 부모 1만 2,000명을 대상으로 한 최근의 설문

조사에 따르면 교도소의 수감자들이 대부분의 아이들보다 야외에서 더 많은 시간을 보내는 것으로 나타났다.[2] 미시간대학의 연구원들은 아이들이 학교에서 보내는 시간이 1981년에서 1997년까지 18퍼센트 증가했다는 것을 발견했다. 숙제를 하느라 보낸 시간은 145퍼센트 증가했다.[3]

사회학자와 심리학자 모두 이러한 진전에 대해 경각심을 나타냈다. 미국에서 시행된 장기 연구 결과에 따르면 어린이들의 '스스로 느끼는 상황 통제력internal locus of control'이 줄어들고 있다는 사실이 밝혀졌다. 이는 자신의 삶이 다른 사람에 의해 결정된다고 생각하는 아이들이 점점 더 늘어나고 있다는 것을 의미한다. 미국에서는 이러한 변화가 매우 심하다. 2002년 보통의 어린이들은 스스로의 삶에 대한 통제력이 부족하다고 생각하고 있었다. 1960년대에는 80퍼센트가 그 반대로 생각하고 있었다.[4]

이 수치는 네덜란드에서 그렇게까지 극적이지는 않지만 추세는 동일하다. 2018년 네덜란드 연구자들에 따르면 어린이 열 명 중 세 명은 일주일에 한 번 혹은 전혀 밖에서 놀지 못하는 것으로 나타났다.[5] 하지만 OECD(글로벌 싱크 탱크)가 학교에 다니는 어린이들을 대상으로 수행한 대규모 연구 결과에 따르면 조사에 참여한 모든 국가 중 네덜란드 아이들의 의욕이 가장 낮은 것으로 밝혀졌다. 시험과 성적표 때문에 내재적 동기가 너무 무뎌진 나머지 평가가 따르지 않는 과제가 주어지면 이들의 흥미는 사라져버린다.[6]

그리고 이것은 가장 큰 변화에 대해 아무것도 이야기해주지 않는다. 책을 읽어주는 시간, 숙제를 도와주는 시간, 운동 실습에 데려다주는 시간

등 부모들이 아이들과 함께 보내는 시간이 훨씬 더 많아졌다. 오늘날 네덜란드에서 육아에 투자하는 시간이 1980년대보다 150퍼센트 이상 증가했다.[7] 오늘날 미국에서 일하는 엄마는 1970년대의 전업주부보다 더 많은 시간을 아이들과 함께 보낸다.[8] 왜? 이 변화의 배경에는 무엇이 자리 잡고 있는가? 부모에게 갑자기 많은 시간적 여유가 생긴 것 같지는 않다. 이와 반대로 1980년대 이후 세상의 모든 부모는 더 열심히 일해왔다. 아마도 다른 모든 것을 희생하면서 일에 집착하고 있다는 것이 핵심일 것이다. 교육정책 입안자들이 순위와 성장을 압박하기 시작하면서 학부모와 학교는 시험과 그 결과에 집중하게 되었다.

이제 아이들은 더 어린 나이에 능력이 뛰어나고 가능성이 높은 아이들과 그렇지 않은 아이들로 나뉘고 있다. 부모들은 내 딸이 충분한 도전을 받고 있나? 내 아들이 동급생들에게 뒤처지고 있는 것은 아닌가? 아이들이 대학에 입학할 수 있을까? 등을 걱정한다. 1만 명의 미국 학생들을 대상으로 실시한 최근 연구에 따르면 부모의 관심이 연민과 친절 같은 자질보다 좋은 성적에 더 관심이 있다고 생각하는 학생이 80퍼센트에 이르는 것으로 나타났다.[9]

이와 동시에 무언가 가치 있는 것이 사라지고 있다는 인식이 널리 퍼져 있다. 예를 들면 자발성, 장난기 같은 것 말이다. 부모로서 당신은 수많은 조언으로 폭격을 당한다. 어떻게 하면 '성취를 이뤄야 한다는 압력'에 맞설 마음의 대비를 하는 방법에 대한 조언 말이다. 일을 덜하고 마음을 더 쓰는 방법론을 다루는 분야가 별도로 존재할 정도이다. 그러나 사소한 자

구책으로는 필요한 만큼의 좋은 결과가 나오지 못하는 것은 아닐까?

　무슨 일이 일어나고 있는지 더 잘 이해하기 위해서 우리는 놀이라는 말이 어떤 의미인지를 정의할 필요가 있다. 놀이는 고정된 규칙 및 규정의 적용을 받지 않으며, 제약과 제한도 없는 것이다. 놀이는 부모가 옆에서 소리를 지르는 인조 잔디 구장이 아니다. 아이들이 부모의 감독 없이 야외에서 활동하면서 자신만의 게임을 만드는 것이 놀이이다. 아이들은 이런 종류의 놀이를 할 때 스스로 생각한다. 아이들은 위험과 약간의 허술함을 감수하며 그 과정에서 스스로의 마음을 가다듬고 동기를 부여하는 훈련을 한다. 구조화되지 않은 놀이는 지루함에 대한 자연의 치료법이다. 요즘 우리는 아이들에게 조립 설명서가 포함된 레고 스타워즈 스노우스피더LEGO Star Wars Snowspeeder에서 요리하는 소리까지 나는 밀레 키친 구오메이 디럭스Miele Kitchen Gourmet Deluxe에 이르기까지 모든 종류의 사전 제작된 엔터테인먼트를 제공한다.

　문제는 모든 것이 조립식으로 제공되는 경우에도 여전히 자신의 호기심과 상상력을 키울 수 있는가 하는 점이다.[10] 지루함은 창의력의 원천일지도 모른다. 심리학자 피터 그레이Peter Gray는 "창의력은 가르칠 수 없는 것이다. 당신이 할 수 있는 일은 그것이 꽃필 수 있도록 내버려두는 것뿐이다"라고 이야기했다.[11]

　생물학자 사이에서는 유희본능이 우리 본성에 깊이 뿌리박고 있다는 공감대가 형성되어 있다. 대부분의 모든 포유류가 놀고 있으며 다른 많은 동물들도 본능적으로 놀이를 한다. 알래스카의 큰까마귀는 눈 덮인 지붕을 쌩 하고 미끄럼 타듯 나는 것을 좋아한다.[12] 오스트레일리아의 한 해변에서는 악어가 재미 삼아 파도를 타는 장면이 목격되었으며, 캐나다의 과학자들은 문어가 빈 약병을 향해 물을 뿜는 장면을 관찰하기도 했다.[13]

겉으로 보기에 놀이는 시간을 무의미하게 사용하는 것처럼 보일 수도 있다. 그러나 흥미로운 점은 가장 장난스러운 행동을 보이는 것이 가장 지능이 높은 동물이라는 것이다. 우리는 3장에서 길들여진 동물들이 평생 동안 뛰어논다는 것을 알게 되었다. 또한 호모 퍼피만큼 어린 시절을 즐기는 종도 없다. 1938년 네덜란드의 역사학자 요한 하위징아[Johan Huizinga]는 놀이는 삶에 의미를 부여한다고 이야기했다. 그는 우리에게 호모 루덴스[Homo ludens], 즉 '놀이하는 인간[playing man]'이라는 이름을 붙였다. 하위징아에 따르면 우리가 '문화'라고 부르는 모든 것은 놀이에 기원을 두고 있다.[14]

인류학자들은 대부분의 인류 역사 동안 아이들은 그들이 원하는 만큼 놀 수 있었다고 생각한다. 개별 수렵-채집 문화의 차이는 상당히 클 수 있지만 놀이 문화는 전반적으로 매우 비슷해 보인다.[15] 연구자들에 따르면 가장 중요한 것은 아이들에게 주어진 엄청난 자유이다. 수렵-채집인들은 아동 발달을 강제할 수 있다고 생각하는 경우가 드물었기 때문에 아이들은 하루 종일 놀 수 있었다.

하지만 아이들이 학교에 가지 않는다면 어른이 되어서 생활할 수 있는 삶의 준비가 되어 있을까? 대답은 이런 사회에서 노는 것과 배우는 것은 하나이며 동일하다는 것이다. 유아가 걷거나 말하는 법을 배우는 데는 시험이나 성적이 필요하지 않다. 아이들은 세계를 탐험하기를 열망하기 때문에 이 같은 것들은 자연스럽게 찾아온다. 마찬가지로 수렵-채집인의 아이들도 놀이를 통해 배운다. 곤충 잡기, 활과 화살 만들기, 동물 소리 흉내 내기 등 정글에서 할 일은 무궁무진하다. 그리고 생존하려면 식물과 동물에 대한 엄청난 지식이 필요하다.

마찬가지로 아이들은 함께 놀면서 협력하는 법을 배운다. 수렵-채집인의 아이들은 거의 항상 성별과 연령을 구분하지 않고 함께 어울려 논다. 어린아이들은 자신이 알고 있는 것을 전달해야 한다는 책임감을 느끼는 큰 아이들에게서 배운다. 당연히 서로 경쟁하는 게임은 이러한 사회에서는 거의 찾아볼 수가 없다.[16] 성인 토너먼트와 달리 구조화되지 않은 놀이에서는 참가자가 지속적으로 타협을 해야 한다. 그리고 만약 누군가 불행해지면 언제라도 게임을 끝낼 수 있다(하지만 모든 사람의 즐거움도 끝난다).

훈육과 교육 시스템의 기원

인류가 한곳에 정착하기 시작하면서 놀이 문화는 급격한 변화를 겪었다. 문명이 일어나기 시작하면서 아이들은 마음을 마비시키는 농장 노동이라는 멍에를 지게 되었다. 또한 아이들에게는 마치 토마토를 키울 때처럼 양육이 필요하다는 생각도 멍에였다. 만일 아이가 사악하게 태어났다면 제멋대로 행동하도록 내버려둘 수 없기 때문이다. 아이들에게는 먼저 문명이라는 껍데기가 필요했으며, 이를 위해서는 엄격한 훈육이 요구되는 경우가 많았다. 부모가 아이를 때려야 한다는 생각은 최근에 농촌 및 도시에 거주하는 우리 조상들 사이에서 시작되었다.[17]

최초의 도시와 국가가 등장하면서 교육 시스템도 처음으로 생겨났다. 교회에는 경건한 신도, 군대에는 충실한 군인, 정부에는 열심히 일하는 사람들이 필요했다. 놀이는 적이라는 것에 모두가 동의했다. 영국의 성직자 존 웨슬리John Wesley는 학교를 위해 자신이 제정한 규칙에서 다음과 같이 언급했다. "또한 우리는 놀이 시간도 허용하지 않는다. 어릴 때 노는 사람은 커서도 놀게 될 것이다."[18]

국가체계가 종교교육을 대체한 것은 19세기가 되어서 비로소 이루어졌다. 한 역사학자는 다음과 같이 표현했다. "프랑스의 교육부장관은 다음과 같이 장담할 수 있었다. 지금이 오전 10시 20분이므로 프랑스 전역에서 특정한 유형의 학생들이 키케로의 어느 구절을 공부하고 있는지 나는 정확히 알고 있다."[19] 훌륭한 시민의식은 어릴 때부터 사람들에게 깊이 새겨져야 했으며, 이 시민들도 조국을 사랑하는 법을 배워야 했다. 프랑스, 이탈리아, 독일의 국경선이 지도에 그려졌다. 이제 프랑스인, 이탈리아인, 독일인 행세를 가짜로라도 해야 할 때였다.[20]

산업혁명 동안 힘들고 단조로운 제조업의 많은 부분이 기계에 의해 밀려나게 되었다(물론 모든 곳이 그런 것은 아니다. 지금도 방글라데시의 아이들은 우리에게 저가 상품을 제공하기 위해 여전히 재봉틀을 돌리고 있다). 이 때문에 교육의 목표가 바뀌었다. 이제 아이들은 어른이 되었을 때 스스로 비용을 지불할 수 있도록 읽고 쓰고 설계하고 조직하는 법을 배워야 했다.

19세기 후반이 되어서야 아이들은 다시 한번 놀 수 있는 시간이 더 늘어났다. 역사학자들은 이 시기를 틀에 박히지 않은 놀이의 '황금기'라고 일컫는다. 이때 아동노동이 금지되고 부모는 아이들을 점점 더 자율에 맡겼다.[21] 유럽과 북아메리카의 많은 지역에서는 아무도 아이들을 지켜보려고도 하지 않았고, 거의 하루 종일 자유롭게 돌아다녔다. 그러나 이 황금기는 1980년대부터 직장과 교실에서의 삶이 점점 더 바빠지면서 오래 지속되지 못했다. 개인주의와 성취 문화가 우선시되었다. 가족의 규모는 점점 작아졌고 부모는 자신의 아이들이 제대로 성적을 올릴지 걱정하기 시작했다.

오늘날 장난이 지나친 아이들은 심지어 병원 진료를 받아야 할 수도 있다. 최근 수십 년 동안 행동장애의 진단율이 기하급수적으로 증가했는데, 그중 가장 좋은 예가 주의력결핍 과잉행동장애ADHD일 것이다. 이는 계절을 타는 유일한 장애라고 정신과 의사가 이야기하는 것을 들은 적이 있다. 여름방학 동안 대수롭지 않게 보였던 행동이지만 학기가 다시 시작되면 리탈린을 투여해야 하는 경우가 종종 생긴다고 한다.[22]

물론 오늘날 우리는 100년 전보다 아이들에게 훨씬 덜 엄격하며, 학교는 더 이상 19세기처럼 감옥을 닮지 않았다. 나쁜 행동을 하는 아이들은 매를 맞는 것이 아니라 약을 먹는다. 학교는 더 이상 주입하지 않고 그 어느 때보다 다양한 교과 과정을 가르친다. 학생들에게 가능한 많은 지식을 제공해 '지식 경제'에서 보수가 좋은 직업을 선택하게 하기 위해서이다. 교육은 인내해야 할 것이 되었다. 우리의 성취 기반 사회의 규칙을 내면화한 새로운 세대가 다가오고 있다. 성공의 주요 지표가 경력과 급여 수표가 되는 치열한 생존경쟁을 실천하는 방법을 배우는 세대이다. 느슨한 구석이 없고 꿈을 꾸거나 모험을 하거나 환상을 가지거나 탐구하는 경향이 작은 세대이다. 간단히 말해서 노는 법을 잊어가는 세대이다.

쓰레기 더미에서 노는 아이들

다른 방법이 있을까? 자유와 창의력이 더 많은 사회로 돌아갈 수 있을까? 놀고 싶은 욕구를 제한하지 않고 대신 이를 풀어주는 놀이터를 짓고 학교를 설계할 수 있을까? 이에 대한 대답은 그렇다, 그렇다, 그렇다.

덴마크의 조경사 카를 쇠렌센Carl Sørensen은 이미 꽤 많은 놀이터를 설계한 뒤에야 아이들이 지루해서 정신을 잃을 정도라는 사실을 깨달았다. 모래사장, 미끄럼틀, 그네 등 평범한 놀이터는 관료의 꿈이자 아이들의 악몽이다. 쇠렌센은 아이들이 폐차장이나 건설 현장에서 노는 것을 더 좋아한다는 사실이 놀랄 일이 아니라고 생각했다. 이로 인해 그는 당시로서는 완전히 새로운 것을 디자인하게 되었다. 규칙이나 안전 규정이 없는 놀이터, 아이들 스스로가 책임지는 곳.

1943년 독일 점령기에 쇠렌센은 코펜하겐의 교외 엠드럽에서 자신의 아이디어를 시험했다. 그는 고장난 자동차, 장작, 낡은 타이어로 약 7,000

제곱미터의 부지를 채웠다. 아이들은 망치, 끌, 스크루드라이버로 부수고 내려치고 고칠 수 있었다. 또 나무에 오르고 불을 피우고 구덩이를 파고 오두막을 만들 수 있었다. 쇠렌센이 나중에 이야기했듯이 그들은 "꿈을 꾸고 상상하며 이를 현실로 만들 수 있었다."[23]

그의 '정크junk(쓰레기) 놀이터'는 하루 평균 200명의 아이들을 엠드럽으로 끌어들이는 엄청난 성공을 거두었다. 문제를 일으키는 아이들이 상당 수 있었지만 사람들은 거의 즉시 다음과 같은 사실을 깨달았다. "심심한 놀이터에서 일어나는 소음, 비명, 싸움이 없었다. 기회가 너무 많아서 아이들끼리 다툴 필요가 없었기 때문이다."[24] 사태를 지켜보기 위해 '놀이터 리더'를 고용했지만 그는 개입하지 않았다. 최초의 놀이터 리더인 욘 베르텔센은 "나는 아이들에게 어떤 것도 가르칠 능력이 없으며 실제로 가르치지도 않을 것"이라고 약속했다.[25]

전쟁이 끝나고 몇 달 뒤 영국의 한 조경가가 엠드럽을 방문했다. 허트우드의 앨런 부인은 그곳에서 목격한 일이 "내 마음을 완전히 사로잡았다"고 인정했다.[26] 그 후 몇 년 동안 그녀는 "부러진 뼈가 망가진 정신보다 낫다"는 구호를 외치면서 정크의 복음을 전하기 위해 자신의 영향력을 행사했다.[27] 얼마 지나지 않아 런던에서 리버풀, 코번트리에서 리즈에 이르기까지 영국 전역이 피폭 구역이 아이들에게 개방되었다. 최근까지 독일 폭격기로 인한 죽음과 파괴의 반향을 일으켰던 곳에서 이제 즐거운 함성이 울려퍼졌다. 새로운 놀이터는 영국 재건의 은유이자 회복탄력성의 증거가 되었다.

사실 모두가 열정적이지는 않았다. 어른들은 항상 이런 종류의 놀이터에 대해 두 가지 이의를 제기한다. 첫째, 추하다. 사실 그것들은 흉물스럽다. 하지만 부모가 무질서를 보는 곳에서 아이들은 가능성을 본다. 어른이 더러운 쓰레기를 견디지 못하듯 아이들은 지루함을 참지 못한다. 둘째, 정크 놀이터는 위험하다. 보호에 중점을 두는 부모들은 엠드럽에서 뇌진탕과 골절 사고가 이어질 것을 걱정했다. 그러나 1년 동안 발생한 최악의 부상에는 석고 깁스 이상의 것이 필요하지 않았다. 영국의 한 보험회사는 깊은 감명을 받은 나머지 정크 놀이터에 일반 놀이터보다 낮은 보험료를 부과하기 시작했다.[28]

그럼에도 불구하고 1980년대 영국에서 모험 놀이터로 알려지게 된 곳이 어려움을 겪기 시작했다. 안전 규제가 늘어남에 따라 제조업체들은 자칭 '안전 장비' 마케팅으로 큰돈을 벌 수 있다는 것을 깨달았다. 그 결과는? 40년 전에 비해 오늘날 '엠드럽'의 수가 훨씬 더 적다. 그러나 최근 카를 쇠렌센의 오래된 아이디어에 대한 관심이 되살아나고 있다. 당연한 일이다. 과학은 최근 틀에 박히지 않은 놀이가 어린이의 신체적·정신적 행복에 좋다는 많은 증거를 제공했다.[29] 쇠렌센은 인생 후반기에 다음과 같은 결론을 내렸다. "사람들이 깨닫는 데 내가 도움을 준 모든 것 중에서 정크 놀이터가 가장 흉물스러웠지만 나에게는 가장 최선이며 가장 아름다운 것이었다."[30]

교육의 오래된 미래

우리는 여기서 한 단계 더 나아갈 수 있을까? 아이들이 야외에서 더 큰 자유를 누릴 수 있다면 실내에서는 어떨까? 많은 학교가 여전히 종, 시간표, 시험 위주로 짜인 미화된 공장처럼 운영되고 있다. 하지만 아이들이 놀이를 통해 배운다면 그에 걸맞은 모범 교육을 왜 하지 않는 것일까? 이것이 몇 년 전 예술가이자 교장인 시예프 드루먼Sjef Drummen에게 제기된 질문이었다. 드루먼은 놀이 재능을 한 번도 잃은 적이 없으며 언제나 규칙과 권위를 혐오하는 사람 중 한 명이다. 그는 나를 기차역까지 마중 나오면서 자전거 도로를 확실하게 가로질러 주차를 해놓았다. 나를 청중으로 사로잡은 그는 몇 시간 동안 열정적인 독백을 계속했다. 나는 가끔씩 이야기에 겨우 끼어들어 질문을 할 수 있었다. 그는 웃으면서 자신의 주장을 관철시키는 것으로 악명이 높다는 것을 인정했다.

그러나 내가 네덜란드 남부의 루르몬트Roermond행 기차를 타게 된 것은 그의 달변 때문이 아니었다. 그곳에서 무언가 특별한 일이 일어나고 있었기 때문이다. 교실이나 수업이 없는 학교를 상상해보라. 숙제나 성적 평가도 없다. 교감과 팀 리더들이라는 계층 구조가 없으며, 자율적인 교사(이곳에서는 '코치'라고 한다)로 구성된 팀들만 존재한다. 사실 책임은 학생들의 몫이다. 이 학교에서 교장은 아이들에게 회의 공간을 내줘야 하기 때문에 일상적으로 사무실에서 쫓겨난다. 또한 이곳은 괴짜 부모를 가진 색다른 학생들을 위한 엘리트 사립학교가 아니다. 다양한 배경을 가진 아이들 모두를 받아주는 이 학교의 이름은 아고라이다.

2014년 학교가 분리된 벽을 허물기로 결정하면서 이 모든 것이 시작되었다(드루먼은 이렇게 이야기했다. "아이들을 우리에 가두면 쥐처럼 행동하게 된다"). 그러고는 모든 수준의 아이들이 함께 뒤섞였다("그게 현실 세계이기 때문에"). 그런 다음 각 학생들은 자신만의 계획을 세워야 했다("학교에 1,000명의 아이들이 있다면 1,000개의 학습 경로가 있다").

결과는? 학교에 입학하면 가장 먼저 떠오르는 것은 정크 놀이터이다. 칠판 방향으로 자리가 늘어선 대신 즉석 책상, 수족관, 투탕카멘 무덤의 복제품, 그리스식 기둥, 이층 침대, 중국의 용 및 1969년식 하늘색 캐딜락의 앞부분 등 다채로운 혼돈이 보인다. 아고라의 학생 중 한 명인 브렌트는 열일곱 살로 몇 년 전까지만 해도 2개 국어를 구사하는 대학 예비학교에 다녔으며, 프랑스어와 독일어에서 낙제한 것 외에는 모든 과목에서 좋은 성적을 받았다. 브렌트는 네덜란드의 3종 진학 시스템 아래에서 일반 중등교육 과정으로 옮겨진 뒤 그곳에서도 계속 뒤처지자 취업 과정으로 옮겨졌다. "그들이 나에게 그 이야기를 했을 때 나는 화가 나서 집으로 뛰어갔다. 나는 엄마에게 맥도널드에 취직할 것이라고 말했다."

그러나 브렌트는 친구의 친구 덕분에 아고라에서 자신이 원하는 것을 자유롭게 배울 수 있게 되었다. 이제 그는 원자폭탄의 모든 것을 알고 있으며, 첫 번째 사업 계획의 초안을 작성하고 있고 또 독일어로 대화를 할 수 있다. 그는 상하이의 몬드라곤대학 국제 프로그램에 합격했다. 그의 코치인 로프 하우벤에 따르면 브렌트는 자신의 대학 입학을 발표하는 데 갈등을 느꼈다고 한다. "브렌트는 나에게 '이 학교가 나를 위해 해준 모든 것에 보답하고 싶은 것이 너무 많다'고 말했다."

또한 초등학교를 졸업한 열네 살의 안젤리크는 직업교육 코스를 배정받았지만 내가 만나본 그 소녀는 뛰어난 분석 능력을 가진 소유자였다. 그녀는 한국에 깊이 매료되어 그곳에 대한 공부를 시작했으며 이미 독학으로 한국어를 꽤 많이 습득했다. 또한 안젤리크는 비건 채식주의자이며 육식하는 사람들을 저격하는 주장의 책을 엮기도 했다(로프 코치는 "나는 항상 이런 논쟁에서 진다"고 한다).

모든 학생에게는 나름의 사연이 있다. 열네 살인 라파엘은 프로그래밍을 좋아한다. 그는 네덜란드 방송통신대학 웹사이트에서 자신이 발견한 보안 유출 사항을 나에게 보여주었다. 웹 관리자에게 알렸지만 아직 수정되지 않고 있었다. 라파엘은 웃으며 나에게 "만일 내가 그의 관심을 끌고자 했다면 그의 개인 비밀번호를 변경할 수도 있었다"고 말했다. 그는 나에게 자신이 (사용자가 직접 이용하는 부문인) 프런트엔드 작업을 한 회사의 웹사이트를 보여주었다. 수고비를 청구했어야 하는 게 아니냐고 묻자 라파엘은 이상한 표정을 지으며 말했다. "뭐라고요? 내 동기를 잃으라고요?"

목적의식 이상으로 인상적인 것은 그들의 공동체의식이다. 나와 이야기를 나눈 몇몇 학생들은 아마도 내가 옛날에 다녔던 학교에서라면 무자비하게 괴롭힘을 당했을 것이다. 하지만 아고라에서는 아무도 괴롭힘을 당하지 않는다. 그들 모두가 하는 말이었다. 열네 살의 루이는 "우리는 서로의 생각이나 실수를 바로잡아준다"고 말했다. 괴롭힘은 종종 우리 본성의 유별난 점으로 간주된다. 이는 어린 시절의 핵심적인 부분이다. 여러 해 동안 괴롭힘이 만연한 곳의 연구 결과를 광범위하게 수집한 사회학자들은 그렇지 않다고 말한다. 그들은 이를 **총체적 시설**total institution이라고 일컫는다.[31] 약 50년 전 사회학자 어빙 고프먼Erving Goffman은 다음과 같이 묘사했다.

- 모든 사람이 같은 장소에 살고 있으며 단일한 당국의 지배를 받는다.
- 모든 활동을 함께 수행하고 모두가 동일한 작업을 수행한다.
- 활동은 종종 1시간에서 다음 시간까지 엄격하게 계획된다.
- 시설이 부과한 명시적이고 공식적인 규칙 시스템이 있다.

물론 궁극적인 예는 괴롭힘이 만연한 감옥이지만 요양원과 같은 곳에서도 총체적 시설이 나타난다. 한곳에 갇혀 있는 노인들 사이에는 계급제도가 발달할 수 있다. 이 경우 다른 사람을 가장 잘 괴롭히는 우두머리는 빙고 시간에 가장 좋은 좌석과 탁자를 차지할 수 있다.[32] 괴롭힘 문제에 대한 미국의 한 전문가는 빙고를 '악마의 게임'이라고 부른다.[33]

그리고 학교가 있다. 괴롭힘은 영국의 전형적인 기숙학교(윌리엄 골딩의 《파리대왕》에 영감을 준 학교)에 가장 널리 퍼져 있다.[34] 이 학교들이 감옥과 꼭 닮은 것은 놀랄 일이 아니다. 당신은 떠날 수 없으며 엄격한 위계질서 속에서 자기 자리를 맡아야 하며, 학생과 직원은 엄격히 구분되어 있다. 이런 시설의 심각한 내부 경쟁은 영국 상류 기득권층의 본질이며, 런던의 많은 정치인들이 기숙학교에 다녔다. 그러나 교육과학자들에 따르면 이런 곳은 사람의 놀이 본능을 저해한다.[35]

좋은 소식은 상황이 각기 다를 수 있다는 것이다. 괴롭힘은 아고라와 같은 구조화되지 않은 학교에서는 사실상 존재하지 않는다. 이곳에서는 필요할 때마다 한숨 돌릴 수 있다. 출입문은 항상 열려 있다. 그리고 더 중요한 것은 이곳에 있는 모든 사람이 서로 다르다는 점이다. 연령, 능력, 수준이 각기 다른 아이들이 섞이기 때문에 서로 다른 것은 지극히 정상이다. 브렌트는 "내가 전에 다니던 학교에서는 직업교육을 받는 아이들과 말도 섞지 않았다"고 하며 그와 열다섯 살인 욥은 또래인 노아에게 배운 이야기를 해주었다. 원래 직업 프로그램에 배치되었던 노아는 그들에게 아주 많이 부족한 기획력에 대해 1시간에 걸쳐 강의를 해주었다고 한다. 욥은 "노아는 내년의 절반을 그리고 인생 전체의 절반을 기획했다. 우리가 많이 배웠다"고 설명했다.

아고라를 돌아보면서 아이들을 나이와 능력에 따라 구별해 몰아넣는 것이 얼마나 미친 짓인지 점점 더 실감하게 되었다. 전문가들은 여러 해 동안 고등교육을 받은 인구와 교육을 많이 받지 못한 인구 사이의 격차가 점점 커지고 있다고 경고해왔지만 이런 균열은 실제로 어디에서 시작되는 것일까? 열네 살인 율리에는 "나는 그 차이를 잘 모르겠다. 직업 학생들이 소위 우등생이라고 하는 아이들보다 훨씬 더 의미 있는 말을 하는 것을 들었다"고 했다.

이외에도 학교에서 시간을 정해진 기간으로 나누는 관례적인 방식을 생각해보자. 로프 코치는 "세상이 과목별로 나뉜 곳은 오직 학교뿐이다. 그런 일은 다른 어떤 곳에서도 일어나지 않는다"라고 지적했다. 학교에서 학생이 자신의 학습 리듬을 발견할 때쯤이면 다음 수업을 알리는 종이 울린다. 학습 의욕을 꺾는 데 이보다 전문화된 시스템이 있을 수 있을까?

편견을 갖기 전에 아고라의 자유방임주의 철학을 과장하지 않는 것이 중요하다. 학교는 자유를 장려할 수 있지만 모두에게 무료는 아니다. 최소한의 그러나 중요한 구조가 있다. 매일 아침 학생들은 수업을 시작한다. 매일 1시간씩 침묵의 시간을 가지며 모든 학생은 일주일에 한 번 코치와 만난다. 또한 자신들에 대한 기대치가 높다는 것을 아이들이 알고 있으며, 아이들은 코치와 함께 개인 목표를 설정한다.

이러한 코치들은 매우 중요하다. 그들은 양육하고 시련을 부과하며 격려하고 인도한다. 솔직히 말해서 그들의 직업은 평범한 교사보다 더 어려워 보인다. 먼저 그들은 교사로서 받은 훈련의 많은 부분을 버려야 한다. 로프는 "아이들이 배우고 싶어 하는 것의 대부분은 아이들에게 가르칠 수 없다"고 설명한다. 예를 들어 그는 한국어를 할 줄 모르고, 컴퓨터 프로그래밍에 대해 전혀 알지 못하지만 그럼에도 불구하고 안젤리크와 라파엘이 각자의 길을 걸어갈 수 있도록 도와주었다.

물론 가장 중요한 질문은 이 모델이 대부분의 아이들에게 효과적일까? 라는 것이다. 아고라의 학생 전체가 놀라울 정도로 다양하다는 것을 감안할 때 그 효과를 믿어야 할 이유가 나에게는 충분했다.[36] 아이들은 익숙해지는 데 시간이 걸렸지만 결국 자신의 호기심이 이끄는 대로 따라가는 법을 배웠다. 시예프 드루먼은 공장식 축산을 하는 농장의 좁은 우리에 갇힌 병아리들에 비유를 한다. "2년 전 나는 농장에서 병아리 몇 마리를 데려왔다. 마당에 풀어놓은 병아리들은 한곳에 못박힌 채 몇 시간씩 꼼짝도 하지 않았다. 움직일 용기를 얻을 때까지는 일주일이 걸렸다."

그리고 이제 나쁜 소식이다. 모든 종류의 급진적인 변혁은 필연적으로 이전 시스템과 충돌한다. 사실 아고라는 매우 다른 종류의 사회를 위해 아이들을 교육하고 있다. 이 학교는 학생들이 자율적이고 창의적이며 참여하는 시민이 될 수 있는 가능성을 제공하고자 한다. 그러나 아고라가 표준화된 시험 기준을 충족하지 못하면 정부의 점검을 통과하지 못할 것이고 자금을 더 이상 지원받지 못할 수도 있다. 이것이 아고라와 같은 구상에 지속적으로 제동을 걸고 있는 메커니즘이다. 그래서 아마도 우리가 물어야 할 더욱 중요한 질문이 있을지도 모른다. 교육의 목적은 무엇인가? 우리는 좋은 성적과 높은 급여만을 추구하도록 집단 최면에 걸려 있을 가능성이 있을까?

2018년에 두 명의 네덜란드 경제학자가 37개국에서 근무하는 근로자 2만 7,000명을 대상으로 실시한 설문조사를 분석했다. 그들은 응답자의 4분의 1이 자신이 맡은 업무의 중요성을 의심한다는 사실을 발견했다.[37] 이 사람들은 누구일까? 확실히 청소부, 간호사, 경찰관은 아니다. 데이터에 따르면 대부분의 '무의미한 일자리'는 은행, 법률사무소 및 광고대행사 등 민간 부문에 집중되어 있다. 우리의 '지식 경제' 기준으로 판단하면 이러한 일자리를 가진 사람들은 성공 그 자체이다. 그들은 전 과목 A학점을 받았으며, 글로벌 비즈니스 인맥 사이트인 링크트인LinkedIn에 멋진 프로필을 등록해놓았고 많은 급여를 받는다. 그럼에도 불구하고 그들이 하는 일은 자신들이 평가하기에 사회에 쓸모가 없다는 것이다.

세상이 미쳐버린 것일까? 우리는 재능이 가장 뛰어난 사람이 출세하도록 돕기 위해 엄청난 돈을 투자하지만 그들은 정상에 오르고 나면 그것이 무슨 쓸모가 있는지 자문한다. 한편 정치인들은 우리가 더 많은 교육을 받고, 더 많은 돈을 벌고 경제를 더 '성장'시켜야 한다고 말하면서 국제 국가 순위에서는 더 높은 위치를 확보해야 한다고 설교한다.[38] 그러나 그 모든 학위는 실제로 무엇을 대표하는가? 창의성과 상상력의 증거인가, 아니면 가만히 앉아서 고개를 끄덕이는 능력의 증거인가? 이는 수십 년 전 철학자 이반 일리치Ivan Illich가 "학교는 우리로 하여금 지금 그대로의 사회가 필요하다고 믿게 만드는 광고대행사이다"라고 이야기한 것과 같다.[39]

놀이 학교인 아고라는 다른 방법이 있음을 증명하고 있다. 이것은 대안 과정을 계획하는 학교 운동의 일부이다. 사람들은 교육에 대한 그들의 접근방식을 비웃을지 모르지만 그것이 효과가 있다는 많은 증거가 있다. 영국 서퍽에 있는 서머힐스쿨은 1921년부터 아이들에게 많은 자유를 믿고 맡길 수 있음을 입증해왔다. 매사추세츠주의 서드베리밸리스쿨도 마찬가지이다. 1960년대 이후 수천 명의 아이들이 이곳에서 어린 시절을 보

낸 뒤 만족스러운 삶을 영위했다.[40]

문제는 우리 아이들이 자유를 관리할 수 있느냐는 것이 아니라 아이들에게 자유를 부여할 용기가 우리에게 있는지의 여부이다. 이것은 중대한 질문이다. 심리학자 브라이언 서턴스미스Brian Sutton-Smith는 "놀이의 반대는 일이 아니다. 놀이의 반대는 우울증이다"라고 이야기한 바 있다.[41] 오늘날 많은 사람들이 자유도 놀이도 내재적 동기도 없이 일하는 방식은 우울증이 급속히 확산되는 것을 부채질하고 있다. 세계보건기구WHO에 따르면 우울증은 이제 전 세계에서 첫 손가락에 꼽히는 질병이 되었다.[42] 우리의 가장 큰 결핍은 은행 계좌나 예산 명세서가 아니라 우리 내부에 있다. 우리는 삶을 의미 있게 만드는 것이 부족하다. 놀이가 부족하다.

나는 아고라를 방문한 뒤 희망의 빛을 보았다. 시예프 드루먼은 나를 역에 내려주면서 다시 한번 크게 미소를 지으며 이야기했다. "오늘 말을 지나치게 많이 한 것 같아요." 사실이지만 나도 그의 학교를 잠깐이라도 걸어보면 상당히 많은 확신들이 무너지기 시작하는 것을 느낄 것이라며 그를 칭찬했다. 하지만 이제는 이해한다. 이것은 처음으로 돌아가는 여정이다. 아고라는 수렵-채집 사회와 동일한 교육철학을 가지고 있다. 아이들은 다양한 연령과 능력을 가진 사람들을 한데 모아 코치와 놀이 리더의 지원을 받는 공동체에서 간섭하지 않고 내버려둘 때 가장 잘 배운다.[43] 드루먼은 이를 '교육 0.0'이라고 부르는데, 이는 호모 루덴스로 돌아간다는 의미이다.

Chapter 15

이것이 민주주의다
: 민주주의의 일곱 가지 재앙을 넘어

정당의 붕괴, 시민의 불신, 소수의 배제, 투표에 대한 무관심, 정치인들의

부패, 부자들의 탈세, 그리고 커져가는 불평등… 일곱 가지 전염병에서

민주주의를 구하기 위해 우리가 주지해야 할 단 한 가지 사실은 '수천 년

간 지구상의 거의 모든 것이 공유지였다'는 사실이다.

민주주의의 일곱 가지 재앙

혁명이 일어날 가능성은 희박했다. 베네수엘라 서부의 지방자치단체는 인구가 20만 명도 채 되지 않았고, 소수의 엘리트가 수백 년 동안 지배해 왔다.¹ 하지만 평범한 시민들이 우리 시대의 가장 시급한 질문에 대한 답을 찾은 곳은 바로 토레스Torres에서였다. 어떻게 하면 정치에 대한 신뢰를 회복할 수 있을까? 우리는 사회의 냉소주의 흐름을 어떻게 막을 수 있을까? 그리고 어떻게 하면 우리의 민주주의를 구할 수 있을까?

전 세계의 민주주의국가는 최소한 일곱 가지 재앙으로 고통받고 있다. 정당의 무력화, 시민들 사이의 불신, 소수의 배제, 유권자의 무관심, 정치인의 부패, 부자들의 탈세, 그리고 현대 민주주의가 불평등하다는 자각의 확산. 토레스는 이러한 모든 문제에 대한 해결책을 찾았다. 지난 25년 동안 시도하고 검증한 해결책은 놀랍도록 간단하다. 이 해결책은 전 세계적으로 채택되고 있지만 대부분 뉴스거리가 되지 못한다. 아마도 뷔르트조르흐와 아고라처럼 인간 본성에 대한 근본적으로 다른 관점을 전제로 한 현실적인 기획이기 때문일 것이다. 사람들을 현실 안주자로 여기거나 성난 투표자로 전락시키지 않으면서 다음과 같이 질문하는 것이다. 우리 각자의 내면에 건설적이고 성실한 시민이 있다면 어떻게 될까? 다시 말해서 진정한 민주주의가 가능하다면 어떻게 될까?

베네수엘라 토레스시의 이야기는 2004년 10월 31일 선거 날 시작되었다. 이 지방자치단체 시장 선거에 두 명의 경쟁 후보가 출마했다. 한 명은 현재 시장이자 상업 매체의 지원을 받는 부유한 토지 소유자인 하비에르 오로페사^{Javier Oropeza}와 또 다른 한 명은 우고 차베스^{Hugo Chávez} 대통령의 강력한 정당이 지지하는 월터 카티벨리^{Walter Cattivelli}이다. 선택의 여지가 많지 않았다. 오로페사나 카티벨리 어느 쪽이 승리하든 부패한 기득권층이 계속해서 운영하는 것에는 변함이 없을 것이었다. 토레스에서 민주주의의 미래를 재창조할 것이라는 암시는 분명히 아무것도 없었다. 사실 다른 후보도 있었지만 언급할 가치가 거의 없었다. 훌리오 차베스^{Julio Chávez}(대통령과 무관)는 주변부의 선동가로 그의 지지자는 소수의 학생, 협동조합 및 노조운동가 정도였다. 한 문장으로 요약할 수 있는 그의 정강정책은 너무나 터무니없는 것이었다. 만일 그가 시장으로 선출되면 토레스 시민들에게 권력을 넘길 것이었다.

경쟁자들은 그를 진지하게 받아들이지 않았다. 아무도 그에게 기회가 주어질 것이라고 생각하지 않았다. 그러나 때로 가장 큰 혁명은 가장 기대하지 않았던 곳에서 시작된다. 그해 10월 일요일 이 3자 대결에서 35.6 퍼센트의 득표율을 차지한 훌리오 차베스는 경쟁자들과 근소한 차이로 토레스 시장에 선출되었다.² 그리고 그는 자신의 공약을 지켰다.

지역 혁명은 수백 개의 모임에서부터 시작되었다. 모든 주민은 토론에 참여하도록 초대받았을 뿐만 아니라 실제 결정을 내릴 수 있었다. 시 투자 예산의 100퍼센트에 해당하는 약 700만 달러는 그들이 지출할 돈이었다. 진정한 민주주의를 실행할 시간이 되었다고 신임 시장이 발표했다. 답답한 회의실, 미지근한 커피, 형광등과 끝없는 부기(자산과 자본과 빚의 증감을 밝히는 정부 정리법 – 옮긴이)를 위한 시간. 공무원과 직업 정치인이 아닌 토레스 시민이 통치하는 시간. 옛 엘리트들은 자신들의 부패한 시스템이 해체되는 모습을 공포에 떨며 지켜보았다. 훌리오(모두가 시장을 친구처럼 이름으로 부른다)는 어느 미국인 사회학자와의 인터뷰에서 다음과 같이 회상했다. "[그들은] 이것을 무정부 상태라고 말했어요. 그들은 내가 미쳐서 권력을 포기한다고 말했지요."[3]

토레스시를 관장하는 라라주의 주지사는 자신의 꼭두각시인 오로페사가 이 건방진 자에게 패한 것에 분노했다. 그는 시에 대한 재정 지원을 삭감하고 시의회를 새로이 구성하기로 결정했다. 그러나 그는 신임 시장에 대한 지지가 급증하고 있다는 사실을 예상하지 못했다. 수백 명의 주민들이 자신들의 예산이 채택될 때까지 집으로 돌아가기를 거부하며 시청으로 행진했다. 마침내 시민들이 승리했다. 훌리오 차베스가 선출된 지 10년 만에 토레스는 수십 년이 걸릴 만한 발전을 이루었다. 미국 캘리포니아대학 어느 분교의 연구 결과에 따르면 토레스에서는 두목–부하 관계에 의존하는 패거리 문화와 부패가 사라졌으며, 시민들은 전례 없이 정치에 참여하고 있었다. 새로운 주택과 학교가 들어섰으며, 새로운 도로가 건설되

고 오래된 구역은 말쑥하게 정비되었다.[4]

오늘날에도 토레스는 세계에서 가장 큰 규모의 시민 참여 예산을 운영하고 있다. 약 1만 5,000명의 시민이 의견을 제시하고, 매년 초 시 전역 560곳의 장소에서 위원회가 열린다. 누구에게나 제안서를 제출하고 대표를 선출할 기회가 주어진다. 시민들은 세수입 수백만 달러를 어느 곳에 배정할 것인지를 함께 결정한다. 한 주민은 "과거 정부 관리들은 하루 종일 냉방이 잘된 사무실에 앉아서 결정을 내렸다. 심지어 그들은 우리 지역사회에 한 번도 찾아오지 않았다"라고 이야기했다. 그렇다면 당신은 우리에게 무엇이 필요한지를 가장 잘 결정할 수 있는 사람이 누구라고 생각하는가? 우리 공동체에 한 번도 방문한 적이 없는 사무실 관료인가, 아니면 지역사회 출신의 누군가인가?[5]

시민 참여형 정치

이제 당신은 혼자 생각할지도 모른다. '좋은 일화야. 하지만 제비 한 마리가 왔다고 민주주의의 봄이 온 것은 아니지. 어느 이름 없는 도시가 인적이 드문 곳을 향해 모험을 떠났다고 치자. 왜 그것이 혁명일까?' 사실 토레스에서 일어난 일은 수많은 사례 중 하나에 불과하다. 이보다 더 큰 일화는 1989년 브라질의 대도시인 포르투알레그리Porto Alegre라는 도시에서 예산의 4분의 1을 대중에게 맡기는 전례 없는 조치를 취하면서 시작되었다. 1989년 이 아이디어는 10년 뒤 브라질 전역 100여 곳 이상의 도시에서 따라했으며, 다시 세계 전역으로 퍼지기 시작했다. 2016년까지 뉴욕시에서 세비야, 함부르크에서 멕시코시티에 이르는 1,500여 곳의 도시가 참여 예산을 제정했다.[6]

여기서 우리가 이야기하고 있는 것은 21세기의 가장 큰 운동 중 하나이지만 이런 이야기를 들어본 적이 없을 가능성이 크다. 뉴스거리가 될 만큼 충분히 흥미롭지 못하기 때문이다. 시민 정치인에게는 리얼리티쇼의 스타 같은 매력도, 공보비서관을 고용하고 광고 활동을 벌일 돈도 없다. 그들은 소위 토론이라고 불리는 것을 소재로 삼은 짤막하고 함축적인 농담을 만들어내지 않으며, 매일 시행되는 여론조사에도 전혀 관심이 없다. 시민 정치인이 하는 일은 차분하고 신중히 생각하는 대화에 참여하는 것뿐이다. 이는 따분하게 들릴지 모르지만 마법이다. 우리의 낡고 지친 민주주의를 괴롭히는 일곱 가지 재앙에 대한 해결책일 수도 있다.

1. 냉소주의에서 참여로

대부분의 국가에서는 국민과 정치기구 사이에 깊은 단절이 있다. 워싱턴, 베이징, 브뤼셀에서는 대부분의 결정이 소송을 통해 내려진다. 이런 상황에서 일반인들이 아무도 자신들의 목소리에 귀를 기울이거나 의사를 전달해주지 않는다고 느끼는 것이 이상한 일일까?

토레스와 포르투알레그리에서는 거의 모든 사람이 개인적으로 정치인과 친분이 있다. 인구의 약 20퍼센트가 시 예산 편성에 참여했기 때문에 정치인들이 잘못하고 있는 일에 대한 불평도 적다.[7] 상황이 어떻게 진행되고 있는지 만족스럽지 않은가? 포르투알레그리의 한 참여자는 "이곳에 와서 어떤 일을 하라고 지시를 하는 역할은 소송이 아니라 우리가 담당한다. 나는 겸손한 사람이다. 나는 처음부터 참여해왔다. [예산 편성은] 사람들로 하여금 발언을 하게 만들며 이런 권리는 가장 가난한 사람들도 참여하게 만든다"라고 이야기했다.[8]

이와 동시에 포르투알레그리 시의회에 대한 신뢰가 높아졌다. 예일대학의 한 정치학자는 여기에서 가장 득을 보는 사람은 시장이라고 밝혔다. 시민들에게 권한을 부여하는 시장이 재선될 가능성이 더 높기 때문이다.[9]

2. 양극화에서 신뢰로

포르투알레그리가 참여 예산 편성 실험을 시작했을 때 이 도시는 신뢰의 확실한 보루라고 할 수 없었다. 브라질보다 서로에 대한 신뢰가 낮은 국가는 사실 드물다.[10] 이 도시에서 민주주의가 성공할 가능성은 전무할 정도로 희박하다는 것이 전문가 대부분의 평가였다. 사람들은 우선 뭉쳐야 했으며 모임을 만들고 차별과 맞서 싸우는 등의 과업을 이루어야 했다. 그런 뒤에야 민주주의가 뿌리를 내릴 수 있는 토대가 마련될 것이었다.[11]

포르투알레그리는 이 방정식을 뒤집었다. 정부가 참여 예산을 편성하기 시작한 뒤에야 비로소 신뢰가 커지기 시작했다. 그러자 지역사회 단체는 1986년 180곳에서 2000년 600곳으로 늘어났다. 참여한 시민들은 오래지 않아 서로를 콤파네이루companheiro, 즉 동포이자 형제라고 부르기 시작했다. 포르투알레그리의 사람들은 처음에는 아고라 창립자인 시예프 드루먼이 이야기한 좁은 우리에 갇힌 병아리처럼 행동했다. 우리에서 처음 풀려났을 때 그들은 땅에 못박혀 서 있었다. 하지만 곧 스스로 발을 내딛었다. 어떤 사람은 이를 다음과 같이 표현했다. "가장 중요한 것은 점점 더 많은 사람들이 온다는 점이다. 처음 오는 분도 환영한다. 우리에게는 [그들을] 버리지 않을 책임이 있다. 그것이 가장 중요한 일이다."[12]

3. 배제에서 포함으로

정치 논쟁은 너무 복잡해서 사람들이 내용을 따라가기가 어려울 수 있다. 또한 학력 민주주의에서는 돈이 없거나 학력이 낮은 사람들은 소외되는 경향이 있다. 많은 민주주의 시민들은 기껏해야 자신을 대표할 귀족을 선택할 수 있을 뿐이다. 그러나 수백 건의 참여 예산 실험에서 가장 잘 반영되는 것은 전통적으로 권리를 박탈당한 집단의 의사이다. 2011년 뉴욕시에서 시작된 이 회의는 그동안 주로 라틴계와 아프리카계 미국인들의 참여로 이루어졌다.[13] 그리고 포르투알레그리에서는 참여자의 30퍼센트가 가장 빈곤한 20퍼센트에 속하는 사람들이었다.[14]

포르투알레그리의 한 참여자는 "처음 참여했을 때 확신이 서지 않았다. 그곳에 대학 학위를 가진 사람들이 있었는데 우리에게는 학위가 없었기 때문이다. [……] 하지만 시간이 지나면서 우리는 배우기 시작했다"고 인정했다.[15] 기존의 정치체제와 달리 새로운 민주주의는 부유한 백인들의 전유물이 아니다. 대신 소수민족과 가난하고 학력이 낮은 계층 사람들의 의사가 더 잘 반영된다.

4. 안주에서 시민권으로

전체적으로 유권자들은 정치인들을 매우 부정적으로 보는 경향이 있으며 그 반대의 경우도 마찬가지이다. 그러나 토레스와 포르투알레그리에서 시행된 민주주의는 시민권을 위한 훈련장이다. 사람들에게 일이 운영되는 방식에 대해 발언권을 부여하면 정치에 대해 더 미묘한 부분까지 감각을 갖추게 된다. 공감도 더 많이 하고 심지어 더 똑똑해진다.

캘리포니아 벌레이오^{Vallejo}의 참여 예산 편성에 대해 보도한 어느 기자는 사람들이 너무나 헌신적인 것에 놀라움을 금치 못했다. "다양한 연령대와 인종 집단에 속한 사람들이 모두 여기에 있었다. 이들은 집에 머물며 월드시리즈에서 자기 지역 야구단의 경기를 지켜보고 있는 대신 규칙과 투표 절차를 논의하고 있었다. 뿐만 아니라 매우 열정적이었다."[16]

연구자들은 모두가 진지하게 받아들이는 한 정규교육을 얼마나 받았느냐에 상관없이 거의 모든 사람이 무언가 기여할 가치가 있다는 사실에 대해 거듭 언급한다.

5. 부패에서 투명성으로

참여 예산이 포르투알레그리에서 시작되기 전 정치인에게 할 말이 있던 시민들은 사무실 밖에서 몇 시간을 기다려야 했을 것이다. 그러고는 테이블 아래로 현금 다발이 은밀히 거래되었다. 여러 해 동안 포르투알레그리를 연구한 브라질의 사회학자에 따르면 참여 과정 덕분에 오래된 뇌물 문화가 사라져갔다. 사람들은 시 재정에 대해 더 잘 알게 되었고, 이로 인해 정치인들은 뇌물을 받고 사업을 알선해주는 일이 더 어려워졌다.[17]

시카고 주민은 "우리는 [참여 예산]을 조직 도구로 본다. 이는 우리 회원들이 도시 예산에 대해 더 많은 것을 알게 해주고, 그러면 우리는 시의회 의원들이 다루는 다른 업무에도 압박을 가할 수 있을 것이다"[18]라고 이야기했다. 다시 말하면 참여 예산 편성은 정치와 사람들 사이의 가교 역할을 한다.

6. 이기심에서 연대로

최근 몇 년 동안 사회의 파편화에 대해 얼마나 많은 책이 출판되었는가? 우리는 더 나은 의료, 더 나은 교육, 더 낮은 빈곤을 원하지만 우리는 또한 적극적으로 참여할 의무가 있다. 믿기 힘들겠지만 연구에 따르면 참여 예산 편성은 실제로 사람들이 세금을 더 기꺼이 내도록 만든다. 포르투알레그리에서 시민들은 정치학자들이 항상 생각할 수조차 없다고 여겼던 세금 인상을 요구했다.[19]

레스터 이스트(영국)의 한 참가자는 "나는 지방세로 하는 일이 그렇게 많다는 것을 이해하지 못했었다. 이 덕분에 유지되는 서비스가 어떤 것들인지 알게 되어 매우 좋았다"라고 열변을 토했다.[20] 이것은 세금을 사회 구성원으로서 지불하는 분담금으로 재정의한다. 참여 예산 편성에 참여한 많은 사람들은 이 경험으로 인해 자신들이 처음으로 진정한 시민이라는 느낌을 받았다고 이야기한다. 1년 뒤 포르투알레그리의 한 시민이 표현한 바에 따르면 자신의 지역사회를 초월하는 시각을 배우게 된다. "당신은 도시 전체를 들여다보아야 한다."[21]

7. 불평등에서 존엄성으로

포르투알레그리가 민주적 모험을 시작하기 전 이 도시는 재정적으로 심각한 위기에 처해 있었다. 주민의 3분의 1은 빈민가에 살고 있었다. 그러나 그 후 상황은 빠르게 변화하기 시작했다. 참여 예산을 채택하지 않은 도시보다 훨씬 빠르게 변했다.[22] 상수도를 사용할 수 있는 주민은 1989년 75퍼센트에서 1996년 95퍼센트로 증가했다. 도시 하수 서비스를 이용할 수 있는 비율은 주민의 48퍼센트에서 95퍼센트로 증가했다. 학교에 다니는 아이의 수는 3배로 늘었으며, 도로 건설은 5배로 증가했고 탈세율은 급락했다.[23] 시민 예산 덕분에 부동산과 같은 고급 프로젝트에 투입되는 공적 자금이 줄어들었다. 세계은행에 따르면 도시 인프라, 교육 및 의료에 더 많은 자금이 투입되는 것으로 나타났다. 이는 특히 빈곤 지역에서 더욱 뚜렷하게 나타난 현상이었다.[24]

2014년 미국의 연구팀은 참여 예산 편성이 브라질 전반에 미친 사회적·경제적 영향에 대한 최초의 대규모 연구 결과를 발표했다. 그들의 결론은 명확했다. "우리는 참여 예산 편성 프로그램이 보건의료비 지출의 증가, 시민사회 조직의 증가, 유아 사망률 감소와 밀접한 관련이 있음을 발견했다. 이 프로그램이 오랫동안 유지될수록 이런 연관은 더욱 극적으로 강해진다."[25]

1990년대 중반 영국의 채널4는 〈시민의 의회〉라는 새로운 텔레비전 프로그램을 시작했다. 이 프로그램에서는 각계각층의 영국인 수백 명을 무작위로 초청해 마약, 무기 판매 및 청소년 범죄와 같은 논쟁적 이슈를 정면으로 다루었다. 이들은 매회가 끝날 때마다 타협점을 찾아야 했다.

《이코노미스트》의 보도에 따르면 "〈시민의 의회〉를 시청한 많은 사람들은 이 토론이 영국 하원보다 수준이 더 높다. 전자의 구성원은 후자와 달리 동료들의 말에 귀를 기울이는 것 같다"[26]는 것이다. 그래서 채널4는 무슨 일을 했을까? 프로듀서들은 논쟁이 너무 차분하고, 지나치게 사려 깊고, 너무나 합리적이라고 느낀 나머지 프로그램을 중단했다. 그들은 우리가 '정치'라고 부르는 대립을 일삼는 종류의 오락물을 훨씬 더 선호했다. 그러나 참여 민주주의는 텔레비전을 위해 날조된 실험이 아니다. 이는 낡은 민주주의의 재앙에 맞서는 건전한 방법이다.

다른 모든 것과 마찬가지로 이러한 형태의 민주주의에는 단점이 있다. 연간 투자에 중점을 두면 도시의 장기 비전이 희생될 수 있다. 더 중요한 것은 많은 참여 과정이 지나치게 제한적이라는 사실이다. 포르투알레그리의 예산은 보수연합이 집권한 2004년에 삭감되었으며, 지금은 이 모든 것이 시작된 도시에서 그 전통이 살아남을지 불분명하다.

때로는 참여 예산 편성이 은폐용으로 이용되기도 한다. 이는 무대 뒤에서 여전히 주도권을 잡고 있는 엘리트들의 거짓된 양보이다. 그런 다음 시민의회가 하는 일은 이미 정해진 결론에 고무도장을 찍는 것뿐이다. 당연히 이것은 냉소주의를 불러일으키지만 그렇다고 해서 시민들의 직접적인 목소리를 부정하는 것이 정당화되는 것은 아니다. 역사학자 데이비드 반 레이브룩David Van Reybrouck은 "책임 있는 시민을 투표 때만 쓸모 있는 대상으로 취급하면 이들은 그에 맞춰 행동할 것이다. 하지만 그들을 성인으로 대하면 어른처럼 행동할 것이다"라고 언급했다.[27]

공유와 일상적 공산주의

아르놀트 씨가 공산주의에 대해 가르쳐준 것은 4학년 때였다. 공산주의는 "각자의 능력에 따라, 각자의 필요에 따라" 또는 몇 년 뒤 옥스포드 영어사전에서 읽은 것처럼 "모든 재산이 공동체의 소유이며, 각 개인은 자신의 능력만큼 기여하고 필요한 만큼 받아가는 사회 조직의 이론이나 체계"를 말한다.[28] 어린 시절 이것은 좋은 생각처럼 들렸다. 모든 것을 공유하지 않는 이유는 무엇일까? 하지만 나는 그 후 몇 년 동안 많은 아이들처럼 실망스러운 깨달음에 직면했다. 모든 것을 똑같이 공유하는 것은 좋은 생각일 수 있지만 실제로는 혼돈, 가난, 더 나쁜 경우 유혈극을 초래한다. 레닌과 스탈린 치하의 구소련, 마오쩌둥의 중국, 폴 포트의 캄보디아를 생각해보라.

요즘 공산주의는 논란이 많은 이데올로기 목록에서 1위를 차지하고 있다. 공산주의는 작동할 수 없다고들 한다. 왜? 인간 본성에 대한 잘못된 이해에 기반을 두고 있기 때문이다. 우리는 사유재산이 없으면 모든 동기를 잃고 냉담한 기생충으로 빠르게 돌아간다. 혹은 전해지는 이야기에 따르면 그렇다고 한다.

10대 시절 나는 이상하게 생각했다. 공산주의가 '실패'했다는 근거가 피에 굶주린 정권의 행태에만 의존하고 있는 것 같았다. 공산주의는 일반 시민에게 발언권이 없으며, 부패한 엘리트가 운영하는 전능한 경찰국가의 정권들의 행태 때문에 실패했다는 것이다. 그 당시 내가 깨닫지 못했던 사실이 있다. 공산주의는 적어도 공식적인 정의에 따르면 수백 년 동안 성공적인 체제였으며, 구소련과는 유사하지 않다는 점이다. 사실 우리는 매일 그것을 연습한다. 우리 경제의 큰 부분은 민영화된 지 수십 년이 지났어도 여전히 공산주의 모델에 따라 운영되고 있다. 이는 너무 정상적이고 명백해서 더 이상 눈에 띄지도 않는다.

간단한 예를 들어보자. 당신은 식탁에 앉아 있고 소금이 손에 닿지 않는 곳에 놓여 있다. "소금 좀 건네주세요"라고 말하면 누군가 무료로 소금을 건네준다. 인류학자들은 이것을 일상적 공산주의everyday communism라고 일컫는다. 인류는 공원과 광장, 음악과 이야기, 해변과 침대를 공유하면서 이런 종류의 공산주의에 열광한다.[29] 아마도 이런 관대함의 가장 좋은 예는 가정일 것이다. 전 세계의 수십억 가정이 공산주의 원칙에 따라 구성되어 있다. 부모는 자신의 소유물을 아이와 공유하고 능력껏 기여한다. '경제economy'라는 단어가 여기서 생겨났다. 이는 '가정 경영'을 뜻하는 그리스어

'오이코노미아^{oikonomía}'에서 유래한 것이다.

또한 우리는 직장에서 끊임없이 우리의 공산주의적 색채를 드러내고 있다. 예를 들어 이 책을 쓰는 동안 나는 한 푼도 요구하지 않는 동료 수십 명의 비판적인 시각이라는 혜택을 받았다. 기업도 내부 공산주의의 열렬한 팬이다. 단순히 그것이 매우 효율적이기 때문이다. 하지만 낯선 사람에게는 어떨까? 결국 우리는 모든 사람과 모든 것을 공유하지 않는다. 길을 물어보는 사람들을 도울 때 우리가 비용을 청구하는가? 아니면 누군가를 위해 문을 열어놓거나 다른 사람이 우산 아래에서 비를 피하도록 허용했을 때는 어떤가? 이러한 행위들은 맞대응 거래가 아니다. 당신이 그렇게 하는 이유는 그것이 품위 있는 행동이기 때문이며, 또한 낯선 사람들이 당신에게도 똑같은 행동을 할 것이라고 믿기 때문이다.

우리의 삶은 이러한 종류의 공산주의적 행동으로 가득 차 있다. '공산주의^{communism}'는 라틴어 '코뮤니스^{communis}'에서 유래했으며, '함께 사용한다'는 뜻이다. 공산주의는 시장, 국가, 관료제를 포함하는 다른 모든 것이 구축되는 기반이라고 볼 수도 있다. 이는 2005년 뉴올리언스와 같은 자연재해가 발생했을 때 일어나는 협동과 이타주의의 폭발을 설명하는 데 도움이 될 수 있다. 재앙이 발생하면 우리는 스스로의 근본으로 돌아간다.

물론 우리는 모든 것에 금전적 가치를 부여할 수는 없으므로 '각자의 능력에 따라 기여하고, 각자의 필요에 맞춰 분배하는' 공산주의의 이상을 항상 적용할 수는 없다. 하지만 시야를 더 넓혀보면 일상적으로 우리가 자신의 몫으로 챙기는 것보다 훨씬 더 많은 것을 서로 공유한다는 사실을 깨닫게 될 것이다. 이 공유 기반은 자본주의의 중요한 버팀목이다. 얼마나 많은 회사가 고객의 관대함에 전적으로 의지하고 있는지를 생각해보자. 페이스북의 가치는 수억 명의 이용자들이 무료로 공유하는 사진과 영상이 없다면 훨씬 더 낮아질 것이다. 에어비앤비는 여행자들이 무료로 올리는 수많은 이용 후기가 없었다면 오래 살아남지 못했을 것이다.

그러면 우리는 왜 우리 자신의 공산주의를 전혀 보지 못하는 것일까? 어쩌면 우리가 공유하는 것들이 그다지 주목할 만하지 않기 때문일지도 모른다. 우리는 이러한 것들의 공유를 당연하게 여긴다. 센트럴파크에서 산책하면 좋다고 사람들에게 설명하는 전단지를 인쇄할 필요는 없다. 깨끗한 공기를 흡입하라고 주문하는 공익광고는 필요하지 않다. 또한 당신은 공기나 당신이 휴식을 취하는 해변, 당신이 이야기하는 동화가 누군가의 소유라고 생각하지도 않는다. 당신은 누군가가 공기를 대여하거나 해변을 무단으로 사유화하거나 동화에 저작권을 주장할 때 비로소 관심을 갖게 된다. 잠깐, 당신은 이것이 우리 모두의 것이 아니었다고 생각하는가? 우리가 공유하는 것을 **공유지**the common라고 한다. 이 공유지에는 공동체가 공유하고 민주적으로 관리하는 한 공동체 텃밭에서 웹사이트, 언어, 호수에 이르기까지 거의 모든 것이 포함된다. 일부 공유지는 식수와 같은 자연의 풍요로움의 일부이고, 또 다른 일부는 인간의 발명품(위키피디아 같은 웹사이트)이다.

수천 년 동안 지구상의 거의 모든 것이 공유지였다. 우리의 유목민 조상은 국가에 대한 개념은 물론 사유재산에 대한 개념이 거의 없었다. 수렵-채집인들은 자연을 모든 사람의 필요를 충족시켜주는 '주는 장소'로 여겼으며, 발명이나 곡조에 특허를 내겠다고 생각한 일은 결코 없었다. 3장에서 살펴보았듯이 호모 퍼피가 성공한 것은 우리가 표절의 대가였던 덕분이다.

시장과 국가가 계속해서 점점 더 많은 공유지를 흡수한 것은 오로지 지난 1만 년 동안에 일어난 일이다. 이는 과거 모든 사람이 공유했던 땅에 대해 자신의 소유권을 주장한 최초의 족장과 왕들로부터 시작되었다. 오늘날 식수원에서 생명을 구하는 약물, 새로운 과학 지식에서 우리 모두가 부르는 노래에 이르기까지 모든 종류의 공유지를 도용하는 것은 주로 다국적 기업들이다(19세기 히트작 '생일 축하곡Happy Birthday'은 2015년까지 워너뮤직그룹이 저작권을 소유해 수천만 달러의 수입을 벌어들였다). 또는 전 세계 도시 전역을 보기 흉한 광고판으로 도배한 광고산업의 부상을 가져올 수 있다. 누군가 당신의 집에 스프레이로 낙서를 하면 우리는 그것을 기물 파손이라고 한다. 그러나 광고의 경우는 공공 공간을 훼손할 수 있으며 경제학자들은 이를 '성장'이라고 일컬을 것이다.

공유지의 개념은 미국의 생물학자 개릿 하딘Garrett Hardin이 《사이언스》 저널에 발표한 논문을 통해 널리 알려지게 되었다. 1968년 혁명의 시기. 전 세계 수백만 명의 시위자들이 거리로 뛰쳐나와 '현실적이 되라. 불가능한 것을 요구하라'는 구호를 외치며 불만을 쏟아냈다. 그러나 보수적인

개릿 하딘은 거기에 속하지 않았다. 그의 6쪽짜리 논문 〈공유지의 비극〉
은 히피 이상주의를 재빨리 깨뜨려버렸다. 하딘은 "모두가 사용할 수 있
는 목초지를 상상해보라. 목동들은 저마다 가능한 많은 소를 공유지에서
키우려고 노력할 것이다"라고 서술했다. 그러나 개인 차원에서 타당한 것
은 집단에게는 재앙을 초래하고 지나친 방목은 척박한 황무지만을 남기
게 된다. 하딘은 유감스럽지만 필연적인 사건을 의미하기 위해 그리스어
로 '비극'이라는 용어를 사용했다. 그는 "공유지에서의 자유는 모두의 파
멸을 가져온다"고 했다.[30]

하딘은 가혹한 결론에 이르는 것을 두려워하지 않았다. 여러 나라가 에
티오피아에 식량 원조를 해야 하는가의 문제에 대해 그의 대답은 시작도
하지 말라는 것이었다. 더 많은 식량은 더 많은 아이들과 더 심한 기근을
의미할 것이다.[31] 그는 이스터섬에 대한 비관주의자들처럼 인구과잉을 궁
극적인 비극으로 보고 생식권 제한을 올바른 해결책으로 보았다(자신에게
는 적용하지 않았다. 그는 네 아이의 아버지였다).

하딘의 논문이 가져온 영향을 과장하기는 어렵다. 과학 저널에 발표된
논문 중 역사상 가장 널리 재간행되었으며, 전 세계 수백만 명이 이를 읽
었다.[32] 1980년대 미국의 한 생물학자는 다음과 같이 이야기했다. "[그것
은] 모든 학생의 필독서가 되어야 하며, 만일 내 마음대로 할 수 있다면 모
든 인간에게 읽혀야 한다."[33] 궁극적으로 〈공유지의 비극〉은 시장과 국가
의 성장에 대한 가장 강력한 지지 중 하나로 입증될 것이다. 공동재산은
비극적으로 실패할 운명이었기 때문에 우리를 구하기 위해서는 국가의

보이는 손이나, 시장의 보이지 않는 손이 필요했다.

남아 있는 선택지라고는 크렘린 또는 월스트리트뿐인 것처럼 보였다. 그러다 1989년 베를린 장벽이 무너지자 단 하나만 남게 되었다. 자본주의가 승리하고 우리는 호모 이코노미쿠스가 되었다.

공유지의 비극을 넘어

공정하게 이야기하면 적어도 한 사람은 개릿 하딘의 주장에 흔들리지 않았다. 엘리너 오스트롬Elinor Ostrom은 대학이 여성을 그다지 환영하지 않던 시대의 야심만만한 정치경제학자이자 연구원이었다. 그리고 하딘과 달리 오스트롬은 이론적 모델에 거의 관심이 없었다. 그녀는 현실 세계에서 실제 사람들이 어떻게 행동하는지 보고 싶어 했다. 하딘의 논문이 간과한 중요한 세부사항이 하나 있다는 사실을 깨닫는 데는 오랜 시간이 걸리지 않았다. 인간은 말할 수 있다. 농부와 어부 그리고 이웃은 자신의 밭이 사막으로 변하지 않고, 호수에서 물고기가 남획되지 않고, 우물이 마르지 않도록 합의하는 능력을 완벽하게 갖추고 있다.

이스터섬 주민들이 계속해서 협력하고, 참여 예산 책정자들이 건설적인 대화를 통해 결정을 내리듯이 일반 사람들은 모든 종류의 공유지를 성공적으로 관리하고 있다. 오스트롬은 스위스의 공유 목초지와 일본의 경작지에서 필리핀의 공동 관개시설 및 네팔의 수원 지역에 이르기까지 전 세계의 공유지 사례를 기록하기 위해 데이터베이스를 구축했다. 오스트롬이 들여다본 모든 곳에서 드러난 사실은 하딘이 주장한 대로 자원을 공유하는 것이 비극을 만드는 비법이 결코 아니라는 점이다.[34]

물론 공유지는 이해 상충이나 탐욕의 희생양이 될 수 있지만 이는 피할 수 없는 일이다. 오스트롬과 그녀의 팀은 총 5,000여 곳 이상의 현재 운용되고 있는 공유지 사례를 수집했다. 여기에는 수백 년의 전통을 지닌 곳이 적지 않은데, 어업권을 두고 제비를 뽑는 오랜 전통의 터키 알라니아의 어부나 부족한 장작 사용을 공동으로 조정하는 스위스 퇴르벨 마을의 농부 등을 들 수 있다. 오스트롬은 자신의 획기적인 저서 《공유의 비극을 넘어》(1990)에서 공유지를 성공적으로 유지하기 위한 일련의 '설계 원칙'을 공식화했다. 예를 들어 공동체에는 최소한의 자율성과 효과적인 감시 시스템을 갖춰야 한다. 그러나 오스트롬은 성공을 위한 청사진은 따로 없다고 강조했다. 공유지의 특성은 궁극적으로 지역적 맥락에 의해 형성되기 때문이다.

시간이 지남에 따라 심지어 오스트롬이 소속된 대학의 학과조차도 공유지와 닮기 시작했다. 1973년 그녀와 그녀의 남편은 인디애나대학에 '정치 이론 및 정책 분석 워크숍'을 설립하고 전 세계의 학자들을 모아 공유지를 연구했다. 워크숍이라는 형식을 선택한 것은 대학에서 워크숍 구조를 규정하는 규칙이 없었기 때문으로 이는 토론과 발견의 집합체가 되었다. 사실 이것은 오스트롬 자신이 포크송을 선창하는 파티와 함께 학문적 히피 공동체로 성장했다.[35] 그리고 몇 년 뒤 어느 날 스톡홀름에서 전화가 걸려왔다. 엘리너 오스트롬은 2009년 여성 최초로 노벨경제학상을 수상했다.[36] 이 같은 수상자 선정은 강력한 메시지였다. 1989년 베를린 장벽이 무너지고, 2008년 자본주의가 붕괴된 뒤 마침내 국가와 시장 사이의 대안인 공유지에 주목해야 할 순간이 도래했다.

호모 코오퍼런스

뉴스 속보가 아닐 수도 있지만 그 이후 공유지는 눈부시게 자리를 되찾았다. 역사가 반복되는 것처럼 보인다면 이러한 일이 처음이 아니기 때문이다. 중세 후기 유럽에서는 공동체 정신이 폭발했는데, 역사가 티네 드 무어Tine de Moor는 이를 '조용한 혁명'이라고 불렀다. 11세기부터 13세기까지에 이르는 동안 공동으로 관할하는 목초지가 점점 더 많아졌고, 수질관리위원회, 길드, 일반 집단이 우후죽순으로 생겨나기 시작했다.[37] 이 공유지들은 18세기에 압력을 받을 때까지 수백 년 동안 잘 작동했다.

계몽주의시대의 경제학자들은 집단 농지가 생산 가능성을 극대화하지 않는다는 결론을 내렸다. 이 때문에 그들은 정부에 울타리를 친 장소, 즉 인클로저enclosure를 만들 것을 권고했다. 이는 공동재산을 여러 구획으로 쪼개 부유한 지주들이 나누어갖는 것을 의미한다. 생산성은 이들의 관리 덕분에 증가한 것이다.

18세기 자본주의의 발달이 자연스러운 일이라고 생각하는가? 거의 그렇지 않다. 보이지 않는 시장의 손이 농민들을 농장에서 공장으로 부드럽게 옮긴 것이 아니었다. 총검을 준비해둔 국가의 무자비한 손에 의해서였다. 세계 곳곳에서 그 놈의 '자유시장'은 위에서 아래로 계획, 강요되었다.[38] 19세기 말에 이르러서야 수많은 노조와 노동자 협동조합이 자발적으로 밑바닥에서부터 형성되기 시작해 20세기 사회안전망 시스템의 기반이 되었다.

똑같은 일이 지금도 일어나고 있다. 인클로저와 시장 세력(국가에 의해 계획된 상의하달식)의 기간 이후 조용한 혁명이 바닥에서부터 끓어오르며 최근 몇 년 동안 상승세를 보이고 있다. 특히 2008년 금융위기 이후 돌봄 협동조합, 병가풀(개인이 쓰지 않은 병가를 단체로 적립해 필요시에 다른 사람도 쓸 수 있도록 풀로 운영하는 제도 - 옮긴이), 에너지 협동조합과 같은 기획이 폭발적으로 증가했다. 티네 드 무어는 "역사는 우리에게 인간이 본질적으로 협동적인 존재, '호모 코오퍼런스homo cooperans'라는 것을 가르쳐준다. 우리는 특히 시장 개발과 민영화가 급속히 진행된 시기 이후에 장기적인 협력에 초점을 맞춘 제도를 오랜 시일에 걸쳐 구축해왔다"라고 지적했다.[39]

그래서 우리는 공산주의를 더 많이 원하는가, 더 적게 원하는가? 나는 고등학교 경제학 수업에서 우리는 이기심이 인간 본성에 있다고 배웠다. 자본주의는 우리의 가장 깊은 본능에 뿌리를 두고 있다는 것이다. 구매, 판매, 거래 등 우리는 항상 개인적인 이익을 극대화하기 위해 노력한다. 물론 우리는 국가가 나서서 우리의 타고난 성향 위에 약간의 연대(결속)를 흩뿌릴 수 있다고 들었다. 그러나 이것은 오직 조직의 높은 곳에서만 일어날 수 있으며 감독과 관료제도 없이는 결코 일어날 수 없다.

이제 이 같은 관점은 완전히 반대였다는 것이 밝혀지고 있다. 우리의 타고난 성향은 연대하는 것인 데 반해 시장은 높은 곳에서 강제된다. 최근 수십 년 동안 수십억 달러를 쏟아부어 의료 서비스를 인공적인 시장으로 전환하기 위해 미친 듯이 노력해온 것을 보자. 왜? 우리는 이기심을 배워야 하기 때문이다. 건전하고 효과적인 시장의 사례가 많지 않다는 것은 아니다. 또한 우리는 지난 200년 동안 자본주의의 부상 덕분에 눈부신 번영을 이루었다는 사실을 잊지 말아야 한다. 따라서 드 무어는 자신이 '제도적 다양성'이라고 이름 붙인 것을 공개적으로 지지한다. 이는 시장이 어떤 경우에는 가장 잘 작동하고, 어떤 경우에는 국가 통제가 더 낫지만 이 모든 것을 뒷받침하려면 함께 일하기로 결정한 시민들의 강력한 공동 기반이 있어야 한다는 인식이 필요하다는 취지이다.

이 시점에서 공유지의 미래는 아직 불확실하다. 공동의 이익이 복귀하는 동안에도 그들은 계속 공격을 받고 있다. 예를 들어 다국적기업은 수원을 사들이고 유전자 특허를 취득하며, 정부는 돈이 될 수 있는 모든 것을 사유화하고, 대학은 최고 입찰자에게 지식을 팔아넘긴다. 또한 플랫폼 자본주의의 출현으로 에어비앤비와 페이스북 같은 회사들이 호모 코오퍼런스의 번영에서 좋은 것만 빼갈 수 있게 되었다. 공유 경제는 우리 모두가 털을 깎이는 벗겨먹기 경제와 비슷하다고 밝혀지는 경우가 흔하다.

현재 우리는 여전히 치열하고 결정되지 않은 경쟁 속에 갇혀 있다. 한편에서는 전 세계가 하나의 큰 공동체가 될 운명이라고 믿는 사람들이 있다. 이들은 포스트 자본주의자로도 알려진 낙관주의자들이다. 아마도 공산주의가 여전히 더럽혀진 단어이기 때문에 선택한 이름일 것이다.[40] 다른 한편으로는 실리콘밸리와 월스트리트의 계속되는 공유지에 대한 공격과 불평등의 지속적인 성장을 예견하는 비관론자들이 있다.[41] 어느 쪽이 옳은 것으로 밝혀질까? 정말로 아무도 모른다. 하지만 나는 낙관론자도 비관론자도 아닌 가능성주의자였던 엘리너 오스트롬을 선택하겠다. 그녀는 다른 길이 있다고 믿었다. 그녀가 추상적인 이론을 접했기 때문이 아니라 자신의 눈으로 그것을 직접 보았기 때문이다.

알래스카의 공동재산 운영

기존 자본주의 모델에 대한 가장 유망한 대안 중 하나는 실제로 꽤 오랫동안 존재해왔다. 진보적인 스칸디나비아, 붉은 중국, 무정부주의의 요람인 라틴아메리카에서는 찾을 수 없는 것이다. 이 대안은 예상 외로 '진보적'이나 '사회주의자'라는 용어가 모욕으로 사용되는 미국의 알래스카주에서 비롯된 것이다. 이 아이디어는 공화당 주지사인 제이 해먼드Jay Hammond가 제안한 것으로, 그는 건장한 모피 사냥꾼이자 제2차 세계대전에서 전투기 조종사로 일본과 싸웠던 인물이다. 1960년대 후반 그의 고향에서 엄청난 매장량의 석유가 발견되었다. 그는 이 석유가 모든 알래스카인의 것이라 결정하고 그 수익을 거대한 공동 저금통에 넣을 것을 제안했다.

이 저금통은 1976년에 설립된 '알래스카 영구 기금Alaska Permanent Fund' 조성에 사용되었다. 물론 다음 질문은 이 모든 현금으로 무엇을 할 것인가였다. 많은 보수적인 알래스카인들은 주정부에 관리권을 넘겨주는 것에 반대했다. 쓸데없는 곳에 낭비할 것이라는 이유에서이다. 그러나 또 다른 선택지가 있었다. 1982년부터 알래스카의 모든 시민은 은행 계좌로 연간 배당금을 받았다. 배당금이 많은 해에는 3,000달러까지 되기도 한다.

　오늘날까지 알래스카 영구 기금 배당금Permanent Fund Dividend, PFD은 전적으로 무조건적이다. 이는 특권이 아니라 권리이다. 그 덕분에 알래스카 모델은 구식 복지국가의 정반대가 된다. 일반적으로 당신은 먼저 자신이 많이 아프거나 장애가 있거나 지원을 받아야 할 만큼 충분히 궁핍하다는 것을 증명해야 한다. 그리고 당신에게 아무런 희망이 없다는 것을 증빙하는 수십 개의 서류를 제출해야 한다. 이 모든 것을 마친 뒤에야 적은 돈이라도 지원받을 수 있다. 이런 종류의 시스템은 사람들을 슬프고 무기력하며 타인에게 의존하게 만드는 반면, 무조건적인 배당금은 완전히 다르다. 이는 신뢰를 키워준다. 물론 동료 알래스카 사람들이 술과 마약으로 배당금을 낭비할 것이라고 냉소적으로 생각하는 사람들도 있었다. 그러나 현실주의자들이 관찰한 바에 따르면 그런 일은 일어나지 않았다.

　대부분의 알래스카 사람들은 배당금을 교육과 아이들에게 투자했다. 두 명의 미국 경제학자가 심층 분석한 바에 따르면 기금은 고용에 악영향을 미치지 않았으며 빈곤을 크게 감소시켰다.[42] 이와 비슷한 노스캐롤라이나의 현금 지급을 연구한 결과 긍정적인 부수 효과가 많이 드러났다. 의료비가 감소하고, 아이들이 학업에서 좋은 성적을 올렸으며, 초기 투자

비용을 효과적으로 회수하게 해주었다.[43]

우리가 만약 알래스카의 공동재산 철학을 받아들이고 그것을 좀 더 광범위하게 적용하면 어떨까? 지하수, 천연가스, 납세자의 돈으로 가능해진 특허를 포함해 많은 것들이 모두 지역공동체에 속한다고 하면 어떨까? 이러한 공유지의 일부가 무단 전용되거나 지구가 오염되거나 이산화탄소가 대기 중으로 방출될 때마다 우리는 언제나 공동체의 구성원으로서 보상을 받아야 하는 것이 아닐까?[44] 이와 같은 기금은 우리 모두에게 또다른 훨씬 더 큰 보상을 가져다줄 수 있다. 이 같은 시민 배당금, 신뢰와 소속감을 전제로 하는 이 무조건적인 지급은 우리 각자에게 스스로 선택할 수 있는 자유를 줄 것이다. 이는 사람들을 위한 벤처 자본이다.

어쨌든 알래스카에서 영구 기금 배당금은 분명히 큰 성공을 거두었다. 이것에 손을 대고자 생각하는 정치인은 경력이 끝장날 위험을 감수해야 한다.[45] 어떤 사람들은 이를 모든 사람이 자신의 이익만을 생각하기 때문이라고 이야기할 것이다. 하지만 영구 기금 배당금이 그렇게 인기가 있는 것은 포르투알레그리와 토레스의 실제 민주주의에서와 같은 이유일지도 모른다. 이는 좌파와 우파, 시장과 국가, 자본주의와 공산주의 사이의 오래된 대립을 넘어서기 때문이다. 이것은 모든 사람이 지분을 갖는 새로운 사회로 향하는 제3의 길이다.

PART 5

비대칭적인 전략

누군가를 보복으로 벌하려면 그를 다치게 만들어야 한다. 만일 교화를 원한다면 상대를 더 낫게 만들어야 한다. 그리고 인간은 다친다고 더 나아지지 않는다.

— **조지 버나드 쇼**George Bernard Shaw(1856~1950)

――― 얼마 전 젊은 사회복지사인 훌리오 디아스는 직장에서 지하철을 타고 뉴욕 브롱크스에 있는 집으로 가고 있었다. 거의 매일 그랬듯이 그는 한 정거장 일찍 내려 가장 좋아하는 식당에서 간단하게 식사를 할 생각이었다. 하지만 오늘 밤은 다른 날과 달랐다. 황량한 지하철역에서 식당으로 가는 길, 어둠 속에서 한 사람이 뛰어나왔다. 손에 칼을 든 10대였다. 훗날 훌리오는 기자에게 "나는 그냥 지갑을 줘버렸어요"라고 말했다. 소년이 강도 행각을 마치고 도망가려고 하자 훌리오가 예상 밖의 행동을 했다.

그는 "이봐, 잠깐만. 밤새 사람들에게 강도질을 할 거라면 내 코트도 가져가서 몸을 따뜻하게 하는 게 좋을 거야"라며 범인을 불러 세웠다. 소년은 불신에 차서 훌리오를 돌아보았다. "왜 이런 짓을 하는 거죠?" 훌리오는 이렇게 대답했다. "몇 달러를 위해 기꺼이 자신의 자유를 걸다니, 네가 돈이 정말 필요한가 보군. 내 말은 나는 저녁을 먹고 싶은데 만약 네가 정말로 나랑 함께하고 싶다면…… 이봐, 대환영이라고."

소년은 그의 제안에 동의했고, 잠시 후 훌리오와 그를 공격한 소년은 식당의 칸막이 자리에 앉았다. 웨이터들이 따뜻하게 맞아주었고, 매니저가 잠시 들러 잡담을 나누었다. 심지어 접시닦이들도 그에게 인사를 건넸다. 소년이 놀라며 말했다. "여기 있는 모든 사람들을 알고 있네요. 당신이 이 곳 주인인가요?" 훌리오가 대답했다. "아니, 그냥 여기서 자주 먹어." "하지만 당신은 접시닦이에게도 친절하잖아요." "글쎄, 모두에게 친절해야 한다고 배우지 않았나?" 이에 소년이 답했다. "맞아요. 하지만 저는 사람들이 실제로 그렇게 행동한다고 생각하지 않았어요."

훌리오와 강도 소년이 식사를 마쳤을 때 계산서가 도착했다. 그러나 훌리오에게는 지갑이 없었다. 훌리오는 소년에게 말했다. "이봐, 네가 내 돈을 가지고 있어서 나는 돈을 낼 수 없으니 이 계산서는 네가 지불해야 할 것 같아. 내 지갑을 돌려주면 내가 기꺼이 사지." 소년은 지갑을 돌려주었다. 훌리오는 계산을 한 뒤 그에게 20달러를 주었다. 대신 조건이 하나 있었다. 칼을 자기에게 넘기라는 것이었다.

나중에 어느 기자가 훌리오에게 왜 자신에게 강도질을 하려고 했던 사람에게 저녁 식사를 대접했는지를 물었다. 그는 주저하지 않고 대답했다. "제 생각에는 아시다시피 말이죠, 당신이 사람들을 올바르게 대하면 그들도 당신에게 그렇게 대할 것이라고 희망할 수 있으니까요. 이 복잡한 세상에서 아주 간단한 이치죠."[1]

내가 훌리오의 이 친절한 행동에 대해 한 친구에게 이야기하자 그는 주저하지 않고 말했다. "우욱, 토할 것 같아." 그렇다. 사실 이 이야기는 약간 지나치게 달콤하다. 마치 어렸을 때 교회에서 들은 '마태복음 5장의 산상수훈 같은 진부한 교훈을 생각나게 한다. "눈은 눈으로, 이는 이로 갚으라 하였다는 것을 너희가 들었으나 나는 너희에게 이르노니 악한 자를 대적하지 말라. 누구든지 네 오른편 뺨을 치거든 왼편도 돌려 대며, 또 너를 고발하여 속옷을 가지고자 하는 자에게 겉옷까지도 가지게 하며, 또 누구든지 너로 하여금 억지로 오 리를 가게 하거든 그 사람과 십 리를 동행하라."

좋은 이야기라고 생각할 것이다. '대단한 계획이네. 제기랄, 우리가 모두 성자라면 말이지.' 문제는 우리 모두가 너무나 인간적이라는 점이다. 그리고 현실 세계에서 다른 쪽 뺨을 갖다 대는 것은 말도 안 되게 순진해 빠진 일이다. 그렇지 않은가?

최근에야 나는 예수님이 매우 합리적인 원칙을 옹호하고 있다는 것을 깨달았다. 현대 심리학자들은 이를 '비대칭적 행동non-complementary behaviour ('비상보적'이라고 흔히 번역되지만 여기서는 문맥과 맞지 않는다 – 옮긴이)'이라고 일컫는다. 앞에서 언급했듯이 대부분의 경우 우리 인간은 서로를 미러링한다. 누군가 당신에게 칭찬을 하면 당신은 신속하게 호의로 보답하고, 누군가 불쾌한 말을 하면 당신은 헐뜯는 말로 재빠르게 응수하고 싶은 충동을 느낀다. 앞의 장에서 우리는 이러한 선순환과 악순환이 학교와 기업 및 민주주의에서 얼마나 강력하게 작동할 수 있는지를 살펴보았다.

친절한 대우를 받으면 옳은 일을 하기 쉽다. 쉽지만 그것으로 충분하지 않다. 예수님을 다시 인용하자면 "너희가 너희를 사랑하는 자를 사랑하면 무슨 상이 있으리요, 세리도 이같이 아니하느냐. 또 너희가 너희 형제에게만 문안하면 남보다 더하는 것이 무엇이냐."[2]

문제는 우리가 한 걸음 더 나아갈 수 있느냐 하는 것이다. 만약 우리의 아이와 동료, 이웃뿐 아니라 적에게도 최선을 다한다면 어떨까? 그것은 훨씬 더 어렵고 우리의 본능에 어긋날 수 있다. 마하트마 간디와 마틴 루터 킹 주니어를 예로 들어보자. 아마도 20세기의 가장 위대한 영웅일 그들은 비대칭적 행동을 따랐지만 한편으로는 비범한 개인이었다.

나머지 우리는 어떨까? 당신과 나는 다른 쪽 뺨을 댈 수 있을까? 그리고 교도소나 경찰서에서, 테러리스트의 공격을 받은 이후나 전시와 같은 더 큰 규모에서도 작동시킬 수 있을까?

Chapter 16

테러리스트와 차 한잔
: 가장 저렴하고 현실적인 방법

노르웨이의 할렌과 바스퇴위 교도소는 마치 휴양지 같은 시설에 직업을

가지고 교도관과 자유롭게 소통한다. 이와 반대로 미국의 교도소와 뉴욕

주는 '깨진 유리창 이론'을 적용하여 선제적인 치안을 펼쳤다. 과연 어떤

방식이 더 '효율적'일까

세상에서 가장 행복한 교도소

오슬로에서 남쪽으로 약 96킬로미터 떨어진 노르웨이 숲에는 세계에서 가장 이상한 교도소 중 하나가 있다. 이곳에서 당신은 감방이나 철창을 볼 수 없으며, 권총이나 수갑으로 무장한 교도관도 볼 수 없다. 당신이 보게 될 것은 자작나무와 소나무 숲, 그리고 오솔길이 얽혀 있는 완만한 구릉지이다. 모든 것을 감싸고 있는 것은 높다란 철벽으로, 이는 사람들이 자발적으로 이곳에 있지 않다는 것을 상기시키는 몇 안 되는 요소 중 하나이다.

할렌^{Halden} 교도소의 수감자에게는 바닥 난방을 갖춘 개인 전용 방이 주어진다. 평면 텔레비전과 전용 욕실, 수감자들이 요리할 수 있는 주방에는 자기로 된 접시와 스테인리스스틸 칼이 있다. 또한 도서관, 암벽등반 연습용 벽, 수감자들이 자신의 음반을 녹음할 수 있는 음악 스튜디오까지 완비하고 있다. 농담이 아니라 음반은 '전과 기록 레코드$^{Criminal\ Record}$'라는 자체 레이블로 발행된다. 현재까지 세 명의 수감자들이 '노르웨이 아이돌^{Norwegian} ^{Idol}' 경연에 참가했으며, 첫 번째 교도소 뮤지컬이 제작 중에 있다.'

할렌은 당신이 '비대칭적 감옥'이라고 부를 만한 교과서적 예이다. 직원들은 수감자들의 행동을 미러링하는 대신 심지어 강력 범죄자들에게도 다른 쪽 뺨을 갖다 댄다. 사실 교도관들은 무기를 휴대하지 않는다. 교도관들은 "우리는 그 사람들과 이야기한다. 그것이 우리의 무기이다"[2]라고 말한다. 이곳이 노르웨이에서 가장 물러터진 교정 시설임에 틀림없다고 생각한다면 오산이다. 할렌은 경비가 가장 삼엄한 교도소로, 약 250명의 마약 밀매범, 성범죄자, 살인범이 수감되어 있는 노르웨이에서 두 번째로 큰 감옥이기도 하다.

당신이 찾는 것이 좀 더 부드러운 감옥이라면 길을 따라 불과 몇 킬로미터만 가면 만날 수 있다. 자동차를 잠깐만 몰고 가면 마지막 형량이 끝나기를 기다리는 중범죄자 115명이 수감되어 있는 그림 같은 섬 바스퇴위Bastøy가 나온다. 이곳에서 일어나는 일은 BBC의 교도소 실험과 유사하다. 평화주의 공동체로 와해된 하품 나오는 리얼리티쇼 말이다(7장 참조).

이 섬의 사진을 처음 보았을 때 내 눈을 믿을 수가 없었다. 수감자와 교도관이 함께 버거를 뒤집고 있다고? 수영을 한다고? 느긋하게 햇볕을 쬐고 있다고? 솔직히 교도소 직원과 수감자들을 구분하기가 어려웠다. 바스퇴위의 교도관들은 유니폼을 입지 않고 수감자와 함께 같은 테이블에 앉아 함께 식사하기 때문이다. 섬에서는 영화관, 일광욕 베드 및 2개의 스키 슬로프가 있어 온갖 종류의 일을 할 수 있다. 수감자 몇 명이 모여 '바스퇴위 블루스밴드Bastøy Blues Band'라는 그룹을 결성하기도 했는데, 이 밴드는 실제로 전설적인 텍사스 록밴드인 '지지탑ZZ Top'을 위한 특별 오프닝곡을 작곡하기도 했다. 섬에는 교회와 식료품점, 도서관도 있다.

바스퇴위가 고급 리조트처럼 보일지 모르지만 그렇게 여유롭지는 않다. 수감자들은 그들의 공동체를 운영하기 위해 열심히 일해야 한다. 쟁기질을 하고 심고 수확하고 요리하고, 자신의 나무를 직접 베어 목공 일을 해야 한다. 모든 것은 재활용되고 그들은 먹을 것의 4분의 1을 직접 재배한다.

일부 수감자들은 수감자들이 직접 운영하는 연락선을 타고 섬을 떠나 본토의 직장으로 출퇴근하기도 한다. 심지어 작업을 위해 칼, 망치, 기타 잠재적인 살인 무기에 접근할 수 있다. 나무를 베어 넘어뜨려야 하는 경우—독자의 짐작대로—살인 도구가 전기톱이었던 살인범도 전기톱을 사용할 수 있다. 노르웨이 사람들이 미쳐버린 건가? 수많은 살인자들을 휴양지로 보내는 형을 선고하는 것은 얼마나 순진해빠진 행동인가? 바스퇴위의 직원에 의하면 이는 더 없이 정상적인 일이다. 교도관의 40퍼센트가 여성인 노르웨이에서는 모든 교도관이 2년의 훈련 프로그램을 이수해야 한다. 그들은 수감자와 친구가 되는 것이 그들을 하대하고 모욕하는 것보다 더 낫다고 배운다. 노르웨이인들은 이를 '동적 보안'이라고 부르는데, 창살로 막힌 감방, 철조망과 감시 카메라가 있는 구식의 '정적 보안'과 구별하기 위한 용어이다.

노르웨이에서 교도소는 나쁜 행동을 예방하는 곳이 아니라 나쁜 의도를 예방하기 위한 곳이다. 교도관들은 수감자들이 정상적인 삶을 준비할 수 있도록 최선을 다하는 것이 그들의 의무라고 생각한다. 이 '정상성 원칙'에 따르면 벽 안의 삶은 가능한 한 벽 밖의 삶과 비슷해야 한다.

놀랍게도 이 시스템은 효과적이다. 할렌과 바스퇴위는 평온한 공동체이다. 전통적인 교도소가 괴롭힘이 만연한(14장 참조) 전체 제도의 전형인 반면, 노르웨이 교도소에서 수감자들은 서로 잘 어울려 지낸다. 갈등이 발생할 때마다 양측은 앉아서 철저히 논의해야만 하며, 악수로 화해할 때까지 자리를 뜰 수 없다.

바스퇴위의 소장인 톰 에버하르트Tom Eberhardt는 다음과 같이 설명한다. "정말 매우 간단하다. 사람들을 쓰레기처럼 대하면 그들은 쓰레기가 될 것이다. 인간처럼 대하면 그들은 인간처럼 행동할 것이다."[3]

그럼에도 불구하고 나는 여전히 납득하지 못했다. 이성적으로는 비대칭 교도소가 왜 더 잘 작동할 수 있는지 이해할 수 있지만, 직관적으로는 방향을 잘못 잡은 것처럼 보였다. 이 살인자들이 플레전트빌pleasantville(미국의 도시 이름이지만 여기서는 행복한 마을이라는 뜻-옮긴이)로 수송되고 있다는 사실을 희생자들이 알게 되면 어떤 마음이 들까?

그러나 톰 에버하르트의 설명을 접하고는 그것이 타당해 보이기 시작했다. 우선 대부분의 수감자들은 조만간 석방될 것이다. 분명히 그들은 누군가의 이웃이 될 것이다. 노르웨이에서는 90퍼센트 이상이 1년도 채 안 되어 거리로 다시 돌아오기 때문에 분명 그들도 누군가의 이웃이 될 것이다. 에버하르트는 미국 기자에게 이렇게 이야기했다.[4] "나는 사람들에게 말합니다. 우리는 해마다 이웃을 석방하고 있는데, 그럼 당신은 그들이 똑딱거리는 시한폭탄으로 풀려나기를 바랍니까?"[5]

5부 | 비대칭적인 전략

결국 무엇보다 중요한 것은 결과이다. 이런 종류의 감옥을 다른 감옥과 비교해보면 어떨까? 2018년 여름 노르웨이와 미국의 경제학자들로 구성된 팀이 이 문제를 연구하게 되었다. 그들은 재범률, 즉 누군가가 같은 범죄를 저지를 확률을 조사했는데, 팀의 계산에 따르면 할렌과 바스퇴위 같은 교도소에 수감되었던 수감자들의 재범률은 지역사회 봉사를 선고받거나 벌금형에 처해진 범죄자들과 비교했을 때 거의 50퍼센트가 낮았다.[6] 나는 깜짝 놀랐다. 거의 50퍼센트? 전대미문의 수치이다. 이는 모든 유죄판결에 대해 앞으로 일어날 평균 11건의 범죄가 덜 발생한다는 것을 의미한다. 게다가 전과자가 일자리를 얻을 가능성은 40퍼센트나 더 높다. 노르웨이 교도소에 수감되는 것은 사람들의 삶의 경로를 정말로 바꾸어놓는다.

노르웨이가 세계에서 가장 낮은 재범률을 자랑하는 것은 우연이 아니다. 이와 대조적으로 미국 교도소는 가장 높은 재범률을 보이는 시스템 중 하나이다. 미국에서는 수감자의 60퍼센트가 2년 뒤 다시 교도소로 돌아가지만 노르웨이의 경우는 20퍼센트에 불과하다.[7] 심지어 바스퇴위는 이보다 더 낮은 16퍼센트로 이곳은 유럽, 어쩌면 세계에서 가장 좋은 교정 시설일 것이다.[8]

노르웨이의 방식은 엄청나게 비싸지 않을까? 경제학자들은 2018년 논문 말미에 비용과 편익을 집계했는데, 그 결과 노르웨이 교도소의 수용비용은 유죄판결 건당 평균 6만 151달러(약 6500만 원 – 옮긴이)나 된다. 이는 미국의 약 2배에 이른다. 그러나 전과자들의 범죄 횟수가 줄어들기 때문에 노르웨이 법 집행기관은 1건당 7만 1,226달러(약 7,800만 원 – 옮긴이)를 절약할 수 있다. 그리고 그들 중 더 많은 이들이 일자리를 구하므로 정부의 지원도 필요 없고, 이들이 납부한 세금으로 정부는 6만 7,086달러(약 7,300만 원 – 옮긴이)를 추가로 절약할 수 있다. 마지막으로 더 중요한 것은 희생자 수가 감소한다는 것이다. 그 가치는 돈으로 환산할 수 없다.

결론이 뭐냐고? 보수적인 추정치로 계산하더라도 노르웨이 교도소 시스템은 더 많은 비용을 지불하는 것처럼 보이지만 사실 그것의 2배 이상을 절약하는 결과로 돌아온다. 노르웨이의 접근방식은 모종의 순진하고 사회주의적인 일탈이 아니다. 더 좋고, 더 인간적이고, 더 경제적인 시스템이다.

마틴슨 보고서

1965년 7월 23일 린든 B. 존슨 대통령이 소집한 범죄학자 19명의 위원회가 워싱턴 D.C.에서 열렸다. 그들의 임무는 향후 2년 동안 미국의 법 집행 체제에 대한 근본적이고 새로운 비전을 개발하는 것이었다. 치안 유지에서 구금에 이르는 모든 것을 아우르라는 주문이 있었다.

때는 격동의 1960년대 새로운 세대가 권력의 문을 두드리고 있었고, 범죄율은 상승하는데 낡은 형사법제도는 절뚝이고 있었다. 범죄학자들은 크게 생각할 때가 되었음을 인지했다. 마침내 제출된 보고서에는 200건이 넘는 권장사항이 포함되었다. 응급 서비스를 전면적으로 점검하고, 경찰 훈련도 강화하며 국가 비상 핫라인을 구축하는 것. 바로 911 응급 전화가 태동하는 순간이었다. 그러나 가장 급진적인 권고는 미국 교도소의 미래에 관한 것이었다. 이에 위원회는 노골적으로 다음과 같이 이야기했다. "많은 시설에서 재소자의 삶은 기껏해야 황량하고 무익하며, 최악의 경우 말할 수 없을 정도로 잔인하고 굴욕적이다. [……] 그들[수감자]에 대한 처우는 사회에 성공적으로 재진입하기 위한 준비로서는 최악이며, 그들 속에 내재하는 속임수나 파괴의 패턴을 강화할 뿐인 경우가 많다."⁹

완전한 개혁을 할 시간이 되었다고 위원회는 덧붙였다. "쇠창살, 감방, 끝없는 복도는 더 이상 없어야 한다. '모델이 되는 시설은 건축학적으로 일반적인 주거 환경과 최대한 비슷해야 할 것'이라고 전문가들은 조언했다. 예를 들어 방에는 창살이 아닌 문이 있고, 수감자들은 편안한 분위기의 작은 테이블에서 식사를 할 것이다. 그리고 교실, 레크리에이션 시설, 휴게실, 어쩌면 상점과 도서관도 있을 것이다."¹⁰

미국이 오늘날 노르웨이와 비슷한 교도소 시스템을 거의 구축했었다는 사실은 거의 알려지지 않았다. 이 '신세대' 교도소의 초기 실험은 1960년대 후반에 시작되었다. 이 시설에서 수감자들은 자신의 방을 가지고 있고, 방문을 열면 대화와 독서, 게임을 할 수 있는 공용 공간으로 이어졌다. 교도관은 무장하지 않은 채 이 모든 것을 감시했다. 방에는 부드러운 카펫, 천을 씌운 가구, 도기 변기를 설치한 화장실도 있었다.¹¹ 전문가들은 말했다. "미래의 감옥을 지금 목격하라."

돌이켜보면 급격한 흐름의 변화와 그 원인은 충격적이다. 이는 1973년 2월 스탠퍼드 교도소 실험에 관한 첫 학술 논문을 발표한 필립 짐바르도로부터 시작되었다. 실제 교도소에 발을 들여놓은 적이 전혀 없는 이 심리학자는 교도소는 어떻게 치장해도 본질적으로 잔인한 시설이라고 단언했다. 이 같은 결론은 환영을 받았고, 1년 뒤 악명 높은 '마틴슨 보고서Martinson Report'가 등장하면서 인기를 얻었다. 이 보고서의 배후에 있는 로버트 마틴슨Robert Martinson은 뉴욕주립대학의 사회학자로, 명석하지만 약간 광적인 성격으로 이름나 있었다. 사명감이 투철한 그는 젊은 시절 민권운동가였으며, 39일 동안(이 중 사흘은 독방 신세였다) 교도소에 수감되는 경험을 하기도 했다. 이때의 끔찍한 경험 탓에 그는 모든 교도소가 야만적인 장소라는 확신을 갖게 되었다.

1960년대 후반 마틴슨은 학위를 마친 직후 대규모 프로젝트에 참여하게 되었다. 범죄자들이 올바른 길을 찾도록 돕기 위해 교육과 치료요법 및 감독에 이르는 광범위한 교정 전략을 분석하는 프로젝트였다. 그는 두 명의 다른 사회학자와 함께 일하면서 전 세계에서 수행한 200건 이상의 연구에서 데이터를 수집했다. 736쪽에 달하는 최종 보고서에는 '교정 처우의 효과 : 처우 평가 연구에 대한 조사'라는 밋밋한 제목이 붙었다.

기자들은 이런 복잡한 연구는 거의 읽지 않기 때문에 마틴슨은 결과에 대한 간략한 요약을 대중잡지에 발표했다. 제목은 '무엇이 효과적인가?' 결론은 다음과 같았다. "그런 것은 없다. 예외는 거의 없으며, 있어도 동떨어진 사례일 뿐이었다. 지금까지 보고된 재활 노력은 재범에 눈에 띄는 영향을 미치지 않았다."[12] 이 진보적인 사회과학자는 필립 짐바르도와 마찬가지로 교도소는 무의미한 장소이며, 모두 폐쇄해야 한다는 사실을 모든 사람이 깨달을 것이라는 희망을 품었다. 그러나 그런 일은 일어나지 않았다. 처음에 언론은 이 카리스마 넘치는 사회학자에게 집중했다. 신문과 텔레비전 프로그램은 마틴슨에게 가혹한 평결을 되풀이할 수 있는 발판을 마련해주었고, 그의 공동 저자들은 머리를 쥐어뜯고 있었다. 실제로 분석된 연구 결과 중 48퍼센트는 긍정적이었으며 재활이 효과가 있음을 나타냈다.[13]

마틴슨 보고서의 왜곡된 요약은 강경파에게 길을 열어주었다. 보수적인 정책 입안자들은 어떤 사람들은 그냥 악하게 태어나 계속 그런 상태로 살아간다고 공언했다. 재활이라는 개념 전체가 인간의 본성을 거스르는 것이므로 차라리 썩은 사과는 가둬두고 열쇠를 버리는 편이 더 낫다는 주장이었다. 이는 가혹하고 더욱 가혹하고, 가장 가혹한 새로운 시대를 열었으며, 미국 교도소의 새로운 세대를 위한 실험을 중단시켜버렸다.

역설적이게도 마틴슨은 몇 년이 지나 다음과 같이 자신의 결론을 철회했다. "나의 이전 입장과 달리 일부 치료 프로그램은 재범에 실제로 상당한 영향을 미친다."[14] 여기에 놀란 어느 교수가 1978년 한 세미나에서 그에게 자신의 학생들에게 뭐라고 말해야 하느냐고 묻자, 마틴슨은 대답했다. "그들에게 내 이야기는 완전 헛소리였다고 말하세요."[15]

그러나 그때에는 아무도 마틴슨의 말에 귀를 기울이지 않았다. 그는 자신의 실수를 모두 인정하는 마지막 논문을 썼지만 이를 실어준 곳은 어느 이름 없는 저널뿐이었다. 다른 과학자가 관찰한 바와 같이 마틴슨의 논문은 '재활에 관한 사법 논쟁에서 아마도 가장 드물게 읽힌 논문'이었다.[16] 신문과 라니오, 텔레비전은 그의 시정 사항에 전혀 주목하지 않았다. 그로부터 몇 주 지나지 않아 쉰두 살의 이 사회학자는 맨해튼 15층 아파트에서 투신했지만 이 또한 뉴스거리가 되지 못했다.

깨진 유리창 법칙

당시 헤드라인을 장식한 인물은 따로 있었다. 제임스 Q. 윌슨James Q. Wilson 교수. 그의 이름이 생소하겠지만 미국의 사법제도가 어떻게 오늘날과 같은 모습이 되었는지를 이해하려면 빠뜨릴 수 없는 인물이다. 로버트 마틴슨이 자살한 뒤 몇 년 동안 제임스 윌슨은 미국 역사의 진로를 바꾸게 된다.

하버드대학의 정치학 교수인 윌슨은 생명윤리에서부터 마약과의 전쟁, 그리고 헌법 국가의 미래에서 스쿠버다이빙에 이르기까지 모든 문제에 대해 견해를 가진 사람이었다[17](심지어 6미터 길이의 상어와 함께 사진 찍는 것을 좋아했다).[18] 그러나 그의 삶의 가장 큰 부분은 범죄에 집중되었다. 윌슨이 가장 싫어하는 것이 있다면 다른 쪽 뺨을 대주는 것이었다. 그는 수감자들을 친절하게 대하는 새로운 세대의 교도소는 쓸모가 없으며, 범죄 행위의 '기원'을 탐색하는 것은 시간 낭비라고 생각했다. 불우한 청소년기의 악영향에 대해 지껄여대는 모든 자유주의자들은 요점을 놓치고 있다는 것이었다. "어떤 사람들은 그야말로 쓰레기이다. 가장 좋은 방법은 그들을 가두는 것이다. 그렇지 않으면 처형하든가." 이어서 그는 이렇게 썼다. "이런 발언에 대해 오늘날의 많은 개화된 독자들은 잔인하고 심지어 야만적이라고 생각할 것이다. 하지만 이 사실 자체가 우리가 겪고 있는 혼란을 대변한다."[19]

월슨에게 이것은 완벽하게 합리적인 일이었다. 그의 저서 《범죄에 대해 생각하기》Thinking About Crime(1975)는 그의 아이디어를 '가장 흥미롭고 도움이 된다'고 평가했던 제럴드 포드 대통령을 비롯한 워싱턴에서 가장 중요한 인물들에게 큰 인기를 얻었다.[20] 주요 공직자들은 그의 철학을 중심으로 한데 모였다. 범죄에 대한 최선의 치료법은 범죄자들을 치워버리는 것이라고 월슨 교수는 끈기 있게 설파했다. 이것은 얼마나 힘든 일일까?

나는 제임스 Q. 월슨의 사법제도에 미친 영향에 대한 여러 논문을 읽은 뒤 그의 이름을 들어본 적이 있음을 깨달았다. 월슨은 1982년 '깨진 유리창' 이론으로 역사에 기록된 혁명적 아이디어를 제시한 인물이었다. 이 이론을 처음 접한 것은 저널리스트인 말콤 글래드웰의 저서 《티핑 포인트》에서였다. 나는 이 책에서 키티 제노비스의 살인사건(그리고 38명의 방관자)에 대해 처음 알게 되었는데, 월슨을 다룬 챕터에 관심이 꽂혔던 것을 기억한다. "건물의 깨진 유리창을 수리하지 않은 채 방치하면 곧이어 나머지 유리창도 모두 깨질 것이다."[21] 1982년 월슨이 《디 애틀랜틱》에 기고한 이 글은 조만간 아무도 개입하지 않으면 공공기물 파손에 이어 불법 거주자가 설칠 것이며, 이후 마약 중독자들이 모이고, 그러고 나면 누군가 살해당하는 것은 시간문제일 뿐이라는 논지였다.

글래드웰은 '이것은 범죄의 전염병 이론'이라고 보았다.[22] 보도 위의 쓰레기, 거리의 부랑자, 벽의 그래피티 등은 모두 살인과 대혼란의 전조이며, 한 장뿐이었던 깨진 유리창은 질서가 유지되지 않고 있다는 메시지가 되어 범죄자들에게 더욱 심한 짓을 저지를 수 있게 하는 신호를 보낸다는 것이다. 그러므로 만일 심각한 범죄를 방지하려면 깨진 유리창부터 수리해야 한다.

사람들이 매일 살해당하는 판에 왜 사소한 범죄를 걱정하고 있는지 처음에는 이해가 되지 않았다. 글래드웰은 이것이 "빙산으로 향하는 타이타닉호의 갑판을 닦는 것만큼 무의미"하게 들릴 것이라고 인정했다.[23] 이에 나는 최초의 실험을 찾아 조사했다. 1980년대 중반 뉴욕시의 지하철은 그래피티로 뒤덮여 있었고, 교통당국은 무언가 조치를 취해야 한다고 작심하고 윌슨 논문의 공동 저자인 조지 켈링George Kelling을 컨설턴트로 고용했다. 그는 대대적인 청소를 권장했다. 객차에 약간의 낙서만 있어도 신속히 청소하게 했다. 지하철 운영자에 따르면 "우리는 그 일에 신념을 가지고 있었다"[24]고 한다.

그다음 2단계가 등장했다. 윌슨과 켈링의 깨진 유리창 이론은 무질서뿐만 아니라 그것을 일으키는 사람들에게도 적용되었다. 거지와 불량배, 노숙자가 마음대로 돌아다닐 수 있는 도시는 훨씬 더 악화될 준비가 되어 있는 것이다. 결국 윌슨이 2011년에 지적했듯이 '공공질서는 깨지기 쉬운 것'이었다.[25] 다른 과학자들과 달리 그는 범죄에 가난이나 차별 같은 구조적 원인이 있다는 것을 믿지 않았다. 대신 문제의 원인은 오직 한 가지라고 강조했다. 바로 인간의 본성이었다.

윌슨의 믿음에 따르면 대부분의 사람들은 간단한 비용편익 계산을 한다. 경찰이 규정을 느슨하게 적용하거나 교도소가 너무 편하다면 더 많은 사람들이 범죄자의 삶을 택하게 될 것이다.[26] 범죄율이 증가하면 해결책도 똑같이 간단하다. 더 높은 벌금, 더 긴 징역, 더 가혹한 집행과 같은 더욱 강력한 외부 인센티브로 해결하면 되는 것이다. 범죄의 '비용'이 올라가면 '수요'는 감소할 테니까 말이다.

윌슨의 이론이 실행되기를 기대했던 한 인물이 있었다. 그는 윌리엄 브래튼William Bratton 으로 우리 이야기의 마지막 핵심이다. 1990년 뉴욕시 교통경찰국의 새로운 책임자로 임명된 브래튼은 제임스 윌슨의 교리를 열렬히 신봉했다. 그는 《디 애틀랜틱》에 실린 깨진 유리창 이론의 기사 원본을 복사해서 계속 나눠주는 정력적인 사람으로 유명했다. 그러나 브래튼은 깨진 유리창을 수리하는 것 이상을 원했다. 그는 철권으로 뉴욕시의 질서를 회복하고 싶어 했다. 첫 번째 표적으로 그는 무임승차자를 선택했다. 1.25달러짜리 표를 제시하지 못한 지하철 이용자는 교통경찰에 체포된 채 수갑을 차고 훤히 공개된 지하철 승강장에 의례적으로 줄을 서야 했다. 체포 건수는 5배가 되었다.[27]

이는 단지 브래튼의 식욕 돋우기에 불과했다. 1994년 그는 뉴욕시 경찰국장으로 승진했고 곧 모든 뉴욕 시민은 브래튼의 철학을 맛보게 되었다. 처음에 경찰관들은 규칙과 절차에 의해 방해를 받았지만 브래튼은 그마저도 없애버렸다. 이제는 아무리 사소한 위반 행위로도 체포될 수 있게 되었다. 예를 들면 공공장소에서 술을 마시거나, 마리화나를 가지고 있는 것을 들키거나, 경관에게 장난을 치는 것 등이다. 브래튼의 표현에 의하면 "길에서 오줌을 싸면 감옥에 가게 된다."[28] 기적적으로 이 새로운 전략은 효과가 있는 듯했다. 범죄율이 급감했다. 살인사건 발생률은 1990년과 2000년 사이에 63퍼센트 감소했으며, 노상강도는 64퍼센트, 차량 절도는 71퍼센트 감소했다.[29] 한때 언론의 조롱을 받던 깨진 유리창 이론은 천재적인 이론으로 밝혀졌다.

윌슨과 켈링은 미국에서 가장 존경받는 범죄학자가 되었다. 브래튼 국장은 《타임》의 표지를 장식했고, 2002년 로스앤젤레스 경찰국장으로 임명되었으며, 2014년 뉴욕 경찰국장으로 재임되었다. 여러 세대에 걸쳐 경찰관들의 숭배를 받았으며, 후배들은 '브래튼추종자Brattonistas'라고 자칭하기도 했다.[30] 윌슨은 '국내 치안 유지에 가장 큰 변화'를 가져온 인물이라는 칭송까지 받았다.[31]

깨진 유리창, 부서진 삶

깨진 유리창 이론의 기사가 《디 애틀랜틱》에 처음 실린 지 약 40년이 지났다. 그동안 윌슨과 켈링의 철학은 미국의 가장 먼 곳, 나아가 유럽에서 오스트레일리아에 이르기까지 널리 퍼졌다. 말콤 글래드웰은《티핑 포인트》에서 이 이론을 대성공이라고 평가했고, 나 역시 첫 저서에서 그 이론에 대해 열광했다.[32] 그러나 나는 그때까지 범죄학자들이 더 이상 이 이론을 믿지 않았다는 사실을 알지 못했다. 사실《디 애틀랜틱》의 기사를 읽자마자 내 마음에 경고등이 켜졌어야 했다. 윌슨과 켈링의 이론은 한 가지 모호한 실험에 바탕을 두고 있었기 때문이다.

이 실험에서 한 연구원은 꽤 괜찮은 동네에 일주일 동안 자동차를 세워두고 기다렸으나 아무 일도 일어나지 않았다. 그리고 그는 망치를 가지고 돌아와서 창문 한 개를 부숴버렸다. 그러자마자 수문이 열린 듯 불과 몇 시간 만에 길을 가던 평범한 사람들이 자동차를 완파해버렸다. 그 연구원의 이름은 바로 필립 짐바르도였다.

어떤 과학 저널에도 게재되지 않은 짐바르도의 이 자동차 실험은 깨진 유리창 이론에 영감을 주었고, 그의 스탠퍼드 교도소 실험과 마찬가지로 이 이론은 그 이후로 철저히 반박당했다. 예를 들어 윌리엄 브래튼과 그의 추종자들이 내놓은 '혁신적' 치안 유지는 뉴욕시의 범죄율 하락과 전혀 관련이 없다는 사실이 드러났다. 범죄율은 이전부터 하락하고 있었고, 이는 경찰이 잡범은 잡지 않았던 샌디에이고 같은 다른 도시에서도 마찬가지였다.

깨진 유리창 이론에 대해 30개의 연구를 메타분석한 2015년 결과에 따르면 브래튼의 공격적인 치안 전략이 범죄를 줄이는 데 어떤 기여를 했는지 그 어떤 증거도 없다.[33] 전혀, 아무것도 없다. 갑판을 닦는다고 타이타닉호의 침몰을 막을 수 없었던 것처럼 주차 위반 딱지를 발부한다고 동네가 더 안전해지는 것은 아니다.

나는 초기에 '그래, 부랑자와 술주정뱅이를 체포한다고 해서 심각한 범죄가 줄어드는 건 아니지. 하지만 여전히 공공질서를 강제할 필요는 있다'고 반응했다. 그러나 여기에는 근본적인 질문이 빠져 있었다. 우리가 이야기하는 '질서'는 누구를 위한 것인가? 뉴욕시에서 체포 건수가 치솟았을 때 경찰의 위법 행위에 대한 보고 역시 급증했기 때문이다. 2014년까지 수천 명의 시위대가 뉴욕을 비롯해 보스턴, 시카고, 워싱턴을 포함한 다른 도시의 거리로 몰려나왔다. 그들의 슬로건은 '깨진 유리창, 부서진 삶'이었다. 이는 과장이 아니었다. 두 범죄학자의 말에 따르면 공격적인 치안은 다음과 같은 이유 때문이었다.

…… 브루클린 공원에서 도넛을 먹는 여성들, 인우드 공원에서 체스를 하는 사람들, 새벽 4시에 좌석에 발을 올리는 지하철 승객들, 혹한의 밤중에 처방약을 구입하기 위해 자동차를 몰면서 안전벨트를 하지 않은 퀸스의 노인 부부까지. 전해진 바에 따르면 노인 남성은 신분증을 가져오기 위해 약국에서 몇 블록 떨어진 집까지 걸어가라는 지시를 받았고, 그가 약국으로 돌아왔을 때 경찰은 이미 투약 병에 적힌 신상 정보로 딱지를 떼어놓았다. 이후 심장마비를 일으킨 노인은 결국 사망했다.[34]

들기에 그럴 듯했던 이론은 점점 더 경솔한 체포로 귀결되었다. 브래튼 국장은 통계에 집착하게 되었고 휘하 경찰관들도 마찬가지였다. 최고의 수치를 보여줄 수 있는 사람은 승진했고, 뒤처진 사람은 책임을 져야 했다. 그 결과 경찰관들이 최대한 많은 벌금을 부과하고, 최대한 많은 소환장을 발부하도록 압박하는 할당제가 만들어졌다. 경찰관들은 심지어 위반을 조작하기 시작했다. 거리에서 대화를 하는 사람들? 공공도로를 막았다고 체포하라. 지하철에서 춤추는 아이들? 평화를 해쳤다고 입건하라. 심각한 범죄는 완전히 다른 이야기였다는 사실은 나중에 탐사보도 기자들에 의해 밝혀졌다. 경찰관들은 부서별 수치가 나빠 보이지 않도록 보고서를 축소하거나 아예 생략해버리라는 압력을 받기도 했다. 심지어 강간 피해자에게 실수로 앞뒤가 맞지 않는 진술을 하게 하려는 목적으로 끝없이 심문을 한 경우도 있었다. 그러면 사건이 데이터에 포함되지 않게 된다.[35]

서류상으로는 모든 것이 환상적이었다. 범죄가 급락하고 체포 건수는 하늘 높이 치솟았고 브래튼 국장은 뉴욕의 영웅이 되었다. 현실에서는 수천 명의 무고한 사람들이 용의자가 되는 동안 범죄자들은 자유롭게 거리를 활보했다. 오늘날까지도 미국 전역의 경찰국은 여전히 브래튼의 철학을 깊이 신뢰하고 있는데, 이는 과학자들이 여전히 미국 경찰의 통계를 신뢰할 수 없다고 생각하는 이유이기도 하다.[36]

또한 깨진 유리창 이론은 인종차별과 동의어인 것으로 입증되었다. 데이터에 따르면 경범죄로 조사받은 사람 중 백인은 10퍼센트에 불과하다.[37] 한편 흑인 청소년들은 아무런 혐의가 없는데도 몇 년 동안 한 날에

한 번꼴로 검문검색을 당하기도 했다.[38] 깨진 유리창은 법 집행기관과 소수민족 사이의 관계를 악화시켰으며, 수많은 가난한 사람들에게 지불 불가능한 벌금을 떠넘겼고, 2014년 개비 담배를 팔다가 체포되는 과정에서 사망한 에릭 가너Eric Garner 사건과 같은 치명적인 결과를 낳았다. 사건 당시 가너는 이렇게 항의했다. "당신들은 나를 볼 때마다 방해를 하려드는데 이제 지쳤다고. 제발 좀 내버려둬. 지난번에 말했잖아, 제발 나를 내버려둬." 경찰은 그를 땅에 넘어뜨린 뒤 올라탄 채 목을 압박했다. 가너의 마지막 말은 "숨을 못 쉬겠어"였다.

　　말콤 글래드웰의 책을 읽은 지 여러 해가 지난 지금, 깨진 유리창 이론을 뒷받침하는 것이 인간 본성에 대한 완전히 비현실적인 관점이라는 것을 나는 깨닫게 되었다. 이는 껍데기 이론의 또 다른 변형으로, 뉴욕의 경찰이 평범한 사람들을 삼재적 범죄자로 취급하게 만들었다. 작은 실수라도 그것이 훨씬 더 나쁜 길로 빠지는 단초가 될 수 있으며, 결국 우리 문명의 껍데기는 극히 얇다는 것이다.

　　한편 경찰관들은 내재적 동기 없이 스스로 판단할 능력이 없는 것처럼 관리되고 있었다. 그들은 자신들의 부서가 서류상 최대한 좋게 보이도록 만들기 위해 상사들에게 훈련을 받았다. 이 말은 깨진 유리창을 수리하는 일을 잊어버리라는 의미가 아니다. 유리창을 수리하고, 집을 꾸미고, 지역 주민들의 우려에 귀를 기울이는 것은 훌륭한 아이디어이다. 질서정연한 교도소가 신뢰감을 내뿜듯 깔끔한 동네는 훨씬 더 안전하다는 느낌을 준다.[39] 유리창을 수리하고 나면 그 유리창을 더 활짝 열 수 있는 법이다. 하지만 윌슨과 켈링의 이론은 주로 깨진 유리창이나 어두운 거리 그 자체에 관한 것이 아니라 실제로 입건되고 구속되고 규제되는 보통 사람들에 관한 것이었다. '깨진 유리창'은 오해의 소지가 있는 비유였다.

윌슨 교수는 끝까지 굳건한 입장을 유지했는데, 2012년 사망할 때까지 브래튼식 접근법이 큰 성공을 거두었다고 주장했다. 한편 그의 공동 저자인 조지 켈링은 증폭되는 의심에 시달렸다. 그는 깨진 유리창 이론이 너무 자주 잘못 적용되고 있다고 생각했다. 그의 관심사는 항상 깨진 유리창 자체에 관한 것이지, 가능한 많은 흑인과 유색인종을 체포하고 투옥하는 것이 아니었다. 2016년 켈링은 "깨진 유리창의 이름으로 행해진 많은 일을 나는 유감스럽게 생각한다"고 인정했다. 전국의 경찰서장이 그 이론을 언급하기 시작했을 때 그의 뇌리에 두 단어가 스쳐갔다. '이런 망할.'[40]

깨진 유리창 이론을 뒤집어보면 어떨까? 교도소를 재설계할 수 있다면 경찰도 그렇게 할 수 있을까? 할 수 있다고 본다. 이미 지역 경비(주민을 잘 알고 지역과 관련이 깊은 경찰관으로 하여금 그 지역의 경비를 담당하게 하는 제도 - 옮긴이)가 오랜 전통으로 자리 잡고 있는 노르웨이—달리 어느 곳이겠는가—의 제도를 살펴보자. 지역경비제도는 대부분의 사람들이 점잖으며 법을 준수하는 시민이라고 상정하는 전략을 토대로 하고 있다. 경찰관들은 지역사회의 신뢰를 얻기 위해 노력하며, 사람들이 당신을 알면 더 많은 도움을 줄 수 있다는 인식이 깔려 있다. 이웃들은 더 많은 정보를 제공할 것이며, 만약 아이가 잘못된 길을 가고 있는 것처럼 보이면 부모가 더 빨리 전화를 걸 것이다.

공유지의 비극 현상을 연구한 경제학자 엘리너 오스트롬(15장 참조)은 1970년대 미국 경찰서를 대상으로 사상 최대 규모의 연구를 수행했다. 오스트롬과 그의 팀이 발견한 사실은 경찰의 규모가 작을수록 항상 더 우수한 성과를 낸다는 점이다. 그들은 현장에서 더 빠르게 움직이고, 더 많은 범죄를 해결하며, 이웃과 더 나은 유대관계를 맺고 있는 데다 이 모두를 더 저렴한 비용으로 수행한다. 더 낫고, 더 인간적이고, 더 저렴하다.[41]

유럽에서는 지역경비에 대한 철학이 한동안 존재했다. 경찰관은 사회복지 서비스와 협력하는 데 익숙하고 심지어 자신들의 업무를 사회복지 활동의 일환이라고 생각한다.[42] 그들은 또한 잘 훈련되어 있다. 미국에서의 경찰 훈련 프로그램은 평균 19주 과정이지만 이는 대부분의 유럽에서는 생각할 수 없는 일이다. 노르웨이나 독일 같은 나라에서는 법 집행 훈련에 2년 이상이 걸린다.[43]

그러나 일부 미국 도시에서는 접근방식을 바꾸고 있다. 2014년 뉴저지주 뉴어크에서 선출된 흑인 시장은 도시의 현대적인 치안이 어떤 모습이어야 하는지 명확한 비전을 가지고 있었다. 그는 도시에 필요한 경찰관에 대해 다음과 같이 언급했다. "주민들의 할머니를 알고, 지역사회의 제도를 알며, 사람을 인간으로 보는 사람[……]이다. 그것이 시작이다. 만약 당신이 치안의 대상인 주민들을 인간으로 보지 않는다면 당신은 그들을 비인간적으로 대하기 시작할 것이다."[44]

다른 쪽 뺨도 내어주는 원리를 더 넓게 적용할 수 있을까? 질문이 터무니없게 들릴지도 모르지만 비대칭적인 전략이 테러와의 전쟁에서도 효과적일 수 있을까 하는 의문이 그치지 않았다. 답을 찾는 조사 과정에서 나는 이 전략이 실제로 네덜란드에서 이미 시도된 적이 있다는 사실을 발견했다. 전문가들은 이를 네덜란드식 접근법이라고 부르기도 했다. 네덜란드가 좌파 테러리즘의 거센 물결에 직면했던 1970년대. 그럼에도 정부는 새로운 보안법을 제정하지 않았고, 언론은 법 집행기관의 요청에 따라 테러에 대한 보도를 제한했다. 서독 및 이탈리아와 미국은 헬리콥터와 도로 봉쇄, 군대라는 커다란 무기를 내놓았지만, 네덜란드는 테러리스트들에게 그들이 원하는 기반을 제공하기를 거부했다. 사실 경찰은 '테러리즘'이라는 단어조차 사용하지 않았고, '폭력적인 정치 활동'이나 구식의 평범한 표현인 '범죄자'를 선호했다. 한편 네덜란드 정보부는 극단주의 집단에 침투하는 등 배후에서 바삐 움직였다. 이들은 전체 인구를 용의자로 삼지 않고 테러리스트, 아니 범죄자들을 특정해 겨냥했다.[45]

이러한 전략으로 인해 코믹한 상황이 벌어지기도 했는데, 붉은청년단 Red Youth 은 조직원 네 명 중 세 명이 비밀요원이었다. 언제나 누군가가 화장실에서 휴식을 취하거나 지도를 거꾸로 들고 있을 때 공격을 수행하는 것은 매우 어려웠다. 네덜란드 역사학자는 "적시에 막후에서 일하는 조심스러운 대테러정책 덕분에 폭력의 급증세가 멈췄다"고 결론지었다.[46] 붉은청년단원 일부가 예멘의 테러리스트 훈련 캠프를 방문했을 때 이들은 독일과 팔레스타인 전사들의 치열함에 놀랐다. 정말 무시무시했다. 네덜란드의 한 단원의 진술대로 "그 사람들 탓에 웃음기가 완전히 빠졌다."[47]

다른 쪽 뺨을 내어주는 접근방식의 최근 사례는 덴마크의 도시 오르후스Aarhus에서도 찾아볼 수 있다. 2013년 말 오르후스의 경찰은 시리아에 가서 싸우고 싶어 하는 젊은 무슬림들을 체포하거나 감옥에 보내는 대신 차 한 잔과 멘토를 제공하기로 결정했다. 그리고 가족과 친구들을 동원해 이 10대들에게 자신을 사랑하는 사람들이 있다는 것을 확실히 느끼게 해주었다. 동시에 경찰은 지역 모스크와의 유대를 강화했다.

오르후스의 접근법을 약하거나 순진하다고 비평하는 사람은 많다. 하지만 사실 경찰은 대담하고 어려운 전략을 택한 것이었다. "쉬운 길은 새로운 법을 통과시키는 것이다. 개인을 대상으로 전문가 패널, 상담, 의료, 복학과 취업 지원, 숙소[……] 등 실질적인 과정을 거치는 것이 더 어려운 일이다. 우리는 정치적 신념 때문에 이런 일을 하는 것이 아니다. 효과가 있다고 생각하기 때문에 하는 것이다."[48]

그리고 이러한 전략은 실제로 효과가 있었다. 다른 유럽 도시에서는 저항 세력으로의 이탈이 줄어들지 않았지만, 오르후스에서 시리아로 떠나는 이탈자 수는 2013년 30명에서 2014년 한 명, 2015년 두 명으로 감소했다. 미국 메릴랜드대학의 한 심리학자는 "오르후스는 건전한 사회심리학적 근거와 원칙을 기반으로 [극단주의를] 해결하려고 노력한 최초의 도시이다. 내가 아는 한 그렇다"[49]라고 이야기했다. 역사상 가장 끔찍한 공격을 받은 뒤에도 냉정함을 유지하는 데 성공한 노르웨이의 사례 하나를

　　　　　　　　　　　　　　　　5부 | 비대칭적인 전략

더 살펴보자. 2011년 우익 극단주의자 아네르스 브레이비크^{Anders Breivik}가 유혈극을 벌이자 노르웨이 총리는 다음과 같이 선언했다. "우리의 대응은 더 많은 민주주의, 더 많은 개방성, 더 많은 인류애이다."[50]

이런 종류의 대응은 종종 문제를 외면하고 쉬운 길을 택했다는 비난을 초래한다. 그러나 더 많은 민주주의, 더 많은 개방성, 더 많은 인류애야말로 가장 쉽지 않은 일이다. 반대로 거친 말, 보복, 국경 폐쇄, 폭탄 투하, 세상을 선과 악으로 나누는 것은 쉬운 일이며, 이것이야말로 문제를 외면하는 행위이다.

이상이 아니라 실용이다

진실을 무시할 수 없는 순간, 눈을 뗄 수 없게 되는 순간이 있다. 2015년 10월 미국 노스다코타주의 최고위 교도행정 대표단이 노르웨이를 업무상 방문하는 동안 그러한 경험을 했다.

노스다코타는 인구밀도가 낮고 보수적인 주로, 범죄자 수용률은 노르웨이의 8배에 해당한다.[51] 교도소는 모두 긴 복도와 쇠창살, 엄격한 교도관으로 이루어진 구식 가축우리와 같다. 노르웨이 출장에서 배울 게 많을 것이라 생각지 않았던 미국의 공무원 중 한 명은 나중에 이렇게 진술했다. "나는 건방졌었다. 내가 이케아^{IKEA} 교도소라고 부르는 것 말고 실제로 볼 게 달리 있었을까?"[52] 그러나 그들은 교도소를 보았고, 할렌, 바스퇴위, 고요함, 신뢰 그리고 수감자와 교도관이 상호교류하는 방식까지 확인할 수 있었다. 어느 날 저녁 오슬로 래디슨 호텔의 바에는 노스다코타의 교정국 국장이 앉아 있었다. 동료들 사이에서 터프하고 고집스러운 인물로 알려진 린 버치Leann Bertsch 국장은 울기 시작하더니 말했다. "인간을 짐승 우리 같은 환경에 두는 것을 우리는 어떻게 괜찮다고 생각했던 걸까요?"[53]

1972년부터 2007년 사이 미국에서 수감된 사람들의 수는 인구 증가를 고려했을 때 500퍼센트 이상 증가했다.[54] 또한 평균 수감 기간은 63개월로 노르웨이의 7배에 이른다. 오늘날 전 세계 교도소 인구의 거의 4분의 1이 미국의 교도소에 갇혀 있다. 이 같은 대량 투옥은 의도적 정책의 결과이다. 더 많은 사람을 가둘수록 범죄율이 감소한다고 제임스 윌슨 교수와 그의 추종자들은 믿었지만, 진실은 많은 미국 교도소가 더 뛰어난 사기꾼을 양산하는 값비싼 기숙학교나 범죄자 훈련장으로 타락했다는 점이다.[55]

몇 닌 선 밝혀진 마이애미의 초대형 수용시설 실태에 따르면 그곳에서는 방 하나에 24명이나 수감되었으며, 이들이 방에서 나올 수 있는 것은 2주에 한 차례뿐이었다. 그 결과는 수감자들 사이에 '고대 로마의 검투사' 같은 야만적인 싸움 규칙으로 나타났다.[56] 이런 종류의 기관에서 풀려난 개인은 사회에 진정으로 위험 요소로 작용한다. "우리 중 대다수는 우리가 들은 그대로의 인물이 된다. 폭력적이고 비합리적이며, 의식 있는 성인처럼 행동할 수 없다고." 이는 캘리포니아 교도소에 수감되었던 어느 수감자의 말이다.[57]

노르웨이에서 돌아온 린 버치 교정국장은 노스다코타 교도소가 바뀌어야 한다는 사실을 깨달았다. 버치와 그의 팀은 '우리의 인간다움을 구현한다'는 새로운 사명을 수립했다.[58]

1단계, 깨진 유리창 전략을 보류하라. 과거에는 300건이 넘는 위반 규정이 있었으나, 예를 들어 상의를 바지 속에 넣지 않으면 독방에 수감된다는 등의 사소하고 까다로운 규칙은 모두 폐기되었다.

2단계, 교도관을 위한 새로운 프로토콜이 작성되었다. 무엇보다도 그들은 수감자들과 하루에 2번 이상 대화를 해야 했다. 이는 중대한 전환이었고 상당한 저항에 부딪혔다. 한 교도관은 말했다. "나는 죽도록 겁이 났다. 직원들이 걱정되었고, 시설이 걱정되었다. 특정 직원들이 이곳을 떠난다는 이야기를 할 때 무서웠다. 나는 잘못 생각한 것이었다."[59]

몇 개월 뒤 교도관들은 업무에서 더 큰 즐거움을 느끼기 시작했다. 그들은 합창단과 그림 수업을 시작했고, 직원들과 수감자들이 함께 농구를 하기도 했다. 교도소 내 사고 건수도 눈에 띄게 감소했다. 한 교도관에 따르면 "예전에는 일주일에 3, 4회 이상 사고가 있었다. 올해는 자살을 시도하거나 감방이 물에 잠기거나 완전히 무질서해지는 상황 등이 거의 발생하지 않았다"[60]고 한다.

그 뒤 미국의 다른 6개 주에서도 고위 교정당국자들이 노르웨이를 방문했다. 노스다코타의 버치 국장이 계속 강조하는 것은 개혁이 상식의 문제라는 것이다. 인구 전체를 감금하고 격리하는 것은 잘못된 생각이며, 노르웨이 모델이 명백하게 우월하고 심지어 더 저렴하고 더 현실적이다.

린 버치 교정국장은 맹세하듯이 이야기한다. "나는 자유주의자가 아니고 그냥 실용적일 뿐이다."[61]

Chapter 17

✕

혐오와 불평등, 편견을 넘어
: 접촉의 위력

단 하나의 부정적인 경험, 언쟁이나 화난 표정이 농담이나 도움의 손길보다 우리에게 더 깊은 인상을 남긴다. 그것이 바로 우리의 두뇌가 작동하는 방식이다. 그럼에도 불구하고 접촉이 우리를 더 가깝게 만드는 이유는 무엇인가?

잊혀버린 역사

나는 노르웨이 교도소 이면에 있는 아이디어를 계속 생각했다. 만약 우리가 예비 범죄자와 예비 테러리스트들에게 다른 쪽 뺨을 대줄 수 있다면 더 큰 규모로 동일한 전략을 적용할 수 있을 것이다. 불구대천의 적을 한 곳에 모아 인종차별과 증오를 종식시킬지도 모른다.

예전에 어느 각주에서 접했지만 자세히 살펴보지는 않은 어떤 이야기가 생각났다. 수십 년 동안 반대 진영에 속해 있었지만 결국 전면적인 내전을 막아낸 두 형제의 이야기였다. 좋은 이야기 같지 않은가? 오래된 메모 더미에서 나는 형제의 이름을 찾아냈고, 그들에 대한 모든 것이 알고 싶어졌다.

빌욘 형제

이 형제들의 이야기는 20세기 가장 유명한 인물 중 한 명인 넬슨 만델라와 뗄 수 없이 얽혀 있다. 1990년 2월 11일 27년간 수감되었던 넬슨 만델라가 마침내 자유인이 되는 날, 수백만 명의 사람들이 그를 보기 위해 텔레비전 앞에 모여 앉았다. 마침내 남아프리카공화국의 흑인과 백인 사이에 평화와 화해가 이뤄질 것이라는 희망이 생겼다. 만델라는 석방 직후 외쳤다. "당신들의 총과 칼과 팡가(풀이나 나뭇가지 등을 자르는 데 쓰는 무겁고 큰 칼-옮긴이)를 드십시오. 그리고 바다에 던지십시오!"[1]

4년 뒤 1994년 4월 26일 모든 남아프리카공화국 국민을 위한 첫 번째 선거가 치러졌다. 투표소의 끝이 보이지 않는 줄, 총 2,300만 명의 유권자 등 다시 한번 마음을 사로잡는 이미지가 연출되었다. 남아프리카공화국의 인종차별정책인 아파르트헤이트Apartheid의 시작을 기억할 정도로 나이 든 흑인 남성과 여성은 생애 처음으로 투표를 하고 있었다. 한때 죽음과 파괴를 가져왔던 헬리콥터는 이제 연필과 종이 투표용지를 내리고 있었다.

인종차별주의 정권이 무너지고 민주주의가 탄생했다. 2주 뒤 5월 10일 만델라는 남아프리카공화국 최초의 흑인 대통령으로 취임했다. 취임식 동안 전투기는 국기의 무지개색(많은 인종과 문화로 이루어진 남아프리카공화국을 일컬음-옮긴이)을 꼬리 뒤에 수놓으며 하늘을 누볐다. 녹색, 빨간색, 파란색, 검은색, 흰색 및 금색을 결합한 새로운 남아프리카공화국 국기는 지구상에서 가장 화려했다.

잘 알려지지 않은 사실은 하마터면 이 일이 일어나지 못할 위험이 너무나 컸고, 오늘날 우리가 알고 있는 남아프리카공화국은 거의 성립하지 못할 뻔했다. 만델라가 석방되고 대통령으로 선출되기까지 4년 동안 이 나라는 내전 직전까지 내몰렸다. 그리고 완전히 잊힌 것은 내전을 막는 데 일란성쌍둥이 형제가 결정적 역할을 했다는 사실이다.

1933년 10월 28일에 태어난 콘스탄드 빌욘^{Constand Viljoen}과 에이브러햄 빌욘^{Abraham Viljoen}은 소년 시절 꼭 붙어서 지냈다.² 같은 학교, 같은 반이었던 그들은 수업을 통해 백인종이 우월하다는 허위 선전을 함께 배웠다. 중요한 것은 그들이 같은 역사의 산물이라는 점이다. 콘스탄드와 에이브러햄은 아프리카 태생으로 1671년에 상륙해 네덜란드 정착민들과 섞인 프랑스 위그노(16, 17세기 프랑스 칼뱅파의 신교도 – 옮긴이)의 후손이었다. 1899년 이 아프리카계 국민들은 영국 통치에 반대하며 봉기했으나 무자비하게 진압되었다. 소년들의 아버지는 어렸을 때 영국 강제수용소를 경험했고, 자신의 형제자매가 어머니의 품에 안겨 죽는 모습을 무력하게 바라보았다. 따라서 콘스탄드와 에이브러햄의 가족은 억압받는 사람에 속했지만, 때로는 억압받는 사람들이 압제자가 되기도 하는 법. 쌍둥이를 떼어놓은 것은 바로 이 진리였다.

1951년 소년들의 열여덟 번째 생일 직후 어머니는 그들에게 두 명 다 프리토리아에 있는 대학에 보내기에는 돈이 충분하지 않다고 털어놓았다. 콘스탄드는 에이브러햄에게 먼저 가라고 말했다. 에이브러햄은 브라암^{Braam}으로도 불렸는데, 브라암이 더 똑똑했던 모양이다. 브라암이 신학과에 다니는 동안 콘스탄드는 군에 입대했다. 군 생활은 그에게 잘 맞았고 군대는 제2의 가족이 되었다. 브라암이 책을 열심히 읽는 동안 콘스탄드는 헬리콥터에서 뛰어내렸고, 브라암이 네덜란드와 미국에서 공부하는 동안 콘스탄드는 잠비아와 앙골라 전투에 참가했다. 브라암이 전 세계에서 온 학생들과 친구가 되는 동안 콘스탄드는 군대 동료들과 깊은 유대감을 형성했다.

그렇게 해마다 형제들은 더 멀어졌다. "나는 공정한 대우라는 질문, 그리고 사람은 평등하다는 믿음을 접하게 되었다"고 브라암은 훗날 회상했다.[3] 브라암은 자신과 함께 성장한 아파르트헤이트가 범죄 시스템이며 성경이 가르쳐준 모든 것과 모순된다는 사실을 깨달았다. 그가 수년간의 유학을 마치고 돌아왔을 때 많은 남아프리카공화국 사람들은 브라암을 탈영병, 이단자, 배신자로 여겼다. 브라암은 "그들은 내가 (나쁜) 영향을 받았다고 말했다. 해외 유학을 허락하지 말았어야 했다는 것이다"[4]라고 말했다. 그는 설득당하지 않았고, 흑인 동포들에 대한 동등한 대우를 요구했다. 1980년대에 인종차별정책을 종식시키려는 정당 소속으로 공직에 출마했다. 그는 인종차별 정부는 완전히 살인 정권이라는 데 분명한 확신이 있었다.

한편 콘스탄드는 남아프리카공화국에서 가장 사랑받는 군인 중 한 명으로 성장했다. 그의 제복에는 메달이 주렁주렁 달렸다. 경력이 정점에 오른 것은 그가 육군, 해군 및 공군을 포함하는 남아프리카 방위군의 총사령관이 되었을 때였다. 그리고 1985년까지 그는 인종차별정책의 위대한 대변인으로 남았다.

이제 빌욘 형제는 대화를 완전히 중단했다. 애국자이자 전쟁 영웅이며 수많은 남아프리카 태생 백인의 총아인 빌욘 장군에게 쌍둥이 형제가 있다는 사실을 기억하는 사람은 거의 없었다. 그러나 그들의 유대는 남아프리카공화국의 미래를 결정하게 된다.

　　　　　　　　　　　　　　　　　　　5부 | 비대칭적인 전략

차별과 혐오를 어떻게 끝낼 것인가

불구대천의 적들을 화해시키는 방법은 무엇인가? 미국의 한 심리학자가 이 같은 질문을 품고 1956년 봄 남아프리카공화국으로 향했다. 아파르트헤이트는 이미 시행되고 있었다. 인종 간 혼인은 금지되었고, 그해 말 정부는 백인들을 위한 더 나은 일자리를 확보하는 법을 채택할 예정이었다. 이 심리학자의 이름은 고든 올포트Gordon Allport로, 그는 평생 두 가지 기본적인 질문을 깊이 생각해왔다. 첫째, 편견은 어디에서 오는가? 둘째, 이를 어떻게 예방할 수 있는가? 수년간의 연구 끝에 그는 기적의 치료법을 발견했다. 적어도 그렇게 생각했다.

그것은 바로 '접촉' 그 이상도 그 이하도 아니었다. 올포트는 편견, 증오, 인종차별이 접촉 부족에서 기인한다고 의심했다. 우리가 낯선 사람을 지나치게 일반화하는 것은 그들을 잘 알지 못하기 때문이다. 그래서 해결책은 분명해 보였다. 더 많은 접촉. 대부분의 과학자들은 올포트의 주장에 감명을 받기는커녕 그의 이론이 지나치게 단순하고 순진하다고 평가했다. 제2차 세계대전이 여전히 사람들의 기억에 생생하게 남아 있는 상황에서 더 많은 접촉이 더 많은 마찰로 이어진다는 것이 중론이었다. 바로 그해에 남아프리카공화국의 심리학자들은 '분리된 발전(이라고 쓰고 아파르트헤이트라고 읽는다)'을 정당화할, 인종에 따른 생물학적인 차이의 '과학'을 여전히 탐구하고 있었다.[5]

많은 남아프리카공화국 백인들에게 올포트의 이론은 확실히 충격적이었다. 여기에 아파르트헤이트가 문제의 해결책이 아니라 원인이라고 주장하는 과학자도 있었다. 흑인과 백인이 학교와 직장, 교회 등 어디에서나 만날 수 있기만 하다면 서로를 더 잘 알 수 있다는 것이었다. 결국 우리는 우리가 아는 것만 사랑할 수 있다.[6] 이는 간단히 말해서 접촉 가설이다. 믿기에는 너무 간단해 보이지만 올포트에게는 이를 뒷받침할 몇 가지 증거가 있었다. 그는 1943년 디트로이트에서 발생한 인종 폭동을 그 예로 지적했다. 이때 사회학자들은 이상한 사실에 주목했다. "이웃이 된 사람들은 서로에 대해 폭력적인 행동을 하지 않았다. 웨인대학의 흑인과 백인 학생들은 피의 월요일 내내 평화롭게 수업을 같이 들었다. 그리고 군수공장에서의 백인 노동자와 흑인 노동자 사이에는 아무런 혼란도 없었다……"[7] 반면 이웃들은 서로를 보호했다. 폭도들이 몰려오자 일부 백인 가족은 흑인 이웃을 보호했으며, 그 반대의 경우도 마찬가지였다.

더욱 놀라운 것은 제2차 세계대전 당시 미군이 수집한 데이터에 따르면 공식적으로 흑인과 백인 병사들은 나란히 싸워서는 안 되었지만 전투의 열기 속에서 종종 이런 일이 일어났다. 육군 연구소는 흑인과 백인 소대로 구성된 중대에서는 흑인을 싫어하는 백인 군인의 수가 훨씬 적다는 사실을 발견했다. 정확히 말하면 9배 더 적었다.[8]

고든 올포트는 접촉의 긍정적인 효과에 대해 한 장 한 장 써내려갔다. 이 효과는 군인과 경찰관, 이웃과 학생에게 적용되는데, 예를 들어 흑인과 백인이 같은 학교에 다니면 편견을 잃는 것으로 보였다. 이는 브라암빌온이 해외 유학 중 경험한 것이 예외가 아니라는 의미였다. 그것은 규칙이었다. 아마도 올포트의 접촉 가설에 대한 가장 강력한 증거는 바다에

올포트의 접촉 가설을 입증하는 인종 혼합 승선에서의 변화

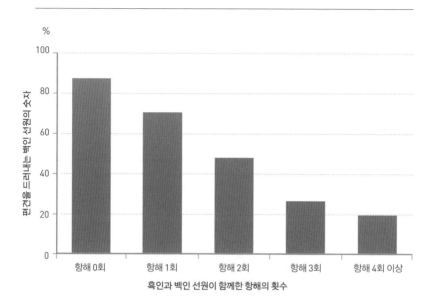

접촉 이론에 대한 그의 대작을 출판한 지 2년 뒤인 1956년 올포트는 남

서 나왔을 것이다. 아프리카계 미국인이 1938년 처음으로 가장 큰 선원 노조에 가입했을 때 처음에는 광범위한 저항이 있었으나, 흑인과 백인 선원이 실제로 함께 일하기 시작하자 시위는 중단되었다.[9] 고든 올포트는 신중한 사람이었다. 그는 자신의 주장이 여전히 빈틈이 많다는 것을 알고 있었다. 혼합 승선에 서명한 선원들이 처음부터 덜 인종차별적이었을 수도 있다.

접촉 이론에 대한 그의 대작을 출판한 지 2년 뒤인 1956년 올포트는 남아프리카공화국을 여행하면서 초기에 가졌던 의심이 다시 떠올랐다.[10]

수 세기 동안 흑인과 백인이 나란히 살고 있는 이 나라에서는 인종차별이 줄어들지 않고 오히려 증가하는 것 같았기 때문이다. 올포트가 만난 많은 백인들은 아무도 정신질환이 있는 것 같지 않았지만 모두가 배척과 차별을 이어갔다. 과연 그의 이론은 정말로 설득력이 있는 것일까? 남아프리카공화국을 방문했던 1960년대를 회상하며 올포트는 자신이 '역사의 힘'에 대해 눈이 멀었다는 사실을 인정할 수밖에 없었다.[11]

만델라와의 만남

1993년 5월 7일 요하네스버그에서 남쪽으로 120킬로미터 떨어진 포체프스트룸Potchefstroom의 럭비 경기장 안에는 1만 5,000명의 남아프리카 태생의 백인들이 모여 있었다. 그들 위로 나치의 철십자를 꼭 닮은 상징이 새겨진 검고 붉은색의 깃발 수백 개가 나부끼고 있었다. 긴 수염과 갈색 셔츠를 입은 농부들은 산탄총과 권총으로 철저히 무장하고 있었다.[12] 이 집회의 연사 중에는 아프리카너 저항운동Afrikaner Resistance Movement의 지도자인 외젠 테르블랑슈Eugène Terre'Blanche가 있었는데 그는 오랫동안 아돌프 히틀러의 웅변술에 매료되었으며, 그의 심복들은 큐클럭스클랜Ku Klux Klan, KKK(사회 변화와 흑인이 동등한 권리를 반대하며 폭력을 휘두르는, 미국 남부의 여러 주의 백인 비밀단체 – 옮긴이)과 비슷했지만 그들보다 더 폭력적이었다.

그날 경기장은 분노와 두려움으로 들끓었다. 만일 넬슨 만델라가 모든 인종이 참가하는 선거에서 승리한다면 어떤 일이 일어날 것인지에 대한 두려움, 그들의 국기와 국가를 잃어버릴 것에 대한 두려움, 그리고 기존의 문화 전체가 폐기될 것이라는 두려움이었다. 1만 5,000명의 분노한 시위대는 비터레인더스Bittereinders라고 불렸는데, 100년 전 영국의 지배에 대항해 막다른 최후bitter end까지 싸웠던 남아프리카 보어인들의 이름에서 딴 것이다.

그들은 스스로를 모든 수단을 동원할 준비가 된 자유투사라고 생각했다. 다만 이들에게는 빠진 것이 하나, 아니 빠진 사람이 한 명 있었다. 지금 이들에게 필요한 것은 지도자였다. 존경받는 누군가, 모범적인 경력을 가진 누군가가 필요했다. 만델라가 '검은 분노black danger, Swart gevaar'에서 대표성을 지니듯 백인들 사이에서 자유를 향한 중대한 마지막 전투를 이끌어줄 지도자가 필요했다. 요컨대 콘스탄드 빌욘 같은 인물 말이다.

콘스탄드는 그날 그 장소에 있었다. 몇 해 전 은퇴한 그는 이제 농부로서 조용히 살고 있었다. 하지만 폭도들이 그의 이름을 연호하기 시작하자 그는 망설이지 않았다. 전직 장군은 연단에 올라 마이크에 대고 포효했다. "남아프리카 태생 백인들은 스스로를 방어할 준비를 해야 합니다! 희생을 요구하는 유혈 충돌은 피할 수 없지만 우리는 대의가 정당하므로 기꺼이 희생할 것입니다!" 대중은 흥분해서 소리쳤다. "당신이 지휘하면 따르겠소!"[13] 콘스탄드가 자칭 '아프리카너 인민전선Afrikaner Volksfront(이하 AVF)'이라고 부르는 새로운 조직의 지도자로 떠오른 순간이었다. 이는 그저 정당이나 연맹 같은 것이 아니라 군대였다. 콘스탄드는 전쟁 동원령을 내렸다. 어떤 희생을 치르더라도 다인종 선거를 저지할 생각이었다.

"우리는 막대한 군사력을 구축해야 했다." 콘스탄드가 회고한 말이다.[14] AVF는 단 2개월 만에 경험이 풍부한 10만 명의 군인을 포함해 15만 명의 남아프리카 백인을 모집했는데, '콘스탄드 빌욘'이라는 이름만으로도 대부분의 사람들을 설득시키기에 충분했다. 동시에 그들은 공격 계획을 고안해야 했는데, 이는 일련의 말도 안 되는 제안들로 이어졌다. 만델라의 정당인 아프리카 민족회의ANC의 지도부를 매복 공격해야 한다고 제안한 사람도 있었다. 어떤 이는 그건 말도 안 된다며 서부 트란스발주에 있는 흑인 1만 5,000명을 집단 린치하고 공동묘지에 버리자고 주장하기도 했다. 날이 갈수록 분위기는 점점 과격해졌다.

이곳에서 120킬로미터 떨어진 요하네스버그에서 콘스탄드의 형제인 에이브러햄은 불길한 예감을 크게 느끼고 있었다. "나는 비극의 요소들이 이곳에 집결하고 있다고 생각할 때가 종종 있다." 그가 만델라와 아프리카 민족회의에 보낸 메모에 쓴 말이다.[15] 또한 브라암은 자신이 행동할 필요성이 있음을 깨닫고 있었다. 그는 남아프리카공화국을 통틀어 자기 형제의 마음을 바꿀 수 있는 사람은 자기뿐이라는 사실을 잘 알고 있었다. 지난 40년간 거의 끊어진 대화를 이제 이어야 할 때가 되었다. 나중에 한 역사학자는 다음과 같이 서술했다. "만일 그가 콘스탄드를 설득할 수 있으면 아파르트헤이트에서 민주주의로 평화로운 이행이 가능할 것이었다. 그럴 수 없다면 전쟁은 필연적이었다."[16]

브라암이 프리토리아^{Pretoria} 번화가에 있는 AVF 사무실에 도착한 것은 1993년 7월 초, 선거까지 10개월 남은 시점이었다. 형제와 마주 앉자마자 브라암은 본론으로 들어갔다. "대안이 뭔가?" 이에 콘스탄드가 대답했다. "현 상황으로 봤을 때 한 가지밖에 없어. 싸우는 것이지."[17] 그러자 브라암은 자신과 넬슨 만델라가 극비리에 고안한 계획을 제안했다. 브라암은 콘스탄드에게 아프리카 민족회의 지도자들과 한자리에 앉아 너희 쪽 사람들의 입장에 대해 직접 대화를 나눈다면 어떻겠는가라고 물었다. 콘스탄드는 이미 그 같은 9건의 제안을 거부한 터였다. 그러나 이번에는 반응이 달랐다. 다름 아닌 형의 제안이었기 때문이다.

그리하여 1993년 8월 12일 일란성쌍둥이는 요하네스버그의 어느 빌라 현관에 도착했다. 하인의 인사를 받을 것으로 기대했던 이들을 활짝 웃으며 맞이한 사람은 바로 넬슨 만델라 본인이었다. 이는 역사적인 순간이었다. 새로운 남아프리카공화국의 영웅이 옛 영웅과 눈을 마주보며 서 있었다. 전쟁 동원령을 내린 사람과 그 반대편의 평화 중재자.

콘스탄드는 몇 년 뒤 당시를 회상하며 말했다. "그는 나에게 차를 마시겠냐고 물었다. 나는 그러겠다고 답했고 그는 한 잔을 따라주었다. 우유를 넣느냐는 질문에 나는 넣겠다고 답했고, 그는 우유를 따라주었다. 그리고 설탕을 넣느냐고 물었다. 그렇다고 답하자 설탕을 넣어주었다. 내가 할 일은 그것을 젓는 것뿐이었다!"[18]

대화를 이어가는 동안 만델라는 남아프리카 태생 백인들의 역사와 문화를 이해하기 위해 노력했음이 틀림없다. 콘스탄드는 만델라가 100년 전 빌욘 가문이 영국으로부터 해방되기 위해 벌인 투쟁과 만델라 자신이 인종차별정책과 싸워온 투쟁의 유사점에 대해 이야기하자 깊은 감명을 받았다. 여기서 가장 중요한 사실은 만델라가 이 군인에게 그의 고유 언어로 이야기했다는 점이라고 훗날 역사학자들은 서술했다. 만델라는 남아프리카어로 '장군'이라고 콘스탄드를 부르며 이야기했다. "만일 우리가 전쟁을 벌인다면 승자는 없을 겁니다." 콘스탄드는 고개를 끄덕이며 대답했다. "승자가 있을 수 없지요."[19]

이를 기점으로 빌욘과 만델라는 4개월에 걸쳐 비밀 회담을 벌였는데, 심지어 프레데리크 빌렘 데클레르크Frederik Willem de Klerk 대통령조차도 이를 알지 못했다. 오늘날에도 이를 언급하는 역사책은 거의 없다. 그러나 이것은 남아프리카공화국 역사에서 매우 중요한 순간이었다. 결국 설득당한 전직 장군은 무기를 내려놓고 자신의 당과 함께 선거에 참여하기로 했다. 콘스탄드는 만델라와 악수를 할 때마다 자신이 한때 테러리스트라고 생각했던 남자에 대한 존경심이 커졌다. 그리고 그 느낌은 상호적이었다. 만델라는 장군을 점점 더 존경하게 되었고, 직업정치가인 데클레르크와는 달리 그를 신뢰하게 되었다. 이후 브라암은 "그는 내 형제의 팔을 붙들고 놓아주려고 하지 않았지"[20]라며 당시를 회상했다.

접촉의 위력

접촉 가설을 내놓은 심리학자 고든 올포트는 이미 죽은 지 오래였지만

1956년 그와 함께 남아프리카공화국을 여행했던 제자 토머스 페티그루Thomas Pettigrew는 여전히 살아 있었다. 은퇴한 올포트와 달리 페티그루는 반란군이자 운동가로, 미국 시민권 운동에서 눈에 띄는 역할을 했으며 FBI는 그의 활동에 대한 많은 조사 자료를 확보하고 있었다. 페티그루는 남아프리카공화국에 머무는 동안 일련의 불법 아프리카 민족회의에 참석했고 비밀요원의 주목을 받았다. 6개월 뒤 페티그루가 세관에 여권을 제시했을 때 '남아프리카공화국 입국 금지BANNED FROM SOUTH AFRICA'라는 도장이 큰 글씨로 찍혔다.[21] 페티그루는 언젠가 만델라의 땅으로 되돌아갈 수 있으리라고는 생각하지 못했다.

그로부터 반세기가 지난 2006년 그는 남아프리카공화국에서 열리는 국제 심리학회에 초청을 받았다. "아직 많은 과제가 남아 있었지만 어딜 둘러봐도 진보하고 있음이 눈에 띄었다." 페티그루는 자신의 여행에 대해 이렇게 이야기했다.[22] 더반의 아름다운 해변은 모두에게 개방되어 있었고, 한때 악명 높은 감옥이 있던 곳에는 헌법재판소가 들어섰다. 간판에는 남아프리카공화국의 11개 공식 언어로 방문객을 환영한다는 말이 적혀 있었다.

페티그루는 자기 분야의 저명한 과학자 중 한 명이자 대회의 주빈으로서 자신의 옛 멘토의 이론을 압도적으로 지지하는 대규모 연구를 발표했다. 그와 그의 팀은 38개국에서 이루어진 515건의 연구를 모아 분석했다.[23] 결론은? 접촉은 효과가 좋다.

그뿐만이 아니다. 사회과학 분야에서 이렇게 뒷받침하는 승거가 많은 연구 결과는 드물다. 접촉은 더 많은 신뢰와 더 많은 연대, 더 많은 상호친절을 낳으며, 다른 사람의 눈으로 세상을 볼 수 있도록 도와준다. 또한 다양한 집단의 친구를 가진 개인은 낯선 이에 대해 더 관대하기 때문에 한 인간으로서 당신을 변화시킬 수 있다. 게다가 접촉은 전염성이 있다. 이웃이 다른 사람과 잘 어울리는 것을 보면 자신의 편견을 다시 생각해보게 된다.

그러나 이러한 연구에서 나온 다른 결과도 있다. 단 하나의 부정적인 경험(언쟁이나 화난 표정)이 농담이나 도움의 손길보다 우리에게 더 깊은 인상을 남긴다는 사실이다. 그것이 바로 우리의 두뇌가 작동하는 방식이다. 처음에 이 사실은 페티그루와 동료들에게 의문으로 남았었다. 만일 우리가 부정적인 경험을 더 잘 기억한다면 그럼에도 불구하고 접촉이 우리를 더 가깝게 만드는 이유는 무엇인가? 결국 대답은 간단했다. 우리가 마주치는 모든 불쾌한 사선들 속에도 즐거운 소통의 경험은 얼마든지 있다는 것이다.[24] 악이 더 강해 보이더라도 선의 숫자가 더 많다.

접촉의 힘을 이해하는 사람이 단 한 사람만 존재한다면 그는 넬슨 만델라일 것이다. 여러 해 전에는 그도 매우 다른 길을 걸었다. 폭력이라는 길이었다. 1960년 만델라는 아프리카 민족회의의 무장 조직을 설립한 사람 중 한 명이었으나 27년간 교도소에 수감되어 있으면서 큰 변화를 겪었다. 세월이 흘러 만델라는 비폭력 저항이 폭력보다 훨씬 더 효과적이라는 사실을 깨닫게 되었으며, 이는 훗날 과학자들이 검증하게 된다.

'만델라식 방법'이 순진하다고 믿는 데서 시작한 미국인 에리카 체노웨스Erica Chenoweth의 최근 연구를 살펴보자. 그녀는 현실 세계에서 힘은 총구를 통해 발휘된다는 생각을 증명하기 위해 1900년까지 거슬러 올라가 저항 운동에 관한 거대한 데이터베이스를 만들었다. 2014년 체노웨스는 "그 뒤에 나는 계산을 해보고 충격을 받았다"고 이야기했다.[25] 비폭력 운동의 성공률은 50퍼센트가 넘었지만 폭력적 운동에서는 겨우 26퍼센트에 불과했던 것이다. 체노웨스는 비폭력 운동의 성공률이 높은 주된 이유는 바로 사람들이 더 많이 참여하는 데 있다고 강조했다. 무려 평균 11배 이상 참여했던 것이다.[26] 그리고 테스토스테론의 분비량이 높은 젊은이들뿐 아니라 여성과 어린이, 노인과 장애인도 여기 포함된다. 정권은 그런 군중을 이길 수 있는 준비가 되어 있지 않다. 선이 악을 압도하는 방법은 바로 숫자로 압도하는 것이다.

비폭력 캠페인에서 한 가지 필수적인 요소는 바로 자제이다. 감옥에 있는 동안 만델라는 냉정을 유지하는 데 달인이 되었다. 그는 적을 연구하기로 한 뒤에는 남아프리카 태생 백인들의 문화와 역사에 관한 많은 책을 읽었고, 럭비를 시청하고 그들의 언어를 배웠다. 만델라는 "어떤 사람에게 그가 이해할 수 있는 언어로 이야기하면 그것은 머릿속으로 간다. 그의 언어로 이야기하면 그것은 그의 마음으로 직행한다"[27]라고 설명했다. 만델라는 동료 수감자들에게 교도관도 사람이며, 단지 체제에 중독된 것일 뿐이라는 사실을 알려주려고 노력했다. 여러 해가 지난 뒤 만델라는 콘스탄드 빌욘을 자신이 믿는 정권을 위해 싸우느라 평생을 바친 정직하고 충성스러우며 용감한 사람으로 이해하게 되었다.

만델라는 석방된 뒤 남아프리카공화국의 흑인 90퍼센트를 자신의 대의 아래 결집시킬 수 있었다. 이후 그는 백인들의 마음을 얻는 데 주력했고 엄청난 성공을 거두었다. 1995년 6월 24일 그가 흰색 럭비팀 셔츠를 입고 요하네스버그의 경기장에 들어서자 "넬슨! 넬슨!"이라는 연호가 울려 퍼졌다. 한때 그를 테러리스트라고 생각했던 수천 명의 남성과 여성들의 목소리였다. '만델라식 접근'의 승리를 홍보의 성과로 돌리고 싶은 유혹도 있지만 그것은 옳지 않다. 그는 마틴 루터 킹처럼 열정적으로 연설을 하거나 윈스턴 처칠처럼 불같은 논쟁을 하지 않았다. 첫 기자회견에서 만델라는 자기 앞에 모여 있는 털복숭이 물체가 무엇인지 몰라 어리둥절해했는데, 누군가가 귀에 대고 그것이 마이크라고 속삭여주었다고 한다.[28]

만델라의 초능력은 다른 데 있었다. 저널리스트인 존 칼린John Carlin은 세계 역사상 가장 위대한 지도자 중 한 명으로 만든 요인을 다음과 같이 설명했다. "100명 중 99명이 구원받을 수 없는 상태라고 판단한 사람들에게서 좋은 면을 보기로 선택했다."[29] 만델라의 가장 친한 친구 중 한 명인 월터 시술루Walter Sisulu는 한때 만델라의 결점을 이야기해달라는 요청에 이렇게 답했다. "그는 사람을 믿으면 완전히 믿어버린다." 그리고 잠시 머뭇거리다가 말했다. "그렇지만 그것이 결점은 아닐 것이다."[30]

서로 다른 세계의 만남과 공존

최근 수십 년간의 가장 희망적인 변화를 되돌아보면 언제나 신뢰와 접촉이 중요한 역할을 했다는 것을 알 수 있다. 1960년대 시작된 게이와 레즈비언의 해방을 생각해보라. 점점 더 많은 용감한 영혼이 벽장에서 나옴에 따라 친구와 동료, 어머니와 아버지는 모든 사람이 동일한 성적 취향을 가지고 있지 않다는 것을 알게 되었다. 그리고 거기에 문제가 없다는 사실도 말이다.

그러나 그 반대의 경우도 마찬가지이다. 2016년 도널드 트럼프가 대통령으로 당선된 뒤 우리가 여전히 너무나 자주 우리 자신의 거품 속에서 살고 있다는 것이 명백해졌다. 두 명의 사회학자는 심지어 다음과 같은 사실을 보여주었다. "우편번호에서 나타난 백인의 인종적·민족적 고립 수준이 트럼프 지지 여부를 가장 강력하게 예측하는 요인 중 하나이다."[31] 또한 미국과 멕시코를 분리하는 국경까지의 거리가 멀수록 둘 사이에 거대한 벽을 세우겠다는 공약을 한 남자에 대한 지지가 높아졌다.[32] 다시 말해서 문제는 트럼프 지지층과 무슬림, 난민 사이의 접촉이 너무 많은 데 있지 않았다. 오히려 너무 적은 데 문제가 있었다.

2016년 영국에서 시행된 유럽연합[EU] 탈퇴 여부에 대한 국민투표에서도 동일한 패턴이 나타났다. 지역사회가 문화적으로 다양하지 않은 곳일수록 그에 비례해 브렉시트[Brexit]에 찬성하는 비중이 높았다.[33] 그리고 나의 조국 네덜란드에서 포퓰리스트 정당 지지자들이 가장 많은 지역은 백인 거주자들이 가장 밀집한 지역이다. 네덜란드 사회학자팀의 연구에 따르

면 백인들이 (주로 직장에서) 무슬림과 더 많이 접촉할수록 이슬람에 대한 혐오감도 적었다.[34]

뿐만 아니라 다양성은 우리를 더 친근하게 만들 수 있다. 2018년 싱가포르대학의 국제 연구팀은 5건의 새로운 연구를 기반으로 다음과 같은 사실을 확립했다. 좀 더 다양한 공동체에 사는 사람들이 모든 인류와 자신을 동일시하는 경우가 더 많고, 그 결과 그들은 낯선 사람에게 더 친절하고 도움이 되는 행태를 보인다. 이는 2013년 보스턴 마라톤 대회의 폭탄 테러가 발생하자 구성원이 더욱 다양한 공동체에 속한 주민들이 더 많은 도움을 제공한 것에서 드러난다.[35]

그러나 기뻐하기에는 아직 이르다. 인종과 민족이 혼합된 동네에 사는 것만으로는 충분하지 않다. 이웃과 거의 이야기하지 않는 주민들 사이에서는 다양성이 실제로 편견을 고조시킬 수 있다.[36] 또한 이민자들의 급격한 유입을 목격한 공동체들에서 브렉시트 찬성이나 트럼프 지지 투표율이 더 높다는 징후도 찾아볼 수 있다.[37]

접촉을 연구하는 학자들이 결과적으로 강조하는 것은 사람들이 서로 익숙해지는 데 시간이 필요하다는 점이다. 접촉은 효과가 있지만 즉시 나타나는 것은 아니다. 예를 들어 2015년 네덜란드에서는 시리아 난민수용소를 개소하는 데 반대하는 치열한 시위가 벌어졌다. 성난 반대자들은 고함을 지르고 욕설을 하며 심지어 창문으로 돌을 던지기까지 했다. 하지만 2년 뒤 망명 신청자들이 다른 곳으로 이주해야 했을 때 그 분노는 슬픔으로 바뀌었다. 불과 몇 년 전 폭력적인 위협을 가한 경험이 있는 한 남성은 다음과 같이 증언했다. "여기는 아무 문제가 없었다. 사실 긍정적인 효과뿐이었다. 이곳은 지역 문화센터 같은 사교의 장소가 되었다. 나는 그곳에 커피 한잔 마시러 가는 것을 즐긴다."[38]

우리는 낯선 사람들과 소통하는 법을 학습해야 하며, 이는 되도록 어린 시절부터 시작하는 것이 좋다. 무엇보다도 에이브러햄 빌욘이 대학 시절에 그랬던 것처럼 모든 젊은이가 여행을 할 수 있다면 가장 좋을 것이다. 마크 트웨인Mark Twain은 일찍이 1867년에 "여행은 편견, 심한 편견, 편협한 마음에 치명적이다"라는 사실을 발견했다.[39] 우리의 정체성을 바꿔야 한다는 말이 아니다. 그 반대이다. 접촉의 과학에서 나온 가장 주목할 만한 발견은 우리 자신이 정체성을 유지해야만 편견을 제거할 수 있다는 것이다.[40] 우리 모두가 다르다는 사실이 아무런 문제가 아님을 깨달을 필요가 있다. 거기에 잘못된 것은 없다. 우리가 튼튼한 기반 위에 우리의 정체성을 위한 강력한 집을 짓고 나면 우리는 비로소 문을 열 수 있는 것이다.

1956년 남아프리카를 방문한 고든 올포트는 자신이 너무 순진했다고 결론지었다. 일부 사회는 서로 너무 멀리 떨어져 있으며 과거의 무게는 너무나 큰 부담이 될 수 있다고 말이다. 1967년 사망 당시에 그는 자신이 이전에 했던 모든 예측이 언젠가는 진실로 밝혀질 것이라는 사실을 전혀 몰랐다.

올포트가 요하네스버그 강연에서 강하게 주장한 것은 무엇인가? "그렇다. 인간은 부족의 동물이다. 그렇다. 우리는 편견을 빠르게 형성한다. 그렇다. 고정관념을 바탕으로 생각하는 것은 우리 본성에 깊이 뿌리박고 있는 것처럼 보인다." 하지만 올포트는 축소의 중요성도 강조했다. "절망하는 것은 역사의 오랜 교훈을 오독하는 것이다."[41] 남아프리카공화국에는 인종차별의 유산이 앞으로도 몇십 년 동안 남아 있을 테지만 그렇다고 지난 50년간 이루어진 숨 막히는 진보가 축소되는 것은 아니다.

오늘날 콘스탄드와 에이브러햄 빌욘은 여전히 서로 다른 두 세계에 살고 있다. 한 명은 군인이고 다른 한 명은 목사이다. 한 명은 퇴역 군인이고 다른 한 명은 평화 중재자이지만 서로를 보지 못하던 오랜 세월은 끝이 났다. 접촉은 복원되었다.

Chapter 18

✕

참호에서 나온 병사들
: 희망의 전염성

우리가 스스로의 참호 속에 몸을 숨기면 현실을 볼 수 없게 된다. 소셜미디어와 가짜 뉴스로 증오를 유발하는 소수의 사람들은 전 인류를 대의 할 수 없다. 인간이 선하게 태어났다고 믿는 것, 평화와 용서를 믿는 것은 감상적이고 순진한 것이 아니다. 오히려 용감하고 현실적이다.

믿기 어려운 실화

1914년 여름 제1차 세계대전 직전에 대부분의 사람들은 전쟁이 곧 끝날 것이라고 생각했다. 병사들은 크리스마스가 되면 우리는 다시 집으로 돌아갈 것이라고 연인에게 전했고, 사람들은 파리, 런던, 베를린의 중심지로 몰려들었으며 승리에 대한 환호로 벌써부터 열광했다. 수백만 명의 신병들이 노래를 부르며 전선을 향해 행진했다. 그리고 20세기의 대재앙이 시작되었다.¹ 만일 첫 번째 세계대전이 일어나지 않았다면 두 번째 세계대전도 없었을 것이기 때문이다. 만일 이프르Ypres와 베르됭Verdun의 전투가 없었다면 베르사유조약도, 러시아혁명도, 레닌도, 스탈린도, 히틀러도 없었을 것이다.

1914년 크리스마스까지 100만 명이 넘는 병사가 사망했다. 벨기에 해안에서 프랑스-스위스 국경까지 800킬로미터가량 뻗은 전선은 4년 동안 꿈쩍도 하지 않았다. 날마다 엄청난 수의 젊은이들이 기껏해야 땅 몇 에이커의 대가로 죽임을 당했다. 말과 북과 트럼펫과 함께 영웅적인 전투가 되었어야 했던 것은 무의미한 학살이 되었다.

그러나 유럽 전체가 어둠에 휩싸인 그 절박한 시절에도 작지만 한 줄기

빛이 있었다. 1914년 12월 하늘이 잠깐 열리면서 수천 명의 사람들이 다른 세계를 엿볼 수 있었다. 잠시 동안 그들은 모두가 그 속에서 함께라는 것을 깨달았다. 형제로서, 인간으로서.

이 이야기와 함께 책을 마무리 짓고 싶다. 왜냐하면 우리는 계속해서 참호로 돌아왔기 때문이다. 우리는 고작 90미터 떨어진 곳에 있는 사람이 우리의 동포라는 사실을 너무 쉽게 잊는다. 먼 곳에서 안전한 곳에 몸을 숨긴 채 소셜미디어나 온라인 포럼을 통해 몇 번이고 서로를 향해 쏘아대고 있다. 두려움, 무지, 의심, 고정관념을 지침으로 삼아 한 번도 만난 적이 없는 사람들을 일반화한다. 그러나 대안이 있다. 증오는 우정으로 바뀔 수 있고, 원수끼리 악수도 할 수 있다. 우리는 이를 믿을 수 있다. 우리가 순진해빠질 자격이 있기 때문이 아니라 실제로 일어났던 일이기 때문이다.

무인지대의 평화

1914년 크리스마스이브 날 밤은 맑고 추웠으며, 달빛은 라샤펠다르망티에르La Chapelle-d'Armentières 마을 외부의 눈 덮인 땅, 양측 참호 가운데의 무인지대를 비췄다. 영국 최고사령부는 긴장된 마음으로 전선에 메시지를 보냈다 "적군이 크리스마스나 새해에 공격을 고려하고 있을 가능성이 있다고 생각된다. 이 기간 동안 특별 경계를 유지하라."[2] 장군들은 실제로 무슨 일이 일어날지 전혀 모르고 있었다.

저녁 7시에서 8시경 영국군 제2여왕 연대의 앨버트 모렌Albert Moren은 불신으로 눈을 깜빡였다. 저 반대편에 있는 게 뭐지? 불빛이 하나씩 깜박이고 있었다. 손전등과 횃불, 그리고…… 크리스마스트리? 그때 소리가 들려왔다. "고요한 밤, 거룩한 밤Stille Nacht, heilige Nacht." 캐럴이 이렇게 아름답게 들린 적이 있었던가. 훗날 모렌은 다음과 같이 회상했다. "결코 잊지 못할 것입니다. 내 인생의 하이라이트 중 하나였죠."[3]

영국 병사들은 이에 뒤질세라 〈저 들 밖에 한밤중에The First Noel〉를 한 소절씩 돌려가며 부르기 시작했다. 독일군들은 박수를 보내며 〈오 탄넨바움O Tannenbaum〉으로 화답했다. 두 적진이 한참 동안 캐럴을 주고받다가 마침내 라틴어로 〈참 반가운 성도여O Come, All Ye Faithful〉를 합창했다. 소총수인 그레이엄 윌리엄스Graham Williams는 훗날 이렇게 회상했다. "정말로 특이한 일이었다. 전쟁 중에 두 나라 병사들이 같은 캐럴을 부르고 있었다."[4]

벨기에의 플뢰그스테르트 마을 바로 북쪽에 주둔한 스코틀랜드 연대는 훨씬 더 심했다. 존 퍼거슨John Ferguson 상병은 적의 참호에서 누군가 담배가 필요하지 않느냐고 외치는 소리를 들었다. 독일군이 "불빛 쪽으로 나오라"고 소리치자 퍼거슨은 무인지대로 향했다. 퍼거슨은 당시를 이렇게 회상했다. "[우리는] 곧 오래전부터 아는 사이인 것처럼 대화를 나누었다. 대단한 광경이었다. 독일인과 영국인이 옹기종기 모여 거의 우리 전선 전체를 차지하며 늘어서 있었다. 어둠 속에서 우리는 웃음소리를 들었고, 성냥불을 볼 수 있었다. [……] 이곳에서 몇 시간 전까지만 해도 서로 죽이려고 들던 사람들과 웃으며 수다를 떤 것이다!"[5]

이튿날 크리스마스 아침 가장 용감한 병사들이 다시 참호에서 걸어나와 철조망을 지난 뒤 적군과 악수를 했다. 그런 뒤 그들은 뒤에 남아 있던 사람들을 손짓해 불렀다. "우리는 모두 환호했다." 왕립 웨스트민스터 소총부대의 레슬리 워킹턴^{Leslie Walkington}은 그날을 회상하며 말했다. "그리고 우리는 축구 관중처럼 몰려들었다."[6] 그리고 선물 교환식이 벌어졌다. 영국인은 초콜릿, 차, 푸딩을 제공하고, 독일인은 시가, 소금에 절인 양배추, 슈냅스 술을 내놓았다. 그들은 마치 성대하고 행복한 친목 모임에 온 것처럼 농담을 나누고 단체 사진을 찍었다. 헬멧을 골대로 이용한 축구 경기가 한 차례 이상 벌어졌다.[7] 한 번은 독일이 3대 2로 이겼고, 또 한 번은 영국이 4대 1로 이겼다.

프랑스 북부 플뢰르베 마을 남서쪽에 있는 양측은 공동 장례식을 개최했다. 아서 펠럼번^{Arthur Pelham-Burn} 중위는 다음과 같은 기록을 남겼다. "독일인들은 한쪽에 도열했고, 영국인들은 반대쪽에 도열했다. 장교들이 선누에 섰으며 모두가 철모를 벗었다."[8] 이들은 적군의 포화로 사망한 전우들의 시체를 안치하면서 노래를 불렀다. 〈여호와는 나의 목자시니^{The Lord is my Shepherd, Der Herr ist mein Hirt}〉를 부르는 목소리가 서로 뒤섞였다.

그날 저녁 전선의 앞뒤에서 크리스마스 축제가 열렸다. 한 영국군 병사는 호위를 받으며 독일 측 전선을 넘어가 와인 저장고로 향했고, 그곳에서 바이에른 출신의 병사와 함께 1909년산 뵈브 클리코^{Veuve Clicquot}병을 땄다. 그들은 주소를 교환하고 전쟁이 끝난 뒤 런던이나 뮌헨에서 만날 것을 약속했다.

모든 증거가 남아 있지 않았다면 이런 일이 일어났다고 믿기 어려울 것이다. 자신의 눈을 거의 믿을 수 없었던 많은 병사들의 목격담이 존재한다. 오즈월드 틸리Oswald Tilley는 부모님에게 보낸 편지에 "부모님이 칠면조 등을 먹는 동안 나는 몇 시간 전 내가 죽이려고 했던 바로 그 남자들과 이야기하고 악수를 나누고 있었어요! 놀라운 일이었어요!"[9]라고 적었다. 독일군의 쿠르트 체미슈Kurt Zehmisch 중위는 놀라고 감탄하며 계속 자신을 꼬집어보고 있었다. "이 얼마나 놀랍고 이상한 일인가. 축구와 크리스마스 덕분에 [……] 불구대천의 적이 잠시 친구로 뭉쳤다."[10]

대부분의 영국인은 독일인이 얼마나 우호적인지에 놀랐다. 고향에서는 《데일리메일》과 같은 신문의 선전과 가짜 뉴스에 선동되었다. 당시 발행되는 신문의 40퍼센트 이상은 노스클리프Northcliffe 경, 즉 루퍼트 머독 한 사람에 의해 관리되고 있었다. 그는 여론에 엄청난 힘을 발휘했는데, 독일인들은 총검으로 유아들을 찌르고 신부들을 교회 종에 매달고 다니는 사나운 훈족으로 묘사되었다.[11] 전쟁이 발발하기 직전에 독일의 시인 에른스트 리사우어Ernst Lissauer가 작사한 〈영국에 대한 증오의 찬가〉는 국가의 인기에 버금갔고, 수백만 명의 독일 학생들이 이 노래를 암기해야 했다. 프랑스인과 영국인들은 신앙심이 너무 없어서 심지어 크리스마스를 축하하지도 않는다고 독일 신문들은 주장했다.

여기에도 명확한 패턴이 있었다. 전선과의 거리가 멀수록 증오도 커진다. 국내 전선, 즉 관공서와 뉴스 작성실, 거실과 술집에서는 적에 대한 적

참호에서 크리스마스를 축하하는 독일 병사들. 《데일리 스케치 Daily Sketch》, 1915년 1월. (출처: 게티이미지)

대감이 엄청났다. 하지만 참호의 병사들은 상호이해를 발전시켰다. 한 영 국군 병사는 다음과 같은 편지를 집에 보냈다. "우리가 대화를 해보니 많 은 신문 기사가 끔찍하게 과장된 게 틀림없다고 나는 정말로 생각하게 되 었어요."[12]

오랫동안 1914년 크리스마스의 휴전은 감상적 동화에 불과하거나 더 나쁘게는 반역자들이 지어낸 거짓말이라고 신화 취급을 당했다. 휴일이 끝나고 전쟁이 재개되자 100만 명이 넘는 병사들이 전사했다. 그리고 그해 크리스마스에 실제로 발생했던 일은 점점 더 믿을 수 없게 되어버렸다. 1981년 BBC 다큐멘터리 〈무인지대의 평화〉가 방영되면서 비로소 이 이야기가 단지 한낱 소문에 불과하지 않다는 것이 분명해졌다. 영국 전선의 3분의 2가 그해 크리스마스에는 전투를 중단했다. 대부분의 경우 영국 측에 우정의 제안을 한 독일인과 관련이 있다(벨기에와 프랑스가 담당한 전선에서도 같은 일이 발생했다). 모두 10만 명 이상의 병사가 손에서 무기를 내려놓았다.[13] 사실 1914년 크리스마스의 평화는 하나의 따로 떨어진 사건이 아니었다. 스페인 내전과 남아프리카의 보어전쟁 중에도 같은 일이 일어났으며, 미국의 남북전쟁, 크림전쟁 및 나폴레옹전쟁에서도 일어난 일이다. 그러나 플랑드르의 크리스마스만큼 광범위하고 갑작스러운 곳은 없었다.

병사들의 편지를 읽으면서 한 가지 질문이 계속 떠올랐다. 이미 100만 명의 목숨을 앗아간 끔찍한 전쟁에 갇혀 있던 사람들이 참호에서 나올 수 있었는데, 우리가 지금 여기에서 똑같은 일을 하지 못하게 가로막는 것은 무엇인가? 우리도 증오꾼과 선동정치가들에 의해 서로 대립하고 있다. 과거 피에 굶주린 훈족에 대한 기사를 퍼뜨렸던《데일리메일》같은 신문들은 변하지 않았다. 그들은 이제 도둑질하는 외국인, 살인하는 이민자, 강간하는 난민 등을 보도한다. 보도에 따르면 이들은 특이하게도 일자리를 훔쳐가는 동시에 일을 하기에는 너무나 게으른 사람들이다. 또한 여가 시간에는 오랫동안 존중받아온 전통과 가치를 짓밟는데도 어찌어찌 성공한 사람들이기도 하다.

이것이 다시 한번 증오가 사회에 퍼지는 방식이다. 이번의 범인은 신문뿐만 아니라 블로그와 트위터 등 소셜미디어에 퍼진 거짓말과 악성 온라인 트롤(남들의 화를 부추기기 위한 메시지를 보내는 사람 – 옮긴이)들이다. 최고의 팩트체크팀은 이런 종류의 독에 대해 무력해 보인다. 하지만 이것이 다른 방식으로도 작동한다면 어떨까? 선전이 불화의 씨를 뿌릴 뿐만 아니라 사람들을 다시 하나로 모을 수 있다면 어떨까?

내전을 막은 선전

2006년 콜롬비아의 카를로스 로드리게스Carlos Rodriguez와 후안 파블로 가르시아Juan Pablo Garcia는 글로벌 광고대행사인 뮬런로웨MullenLowe에서 근무하고 있었다. 그들은 대부분 고양이 사료 광고를 만들거나 소비자에게 새로운 브랜드 샴푸를 판매하는데, 이 특별한 날에 대행사는 특이한 요청을 받았다. 고객은 바로 콜롬비아 국방장관으로, 라틴아메리카에서 가장 오래된 게릴라인 콜롬비아무장혁명군(이하 FARC)과의 싸움에 광고대행사의 도움을 청했다. 정부는 게릴라식 마케팅으로 게릴라를 폭격하려고 한 것이다.

이때까지 콜롬비아전쟁은 50년 이상 계속되었고 약 22만 명의 목숨을 앗아갔다. 콜롬비아의 군대, 극우 민병대, FARC 같은 게릴라 운동은 모두 가장 극악무도한 전쟁범죄를 저질렀으며, 이들 모두 유죄이다. 한 세대

전체가 평화를 전혀 누리지 못하는 사이에 성장했으며, 군대는 폭력으로는 결코 전쟁에서 이길 수 없다는 사실을 깨달았다.

뮬런로웨의 '광고쟁이'들은 장관의 요청을 수락한 뒤 늘 그랬듯이 대상 청중을 인터뷰하여 이 문제에 접근했다. 대행사는 1년 동안 약 100명의 전직 FARC 전투원과 대화를 나누었다. 연구자들은 무엇이 그들을 정글로 몰아넣고 계속 머무르게 하는지 그 원인을 찾아내려고 했다. 인터뷰 끝에 연구자들이 도달한 결론은 동일했다. 그들은 평범한 남성과 여성이다.

반군은 우리 모두와 똑같은 욕구, 꿈, 욕망을 가지고 있었다. "일단 그들이 게릴라가 아니라 인간이라는 것을 정말로 이해하면 의사소통이 완전히 달라진다"고 뮬런로웨의 카를로스는 후술했다.[14] 사실 컨설턴트들은 제2차 세계대전 중 수백 명의 독일군 전쟁포로를 인터뷰한 심리학자 모리스 자노위츠와 정확히 똑같은 결론에 도달했다(10장 참조). 카를로스와 후안은 자신들의 선전이 겨냥해야 할 곳이 어디인지를 깨달았다. FARC의 이념을 공격하는 대신 그들의 고향에 선전을 집중해야 한다는 것이다. 무엇보다도 이들 팀은 제대하는 부대원의 수가 매년 거의 같은 시기에 최고조에 달한다는 사실을 발견했다. 바로 크리스마스였다. 게릴라는 다른 사람들과 마찬가지로 휴일에 집에 가는 것을 선호하는 듯 보였다. 이에 카를로스와 후안이 상사에게 간단한 아이디어를 제시했다. "우리가 미친 것일지도 모르지만 만일 정글 한가운데에 크리스마스트리를 가져다놓으면 어떨까요?"[15]

2010년 12월 크리스마스 작전은 시작되었다. 밤을 틈타 블랙호크 헬기에 탄 특수부대 2팀이 적진 깊숙이 날아갔다. 그곳에서 그들은 9개의 전략적 요충지에 있는 약 23미터 높이의 나무에 2,000개의 크리스마스 조명을 떨어뜨렸다. 이 '크리스마스트리'에는 누군가가 지나갈 때마다 불이 켜지는 동작 감지기와 광고가 부착되어 있었다. '만일 크리스마스가 정글에 올 수 있다면 당신도 집에 갈 수 있다. 제대하라. 크리스마스에는 모든 것이 가능하다.' 이 작전은 압도적으로 성공을 거두었다. 한 달 만에 331명의 게릴라 반군이 전투를 포기했다. 많은 사람이 크리스마스트리 때문이라고 말한다. 한 반군은 감동하며 말했다. "우리 사령관은 화를 내지 않았다. 우리가 본 다른 선전과는 달랐다⋯⋯."[16]

한편 뮬런로웨팀은 전직 반군과 인터뷰를 계속하며 한 가지 중요한 사실을 알게 되었다. 거의 모든 반군이 크리스마스트리에 대해서 알고 있지만 실제로 본 사람은 드물다는 사실이었다. 이는 FARC가 정글의 고속도로라고 할 수 있는 강을 통해 이동하는 경향이 있기 때문이었다. 그리고 광고인들의 다음 아이디어에 영감을 주었다. 불빛의 강Rivers of Light 작전은 2011년 12월에 시작되었다. 강 근처에 살면서 FARC 신병의 주요 공급원이 되었던 콜롬비아 사람들은 반군에 입대한 형제, 자매, 아들, 딸 그리고 친구들에게 편지를 보내라는 요청을 받았다. 그들의 메시지는 "집에 돌아오라. 우리가 기다리고 있다"는 것이었다. 이 편지와 작은 선물을 넣은 6,823개의 물에 뜨는 공—투명한 크리스마스 장식품—이 강에 투하되었다. 밤이 되자 공 내부의 작은 불빛이 마치 적진으로 미끄러지듯 침입하는 별처럼 강을 반짝이게 만들었다. 그 결과 폭탄제조자를 포함해 또 다른 180명의 반군이 무기를 내려놓았다.

그리고 작전은 계속되었다. 다음 해에는 베들레헴작전이 시행되었다. 인터뷰 과정에서 카를로스와 후안은 게릴라들이 정글에서 종종 방향 감각을 잃는다는 것을 알게 되었다. 집에 가고 싶어도 항상 길을 찾을 수 없었던 것이다. 그래서 마케팅 대행사는 군용 헬리콥터를 이용해 수천 개의 작은 조명을 떨어뜨렸다. 그리고 하늘을 찌르는 거대한 신호등을 지상에 설치해 몇 킬로미터 밖에서도 빛을 볼 수 있도록 했다. 정글에서 빠져나가려는 반군은 별을 따라 베들레헴으로 간 목자들처럼 하늘을 올려다보면 되었다.

그런 다음 대행사 팀은 큰 무기를 꺼내기로 결정했다. 정글에서 게릴라가 그리워하는 것이 하나 있다면 그들의 어머니라는 것을 뮬런로웨의 사람들은 알게 되었다. 그들은 콜롬비아 정보부로부터 FARC에 자녀를 둔 여성들의 명단을 입수했다. 어떤 이들은 20년 넘게 아이들을 보지 못했다. 카를로스와 후안은 그들에게 반군의 어린 시절 사진을 요청한 뒤 FARC가 싸우고 있는 정글의 일부 지역에 이 사진(게릴라 본인만 누구인지 알아볼 수 있을)을 배치했다. 모든 사진에는 "너는 게릴라가 되기 전에는 내 아이였다"라는 간단한 설명이 붙어 있었다.

이 작전은 또 다른 히트작이었다. 218명의 잃어버린 아들과 딸이 부모에게 돌아가도록 설득한 것이다.[17] 가족과 재회한 그들은 사면을 받았으며, 상업을 배우고 직업을 구하도록 지원하는 재통합 프로그램으로 보내졌다. 이 캠페인 전반에 깔린 비밀은 바로 반군을 괴물이 아니라 평범한 사람으로 보는 것이었다. 후안은 "우리는 범죄자를 찾는 것이 아닙니다. 정글에서 길을 잃은 어린이를 찾는 거예요"[18]라고 설명했다.

이 모든 관대함은 어디에서 왔을까? 반군은 왜 사면과 훈련, 직업을 제공받았을까? 콜롬비아 사람들은 어떻게 과거와 결별하는 방법을 스스로 발견했을까? 이 질문을 뮬런로웨의 후안과 카를로스의 상사인 호세 소콜로프José Sokoloff에게 건네자 그는 웃으며 대답했다. "우리 캠페인이 반군에게 두 번째 기회를 주려는 사람들의 수를 약간 과장한 것 같다."[19]

그들은 선택의 여지가 많지 않았다. 광고대행사는 1914년 유럽이 직면한 동일한 역설에 맞서고 있었다. 최전선에서 멀어질수록 증오가 더 강해진다. "전쟁의 영향을 전혀 받지 않은 사람들은 최악의 강경파인 경향이 있다"고 호세는 확인해주었다. 그러나 실제로 자신이 납치당했거나 사랑하는 이를 잃은 사람들은 과거를 묻어두고 싶어 했다. 광고팀은 이러한 이야기에 집중하기로 했다. 그들은 자기실현적 예언이 일어나기를 희망하며 콜롬비아 전역이 돌아온 반군을 두 팔 벌려 환영하는 척하기로 결정했다. 그리고 이는 실제로 효과가 있었다. 2010년 이후 수천 명의 게릴라가 집으로 돌아왔다. FARC의 병사는 단 몇 년 만에 2만 명에서 그 절반 이하로 줄어들었다.

물론 이번 탈출은 호세와 그의 팀이 수행한 작전 덕분만은 아니다. 하지만 콜롬비아 국방부에서는 평화의 선전이 중요한 역할을 했다고 확신한

다. 재무부도 크리스마스 조명이 폭탄과 수류탄보다 훨씬 저렴하기 때문에 결과에 똑같이 만족한다.[20]

뮐런로웨의 캠페인은 2011년에 시작된 콜롬비아 평화협정 과정에 중요한 추진력을 제공했다.[21] 몇 년 뒤 후안 마누엘 산토스$^{Juan\ Manuel\ Santos}$ 대통령—뮐런로웨를 고용했던 국방장관—은 노벨평화상을 수상했고, 반세기가 넘는 싸움 끝에 분쟁은 종식되었다. 이듬해 FARC는 수천 개의 무기를 인계했으며, 마지막까지 남아 있던 전사들도 정글 밖으로 걸어나갔다. 산토스 대통령이 선언했다. "오늘은 특별한 날이다. 무기를 말과 교환하는 날."[22]

우정과 친절의 전염성

콜롬비아가 갑자기 일종의 평화로운 왕국으로 변했다고 말하는 것은 아니다. 좌파 FARC의 동원 해제로 극우 민병대 및 마약 밀매범들이 설 자리가 생기면서 다른 반군 단체들이 여전히 정글을 점령하고 있다. 반세기의 유혈 사태로 인한 흉터도 완전히 사라지지는 않을 것이다.

그럼에도 불구하고 이 이야기는 희망을 준다. 콜롬비아 광고팀이 목격한 것은 100년 전 보았던 것과 동일한 친절의 전염력이었다. 1914년 크리스마스에 평화가 전염병처럼 퍼졌을 때 여기에 면역이 된 병사는 거의 없었다. 드문 예외로 "전시에서는 이런 일이 일어나지 않아야 한다"고 선언한 바이에른 보병 제16예비연대의 스물다섯 살 상병이 있었다. 목이 뻣

뻣한 그의 이름은 바로 아돌프 히틀러였다.[23]

대부분의 다른 군인들은 참호에서의 휴전을 삶의 하이라이트로 기억했다. 몇 번이고 가장 먼저 손을 뻗은 것은 싸움 직전의 사람들이었다. 거기에서 우정의 정신은 병사들에게 퍼진 뒤 심지어 대위, 소령, 대령에게까지 대열을 따라 감염되었다.

친절에 저항력을 가진 것으로 증명된 것은 최고 지휘관들이었다. 장군들이 평화라는 전염병을 완전히 뒤집어놓기 위해 나선 것이다. 12월 29일 독일군 사령부는 적과의 교제를 엄격히 금지하는 명령을 내렸다. 이는 모든 우정의 제스처를 중단할 것을 요구한 영국 육군 원수의 공감을 얻었다.[24] 여기에 불복종하는 사람은 모두 군사법원 재판에 회부될 터였다.

이후 몇 년 동안 군 지도자들은 준비를 더욱 철저히 했다. 1915년 크리스마스에 영국 최고사령부는 성탄 무렵에 일어난 감정의 불꽃을 모두 없애기 위해 밤낮으로 전략적 진지를 폭격했다. 왕립 스코틀랜드 보병연대의 윈 그리피스Wyn Griffith 중위는 자신들이 "엄격한 명령을 받았다. [……] 우리는 전적으로 증오의 정신에 사로잡혀 있어야 했고, 적이 진격하면 항상 우리가 우세를 점해야 했다"고 기록했다.[25]

그러나 전쟁이 많은 병사의 손에 달려 있었다면 전쟁은 1914년 크리스마스 이후에 끝났을 것이다. "만일 우리 마음대로 할 수 있도록 내려두었다면 총을 다시 쏘는 일은 결코 없었을 것이다." 한 영국군 소령의 말이다.[26] 수천 명의 군인이 평화를 유지하기 위해 최선을 다했다. 전선을 따라 비밀리에 편지가 전달되었다. 다음은 한 프랑스 부대가 독일군에게 쓴 편지의 내용이다. "내일 경계하세요. 장군 한 명이 우리 진지를 방문하러 옵니다. [……] 우리는 사격을 해야 합니다." 어느 영국 대대는 독일군으로부터 비슷한 서신을 받았다. "우리는 당신의 동지로 남을 것이다. 강제로 발사해야 하는 경우 아주 높고 높은 곳으로 쏠 것이다."[27]

전선의 일부 지역 병사들은 휴전 기간을 몇 주 연장하는 데 성공했다. 그리고 모든 억제 조치에도 불구하고 휴전은 계속해서 발생했다. 1917년 프랑스 사단의 절반이 내부 반란을 일으켰을 때 독일군은 뭔가 잘못되었다는 사실조차 깨닫지 못했다. 그들은 프랑스 병사들이 사격을 하지 않겠다는 오랜 암묵적 합의를 고수하고 있다고 생각했다.[28]

전쟁 내내 평화는 언제라도 폭발할 위협이었다. 군사 역사학자 토니 애슈워스Tony Ashworth는 1914년 크리스마스를 '빙산 전체가 갑자기 떠오르는 현상'이라고 설명한다.[29] 심지어 전쟁 중에도 평화의 산은 언제라도 떠오를 준비가 되어 있다. 이 산을 표면 아래로 눌러두기 위해서는 장군, 정치인 및 전쟁꾼들은 가짜 뉴스에서 우격다짐에 이르는 모든 수단을 동원해야 한다. 인간은 선천적으로 전쟁과 친하지 않기 때문이다.

나 자신을 포함해서 우리 모두가 기억해야 할 것은 다른 사람들이 우리와 매우 비슷하다는 사실이다. 텔레비전에서 분통을 터뜨리는 유권자, 통계자료에 등장하는 난민, 용의자 사진의 범죄자 등 그들 모두는 살과 피를 가진 인간이며, 다른 삶을 살았다면 우리의 친구, 가족, 사랑하는 사람이었을 수도 있다. 한 영국 병사가 깨달은 것처럼 우리와 마찬가지로 "그들에게는 집에서 기다리는 사랑하는 사람이 있다."[30]

우리가 스스로의 참호 속에 몸을 숨기면 현실을 보지 못하게 된다. 우리는 증오를 유발하는 소수의 사람들이 모든 인류를 반영한다고 생각하기 쉽다. 트위터와 페이스북에서 거의 모든 악성 게시물을 익명으로 올리는 소수의 온라인 트롤처럼 말이다.[31] 그리고 심지어 가장 신랄한 키보드 워리어들도 다른 때에는 사려 깊은 친구나 애정 어린 간병인일 수 있다.

사람들이 원래 친절하게 태어났다고 믿는 것은 감상적이거나 지나치게 순진한 것이 아니다. 오히려 평화와 용서를 믿는 것은 용감하고 현실적이다. 뮬런로웨의 호세 소콜로프는 콜롬비아 군대의 한 장교가 광고대행사의 크리스마스 메시지를 전파하는 데 도움을 주었다고 이야기했다. 몇 달 뒤 그는 작전 중 사망했는데, 호세는 친구에게서 배운 내용을 여전히 기억하며 감정적이 된다. 장교는 그에게 "나는 이 일을 하고 싶다. 관대함이 나를 강하게 해주기 때문이다. 그리고 그것은 내 부하들도 스스로 더 강인하다고 느끼게 해준다"[32]라고 이야기했다.

이는 세월만큼 오래된 진리이다. 인생에서 가장 좋은 것들과 마찬가지로 더 많이 줄수록 더 많이 가지게 되기 때문이다. 이는 신뢰와 우정에 관한 진실이자 평화의 진실이다.

한 남자가 여자를 납치해 그녀를 5년 동안 라디에이터에 묶어놓는 영화를 만든다면 −아마도 역사상 한 번쯤 일어났을 사건이다− 이것은 사회에 대한 혹독하게 현실적인 분석이라고 일컬어진다. 만일 내가 사랑에 빠지는 사람들을 다룬 〈러브 액츄얼리〉 같은 영화를 만들면 오늘날 영국에서 사랑에 빠지는 사람이 약 100만 명 정도인데도 그것은 비현실적인 세계에 대한 감상적인 표현이라고 평가받는다.

— **리처드 커티스**Richard Curtis(1956 ~)

에필로그

삶에서 지켜야 할 열 가지 규칙

─────── 전설에 따르면 델포이의 아폴로 신전 앞뜰에 두 단어가 새겨져 있었다. 신전은 주요 순례지였으며 방문객들은 신성한 조언을 구하기 위해 고대 그리스의 곳곳에서 이곳을 찾았다. 그들이 신전에 입장하면서 읽은 내용은 '그노티 세아우톤GNOTHI SEAUTON'으로, 너 자신을 알라는 의미이다.

심리학과 생물학, 고고학과 인류학, 사회학과 역사학에서 나온 가장 최근의 증거를 고려할 때 우리는 인간이 잘못된 자아상을 기반으로 지난 수천 년 동안 항해해왔다는 결론을 내릴 수밖에 없다. 우리는 오랫동안 사람들이 이기적이거나 짐승 같거나 이보다 더 나쁘다고 생각했다. 오랜 세월 동안 우리는 문명이 미미한 도발에도 금이 가는 얄팍한 껍데기라고 믿었다. 이제 우리는 인류와 역사에 대한 이러한 관점이 완전히 비현실적이라는 것을 안다.

이 책의 마지막 장에서 나는 인간 본성에 대한 우리의 견해를 수정한다면 만나게 될 새로운 세계를 제시하려고 시도했다. 아마 수박 겉 핥기에 그쳤을 것이다. 결국 대부분의 사람이 예의바르고 친절하다고 우리가 믿는다면 모든 것은 바뀐다. 우리는 학교와 교도소, 사업과 민주주의를 조직하는 방법을 완전히 다시 생각해볼 수 있다. 그리고 우리 자신이 삶을 사는 방법도 마찬가지이다.

이 시점에서 내가 자기 계발 장르의 팬이 아니라는 점을 지적해야 하겠다. 내 개인적인 생각에 따르면 우리는 너무 많은 내적 성찰과 너무 적은 외적 성찰의 시대에 살고 있다. 더 나은 세상은 나로부터 시작되는 것이 아니라 우리 모두와 함께 시작된다. 우리의 주요 임무는 다른 기관을 만드는 것이다. 경력의 사다리를 걸어 올라가거나 자신의 부를 시각화할 또 다른 100가지 팁은 아무런 도움이 되지 않는다.

한 친구가 이 책을 쓰는 것이 내 자신의 인생관을 변화시켰는지 나에게 물은 적이 있다. 나는 그 대답이 '그렇다'라는 것을 깨달았다. 인간 본성에 대한 현실적 견해는 다른 사람들과 상호작용하는 방식에 반드시 큰 영향을 미친다. 그래서 내 생각일 뿐이지만 지난 몇 년 동안 배운 것을 바탕으로 세운 열 가지 삶의 규칙이 있다.

하나, 의심이 드는 경우 최선을 상정하라

내 자신을 위한 첫 번째 계명은 가장 어려운 것이기도 하다. 3장에서 우리가 살펴본 바에 따르면 인간은 서로 연결되도록 진화했지만 의사소통이 까다로울 수 있음을 확인했다. 당신이 뭔가를 말하면 잘못 받아들여지거나 누군가 당신을 이상하게 쳐다보거나 불쾌한 언급이 소문으로 떠돈다. 모든 관계에서 심지어 수년간의 결혼 생활을 기반으로 한 관계에서도 우리는 종종 상대가 우리에 대해 어떻게 생각하는지 알지 못한다.

그래서 우리는 추측한다. 예를 들어 동료가 나를 좋아하지 않는다고 의심하는 경우를 생각해보자. 그것이 사실인지의 여부에 관계없이 내 행동은 그와의 관계에 도움이 되지 않는 방식으로 달라질 것이다. 1장에서 우리는 사람들이 **부정편향**을 가지고 있음을 알게 되었다. 단 하나의 불쾌한 발언은 10개의 칭찬을 합친 것보다 더 깊은 인상을 남긴다(나쁜 것이 더 강해 보일 수 있지만 좋은 것의 수가 더 높다). 의심스러울 때 우리는 최악을 상정하는 경향이 있다.

한편 우리는 비대칭적 피드백이라고 알려진 것의 희생자가 된다. 기본적으로 누군가를 잘못 신뢰하면 조만간 진실이 드러날 것이라는 의미이다. 당신은 가장 친한 친구가 당신이 평생 저축한 돈을 가지고 나라를 떠났다는 것을 알게 될 것이다. 또는 그 허름한 집에 대한 거래가 실제로 너무 좋아서 믿을 수 없는 것이었다거나, 복근 운동기구를 6주간 사용한 뒤에도 여전히 당신은 텔레비전에서 약속한 식스팩 복근을 가지지 못한다는 사실을 깨닫게 될 것이다. 너무 큰 신뢰를 부여하면 결국은 진상을 알게 된다.[1]

그러나 누군가를 신뢰하지 않기로 결정하면 자신이 옳은지의 여부는 결코 알 수 없다. 아예 피드백을 받을 수 없기 때문이다. 금발의 어느 네덜란드 남자에게 속은 뒤 금발의 네덜란드인들을 절대로 믿지 않겠다고 맹세한다고 가정해보자. 남은 생애 동안 당신은 그들 대부분이 꽤 괜찮은 사람들이라는 단순한 진실을 마주할 필요도 없이 모든 금발의 네덜란드 인들을 의심하게 될 것이다. 그렇다면 다른 사람의 의도가 의심스러울 때 어떻게 해야 하는가? 무죄 추정에서 출발해 최선을 가정하는 것이 가장 현실적이다. 대부분의 사람들은 의도가 선하기 때문에 이는 대개 정당한 판단이다. 그리고 드물게 누군가가 당신을 속이려고 하는 경우 당신이 어떻게 반응하는지에 따라 비대칭적인 영향을 미칠 수 있다[2](자신에게 강도질 을 저지른 인물을 저녁 식사에 초대한 훌리오 디아스를 생각해보라).

하지만 그래도 당신이 사기를 당하면 어떻게 될까? 심리학자 마리아 코니코바Maria Konnikova는 전문 사기꾼에 대한 매혹적인 책에서 이 문제에 대해 이야기하고 있다.[3] 당신은 그녀가 항상 조심하라고 조언할 것을 예상하겠지만 그렇지 않다. 사기와 사취에 관한 최고의 전문가 코니코바는 매우 다른 결론을 내리고 있다. 당신이 가끔 속임수에 넘어가게 되리라는 사실을 인정하고 받아들이는 편이 훨씬 낫다고 그녀는 말한다. 그것이 우리가 평생 다른 사람을 믿는다는 사치에 지불하는 조그마한 대가이다.

우리 대부분은 믿음이 잘못된 것으로 밝혀지면 부끄러워한다. 하지만 당신이 현실주의자라면 스스로 조금 자랑스러워해야 한다. 사실 나라면 한 발 더 나아가겠다. 만약 속아본 적이 없다면 당신은 스스로에게 물어보아야 한다. 당신이 기본적으로 충분히 신뢰하는 태도를 가지고 있는지 말이다.

둘, 윈-윈 시나리오를 기반으로 생각하라

전해지는 이야기에 따르면 토머스 홉스가 어느 날 친구와 함께 런던을 산책하던 중 멈춰서 갑자기 거지에게 돈을 적선했다. 친구는 놀랐다. 인간은 천성적으로 이기적이라는 게 본인의 말이 아니었던가? 이 철학자가 보기에는 문제가 없었다. 거지를 보니 마음이 불편해졌고 동전 몇 푼을 적선하니 기분이 좋아졌다. 그러므로 그의 행동은 개인적 이익을 추구한 것이었다.[4]

지난 2세기 동안 철학자와 심리학자들은 순수한 이기성이라는 것이 존재하는가라는 문제를 놓고 골머리를 앓았다. 하지만 솔직히 말해 이와 관련한 논쟁 전체가 나의 흥미를 끌지 못했다. 다음과 같은 이유에서였다. 착한 행동을 할 때마다 역겨운 기분이 드는 세상을 한번 상상해보라. 얼마나 지옥 같겠는가? 놀라운 사실은 우리가 선을 행하는 것도 기분이 좋은 세상에 살고 있다는 것이다. 우리가 음식을 좋아하는 것은 음식이 없으면 굶어 죽기 때문이다. 섹스를 좋아하는 것은 섹스 없이는 멸종될 것이기 때문이다. 우리가 돕는 것을 좋아하는 것은 서로가 없으면 우리는 말라죽을 것이기 때문이다. 일반적으로 좋은 일을 하면 기분이 좋은 것은 그것이 실제로 좋은 일이기 때문이다.

안타깝게도 수많은 회사, 학교, 기타 기관은 여전히 하나의 신화를 중심으로 조직되어 있다. 서로 경쟁에 몰두하는 것이 우리의 본성이라는 신화이다. "큰 거래에서 당신이 승리하라. 다른 편이 아니라." 도널드 트럼프가 그의 저서 《크게 생각하라Think Big》에서 조언하는 내용이다. "상대방을 뭉

개버리고 자신을 위해 더 좋은 것을 가지고 떠나라."[5]

사실 이것은 정확히 반대 방향으로 작동한다. 최고의 거래는 모두가 이기는 거래이다. 노르웨이에 있는 교도소는 어떤가? 더 좋고, 더 인간적이고, 더 비용이 적게 든다. 요스 드 블록의 네덜란드 홈케어 조직은 또 어떤가? 더 낮은 비용으로 더 높은 서비스를 제공하고 직원에게 더 많은 급여를 지급하며 직원과 환자 모두에게 더 많은 만족을 주고 있지 않은가? 모두가 이기는 시나리오이다.

같은 맥락에서 용서에 관한 문헌이 강조하는 바에 따르면 다른 사람을 용서하는 것은 우리 자신에게 이익이 된다.[6] 그것은 선물일 뿐 아니라 좋은 거래이기도 하다. 왜냐하면 용서하는 것은 반목하고 원한을 품는 데 당신의 에너지를 더 이상 낭비하지 않게 해주기 때문이다. 사실상 당신은 스스로 살기 위해 풀어주는 것이다. 신학자인 루이스 스미디스[Lewis B.Smedes]는 "용서하는 것은 죄수 한 명을 풀어주는 것이며, 그 죄수가 너였다는 사실을 알라"[7]고 했다.

셋, 더 많은 질문을 제기하라

세계사에 있는 사실상 모든 철학의 황금률은 다음과 같은 내용의 변형이다. "당신이 받기 원하지 않는 대우를 남에게 하지 말라." 이 같은 지혜는 이미 2500년 전 중국의 사상가 공자가 자세히 설명한 바 있다. 이 규칙은 그리스의 역사가 헤로도토스와 플라톤의 철학으로 다시 나타났고, 몇 세기 뒤 유대교, 기독교, 이슬람교의 경전에 기록되었다. 오늘날 수십

억 명의 부모가 자녀에게 이 황금률을 반복하고 있다. 두 가지 유형이 있다. 긍정 명령(네가 대우받고 싶은 대로 다른 사람을 대하라)과 부정 명령(네가 받기를 원하지 않는 대우를 남에게 하지 말라). 일부 신경과학자들은 이 규칙이 수백만 년에 걸친 인간 진화의 산물이며 우리의 뇌에 프로그램되어 있다고 믿는다.[8]

그럼에도 불구하고 나는 황금률이 부족하다고 믿게 되었다. 10장에서 우리는 공감이 나쁜 길잡이가 될 수 있다는 것을 알게 되었다. 단순한 사실은 다른 사람들이 무엇을 원하는지를 감지하는 데 우리가 항상 능숙하지 않다는 것이다. 자신이 그렇다고 생각하는 모든 관리자, CEO, 언론인 및 정책 입안자들은 다른 사람들의 목소리를 사실상 강탈하고 있다. 이것이 텔레비전에서 난민 인터뷰를 거의 보지 못하는 이유이다. 이것이 우리의 민주주의와 저널리즘이 대부분 일방통행으로 구성되어 있는 이유이다. 이것이 우리 복지국가가 가부장주의에 젖어 있는 이유이다.

이보다 훨씬 나은 것은 질문을 제기하는 것으로 시작하는 것이다. 포르투알레그리의 참여 민주주의에서와 마찬가지로 시민들이 자신의 발언권을 행사하게 만들기 위해서 그렇다(15장 참조). 장 프랑수아 조브리스트의 공장에서처럼 직원이 자신의 팀을 직접 지휘할 수 있도록 하기 위해서 그렇다(13장 참조). 시예프 드루먼의 학교에서처럼 아이들이 자신의 학습 경로를 스스로 계획할 수 있도록 하기 위해서 그렇다(14장 참조). '백금률'이라고도 알려진 익숙한 격언에 대한 이 변형은 작가 조지 버나드 쇼가 멋지게 요약했다. "다른 사람들이 당신에게 해야 한다고 당신이 생각하는

대우를 그들에게 하지 말라. 그들의 취향은 다를 수 있다."⁹

넷, 공감을 누그러뜨리고 연민을 훈련하라

이러한 백금률은 공감이 아니라 연민을 요구한다. 차이점을 설명하기 위해 자신의 생각을 통제하는 데 전설적인 능력을 발휘한 불교 승려 마티유 리카르Matthieu Ricard를 소개하겠다(이것이 당신의 흥미를 끈다면 행운을 빈다. 그는 그런 능력을 갖추기까지 5만 시간 동안 명상을 했다). 얼마 전 리카르는 신경과 전문의인 타니아 싱어Tania Singer의 초청을 받아 뇌스캐너 안에서 아침을 보내게 되었다.¹⁰ 싱어는 우리가 공감할 때 어떤 일이 일어나는지 알고 싶어 했고, 무엇보다 공감에 대안이 존재하는지의 여부를 알고 싶어 했다. 싱어는 실험 준비를 위해 전날 저녁 리카르에게 루마니아 고아원의 외로운 고아들에 관한 다큐멘터리를 시청하게 했다. 다음 날 싱어는 리카르의 머리를 스캐너에 밀어 넣으면서 그에게 고아들의 텅 빈 눈빛을 떠올려달라고 요청했다. 가늘고 긴 팔다리도 떠올려보라. 리카르는 싱어가 요청한 대로 루마니아 고아들이 어떻게 느꼈을지를 가능한 열심히 상상했다. 1시간 뒤 그는 정신적으로 만신창이가 되었다.

이것이 공감이 우리에게 행하는 일이다. 공감은 우리를 기진맥진하게 만든다. 이후 실험에서 싱어는 지원자 그룹에게 눈을 감고 가능한 많은 공감을 불러일으키라고 주문했다. 이 실험은 날마다 15분씩 일주일 동안 이어졌다. 그들은 한계에 부딪혔고, 주말이 되자 모든 참가자들이 더 비관적으로 변했다. 나중에 한 여성이 이야기한 바에 따르면 기차에서 동료

승객들을 쳐다보았을 때 눈에 보이는 것이라고는 오로지 고통뿐이었다고 한다.[11]

리카르와의 첫 번째 실험 이후 싱어는 다른 것을 시도해보기로 했다. 다시 한번 그녀는 스님에게 루마니아의 고아에 대해 생각해달라고 요청했지만 그들의 입장이 되어서 상상하지는 말아달라고 했다. 그보다는 그가 여러 해 동안 완벽하게 수련해온 기술을 적용해 그들과 함께가 아니라 그들을 위해 느끼기를 원했다. 그들의 고통을 함께 느끼는 대신 따뜻함과 배려, 보살핌의 감정을 불러일으키는 데 집중했다. 그들의 고통을 개인적으로 경험하는 대신 고통에서 벗어난 상태를 유지했다.

싱어는 그 차이를 모니터에서 곧바로 확인할 수 있었다. 리카르의 뇌에서 완전히 다른 부분이 밝아진 것이다. 공감은 대부분 귀 바로 위의 앞뇌섬엽을 활성화하지만, 이때 반짝인 것은 그의 선조체와 안와전두피질이었다. 무슨 일이 일어나고 있는 것일까? 리카르의 새로운 사고방식은 우리가 연민이라고 부르는 것이다. 그리고 공감과는 달리 연민은 우리의 에너지를 약화시키지 않는다. 사실 그 후 리카르는 훨씬 기분이 나아졌다. 연민이 동시에 더 통제되고, 더 거리를 두고 있으며, 더 건설적이기 때문이다. 연민은 타인의 고통을 공유하는 것이 아니라 그것을 인식하고 행동하는 데 도움이 된다. 뿐만 아니라 연민은 우리에게 에너지를 주입하는데, 이는 남을 돕는 데 정확히 필요한 것이다. 다른 예를 들어보자. 아이가 어둠을 두려워한다고 가정해보자. 부모로서 당신은 방 한구석에 웅크리고 아들이나 딸과 함께 훌쩍거리지 않을 것이다(공감). 오히려 당신은 그들을 진정시키고 위로하려고 노력할 것이다(연민).

그럼 우리 모두 마티유 리카르처럼 명상을 시작해야 할까? 이 같은 생각은 처음에 나에게 약간 뉴에이지(20세기 말엽에 발전한 정신적·종교적 운동으로서 다양한 영적·철학적 영역에 걸쳐 있다 - 옮긴이) 같은 느낌을 주었다는 사실을 고백한다. 하지만 명상이 우리의 연민을 훈련시킬 수 있다는 과학적 증거가 있다.[12] 뇌는 변화가 잘 일어나는 조직이다. 하지만 우리가 몸매를 관리하려고 운동을 하듯이 우리의 마음에 대해서 같은 일을 하지 못할 이유가 어디 있겠는가?

다섯, 다른 사람들을 이해하려고 노력하라. 비록 그들이 어디서 왔는지 모른다고 할지라도

솔직히 나도 명상을 해봤지만 아직 큰 성공을 거두지는 못했다. 이메일, 트위터 혹은 트램펄린에서 뛰노는 귀여운 염소의 비디오 등 즉각적인 주의를 요구하는 것들이 모종의 이유로 항상 존재한다. 그런데 5만 시간의 명상이라니? 미안하지만 나에게도 인생이 있다.

다행스럽게도 이 시간을 줄일 또 다른 방법이 있다. 18세기 계몽주의 철학자들의 선택 기준을 사용하면 된다. 바로 이성과 지성이다. 사물을 합리적인 관점으로 보는 우리의 능력은 뇌의 각기 다른 부분을 동원하는 신리적 과정이다. 우리가 자신의 지성을 이용해 누군가를 이해하려고 할 때 이마 앞 겉질이 활성화되는데, 이는 다른 동물에 비해 유난히 큰 영역이다.[13] 물론 이 겉질이 실수로 일을 망치는 수천 건의 사례에 대한 연구가

수없이 많다는 것을 알고 있다. 이 연구들에 따르면 우리는 결국 그렇게 합리적이고 냉정하지 못한 경우가 많다. 그럼에도 불구하고 그러한 결과를 과장하지 않는 것이 중요하다고 생각한다. 우리는 일상생활에서 항상 합리적인 주장과 증거를 사용하며 법과 규칙 및 합의로 가득 찬 사회를 구축했다. 인간은 우리가 생각하는 것보다 훨씬 더 좋게 생각한다. 그리고 이성의 힘은 우리의 감정적 본성을 덮는 얇은 껍데기가 아니라 우리의 정체성을 구성하며, 우리를 인간으로 만드는 핵심적인 특징이다.[14]

교도소에 대한 노르웨이의 비전을 생각해보라. 이것은 우리의 직관에 반하는 것처럼 보일 수 있지만, 거기에 지성을 적용하고 재범 통계를 조사함으로써 우리는 그것이 범죄자들을 다루는 훌륭한 방법이라는 것을 깨닫게 된다. 또는 넬슨 만델라의 정치인 윤리를 보라. 그는 계속해서 혀를 깨물고 감정을 가라앉히며 날카롭고 분석적인 마음을 유지해야 했다. 만델라의 마음은 친절했을 뿐만 아니라 이와 같은 정도로 빈틈없었다. 다른 사람에 대한 믿음을 갖는 것은 감정적인 결정인 것만큼이나 합리적인 결정이다.

물론 다른 사람이 어디에서 왔는지를 안다고 해서 그들과 의견을 같이해야 하는 것은 아니다. 당신은 파시스트, 테러리스트 또는 〈러브 액츄얼리〉 팬의 사고방식을 이해할 수 있다. 스스로 파시스트, 테러리스트 또는 질척거리는 영화의 애호가가 되지 않고도 말이다(나는 마지막 그룹의 자랑스러운 멤버이다). 합리적인 수준에서 상대방을 이해하는 것은 기술이다. 훈련 가능한 근육과 같다.

무엇보다도 우리의 이성적 능력이 필요한 때는 상대에게 잘해주고 싶은 우리의 욕망을 때때로 억누를 때이다. 때때로 우리의 사교적 본능이 진리와 형평성을 방해하기 때문이다. 누군가 불공정한 대우를 받았지만 무례해 보이지 않기 위해 침묵을 지키는 것을 우리 모두가 보지 않았는가? 우리 모두 평화를 지키기 위해 말을 삼키지 않았는가? 우리 모두 배를 흔들 권리를 위해 싸우는 사람들을 비난하지 않았는가?

이것이 이 책의 큰 역설이라고 생각한다. 나는 인간이 근본적으로 사교적인 생물로 진화했다고 주장했지만 때로는 우리의 사교성이 문제이다. 역사가 우리에게 가르쳐주는 바에 따르면 진보는 종종 다음과 같은 사람들과 함께 시작된다. 뷔르트조르흐의 요스 드 블록이나 아고라의 시예프 드루먼처럼 남이 보기에 설교적이거나 심지어 불친절한 사람들, 사교 행사에서 임시 연단에 올라갈 용기가 있는 사람들, 당신을 불편하게 만드는 불쾌한 주제를 제기하는 사람들. 이들을 소중히 여기라. 발전의 열쇠가 그들에게 있기 때문이다.

여섯, 다른 사람들이 그러하듯이 당신 역시 스스로 가진 것을 사랑하라

2014년 7월 17일 말레이시아항공 보잉 777기가 우크라이나의 흐라보프 마을 외곽에 추락했다. 298명의 승객 중 193명은 네덜란드인이었다. 친러시아 분리주의자들에 의해 격추된 항공기에서 아무도 살아남지 못했다. 처음에는 그 298명의 죽음에 대한 보고서가 추상적으로 느껴졌지만 어느 네덜란드 신문에 실린 한 기사를 읽고 나는 충격을 받았다.[15]

신문 기사는 카를레인 케이저^{Karlijn Keijzer}(25세)와 로렌스 반데르 흐라프 ^{Laurens van der Graaff}(30세)의 사진과 함께 시작되었다. 금발의 청년과 곱슬머리의 아가씨가 비행기에 타기 직전 빛나는 얼굴로 찍은 셀카였다. 기사에 따르면 로렌스는 멋진 대학 신문인《프로프리아 쿠르스^{Propria Cures}》에 기고를 했으며, 카를레인은 미국에서 박사학위 과정을 거의 마친 상태였다. 그들은 암스테르담의 보트 클럽에서 만났고 서로를 열렬히 사랑했다. 한 친구는 "그들은 항상 사랑에 빠져 정신을 차리지 못했으며 서로에게서 손을 떼지 못하는 행복한 커플이었다"고 말했다. 나는 그때 스스로에게 물어보았다. 7쪽에 실린 이라크에서 일어난 잔학 행위 기사를 건너뛰고 난 직후 이 기사에 눈물을 흘리고 있는 게 위선적이지 않을까? 일반적으로 이런 종류의 보도는 나를 괴롭게 만든다. 또 신문은 나이지리아 해안에서 네덜란드 시민 두 명이 사망했다고 보도했다. 실상 그 배에 탄 사람 모두가 죽었는데 말이다.

그러나 인간은 제한이 있는 존재이다. 우리는 언어나 외모, 배경이 같은 사람들을 더 소중하게 여긴다. 나 역시 한때 네덜란드 대학생이었고 대학 동아리에 가입했으며, 또한 그곳에서 멋진 곱슬머리 소녀를 만났고 기회가 주어진다면《프로프리아 쿠르스》에 기고하는 것을 좋아했을 것이다 (로렌스의 동료들은 이 신문에 다음과 같이 썼다. "그의 강건한 신체를 막으려면 대공 미사일이 필요하리라는 것은 그를 아는 사람들에게는 놀라운 일이 아니었다").¹⁶

사망 몇 시간 전 미소를 지으며 촬영한 셀카를 그 신문에 투고한 사람은 카를레인의 형제였다. 그는 다음과 같이 적었다. "내 유일한 소망은 나와 또 다른 여동생과 부모님이 겪고 있는 고통을 이 나라와 세상에 보여주는 것뿐이다. 이것은 네덜란드 사람 수백 명이 겪고 있는 고통이다." 그리고 그는 옳았다. 모두가 그 비행기에 탔던 누군가를 아는 누군가를 알고 있었다. 당시 나는 예전과는 전혀 다른 방식으로 내가 네덜란드인임을 느꼈다.

왜 우리는 우리와 비슷해 보이는 사람들에게 더 신경을 쓰는가? 악은 그 일을 먼 곳으로부터 행한다고 10장에서 이야기했다. 멀리 있는 탓에 우리는 인터넷상에서 낯선 사람에게 야단을 칠 수 있다. 거리는 군인들로 하여금 폭력에 대한 혐오감을 우회하게 만드는 데 도움이 된다. 그리고 거리는 노예제도에서 홀로코스트에 이르기까지 역사상 가장 끔찍한 범죄를 가능하게 했다. 그러나 연민의 길을 선택하면 그 낯선 사람과 당신을 분리하는 무언가가 얼마나 하찮은 것인지를 깨닫게 된다. 연민은 당신을 더 고귀하게 만든다. 당신이 사랑해 마지않는 주변 사람들이 나머지 세상 사람들보다 더도 덜도 중요하지 않게 될 정도로 말이다. 그렇지 않다면 왜 부처님이 가족을 버렸겠는가? 왜 예수께서 제자들에게 아버지와 어머니, 아내와 자녀, 형제자매를 뒤로 하라고 가르쳤겠는가?

그러나 이것은 도를 넘는 것일지도 모른다. 동료 인간에 대한 사랑은 작은 것에서부터 시작되는 것일지도 모른다. 만일 자기혐오로 가득 차 있다면 어떻게 다른 사람을 사랑할 수 있겠는가? 누군가 가족과 친구를 잃어버린다면 어떻게 이 세상의 짐을 짊어질 수 있겠는가? 우리는 작은 것을 처리하고 난 뒤에야 큰 문제와 대결할 수 있다. 193명의 네덜란드 승객 중에는 에이즈AIDS 연구자에서 인권 옹호자에 이르기까지 누구에게도 부끄럽지 않게 세상을 더 나은 곳으로 만들던 많은 사람이 있었다. 그러나 가장 큰 손실을 입은 것은 그들과 가장 가까운 사람들이었다.

인간으로서 우리는 구분짓고 차별한다. 우리는 누군가를 편애하며 우리 자신의 가족과 친구들에 대해 더 많은 신경을 쓴다. 이는 부끄러운 일이 전혀 아니다. 그것이 우리를 인간으로 만든다. 그러나 우리는 그 먼 이방인들에게도 사랑하는 가족이 있다는 것을 이해해야 한다. 그들이 모든 면에서 우리만큼 인간적이라는 사실을 말이다.

일곱, 뉴스를 멀리 하라

오늘날 거리의 가장 큰 원천 중 하나는 뉴스이다. 저녁 뉴스를 시청하면 현실과 호흡을 더 잘 맞추고 있다는 느낌을 가질 수도 있지만 진실은 그것이 세상을 보는 당신의 시각을 왜곡시킨다는 것이다. 뉴스는 사람들을 정치인, 엘리트, 인종차별주의자 및 난민과 같은 집단으로 일반화해버리는 경향이 있다. 더 나쁜 것은 뉴스가 썩은 사과에 초점을 맞춘다는 점이다. 소셜미디어도 마찬가지이다. 단 두 명의 불량배가 멀리서 퍼뜨린 혐오 발언은 알고리즘에 의해 페이스북과 트위터 피드 맨 위로 밀려 올라간다. 이러한 디지털 플랫폼은 우리의 부정적인 편견을 활용해 수익을 낸다. 사람들이 나쁘게 행동할수록 더 많은 수익을 내는 구조이다. 나쁜 행동은 우리의 주의를 끌기 때문에 클릭을 가장 많이 받으며 광고는 그런 곳에 붙는다.[17] 그런 탓에 소셜미디어는 우리가 지닌 최악의 특성을 증폭하는 시스템으로 바뀌고 말았다.

신경과학자들이 지적하는 바에 따르면 뉴스와 푸시 알림에 대한 우리의 욕구는 중독의 증상을 모두 드러낸다. 그리고 실리콘밸리는 오래전에 이러한 사실을 알아냈다. 페이스북과 구글 같은 회사의 관리자는 자기 아이가 인터넷과 '소셜'미디어에서 보내는 시간을 엄격하게 제한한다. 교육 분야의 최고 전문가들이 학교에서의 아이패드 사용과 디지털 기술에 대해 찬가를 부르지만 기술 엘리트들은 마약 왕들과 마찬가지로 자기 아이들을 스스로의 독성사업으로부터 보호한다.[18]

나에게도 몇 가지 규칙이 있다. 텔레비전 뉴스와 푸시 알림을 멀리하고, 온라인이든 오프라인이든 상관없이 더 심도 있는 일요 신문이나 심층 취재 기사를 읽는다. 화면에서 벗어나 실제 피와 살을 가진 사람들을 만난다. 당신이 자신의 몸에 먹이는 음식에 대해 신중하듯이 자기 마음에 어떤 정보를 제공할 것인지에 대해 신중하게 생각하라.

여덟, 나치에 펀치를 날리지 말라

만일 당신이 뉴스의 열렬한 추종자라면 절망이라는 덫에 갇히기 쉽다. 다른 사람들이 의무를 회피하는데, 재활용하고 세금을 납부하고 자선단체에 기부하는 것이 무슨 의미가 있겠느냐고 말이다. 만약 그러한 생각에 유혹을 받는다면 냉소주의가 게으름의 또 다른 단어라는 것을 기억하라. 이는 책임을 지지 않기 위한 변명이다. 만일 대부분의 사람들이 썩었다고 믿는다면 불의에 대해 속상해할 필요가 없다. 세상은 어느 쪽이든 망해버릴 것이기 때문이다.

냉소주의와 의심스러울 정도로 비슷해 보이는 모종의 행동주의도 있다. 주로 자신의 자아 이미지에 관심을 두고 선행을 하는 사람들이 여기에 해당한다. 이 길을 가면 어떻게 해야 할지 가장 잘 아는 반역자가 된다. 타인에게 진정한 관심이 없으면서 조언을 하는 것이다. 그러면 나쁜 소식은 그들에게 좋은 소식이 된다. 나쁜 소식("지구온난화가 가속화되고 있다!", "불평등은 우리가 생각했던 것보다 더 심하다!")은 그들이 내내 옳았다는 것을 증명하기 때문이다.[19]

그러나 독일의 작은 마을 분지델이 보여주는 것처럼 다른 방법이 있다. 1980년대 후반 아돌프 히틀러의 대리인이었던 루돌프 헤스Rudolf Hess가 지역 공동묘지에 묻히자 분지델은 순식간에 네오나치의 순례지가 되었다. 오늘날에도 스킨헤드족들은 매년 8월 17일 헤스의 기일이 되면 폭동과 폭력을 선동하기 위해 마을을 가로질러 행진한다. 그리고 해마다 반파시스트들은 네오나치들에게 정확히 그들이 원하는 것을 주기 위해 때맞춰 방문한다. 불가피하게 누군가가 어떤 나치에게 자랑스럽게 주먹을 휘두르는 모습을 보여주는 비디오가 등장한다. 그러나 이후 그것은 역효과를 낳게 된다. 중동 폭격이 테러리스트에게 만나(신이 주는 양식-옮긴이)인 것처럼 나치를 때리는 것은 극단주의자들을 강화시킬 뿐이다. 이는 그들의 세계관이 옳다는 것을 입증하며 신입 유치를 훨씬 쉽게 만든다.

분지델은 다른 전략을 시험해보기로 결정했다. 2014년 파비안 비치만

Fabian Wichmann이라는 재치 있는 독일인이 훌륭한 아이디어를 냈다. 마을에서 루돌프 헤스 추모 행진을 자선 걷기로 바꾸면 어떨까? 주민들은 네오나치가 1미터를 걸을 때마다 비치만의 조직에 10유로를 기부하기로 했는데, 이 조직은 극우 조직에서 벗어나도록 돕는 일을 하는 엑시트도이칠란트EXIT-Deutschland였다. 행사를 앞두고 마을 사람들은 출발선과 결승선을 표시했고, 걷기 참가자들의 노고에 감사하는 현수막을 만들었다. 한편 네오나치는 어떤 일이 기다리고 있는지 전혀 알지 못했다. 그날 분지델은 커다란 환호로 그들을 맞이했고 결승선을 통과할 때 색종이를 눈송이처럼 퍼부었다. 이 행사에서 대의를 위해 모금된 액수는 모두 2만 유로가 넘었다.

비치만은 이와 같은 캠페인 이후에도 문을 계속 열어두는 것이 중요하다고 강조한다. 2011년 여름 엑시트도이칠란트는 독일 극단주의자들의 록페스티벌에서 티셔츠를 나눠주었다. 극우의 문양을 선명히 새긴 티셔츠는 처음에는 네오나치 이데올로기를 지지하는 것처럼 보였으나 세탁을 하고 나면 다른 메시지가 나타났다. "당신의 티셔츠가 할 수 있는 일은 당신도 할 수 있다. 당신이 극우로부터 벗어나도록 우리가 도와줄 수 있다."[20]

가식적으로 들릴지 모르지만 그 뒤 몇 주 동안 에시트 조직에 걸려오는 전화 건수가 300퍼센트 증가했다. 비치만은 자신의 메시지가 네오나치에게 얼마나 혼란을 주는지 확인했다. 그들이 혐오감과 분노를 예상했던 곳에 그들은 손을 뻗었던 것이다.

아홉, 벽장에서 나오라 : 선행을 부끄러워하지 말라

그 손을 뻗으려면 무엇보다도 한 가지가 필요하다. 바로 용기이다. 지나치게 동정심이 많거나 과시하려고 한다는 딱지가 붙을 수도 있기 때문이다. 예수님이 산상수훈에서 경고하지 않았는가. "궁핍한 자에게 줄 때 나팔을 불지 말라." 그리고 "기도할 때는 방으로 들어가 문을 닫고 숨어 계시는 하느님께 기도하라."[21] 얼핏 듣기에 현명한 조언처럼 들린다. 누가 독실한 체하는 것으로 보이고 싶겠는가? 선행은 비밀리에 행하거나 최소한 변명을 준비해두는 편이 훨씬 안전하다.

"일을 계속한 것뿐이에요." "어쨌든 그 돈이 필요 없었어요." "내 이력서에 잘 어울릴거야." 현대 심리학자들은 사람들이 선한 마음으로 무언가를 할 때 종종 이기적인 동기를 조작해낸다는 것을 발견했다. 이는 껍데기 이론이 가장 확고하게 자리 잡은 서양의 개인주의 문화에 가장 널리 퍼져 있다.[22] 일면 이해가 간다. 만약 대부분의 사람들이 이기적이라고 가정하면 어떤 선행도 본질적으로 의심스러워 보이기 마련이다. 미국의 한 심리학자가 지적하듯이 "사람들은 자기 행동이 진정한 동정심이나 친절에서 비롯될 수 있다는 것을 인정하기 꺼려한다."[23]

불행히도 이 같은 과묵함은 노시보처럼 작동한다. 자신을 자기중심주의자로 가장하면 인간 본성에 대한 다른 사람들의 냉소적 가정을 강화하게 된다. 더 나쁜 것은 당신이 선행을 은폐하면 그 선행이 다른 사람의 모범이 될 수도 없다는 점이다. 그리고 이는 부끄러운 일이다. 왜냐하면 호모 퍼피가 소유한 비밀스런 초능력, 우리가 서로를 따라하는 데 너무나도 뛰어나다는 장점을 발휘할 수 없기 때문이다.

오해하지 마시라. 다른 사람에게 영감을 주는 것이 자신의 선행을 과시하는 것이 아니며, 선을 옹호하는 것이 스스로에 대한 선전나팔을 불고 있다는 의미가 아니다. 산상수훈에서 예수님은 제자들에게 경고를 하나 했고, 다음과 같은 격려도 했다. "너희는 세상의 빛이라 산 위에 있는 동네가 숨겨지지 못할 것이요. 사람들이 등불을 켜서 말 아래에 두지 아니하고 등경 위에 두나니 이러므로 집 안 모든 사람에게 비치느니라. 이같이 너희 빛이 사람 앞에 비치게 하여 그들로 너희의 착한 행실을 보고……."[24]

선행의 전염성은 2010년 미국의 두 심리학자가 실시한 훌륭한 실험을 통해 확인할 수 있다.[25] 이들은 서로 전혀 모르는 사람들로 구성된 자원자 120명을 네 명씩 한 조로 배정한 다음 조별로 곗돈 내기 게임을 하도록 했다. 참가자들은 게임용으로 지급받은 일정액의 현금을 곗돈에 기부할지 여부와 기부 액수를 자유롭게 선택할 수 있었다. 첫 라운드가 끝난 뒤에는 모든 조원을 뒤섞어 두 사람이 같은 조에 다시 소속되지 않게 만들었다. 다음에 일어난 일은 돈을 늘리는 진정한 트릭이었다. 누군가 첫 번째 라운드에서 곗돈에 1달러를 추가 기부할 때마다 그룹의 다른 플레이어는 다음 라운드에서 평균 20센트를 더 많이 기부했다. 심지어 다른 사람들과 게임을 하게 되었는데도 결과는 같았다. 이 효과는 3라운드까지 지속되어 참가자들은 평균 5센트 더 기부했다. 최종 집계 결과 1달러당 기부액은 언제나 2배 이상으로 늘어났다.

이 연구는 기억해두고 싶은 것이기 때문에 나는 자주 떠올린다. 모든 선행은 연못에 던진 돌과 같아서 사방으로 파문이 퍼진다. 한 연구원은 다음과 같이 이야기했다. "우리는 일반적으로 자신의 관대함이 소셜 네트워크를 통해 어떻게 폭포처럼 흘러가는지 보지 못한다. 이것은 다른 사람수십 명, 어쩌면 수백 명의 삶에 영향을 미친다."[26]

친절은 잘 전염된다. 전염성이 매우 커서 멀리서 보기만 하는 사람들에게도 감염된다. 이 효과를 연구한 최초의 심리학자 중에는 조너선 하이트Jonathan Haidt가 있다. 1990년대 후반 그의 논문에 한 학생이 차고 진입로의 눈을 삽으로 치우고 있는 노부인을 도와준 이야기가 등장한다.[27] 그 학생의 친구는 이러한 사심 없는 행동을 보고 나중에 다음과 같이 기록했다. "차에서 뛰쳐나가 이 친구를 안아주고 싶은 충동을 느꼈다. 노래하고 달리고 싶었고, 춤을 추며 웃고 싶었다. 뭔가 활동이 매우 하고 싶어졌다. 사람들을 좋게 말하고 싶어졌다. 아름다운 시를 쓰거나 사랑의 노래를 작곡하고 싶었다. 눈 속에서 아이처럼 뛰놀고 싶었다. 모든 사람에게 그의 선행을 이야기해주고 싶었다."[28]

하이트의 발견에 따르면 사람들은 종종 단순한 관대함의 행동에 놀라고 감동을 받는다. 이 심리학자는 연구 대상이 된 사람들에게 이런 종류의 경험이 어떤 영향을 미쳤는지 물었다. 그들 역시 나가서 누군가를 돕고자 하는 저항할 수 없는 충동이 들었다고 설명했다. 하이트는 이 감정을 '고양'이라고 일컫는다. 단순한 친절의 표시에도 말 그대로 따뜻하고 즐겁고 따스한 느낌을 가지도록 우리는 타고났다는 것이다. 흥미로운 점은 이 효과가 다른 사람의 이야기를 들을 때에도 발생한다는 것이다. 마치 우리가 냉소적인 감정을 지우는 정신적 리셋 버튼을 누르는 것과 같다. 이때 우리는 다시 한번 세상을 선명하게 보게 된다.

열, 현실주의자가 되라

이제 삶에서 지켜야 할 나의 가장 중요한 규칙을 이야기하겠다. 이 책을 통해 내가 이루고자 한 일이 하나 있다면 그것은 '현실주의'라는 단어의 의미를 바꾸는 것이다. 이는 현실주의자라는 표현이 현대에 이르러 비관적 견해를 가진 사람들에게 냉소주의자와 동의어로 쓰인다는 사실을 시사한다.

사실 진상을 모르는 것은 냉소주의자이다. 사실 우리는 행성 A에 살고 있다. 사람들이 서로에게 좋은 사람이 정말로 되고 싶어 하는 그곳 말이다. 그러므로 현실적이 되어라. 용기를 내라. 스스로의 본성에 충실하고 타인에게 당신의 신뢰를 보여주어라. 대낮에 선을 행하고 자신의 관대함을 부끄러워하지 마라. 처음에는 속기 쉽고 순진하다고 묵살당할 수 있다. 그러나 오늘 지나치게 순진한 것이 내일의 상식이 될 수 있음을 기억하라.

이제 새로운 현실주의를 위한 시간이 왔다. 인류를 새로운 시선으로 바라볼 때이다.

감사의 글

2013년 1월 네덜란드 철학자 로브 베인베르흐^{Rob Wijnberg}로부터 커피나 한잔 하자는 메시지를 받았다. 그는 새로운 저널리즘 플랫폼의 출범 계획을 논의하고 싶다고 말했다. 그는 뉴스, 광고, 냉소주의가 없는 출판물, 솔루션을 제공하는 출판물을 상상했다.

《드 코레스폰던트^{De Correspondent}》의 초기 버전은 몇 달 만에 크라우드펀딩 분야의 세계 기록을 세웠고 나는 새로운 직업을 갖게 되었다. 이 책은 《드 코레스폰던트》에서 7년 동안 일한 결과물이며, 독자들과 나눈 무수한 대화의 산물이다. 대화를 통해 내 아이디어를 버리고 개선하거나 뒤집을 수 있었다. 그것은 특권의 산물이다. 나를 매혹시킨 주제를 탐구할 수 있었고, 내재적 동기라는 마법의 물질에 의해 힘을 얻을 수 있었기 때문이다. 모두가 특권이다.

《드 코레스폰던트》의 모든 동료들에게 감사드린다. 물론 다른 누구보다도 힘이 되어준 로브에게 특히 고맙다. 내 자신의 아이디어를 보다 비판적으로 볼 수 있게 가르침을 준 예서 프레데릭^{Jesse Frederik}, 유럽 최고의 출판사임을 다시 한번 입증한 발행인 밀로우 클라인 랑크호르스트^{Milou Klein Lankhorst}, 그리고 부발행인으로서 이 책에 매우 귀중한 공헌을 한 안드

레아스 용커스Andreas Jonkers에게도 감사드린다.

하르민케 메덴도르프Harminke Medendorp가 네덜란드어 텍스트 편집을 허락해준 것은 행운이었다. 하르민케는 자신의 분야에서 최고 중 한 명이며, 몇 가지 예리한 질문을 통해 내가 실제로 이야기하고자 하는 바가 무엇인지를 깨닫게 해주었다.

네덜란드어 원고를 읽어준 모든 동료들에게도 감사드린다. 토머스 바네스테Tomas Vanheste, 마우리츠 마르테인Maurits Martijn, 로산 스미츠Rosan Smits, 마르닉스 더 브라위너Marnix de Bruyne, 산느 블라우Sanne Blauw, 미셸 드 호흐Michiel de Hoog, 요하네스 비세르Johannes Visser, 타마르 스털링Tamar Stelling, 옐머 포머스Jelmer Mommers, 아르옌 반 빌렌Arjen van Veelen, 마이테 베르묄렌Maite Vermeulen, 리페이 볼Riffy Bol, 샤를로트 레마르크Charlotte Remarque 및 안나 보세르Anna Vossers. 이와 같은 사람들과 일하는데 냉소적이기는 어렵다. 하위테르 호르스트Huibter Horst 및 카를레인 킹머Carlijn Kingma는 원서의 일부를 읽고 귀중한 조언을 주었다. 카를레인은 유럽에서 가장 재능 있는 예술가 중한 명이며, 그녀가 이 책을 바탕으로 만든 작품은 아마도 내 책의 페이지가 모두 재활용된 뒤에도 오랫동안 갤러리에 전시되어 있을 것이다.

이 영문판 번역 작업에 도움을 준 엘리자베스 맨턴Elizabeth Manton과 에리기 무어Erica Moore에게 깊은 감사를 표한다. 번역은 어렵고 종종 저평가된 기술이며, 그들이 다른 누구보다 더 깊이 터득한 예술이다. 또한 글을 더 잘 다듬을 수 있도록 도와준 리틀브라운의 편집자 벤 조지Ben George, 블룸스버리Bloomsbury의 브라운Brown과 알렉시스 키르히바움Alexis Kirschbaum 형제,

처음부터 이 책을 믿어준 나의 에이전트 레베카 카터^{Rebecca Carter}와 엠마 페리^{Emma Parry}, 그리고 교열 담당자 리처드 콜린스^{Richard Collins}의 탁월한 작업에도 감사드린다.

마지막으로 나의 가족, 누이와 처남들, 친구들에게 많은 빚을 졌다. 멋진 친구인 유리엔^{Jurriën}과 마르티어^{Maartje}가 해준 모든 것(영어 책 제목 포함), 그리고 부모님 페타^{Peta}와 키스 브레흐만^{Kees Bregman}에게 이 책을 바친다.

옮긴이의 글

"인간의 본성이 대체로 선하다고? 악하다는 증거가 훨씬 더 많을 것 같은데……." 이 책을 처음 소개받았을 때 이런 의문이 들었다. 입에 맞는 자료만 인용하지 않았을까? 보편적 인간을 대상으로 이런 주장을 설득력 있게 펼칠 수 있을까? 책을 읽어나가면서 의심은 잦아들고 놀라움이 들었다. 특히 인간이 악하다는 통념의 근거가 되는 대표적 사례와 연구를 반박하는 대목에서 그랬다. 알고 보니 과장으로 가득한 오보였다거나(제노비스 신드롬), 연구자들이 실험에 개입해 가혹 행위를 유도했다는(스탠퍼드 교도소 실험) 폭로가 대표적이다. 전장의 군인들이 적을 겨냥해 총을 쏘지 않으려 노력한다는 통계(사격을 거부하는 병사들)도 마음에 와닿았다. 저자 뤼트허르 브레흐만은 전공인 역사학뿐 아니라 경제학, 심리학, 생물학, 인류학, 고고학을 넘나들며 입체적이고 포괄적으로 논지를 펴고 있다.

그의 입장은 인간 본성이 선하다는 쪽에 치우쳐 있지만 현실 인식은 냉정하다. "우리는 복잡한 존재이다. 좋은 면이 있는가 하면 그렇지 않은 면도 있다. 문제는 우리가 어느 쪽을 보여줄 것인가 하는 점이다." 이를 바탕에 두고 펴나가는 주장은 다음과 같이 요약할 수 있다. '우리에게는 많은 흠이 있음이 명백하지만 사람들 대부분의 내면은 기본적으로 선하다. 만일 인간의 본성을 좀 더 우호적으로 바라본다면 인간은 그에 맞춰 더욱 나은 처신을 할 것이며, 이는 모두에게 도움이 된다'.

영어판의 제목은 'HUMANKIND', 인류이며 부제에 방향이 드러나 있다. 'A HOPEFUL HISTORY(희망에 찬 역사)'. 기운을 북돋아주는 소식에 목마른 시기에 환영받을 만한 내용이다. 전 세계를 휩쓴 전염병 코로나19로 인해 사람과 재화 및 서비스의 이동이 가로막히고 경제 상황이 악화되는 등 어두운 소식이 연일 들려온다. 조금 멀리는 기후 위기가 인류의 앞날에 어둠을 드리우고 있다. 이기적 인간 본성을 바탕으로 하는 개별 국가의 이기적 행태는 온실가스 감축을 어렵게 만든다. 이 책은 이런 상황에서도 우리가 희망을 가져야 할 근거가 된다.

"우리가 믿는 것이 우리를 만든다. 우리는 우리가 찾고 있는 것을 발견할 수 있고, 우리가 예측하는 일은 일어나게 된다. 만일 우리가 대부분의 사람을 믿을 수 없다고 믿는다면 우리는 서로를 그렇게 대할 것이다. 우리의 진정한 본성은 친절하고 배려심이 있으며 협력적이다. 우리는 과거에도 그래왔고 앞으로 그렇게 될 수 있다." 이 주장은 모든 사람에게 제대로 된 보편적 기본 소득을 제공하자는 이론에도 근거를 제공하고 있다. 만약 인간의 본성이 게으르고 이기적이라면 기본 소득은 퇴행을 부추기는 낭비에 불과할 것이기 때문이다.

여기서 인간 '본성'이란 진화 과정에서 우리 유전자에 새겨진 행동 경향을 말한다. 브레흐만에 따르면 호모 사피엔스의 20만 년 역사상 19만 년은 전쟁도 압제자도 없는 평화시대였다. 평화를 선호하는 선택압이 유전자에 반영되기 충분한 세월이다. 이 논의 과정에서 저자는 리처드 도킨스나 스티븐 핑커 같은 거물들의 이론을 비판한다. 핑커는《우리 본성의 선한 천사》에서 선사시대 이래 인류의 폭력성은 점점 줄어왔다고 주장하지만 저자는 그 방향성 자체를 반박한다. 선사시대가 전쟁이 없는 평화시대였다는 것이다. 수렵-채집인의 폭력성과 관련한 통계의 오류를 지적하는 대목은 통렬하다. 서로 간의 폭력이나 전쟁으로 살해되었다는 사람들은 알고 보니 소위 문명화된 외부인에게 살해되었다는 식이다.

전쟁은 1만 년 전 정착농업이 시작되면서 비로소 시작되었다. 그 이후에도 우리 인간은 대체로 선량했다. 두 차례의 세계대전을 포함한 각종 전쟁의 통계와 사례가 이를 뒷받침한다. 그가 지지하는 구소련의 유전학자 벨라예프의 이론에 따르면 인간은 스스로 가축화된(길들여진) 유인원이다. 가장 친화성 있고 성품 좋은 사람들이 더 많은 자식을 갖는 현상이 수만 년 동안 지속되었다는 것이다. 그에 따르면 우리 종의 진화는 한마디로 "가장 우호적인 자의 생존"에 근거를 두고 있다. 이를 '호모 퍼피(강아지 인간)'라고 부른다.

저자는 지난 몇 세기에 걸친 정치적·사회적 논쟁이 인간의 본성을 중심에 두고 벌어졌다고 설명한다. 양측의 철학을 대표하는 선수는 토머스 홉스와 장 자크 루소이다. 토머스 홉스는 인간을 그대로 내버려두면 '만인에 대한 만인의 투쟁' 상태가 될 것이라고 보았다. 이들의 저열한 본능을 억제하기 위해서 문명이라는 제도가 필요하며, 인간의 천성적 이기심과 공격성은 법과 규칙, 규제로서만 제한할 수 있다고 말한다. 반대편의

장 자크 루소는 인간이 천성적으로 선량하며 그가 사악해지는 것은 오직 이 같은 제도 탓이라고 주장한다. 국민국가, 사유재산은 근본적으로 부패하기 마련이다.

역사는 이와 같은 논쟁에서 홉스의 손을 들어주었다. 사회와 사회를 이루는 핵심 제도인 학교, 기업, 교도소는 성악설을 전제로 설계되었다. 이것은 냉소주의와 양극화, 배제와 이기심, 불평등과 관료주의라는 악영향을 미쳤다. 저자는 과학적 증거를 바탕으로 이를 지적하고, 인간 본성이 대체로 선하다는 주장의 근거로 성공적으로 운영되는 학교와 회사 및 교도소의 실제 사례를 보여준다. 직접 발로 뛰어 담아낸 생생한 인터뷰가 인상적이다.

저자의 결론은 다음과 같다. '다른 사람들에 대한 우리의 견해만큼 세상을 만드는 커다란 힘을 가진 아이디어는 거의 없다. 왜냐하면 사람들은 결국 자신들이 기대하는 것을 얻을 수 있기 때문이다. 만일 우리 시대의 가장 심각한 문제들을 해결하고자 나선다면 우리가 출발해야 할 지점은 어디일까. 나는 지구온난화에서 서로에 대해 점점 더 커져가는 불신에 이르기까지 인간 본성에 대한 우리의 견해라고 생각한다.'

한국어로 옮기기 위해 이 책을 읽는 과정은 즐거웠다. 역자로서는 알지 못하던 사실들이 지금의 시대에 희망을 주는 내용들이었기 때문이다. 다만 어려웠던 것은 decent나 good 같은 평범한 단어를 한글로 표현하는 일이었다. 지난해 저자가 영국 《가디언》과의 인터뷰에서 밝힌 다음과 같은 내용 때문에 더욱 그렇다. "나는 사람들이 선하다(good)고 실제로 말하고 있는 것은 아니라는 점을 강조하고 싶다(헉! 이 책을 한글로 옮기는 역자는 어쩌란 말인가?)." 이 책의 네덜란드어 제목은 'De Meeste Mensen Deugen', 의미상 대부분의 사람은 'Deugen'이라는 뜻이다. Deugen이라는 단어는 영어로 번역될 수 없다. 비슷하게라도 표현하자면 '내심으로는 상당히 도덕적으로 온전하고 친절하며 선의를 지니고 있다('decent'에 대한 웹스터 사전의 정의)' 정도이다. 마지막 문장의 원문은 "It's sort of like 'pretty decent deep down' or 'good after all'"이다. 역자로서는 인간의 천성이 선하다고 단정하지 않으면서 논지를 어지럽게 만들지 않을 방법을 찾으려고 고심했다. 독자의 이해를 돕기 위해 decent는 그냥 '선하다'로 옮긴 경우가 많았다.

주

프롤로그

1. 처칠은 1934년 7월 30일 하원에서 이 발언을 했다.

2. J.F.C. Fuller, *The Reformation of War*(London, 1923), p.150.

3. Gustave Le Bon, *The Crowd. A Study of the Popular Mind*(Kitchener, 2001), p.19. Originally published in 1896.

4. Richard Overy, "Hitler and Air Strategy," *Journal of Contemporary Histor*(July 1980), p.410.

5. J. T. MacCurdy, *The Structure of Morale*(Cambridge, 1943), p.16.

6. Richard Overy, *The Bombing War. Europe 1939-1945*(London, 2013), p.185.

7. Angus Calder, *The People's War. Britain 1939-1945*(London, 1991), p.174.

8. Overy, The Bombing War, p.160.

9. Robert Mackay, *Half the Battle: Civilian Morale in Britain During the Second World War* (Manchester, 2002), p.261.

10. 다음에서 인용: Overy, *The Bombing War*, p.145. 1941년 초반까지도 실제 사용되고 있던 방공호는 전체의 8퍼센트에 불과했다. 다음을 보라: Overy, p.137.

11. Sebastian Junger, *Tribe. On Homecoming and Belonging*(London, 2016).

12. Richard Overy, 'Civilians on the frontline', *Observer*(6 September, 2009).

13. Mollie Panter-Downes, *London War Notes 1939-1945*, (New York, 1971), p.105.

14. Overy, *The Bombing War*, p.264.

15. 프레더릭 린데만을 잘 아는 친구들조차 그를 다음과 같은 성격이라고 평가했다. "자신이 모든 것에 대해 언제나 옳다고 항상 믿으며, 자신의 실패를 인정하거나 그것에 굴복할 준비가 전혀 되어 있지 않은 인물"이며, "자신과 반대되는 의견을 개인적인 모욕으로 여기는 성향"이며 "자신이 이해하지 못하는 주제라 할지라도 독단적으로 권위 있는 듯이 말하는 태도를 결코 자제하는 법이 없다." 다음을 보라: Hugh Berrington, 'When Does Personality Make a Difference? Lord Cherwell and the Area Bombing of Germany,' *International Political Science Review*(January 1989).

16. Brenda Swann and Francis Aprahamian, *J. D. Bernal. A Life in Science and Politics*(London, 1999), p.176. 2,000명의 어린이들이 기관의 검혈을 에세이로 쓰라는 주문을 받았다. 오늘날 읽어보면 이들의 용기는 놀라울 정도이다. "나는 파묻히고 베였지만 그래도 사망자와 부상자

를 끌어내는 것을 도왔다." 열 살짜리 소년이 파괴된 자신의 집에 대해 쓴 글이다. 다음을 보라. Martin L. Levitt, 'The Psychology of Children: Twisting the Hull-Birmingham Survey to Influence British Aerial Strategy in World War II', *Psychologie und Geschichte*(May1995).

17. Solly Zuckerman, *From Apes to Warlords. An Autobiography, 1904-1946*(London, 1988), p.405. 주커먼은 1978년 출간된 이 책의 초판본에서 헐(Hull) 보고서의 표지를 부록에 삽입했다. 이는 2020년까지로 규정된 보도 금지 협약을 어긴 것이다.

18. Charles Webster and Noble Frankland, *The Strategic Air Offensive Against Germany 1935-1945*(London, 1961), p.332.

19. C. P. Snow, 'Whether we live or die', *Life* magazine(3 February 1961), p.98.

20. Overy, *The Bombing War*, p.356.

21. Jörg Friedrich, *The Fire. The Bombing of Germany 1940-1945*(New York, 2006), p.438.

22. Friedrich Panse, *Angst und Schreck*(Stuttgart, 1952), p.12.

23. Friedrich, *The Fire*, pp.418-20.

24. 영국의 보고서는 50년이 지나서야 공개되었다. 다음을 보라: Sebastian Cox (ed.), *British Bombing Survey Unit, The Strategic Air War Against Germany, 1939-1945. The Official Report of the British Bombing Survey Unit*(London, 1998).

25. John Kenneth Galbraith, *A Life in Our Times*(Boston, 1981), p.206. 물론 가장 중요한 질문은 이것이다. 만일 연합군이 공군에 투자를 줄이고 육군과 해군에 더 많은 투자를 했다면 어떻게 되었을까? 제2차 세계대전이 끝난 뒤 노벨물리학상 수상자 패트릭 블래킷(Patrick Blackett)은 전쟁이 6개월에서 12개월 일찍 끝났을 것이라고 썼다. 그리고 독일도 같은 결론에 이르렀다. 독일 군수부장관이던 알베르트 슈페어(Albert Speer)는 사회 기반시설에 대한 공격을 가장 걱정했고, 독일 공군사령관이던 헤르만 괴링(Hermann Göring)은 국내 정유시설에 대한 공습을 주로 기억했다. 1944년 가을 독일의 석유 비축분은 점점 줄어들고 있었다. 탱크는 멈춰 섰으며 항공기는 격납고에 처박혀 있었고, 대포는 말을 이용해 운반하는 지경이었다. 하지만 이런 사실은 독일 민간인에 대한 영국의 공습을 막지 못했다. 1944년 마지막 3개월 동안 폭격의 53퍼센트가 도시를 목표로 삼았으며, 14퍼센트만이 정유시설을 표적으로 삼았다. 그 무렵 이미 영국은 소이탄 사용을 사실상 중단했다. 불에 탈 것이 별로 남아 있지 않다는 사실을 알고 있었기 때문이다. 그러는 동안 독일의 석유 생산은 재개되었다. 다음을 보라: Max Hastings, *Bomber Command*(London, 1979), pp.327-34.

26. Edward Miguel and Gerard Roland, 'The Long Run Impact of Bombing Vietnam', *Journal of Development Economics*(September 2011), p.2.

1장 | 새로운 현실주의 : 인간 본성에 대한 새로운 도전

1. 2016년 12월 9일 톰 포스트메스(Tom Postmes)가 나에게 보낸 이메일.

2. Jack Winocour (ed.), *The Story of the Titanic As Told by Its Survivors*(New York, 1960), p.33.

3. Rebecca Solnit, *A Paradise Built in Hell. The Extraordinary Communities that Arise in Disaster*(New York, 2009), p.187.

4. Frans de Waal, *The Bonobo and the Atheist. In Search of Humanism Among the Primates*(New York, 2013), p.43.

5. Gary Younge, 'Murder and Rape–Fact or Fiction?', *Guardian*(6 September 2005).

6. Robert Tanner, 'New Orleans Mayor Orders Police Back to Streets Amid Increasingly Violent Looting', *Seattle Times*(1 September 2005).

7. Timothy Garton Ash, 'It Always Lies Below', *Guardian*(8 September 2005).

8. Jim Dwyer and Christopher Drew, 'Fear Exceeded Crime's Reality in New Orleans', *New York Times*(29 September 2005).

9. Havidán Rodríguez, Joseph Trainor and Enrico L. Quarantelli, 'Rising to the Challenges of a Catastrophe: The Emergent and Prosocial Behavior Following Hurricane Katrina', *The Annals of the American Academy of Political and Social Science*(No.1, 2006).

10. Matthieu Ricard, *Altruism. The Power of Compassion to Change Yourself and the World*(New York, 2015), p.99.

11. Enrico L. Quarantelli, 'Conventional Beliefs and Counterintuitive Realities', *Social Research: An International Quarterly of the Social Sciences*(No.3, 2008), p.885.

12. 다음에서 인용: AFP/Reuters, 'Troops Told "Shoot to Kill" in New Orleans'(2 September 2005).

13. Trymaine Lee, 'Rumor to Fact in Tales of Post–Katrina Violence', *New York Times*(26 August 2010).

14. Solnit, *A Paradise Built in Hell*, p.131.

15. 다음에서 인용: CNN Money, 'Coke Products Recalled'(15 June 1999).

16. B. Nemery, B. Fischler, M. Boogaerts, D. Lison and J. Willems, 'The Coca–Cola Incident in Belgium, June 1999', *Food and Chemical Toxicology*(No.11, 2002).

17. Victoria Johnson and Spero C. Peppas, 'Crisis Management in Belgium: the case of Coca–Cola', *Corporate Communications: An International Journal*(No.1, 2003).

18. 다음에서 인용: Bart Dobbelaere, 'Colacrisis was massahysterie', *De Standaard*(2 April 2000).

19. Karolina Wartolowska et al., 'Use of Placebo Controls in the Evaluation of Surgery: Systematic Review', *British Medical Journal*(21 May 2014).

20. Clayton R. Critcher and David Dunning, 'No Good Deed Goes Unquestioned: Cynical Reconstruals Maintain Belief in the Power of Self-interest', *Journal of Experimental Social Psychology*(No.6, 2011), p.1212.

21. Sören Holmberg and Bo Rothstein, 'Trusting other people', *Journal of Public Affairs*(30 December 2016).

22. Jodie Jackson, 'Publishing the Positive. Exploring the Motivations for and the Consequences

of Reading Solutions-focused Journalism', *constructivejournalism.org*(Fall 2016).

23. 예를 들어 다음을 보라. Wendy M. Johnston and Graham C. L. Davey, 'The psychological impact of negative TV news bulletins: The catastrophizing of personal worries', *British Journal of Psychology*(13 April 2011).

24. Hans Rosling, *Factfulness*(London, 2018), p.50.

25. Chris Weller, 'A top economist just put the fight against poverty in stunning perspective', *Business Insider*(17 October 2017).

26. Toni van der Meer et al., 'Mediatization and the Disproportionate Attention to Negative News. The case of airplane crashes', *Journalism Studies*(16 January 2018).

27. Laura Jacobs et al., 'Back to Reality: The Complex Relationship Between Patterns in Immigration News Coverage and Real-World Developments in Dutch and Flemish Newspapers(1999-2015)', *Mass Communication and Society*(20 March 2018).

28. Nic Newman (ed.), *Reuters Institute Digital News Report. Tracking the Future of News*(2012). 또한 다음을 보라: Rob Wijnberg, 'The problem with real news-and what we can do about it', *Medium.com*(12 September 2018).

29. 다음에서 인용: Michael Bond, 'How to keep your head in scary situations', *New Scientist*(27 August 2008).

30. Rolf Dobelli, 'Avoid News. Towards a Healthy News Diet', *dobelli.com*(August 2010).

31. Frans de Waal, *The Bonobo and the Atheist*, pp.38~9.

32. Michael Ghiselin, *The Economy of Nature and the Evolution of Sex*(Berkeley, 1974), p.247.

33. Joseph Henrich et al., 'In Search of Homo Economicus: Behavioral Experiments in 15 Small-Scale Societies', *American Economic Review*(No.2, 2001).

34. David Sloan Wilson and Joseph Henrich, 'Scientists Discover What Economists Haven't Found: Humans', *Evonomics.com*(12 July 2016).

35. 다음에서 인용: David Sloan Wilson, 'Charles Darwin as the Father of Economics: A Conversation with Robert Frank', *The Evolution Institute*(10 September 2015).

36. Thucydides, *History of the Peloponnesian War,* translated by Rex Warner(1972), pp.242-5.

37. Saint Augustine, *The Confessions of Saint Augustine*, translated by Maria Boulding(2012), p.12.

38. Thomas Henry Huxley, *The Struggle for Existence in Human Society*(originally published in1888).

39. Herbert Spencer, *Social Statistics*, Chapter XVIII, paragraph 4(1851).

40. "나는 인간 본성은 언제나 타락하는 경향이 있다는 믿음을 거부한다." 인도 독립운동을 이끈 전설적인 지도자 마하트마 간디의 말이다. 처칠은 간디를 "헐벗은 힌두교 탁발승"이라고 일축했다. "인간의 선함은 감출 수는 있지만 결코 꺼지지 않는 불꽃이다." 범죄적 정권에 의해 27년간 수감되었던 넬슨 만델라의 말이다.

41. Emma Goldman, *Anarchism and Other Essays*(Stillwell, 2008), p.29. 1910년 처음 출간되었다.

540

42. 이것은 우리가 9장에서 만나게 될 마리 린데고르(Marie Lindegaard)의 이야기이다.

2장 | 파리대왕 : 진실은 소설과 정반대였다

1. 윌리엄 골딩은 오디오 북의 도입부에서 이같이 회상했다. 다음을 보라: William Golding, *Lord of the Flies. Read by the author*(Listening Library, 2005).

2. John Carey, *William Golding. The Man Who Wrote Lord of the Flies*(London, 2010), p.150.

3. William Golding, *The Hot Gates*(London, 1965), p.87.

4. Arthur Krystal(ed.), *A Company of Readers. Uncollected Writings of W. H. Auden, Jacques Barzun and Lionel Trilling*(2001), p.159.

5. 다음에서 인용: Carey, *William Golding*, p.82.

6. Ibid., p.259.

7. In 'Dit gebeurt er als je gewone kinderen vrijlaat in de wildernis', *De Correspondent*(6 June 2017).

8. Frans de Waal, *The Bonobo and the Atheist*, p.214.

9. MaryAnn McKibben Dana, 'Friday Link Love: Doubt, Virginia Woolf, and a Real-Life Lord of the Flies', *theblueroom.org*(3 May 2013).

10. Susanna Agnelli, *Street Children. A Growing Urban Tragedy*(London, 1986).

11. Jamie Brown, 'Mates Share 50-Year Bond', *Daily Mercury*(12 December 2014).

12. 다음에서 인용: Kay Keavney, 'The Dropout Who Went to Sea', *The Australian Women's Weekly*(19 June 1974).

13. 별도의 출처를 표기하지 않은 경우 이 장에 인용된 피터 워너와 마노 토타우의 이야기는 내가 그들과 직접 인터뷰한 내용이다.

14. 특히 다음을 보라: Keith Willey, *Naked Island-and Other South Sea Tales*(London, 1970).

15. 오스트레일리아의 다큐멘터리 제작자 스티브 보먼(Steve Bowman)은 2007년 데이비드와 인터뷰를 했으며, (방송되지 않은) 자신의 자료 영상을 친절하게도 나에게 공유해주었다. 이 인용의 출처는 보먼의 다큐멘터리이다.

16. Willey, *Naked Island*, p.6.

17. 다음에서 인용: Scott Hamilton, 'In remote waters', *readingthemaps. blogspot.com*(18 November 2016).

18. Peter Warner, *Ocean of Light. 30 years in Tonga and the Pacific*(Keerong, 2016), p.19.

19. 시오네도 같은 내용을 기억하고 있었다. 그는 전화로 나에게 "우리는 매우 가깝게 지냈다. 나는 다툼이 생길 때마다 진정시키려고 노력했다. 그러면 아이들은 울음을 터뜨리고 사과를 했다. 그것으로 끝이었다. 일은 언제나 그런 식으로 진행되었다"라고 이야기했다.

20. 실제로 이것은 행운이었다. 자신들이 사모아에 있다고 믿은 아이들은 남쪽으로 항로를 잡았

다. 사실 이들이 향해야 할 방향은 북쪽이었다.

21. Willey, *Naked Island*, p.33.

22. Warner, *Ocean of Light*, p.89.

23. Charlotte Edwardes, 'Survivor Game Show Based on Public School', *Daily Telegraph*(3 June 2001).

24. Robert Evans and Michael Thot, '5 Ways You Don't Realize Reality Shows Lie', *Cracked. com*(7 July 2014).

25. Girl Scout Research Institute, 'Girls and Reality TV'(2011).

26. Robert Sapolsky, *Behave. The Biology of Humans at Our Best and Worst*(London, 2017), p.199.

27. Bryan Gibson et al., 'Just "Harmless Entertainment"? Effects of Surveillance Reality TV on Physical Aggression', *Psychology of Popular Media Culture*(18 August 2014).

28. 다음에서 인용: CBC Arts, 'George Gerbner Leaves the Mean World Syndrome', *Peace, Earth & Justice News*(8 January 2006).

29. A teacher interviewed by documentary maker Steve Bowman, in the unpublished material he shared with me.

1부 자연 상태의 인간

3장 | 호모 퍼피 : 가장 우호적인 존재의 탄생

1. 옥스퍼드 사전은 호미닌을 다음과 같이 정의하고 있다. "어떤 분류학적 계보(*Hominini*)에 속하는 영장류. 인류, 인류의 직계 조상 혹은 인류와 대단히 가까운 근연종(침팬지와 보노보를 뜻한다-옮긴이)으로 구성되어 있다." 더 광범위한 호미니드 계통에는 대형 유인원도 포함된다(고릴라와 오랑우탄은 제외되므로 정확한 설명은 아니다-옮긴이).

2. Charles Darwin, 'To Joseph Dalton Hooker', *Darwin Correspondence Project*(11 January 1844).

3. Richard Dawkins, *The Selfish Gene. 30th Anniversary Edition*(2006, p.ix. 초판은 1976년에 발행되었다. 도킨스는 나중에 이 문구를 삭제했다(이 장의 끝부분을 보라).

4. Claire Armitstead, 'Dawkins Sees off Darwin in Vote for Most Influential Science Book', *Guardian*(20 July 2017).

5. Michael J. Edwards, 'Fascinating, But at Times I Wish I Could Unread It', review on Amazon. com(7 August 1999). 아마존에서 가장 높은 평가를 받은 리뷰이다.

6. Marcus E. Raichle and Debra A. Gusnard, 'Appraising the Brain's Energy Budget', *PNAS*(6 August 2002).

7. E. Hermann et al., 'Humans Have Evolved Specialized Skills of Social Cognition: The Cultural Intelligence Hypothesis', *Science*(7 September 2007).

8. Joseph Henrich, *The Secret of Our Success. How Culture Is Driving Human Evolution, Domesticating Our Species, and Making Us Smarter*(Princeton, 2016), pp.16-17.

9. Ibid., pp.17-21.

10. Maria Konnikova, *The Confidence Game*(New York, 2016). See the epilogue for more about Konnikova's fascinating book.

11. Charles Darwin, *The Expression of the Emotions in Man and Animals*(New York, 1872), p.309. 2018년 중남미의 청황색 마코앵무새 5마리를 대상으로 한 소규모 연구 결과가 발표되었다. 이 유형의 앵무새도 얼굴을 붉히는 능력이 있다는 것을 시사하는 내용이다. 다음을 보라: Aline Bertin et al., 'Facial Display and Blushing: Means of Visual Communication in Blue-and-Yellow Macaws(*Ara Ararauna*)?', *PLoS One*(22 August 2019).

12. Johann Carl Fuhlrott, 'Menschliche Überreste aus einer Felsengrotte des Düsselthals. Ein Beitrag zur Frage über die Existenz fossiler Menschen', in *Verhandlungen des Naturhistorischen Vereins der preußischen Rheinlande und Westphalens*(Part 16, 1859), pp.131-53.

13. The society's name in German was *Niederrheinische Gesellschaft für Natur-und Heilkunde*.

14. Paige Madison, 'The Most Brutal of Human Skulls: Measuring and Knowing the First Neanderthal', *British Journal for the History of Science*(No.3, 2016), p.427.

15. 호모 스투피두스(*Homo stupidus*)라는 학명은 생물학자 에른스트 헤켈(Ernst Haeckel)이 제안했지만 인기를 얻지 못했다. 그보다 2년 전에 해부학자 윌리엄 킹(William King)이 호모 네안데르탈렌시스라는 단어를 만들었기 때문이다.

16. 다음에서 인용: João Zilhão, 'The Neanderthals: Evolution, Paleoecology, and Extinction', in Vicki Cummings, Peter Jordan and Marek Zvelebil, *The Oxford Handbook of the Archaeology and Anthropology of Hunter-Gatherers*(Oxford, 2014), p.192.

17. Thomas D. Berger and Erik Trinkaus, 'Patterns of Trauma among the Neandertals', *Journal of Archaeological Science*(November 1995).

18. Thomas Wynn and Frederick L. Coolidge, *How to Think Like a Neanderthal*(Oxford, 2012), p.19. 아직도 네안데르탈인이 동굴 속의 야만인이라고 상상하고 있다면 다시 생각해보라. 2018년 한 고고학자팀이 295개의 두개골 조각을 같은 시대에 살았던 우리의 직계 조상인 호모 사피엔스의 것과 비교했다. 어떤 내용을 발견했을까? 아무런 차이도 없었다. 네안데르탈인의 삶은 우리와 비교해 조금도 더 원시적이지 않았다. 우리 역시 원시적 로데오 총각과 동일한 요소를 가지고 있었던 것으로 보인다. 다음을 보라: Judith Beier et al., 'Similar Cranial Trauma Prevalence among Neanderthals and Upper Palaeolithic modern humans', *Nature*(14 November 2018).

19. Paola Villa and Wil Roebroeks, 'Neandertal Demise: An Archaeological Analysis of the Modern Human Superiority Complex', *PLoS One*(30 April 2014).

20. Yuval Noah Harari, *Sapiens. A Brief History of Humankind*(London, 2011), p.19.

21. Jared Diamond, 'A Brand-New Version of Our Origin Story', *New York Times*(20 April

2018).

22. 딜리 표시하지 않은 경우 이 이야기의 주된 출처는 다음 책이다: Lee Alan Dugatkin and Lyudmila Trut, *How to Tame a Fox(and Build a Dog). Visionary Scientists and a Siberian Tale of Jump-Started Evolution*(Chicago, 2017).

23. Lee Alan Dugatkin and Lyudmila Trut, 'How to Tame a Fox and Build a Dog', *American Scientist*(No.4, 2017).

24. Dugatkin and Trut, *How to Tamea Fox*, p.58.

25. Ibid., p.124.

26. Robert L. Cieri et al., 'Craniofacial Feminization, Social Tolerance, and the Origins of Behavioral Modernity', *Current Anthropology*(No.4, 2014).

27. (많은 사람들이 네안데르탈인의 DNA를 가지고 있으며 호모 사피엔스와 네안데르탈인이 결합해 자식을 낳은 것은 분명한 사실이기는 하지만) 인류는 네안데르탈인의 직계 후손이 아니다. 하지만 길들여지지 않은 5만 년 전 우리의 호모 사피엔스 조상들은 훨씬 더 네안데르탈인에 가까웠다. 확연하게 남성다운 신체를 가졌다는 의미이다. 다음을 보라: Brian Hare, 'Survival of the Friendliest: *Homo sapiens* Evolved via Selection for Prosociality', *Annual Review of Psychology*(2017).

28. Brian Hare, *The Genius of Dogs. Discovering the Unique Intelligence of Man's Best Friend*(London, 2013), p.40

29. Ibid., p.88.

30. Brian Hare, 'Survival of the Friendliest-Brian Hare, Duke Forward in Houston', YouTube(20 January 2016). Hare says this at 3:56 minutes.

31. 가축화는 모피에서 멜라닌이 발현되는 데 영향을 미친다. 이것은 드미트리의 여우 가죽에 흰 반점이 생긴 이유 또한 설명해준다. Brian Hare, 'Survival of the Friendliest: *Homo sapiens* Evolved via Selection for Prosociality', *Annual Review of Psychology*(2017).

32. Ricardo Miguel Godinho, Penny Spikins and Paul O'Higgins, 'Supraorbital Morphology and Social Dynamics in Human Evolution', *Nature Ecology & Evolution*(No.2, 2018). 또한 다음을 보라: Matteo Zanella, 'Dosage analysis of the 7q11. 23 Williams region identifies BAZ1B as a major human gene patterning the modern human face and underlying self-domestication', *Science Advances*(4 December 2019).

33. Henrich, *The Secret of Our Success*, p.214.

34. James Thomas and Simon Kirby, 'Self domestication and the evolution of language', *Biology & Philosophy*(27 March 2018).

35. Peter Turchin, *Ultrasociety. How 10,000 Years of War Made Humans the Greatest Cooperators on Earth*(Chaplin, 2016), p.48.

36. Joris Luyendijk, 'Parasitair', *NRC Handelsblad*(13 December 2012).

37. Julia Carrie Wong, 'Uber's "hustle-oriented" culture becomes a black mark on employees'

résumés, *Guardian*(7 March 2017).

38. Jeremy Lent, *The Patterning Instinct. A Cultural History of Humanity's Search for Meaning*(New York, 2017), pp.94-5.

39. JulianneHolt-Lunstad, 'Testimony before the US Senate Aging Committee', *aging.senate. gov*(27 April 2017).

40. Helen Louise Brooks, 'The Power of Support from Companion Animals for People Living with Mental Health Problems: A Systematic Review and Narrative Synthesis of the Evidence', *BMC Psychiatry*(5 February 2018).

41. 1980년대 말 진화인류학자 데이비드 버스(David Buss)는 37개국에서 수만 명의 사람들을 대상으로 어떤 배우자상을 원하는지를 묻는 여론조사를 실시했다. 대답은 남녀 간 약간의 차이를 보였다. 남자는 외모가 더 중요했고, 여자는 돈이 더 중요했다. 이 결과는 당연히 모든 언론에서 앞다투어 보도했다. 남녀 모두 만장일치로 1위로 꼽았는데도 완전히 무시된 특질이 있는데, 바로 친절함이다. 다음을 보라: Dacher Keltner, 'The Compassionate Species', *Greater Good Magazine*(31 July 2012).

4장 | 사격을 거부하는 병사들 : 전쟁은 본능이 아니다

1. Quoted in Melyssa Allen, 'Dog Cognition Expert Brian Hare Visits Meredith', *meredith.edu* (October 2016).

2. Carsten K. W. De Dreu et al., 'The Neuropeptide Oxytocin Regulates Parochial Altruism in Intergroup Conflict Among Humans', *Science*(11 June 2010).

3. Raymond Dart, 'The Predatory Transition from Ape to Man', *International Anthropological and Linguistic Review*(No.4, 1953).

4. Ibid.

5. Quoted in Rami Tzabar, 'Do Chimpanzee Wars Prove That Violence Is Innate?' *bbc.com*(11 August 2015).

6. Richard Wrangham and Dale Peterson, *Demonic Males: Apes and the Origins of Human Violence*(New York, 1996), p.63.

7. The '!' stands for a clicking sound that is part of the !Kung language.

8. Richard Lee, *The !Kung San*(New York, 1979), p.398.

9. Steven Pinker, *The Better Angels of Our Nature. Why Violence Has Declined*(London, 2011), p.36.

10. Ibid., p.xxi.

11. Ibid.

12. On the Battle of Makin, see Anthony King, *The Combat Soldier. Infantry Tactics and Cohesion in the Twentieth and Twenty-First Centuries*(Oxford, 2013), pp.46-8.

13. Bill Davidson, 'Why Half Our Combat Soldiers Fail to Shoot', *Collier's Weekly*(8 November 1952).

14. 다음에서 인용: Quoted in King, *The Combat Soldier*, p.48.

15. S. L. A. Marshall, *Men Against Fire. The Problem of Battle Command*(Oklahoma, 2000), p.79.

16. Ibid., p.78.

17. 다음에서 인용: John Douglas Marshall, *Reconciliation Road: A Family Odyssey*(Washington DC, 2000), p.190.

18. Ibid.

19. David Lee, *Up Close and Personal: The Reality of Close-Quarter Fighting in World War II*(London, 2006), p.19.

20. 다음에서 인용: Max Hastings, 'Their Wehrmacht Was Better Than Our Army', *Washington Post*(5 May 1985).

21. Richard Holmes, *Acts of War. Behaviour of Men in Battle*(London, 1985), p.376.

22. Dave Grossman, *On Killing. The Psychological Cost of Learning to Kill in War and Society*(New York, 2009), p.31.

23. R. A. Gabriel, *No More Heroes. Madness and Psychiatry in War*(New York, 1987), p.31.

24. Major T. T. S. Laidley, 'Breech-loading Musket', in *The United States Service Magazine*(January 1865), p.69.

25. Grossman, *On Killing*, pp.23-6.

26. Ibid., p.23.

27. George Orwell, *Homage to Catalonia*(London, 2000), p.39. Originally published in 1938.

28. Randall Collins, *Violence. A Micro-sociological Theory*(Princeton, 2008), p.53.

29. Ibid., p.11.

30. 다음에서 인용: Craig McGregor, 'Nice Boy from the Bronx?', *New York Times*(30 January 1972).

31. Lee Berger, 'Brief Communication: Predatory Bird Damage to the Taung Type-Skull of Australopithecus africanus Dart 1925', *American Journal of Physical Anthropology*(31 May 2006).

32. 이 논쟁에 대해서는 다음을 보라: John Horgan, 'Anthropologist Brian Ferguson Challenges Claim that Chimp Violence is Adaptive', *Scientific American*(18 September 2014).

33. Michael L. Wilson et al., 'Lethal Aggression in Pan is Better Explained by Adaptive Strategies than Human Impacts', *Nature*(18 September 2014).

34. Brian Hare, 'Survival of the Friendliest: *Homo sapiens* Evolved via Selection for Prosociality', *Annual Review of Psychology*(2017), pp.162-3.

35. Robert Sapolsky, 'Rousseau with a Tail. Maintaining a Tradition of Peace Among Baboons', in *War, Peace, and Human Nature. The Convergence of Evolutionary and Cultural*

Views(Oxford, 2013), p.421.

36. John Horgan, 'The Weird Irony at the Heart of the Napoleon Chagnon Affair', *Scientific American*(18 February 2013).

37. Robert Sapolsky, *Behave. The Biology of Humans at Our Best and Worst*(London, 2017), p.314.

38. R. Brian Ferguson, 'Born to Live: Challenging Killer Myths', in Robert W. Sussman and C. Robert Cloninger (eds), *Origins of Altruism and Cooperation*(New York, 2009), pp.258-9.

39. 다음에서 인용: Christopher Ryan and Cacilda Jethá, *Sex at Dawn. How We Mate, Why We Stray, and What It Means for Modern Relationships*(New York, 2010), p.196.

40. Douglas Fry, 'War, Peace, and Human Nature: The Challenge of Achieving Scientific Objectivity', in Douglas Fry (ed.), *War, Peace, and Human Nature. The Convergence of Evolutionary and Cultural Views*(Oxford, 2013), pp.18-19.

41. Ibid., p.20.

42. Douglas P. Fry and Patrik Söderberg, 'Lethal Aggression in Mobile Forager Bands and Implications for the Origins of War', *Science*(19 July 2013).

43. Kim R. Hill et al., 'Hunter-Gatherer Inter-Band Interaction Rates. Implications for Cumulative Culture', *PLoS One*(24 June 2014).

44. K. R. Hill et al., 'Co-residence Patterns in Hunter-Gatherer Societies Show Unique Human Social Structure', *Science*(11 March 2011). 또한 다음을 보라: Coren L. Apicella, 'Social networks and cooperation in hunter-gatherers', *Nature*(26 January 2012).

45. Jonathan Haas and Matthew Piscitelli, 'The Prehistory of Warfare. Misled by Ethnography', in Douglas Fry(ed.), *War, Peace, and Human Nature*, pp.178-81.

46. Ibid., pp.181-3.

47. 2건의 발굴이 선사시대 전쟁의 첫 번째 '증거'를 제시하는 것으로 꾸준히 인용되고 있다. 첫 번째는 수단 북부의 제벨 사하바(Jebel Sahaba)로, 1964년 고고학자들은 약 1만 3000년 전의 유골 61개를 발견했다. 그중 21구의 유골에는 폭력에 의해 사망한 흔적이 남아 있다. 보다 최근의 분석은 이 숫자를 4개로 줄였다. 다음을 보라: Robert Jurmain, 'Paleoepidemiolgical Patterns of Trauma in a Prehistoric Population from Central California', *American Journal of Physical Anthropology*(12 April 2001). 제벨 사하바 사람들은 나일강의 비옥한 퇴적지에서 살았고, 죽은 이들을 위해 묘지를 건설했다. 이것으로 미루어볼 때 이미 정착촌에 살고 있었을 가능성이 높다. 두 번째로 자주 언급되는 장소는 케냐의 투르카나 호수 근처에 있는 나타루크로, 그곳에서 1만 년 된 것으로 추정되는 27구의 유골(폭력의 흔적이 있는)이 발견되었다. 2016년 고고학자들이 《네이처》에 이 발견을 발표했을 때 전 세계 언론은 인간이 원래 호전적인 존재라는 확실한 '증거'라고 보도했다. 그러나 나타루크 발견의 중요성에 대해서는 여전히 논쟁 중이다. 수많은 고고학자들의 지적에 따르면 투르카나 호수의 제방은 수렵-채집인들이 무여 살더 비옥한 지역이다 이들이 이미 재산권을 공고히 하고 유목 생할 방식을 포기했을 법하다. 해당 논문이 나온 지 몇 달 뒤 《네이처》는 다른 고고학자팀이 이것에 의문

을 제기하는 글을 게재했다. 이 '희생자들'이 폭력으로 인해 죽음에 이르렀다는 결론에 의문을 제기하는 내용이었다. 언론은 이 논문을 무시했다. 다음을 보라: M. Stojanowski et al., 'Contesting the Massacre at Nataruk', *Nature*(24 November 2016). 설사 이러한 논란을 차치하더라도 제벨 사하바와 나타루크를 제외하고는 선사시대에 전쟁이 있었다는 증거는 전혀 없다. 이는 영구적인 정착지에서 농사를 짓기 시작한 이후의 시기와 완전히 대조적이다. 논란의 여지가 없는 고고학적 증거가 (동굴벽화와 공동묘지의 형태로) 차고 넘치기 때문이다.

48. R. Brian Ferguson, 'Pinker's List. Exaggerating Prehistoric War Mortality', in Douglas Fry (ed.), *War, Peace, and Human Nature*, pp.126. 또한 다음을 보라: Hisashi Nakao et al., 'Violence in the Prehistoric Period of Japan: The Spatio-Temporal Pattern of Skeletal Evidence for Violence in the Jomon Period', *Biology Letters*(1 March 2016).

5장 | 문명의 저주 : 권력자가 만들어낸 상상

1. 다음에서 인용: Sarah Blaffer Hrdy, *Mothers and Others. The Evolutionary Origins of Mutual Understanding*(2009), p.27.

2. Catherine A. Lutz, *Unnatural Emotions: Everyday Sentiments on a Micronesian Atoll & Their Challenge to Western Theory*(Chicago, 1988).

3. Christopher Boehm, *Hierarchy in the Forest. The Evolution of Egalitarian Behavior*(Cambridge, 1999), p.68. 또한 다음을 보라: Christopher Boehm, *Moral Origins. The Evolution of Virtue, Altruism and Shame*(New York, 2012), pp.78-82.

4. Richard Lee, *The !Kung San: Men, Women, and Work in a Foraging Society*(Cambridge, 1979), p.244.

5. Ibid., p.246.

6. 다음에서 인용: Blaffer Hrdy, *Mothers and Others,* p.27.

7. Lee, *The !Kung San*, pp.394-5.

8. 만일 투사 무기(projectile weapon, 던지거나 쏘는 무기 - 옮긴이)라는 단순하면서도 효과적인 혁신이 없었다면 어떻게 되었을까. 지나치게 자신만만한 족장을 통제하는 것은 아마도 불가능했을 것이다. 이는 우리가 돌과 창을 던지고, 화살 쏘는 법을 배웠다는 의미이다. 발굴된 호모의 유골을 비교해보면 시간이 지남에 따라 어깨와 손목이 진화해 더 나은 투수가 되었음을 알 수 있다. 인간은 조준이 매우 좋은 반면, 침팬지와 오랑우탄은 그렇지 않다(화난 침팬지가 가끔 물건을 던지지만 대개는 목표물에 맞지 않는다). 고고학자들은 우리의 투사 무기가 네안데르탈인이 가졌던 것보다 훨씬 더 정교했을 것이라고 생각한다. 진화인류학자 피터 터친(Peter Turchin)에 따르면 이것은 불, 농사, 바퀴를 능가하는 인류 역사에서 핵심적인 발명품으로 간주되어야 한다. 투사 무기가 없었다면 인류의 더 공격적인 구성원은 훨씬 더 많은 후손을 낳았을 것이고, 호모 퍼피는 결코 길들일 수 없었을 것이다.

9. 한 개인으로 볼 때 수렵-채집인들은 친척과 함께하는 것을 선호한다. 만일 남자들이 권위를 독점한다면 그들은 자신의 가족에게 혜택을 준다. 그러나 남성과 여성이 권위를 공유해야 하는 경우라면 이들은 타협해야만 한다. 양가 가족 모두와 함께 살기를 원할 것이고, 그 결과 더 복잡한 사회관계망이 생성된다. 이것이 바로 유목하는 수렵-채집인들에게서 볼 수 있는 현상이다. 다음을 보라: M. Dyble et al., 'Sex Equality Can Explain the Unique Social Structure of Hunter-Gatherer Bands', *Science*, Vol.348, Issue6236(15 May 2015). 또한 다음을 보라: Hannah Devlin, 'Early Men and Women Were Equal, Say Scientists', *Guardian*(14 May 2015).

10. Blaffer Hrdy, *Mothers and Others*, p.128.

11. Ibid., p.134.

12. Nicholas A. Christakis, *Blueprint. The Evolutionary Origins of a Good Society*(New York, 2019), pp.141-3.

13. Carel van Schaik and Kai Michel, *The Good Book of Human Nature. An Evolutionary Reading of the Bible*(New York, 2016), p.51.

14. 그렇다고 해서 1960년대 히피들처럼 인간이 자유롭게 사랑(섹스를 의미한다 – 옮긴이)하도록 만들어졌다고 생각하는 것이 옳았다는 말은 아니다. 결혼은 우리의 본성과 완벽하게 조화를 이루는데, 호모 퍼피는 '한 쌍 결합'을 하는 몇 안 되는 포유류 중 하나이다. 일명 낭만적인 사랑(섹스를 하는 관계인 남녀 간 혹은 동성 간의 사랑 전체를 영어권에서는 이같이 표현한다 – 옮긴이)이다. 물론 우리 모두가 죽음이 갈라놓을 때까지 상대에게 충실한 영웅은 아니지만 과학에 따르면 사랑하는 관계는 보편적인 인간의 욕망이다. 다음을 보라: Christakis, *Blueprint*, p.168.

15. 다음에서 인용: E. Leacock, *Myths of Male Dominance. Collected Articles on Women Cross-Culturally*(New York, 1981), p.50.

16. Jared Diamond, *The World Until Yesterday. What Can We Learn from Traditional Societies?*(London, 2013), p.11.

17. 미국 루이지애나 북동부에 있는 고고학 유적지는 3200년 전의 것으로 사람만이 만들 수 있는 고분으로 가득 차 있다. 버드 마운드(Bird Mound)는 높이 약 22미터로, 이것을 만들려면 약 25킬로그램의 모래 바구니 약 360만 개가 필요했을 것이다. 고고학적 연구에 따르면 이 유적은 몇 개월밖에 걸리지 않았으며, 최소 1만 명의 노동자가 협력해 완공한 것이다. 다음을 보라: Anthony L. Ortmann, 'Building Mound A at Poverty Point, Louisiana: Monumental Public Architecture, Ritual Practice, and Implications for Hunter-Gatherer Complexity', *Geoarcheology*(7 December 2012).

18. Jens Notroff, Oliver Dietrich and Klaus Schmidt, 'Building Monuments, Creating Communities. Early Monumental Architecture at Pre-Pottery Neolithic Göbekli Tepe' in James F. Osborne (ed.), *Approaching Monumentality in Archeology*(New York, 2014), pp.83-105.

19. Erik Trinkaus et al., *The People of Sunghir: Burials, Bodies, and Behavior in the Earlier Upper Paleolithic*(Oxford, 2014).

20. David Graeber and David Wengrow, 'How to Change the Course of Human History(at Least, the Part That's Already Happened)', *Eurozine*(2 March 2018).

21. '생존을 위한 끌어안기'라는 용어는 생물학자 마틴 노왁(Martin Nowak)이 만들었다. 다음을 보라: Martin Nowak, 'Why We Help', *Scientific American*(No.1, 2012), pp.34-9.

22. Van Schaik and Michel, *The Good Book of Human Nature*, pp.44-5.

23. Ibid., pp.48-9.

24. Gregory K. Dow, Leanna Mitchell and Clyde G. Reed, 'The Economics of Early Warfare over Land', *Journal of Development Economics*(July 2017). 이 논문의 2부에서는 고고학적 증거를 잘 개관하고 있다.

25. Douglas W. Bird et al., 'Variability in the Organization and Size of Hunter-Gatherer Groups. Foragers Do Not Live in Small-Scale Societies', *Journal of Human Evolution*(June 2019).

26. Turchin, *Ultrasociety*, p.163.

27. R. Brian Ferguson, 'Born to Live: Challenging Killer Myths', in Robert W. Sussman and C. Robert Cloninger (eds), *Origins of Altruism and Cooperation*(New York, 2009), pp.265-6.

28. Genesis 3:19-24. 또한 다음을 보라: Van Schaik and Michel, *The Good Book of Human Nature*, pp. 44-5.

29. Ibid., pp.50-51.

30. 재러드 다이아몬드(Jared Diamond)는 농업을 발명한 탓에 우리가 어떻게 멸망했는지를 다룬 고전적인 논문을 저술했다. 다음을 보라. Jared Diamond, 'The Worst Mistake in the History of the Human Race', *Discover Magazine*(May 1987).

31. James C. Scott, *Against the Grain. A Deep History of the Earliest States*(New Haven, 2017), pp.104-5.

32. Jean-Jacques Rousseau, *A Dissertation On the Origin and Foundation of The Inequality of Mankind and is it Authorised by Natural Law?* Originally published in 1754.

33. Van Schaik and Michel, *The Good Book of Human Nature*, pp.52-4.

34. Hervey C. Peoples, Pavel Duda and Frank W. Marlowe, 'Hunter-Gatherers and the Origins of Religion', *Human Nature*(September 2016).

35. Frank Marlowe, *The Hadza. Hunter-Gatherers of Tanzania*(Berkeley, 2010), p.61.

36. Ibid., pp.90-93.

37. 다음에서 인용: Lizzie Wade, 'Feeding the gods: Hundreds of skulls reveal massive scale of human sacrifice in Aztec capital', *Science*(21 June 2018).

38. 다음에서 인용: Richard Lee, 'What Hunters Do for a Living, or, How to Make Out on Scarce Resources', *Man the Hunter*(Chicago, 1968), p.33.

39. James C. Scott, *Against the Grain*, pp.66-7.

40. Turchin, *Ultrasociety*, pp.174-5.

41. Scott, *Against the Grain*, pp.27-9.

42. For an extensive historical overview, 다음을 보라: David Graeber, *Debt. The First 5,000 Years*(London, 2011).

43. Scott, *Against the Grain*, pp.139-49.

44. Ibid., p.162.

45. Owen Lattimore, 'The Frontier in History', in *Studies in Frontier History: Collected Papers, 1928-1958*(London, 1962), pp.469-91.

46. 다음에서 인용: Bruce E. Johansen, *Forgotten Founders*(Ipswich, 1982), Chapter 5.

47. James W. Loeven, *Lies My Teacher Told Me. Everything Your American History Textbook Got Wrong*(2005), pp.101-2.

48. 다음에서 인용: Junger, *Tribe*, pp.10-11.

49. Ibid., pp. 14-15.

50. 이 장르의 대표적 아이콘은 에드워드 기번(Edward Gibbon)의 《로마제국 흥망사(The Decline and Fall of the Roman Empire)》(1776)이다. 오늘날의 베스트셀러는 재러드 다이아몬드의 《문명의 붕괴(Collapse)》(2005))이다.

51. 일부 학자들은 《일리아드》와 《오디세이》를 한 개인의 저작으로 보아야 하는지에 대해 의문을 제기한다. 호머(Homer)라는 이름은 훌륭한 그리스 이야기에 붙이는 꼬리표란 것이다. 이는 호머라는 인물은 존재하지 않았다는 뜻이 된다.

52. Adam Hochschild, *Bury the Chains: Prophets and Rebels in the Fight to Free an Empire's Slaves*(Boston, 2005), p.2.

53. Max Roser and Esteban Ortiz-Ospina, 'Global Extreme Poverty', *Our WorldInData. org*(2018).

54. This is the opening sentence of Rousseau's book *The Social Contract*(originally published in 1762).

55. Bjørn Lomborg, 'Setting the Right Global Goals', *Project Syndicate*(20 May 2014).

56. Max Roser and Esteban Ortiz-Ospina, 'Global Extreme Poverty'.

57. 다음에서 인용: Chouki El Hamel, *Black Morocco. A History of Slavery, Race, and Islam*(Cambridge, 2013), p.243.

58. Mauritius in West Africa was the last country in the world to abolish slavery, in 1981.

59. 이미 페르시아와 로마시대에 국가의 팽창 덕분에 세계는 점점 더 안전해졌다. 이것은 역설처럼 보이지만 논리적 설명이 가능하다. 국가와 제국이 팽창하면서 더 많은 시민들이 국경으로부터 멀리 떨어진 곳에서 살게 되었다. 전쟁이 벌어지는 곳은 국경에서이다. 내지에서의 삶은 좀 더 평화로웠다. 이것을 잘 보여주는 것이 팍스 로마나(Pax Romana, 로마의 평화)로 가장 힘센 리바이어던이 벌인 대규모 전쟁 덕분에 얻은 오랜 안정의 시기이다. 적어도 이런 의

미에서는 홉스가 옳았다: 한 명의 강력한 황제가 100명의 좌절한 시시한 왕보다 낫다. 다음을 보라: Turchin, *Ultrasociety*, pp.201-2.

60. José María Gómez et al., 'The Phylogenetic Roots of Human Lethal Violence, Supplementary Information', *Nature*(13 October 2016), p.9.

61. 2017년 미국의 등록 사망자 수는 281만 3,503명이다. 국립폭력사망보고체계(National Violent Death Reporting System)에 따르면 희생자 중 1만 9,500명은 살해당했다. 같은 해 네덜란드의 등록 사망자 수는 15만 214명이었으며, 피살자는 158명이었다.

62. 이 이야기는 사실이 아닐 듯하다. 'Not letting the facts ruin a good story', *South China Morning Post*(29 September 2019).

6장 | 이스터섬의 수수께끼 : 잘못된 인용과 확대재생산

1. 로헤베인의 삶과 탐험에 대한 나의 서술은 다음 작가의 뛰어난 전기에 바탕을 두고 있다. Roelof van Gelder, *Naar het aards paradijs. Het rusteloze leven van Jacob Roggeveen, ontdekker van Paaseiland (1659-1729)*(Amsterdam, 2012).

2. F. E. Baron Mulert, *De reis van Mr. Jacob Roggeveen ter ontdekking van het Zuidland(1721-1722)*, (The Hague, 1911), p.121.

3. H. J. M. Claessen, 'Roggeveen zag geen reuzen toen hij Paaseiland bezocht', *NRC Handelsblad*(18 April 2009).

4. 스위스 호텔 매니저는 에리히 폰 데니켄(Erich von Däniken)이고, 그의 책은 《신들의 전차 Chariots of the Gods? *Unsolved Mysteries of the Past*》이다.

5. Lars Fehren-Schmitz, 'Genetic Ancestry of Rapanui before and after European Contact', *Current Biology*(23 October 2017).

6. Katherine Routledge, *The Mystery of Easter Island. The Story of an Expedition*(London, 1919).

7. Reidar Solsvik, 'Thor Heyerdahl as world heritage', *Rapa Nui Journal*(May 2012).

8. 다음에서 인용: Jo Anne Van Tilburg, 'Thor Heyerdahl', *Guardian*(19 April 2002).

9. William Mulloy, 'Contemplate The Navel of the World', *Rapa Nui Journal*(No.2, 1991). Originally published in 1974.

10. Jared Diamond, *Collapse. How Societies Choose to Fail or Succeed*(New York, 2005), p.109.

11. J. R. Flenley and Sarah M. King, 'Late Quaternary Pollen Records from Easter Island', *Science*(5 January 1984).

12. 다이아몬드는 역사학자 클라이브 폰팅Clive Ponting에게 빚지고 있다. 그는 자신의 책 《녹색 세계사(A Green History of the World)》(1991)에서 이 섬에 관해 저술했다. 폰팅은 첫 페이지에서 이 섬을 로헤베인이 본 것과 동일하게 묘사했다. "약 3,000명의 주민들이 지저분한 갈대 오두막이나 동굴에 살면서 거의 상시적인 전쟁 상태에 있다. 섬의 식량이 부족하기 때문에 필사적으로 사람을 잡아먹고 있다."

13. Paul Bahn and John Flenley, *Easter Island, Earth Island*(London, 1992).

14. Jan J. Boersema, *The Survival of Easter Island. Dwindling Resources and Cultural Resilience*(Cambridge, 2015).

15. Carlyle Smith, 'The Poike Ditch', in Thor Heyerdahl (ed.), *Archeology of Easter Island. Reports of the Norwegian Archaeological Expedition to Easter Island and the East Pacific*(Part 1, 1961), pp.385–91.

16. Carl P. Lipo and Terry L. Hunt, 'A.D. 1680 and Rapa Nui Prehistory', *Asian Perspectives*(No.2, 2010). 또한 다음을 보라: Mara A. Mulrooney et al., 'The myth of A.D. 1680. New Evidence from Hanga Ho'onu, Rapa Nui(Easter Island)', *Rapa Nui Journal*(October 2009).

17. Caroline Polet, 'Indicateurs de stress dans un échantillon d'anciens Pascuans', *Antropo*(2006), pp.261 70.

18. 다음을 보라: Vincent H. Stefan et al. (ed.), *Skeletal Biology of the Ancient Rapanui(Easter Islanders)*, (Cambridge, 2016).

19. Carl P. Lipo et al., 'Weapons of War? Rapa Nui Mata'a Morphometric Analyses', *Antiquity*(February 2016), pp.172–87.

20. 다음에서 인용: Kristin Romey, 'Easter Islanders' Weapons Were Deliberately Not Lethal', *National Geographic*(22 February 2016).

21. Terry L. Hunt and Carl P. Lipo, 'Late Colonization of Easter Island', *Science*(17 March 2006).

22. Ronald Wright, *A Short History of Progress*(Toronto, 2004), p.61.

23. Hans-Rudolf Bork and Andreas Mieth, 'The Key Role of the *Jubaea* Palm Trees in the History of Rapa Nui: a Provocative Interpretation', *Rapa Nui Journal*(October 2003).

24. Nicolas Cauwe, 'Megaliths of Easter Island', *Proceedings of the International Conference 'Around the Petit-Chausseur Sit'*(Sion, 2011).

25. 고고학자인 칼 리포(Carl Lipo)와 테리 헌트(Terry Hunt)의 생각에 따르면 일부 석상은 냉장고나 식기세척기를 옮기는 것과 같은 방식으로 나무가 아닌 줄을 이용해 수직으로 선 채 옮겨졌을 것이다. 또한 이 방법은 더 적은 인원이 필요하다. 다음을 보라: Carl Lipo and Terry Hunt, *The Statues that Walked. Unraveling the Mystery of Easter Island*(New York, 2011). 리포와 헌트의 이야기는 대중매체에서 인기를 누렸다. 하지만 얀 보어세마(Jan J. Boersema)는 여전히 석상들을 나무 둥치 위로 굴려서 옮겼을 것이라고 믿는다. 이 같은 집단 작업의 동인은 효율성이 아니었기 때문이라는 것이다.

26. E. E. W. Schroeder, *Nias. Ethnographische, geographische en historische aanteekeningen en studien*(Leiden, 1917).

27. S. S. Barnes, Elizabeth Matisoo Smith and Terry L. Hunt, 'Ancient DNA of the Pacific Rat(*Rattus exulans*) from Rapa Nui(Easter Island)', *Journal of Archaeological Science*(Vol.33,

November 2006).

28. Mara A. Mulrooney, 'An Island-Wide Assessment of the Chronology of Settlement and Land Use on Rapa Nui (Easter Island) Based on Radiocarbon Data', *Journal of Archaeological Science*(No.12, 2013). 섬의 농사에 쥐들이 피해를 입히지 않았을까? 보어세마는 그렇게 생각하지 않는다. 그는 "대부분의 식량은 땅속에서 자라는 덩이줄기이다. 그리고 바나나는 작은 나무에서 열리기 때문에 쥐에게는 인기가 별로 없다"라고 설명하고 있다.

29. 다음에서 인용: 'Easter Island Collapse Disputed By Hawaii Anthropologist', *Huffington Post*(6 December 2017).

30. Jacob Roggeveen, *Dagverhaal der ontdekkings-reis van Mr. Jacob Roggeveen*(Middelburg, 1838), p.104.

31. Bolton Glanvill Corney, *The Voyage of Captain Don Felipe González to Easter Island 1770-1*(Cambridge, 1908), p.93.

32. Beverley Haun, *Inventing Easter Island*(Toronto, 2008), p.247.

33. James Cook, *A Voyage Towards the South Pole and Round the World*, Part 1(1777).

34. Henry Lee, 'Treeless at Easter', *Nature*(23 September 2004).

35. The book in question is Thor Heyerdahl et al., *Archaeology of Easter Island. Reports of the Norwegian Archaeological Expedition to Easter Island and the East Pacific*(Part 1, 1961), p.51.

36. Thor Heyerdahl, *Aku-Aku: The Secret of Easter Island*(1957).

37. Carl Behren's account is included as an appendix to Glanvill Corney, *The voyage of Captain Don Felipe González to Easter Island 1770-1*, p.134.

38. Cook, *A Voyage Towards the South Pole and Round the World*, Chapter 8.

39. 일부 과학자들은 지진으로 석상들이 넘어졌다고 믿는다. 다른 과학자들은 일부 모아이를 죽은 족장의 무덤 위에 쓰러뜨렸다고 생각한다. 다음을 보라: Edmundo Edwards et al., 'When the Earth Trembled, the Statues Fell', *Rapa Nui Journal*(March 1996).

40. 이 때문에 '새잡이의식(Birdman Cult)'이 생겨났다. 이 의식은 해마다 각 부족을 대표하는 젊은이들이 그 계절의 첫 번째 검은등제비갈매기(바닷새) 알을 훔쳐오는 경쟁을 하는 것이다. 이 같은 전통이 정확히 언제 생겼는지는 알 수 없지만 아마도 로헤베인이 도착하기 전이었을 것이다. 또한 이 의식은 모아이와도 관련이 있다. 경쟁이 끝난 뒤 새로 선출된 지도자는 모아이가 조각되던 채석장 밖에 있는 집에서 살았다. 1722년 로헤베인이 도착했을 당시 모아이는 더 이상 (나무를 이용해) 옮길 수도 없고, 새잡이의식이 이미 존재하고 있었음에도 불구하고 여전히 확실한 의식적 기능을 가지고 있었다.

41. Josh Pollard, Alistair Paterson and Kate Welham, 'Te Miro o'one: the Archaeology of Contact on Rapa Nui(Easter Island)', *World Archaeology*(December 2010).

42. Henry Evans Maude, *Slavers in Paradise: The Peruvian Labour Trade in Polynesia, 1862-1864*(Canberra, 1981), p.13.

43. Nicolas Casey, 'Easter Island Is Eroding', *New York Times*(20 July 2018).

2부 아우슈비츠 이후

7장 | 스탠퍼드 교도소 실험의 진실 : 그곳에선 아무 일도 벌어지지 않았다

1. 다음에서 인용: Ben Blum, 'The Lifespan of a Lie', *Medium.com*(7 June 2018).

2. Craig Haney, Curtis Banks and Philip Zimbardo, 'A Study of Prisoners and Guards in a Simulated Prison', *Naval Research Review*(1973).

3. Malcolm Gladwell, *The Tipping Point. How Little Things Can Make A Big Difference*(London, 2000), p.155.

4. Haney, Banks and Zimbardo, 'A Study of Prisoners and Guards in a Simulated Prison'.

5. Muzafer Sherif, *Group Conflict and Co-operation. Their Social Psychology*(London, 2017), p.85. Originally published in 1967.

6. Muzafer Sherif et al., *The Robbers Cave Experiment. Intergroup Conflict and Cooperation*(Middletown, 1988), p.115.

7. Ibid., p.98.

8. 다음에서 인용: Gina Perry, *The Lost Boys. Inside Muzafer Sherif's Robbers Cave Experiment* (London, 2018), p.39.

9. Ibid., p.138.

10. Ibid., p.139.

11. Ibid., p.146.

12. 스탠퍼드 교도소 실험에서는 학생 12명(아홉 명과 대역 세 명)에게는 죄수 역할이, 12명(아홉 명과 대역 세 명)에게는 교도관 역할이 주어졌다.

13. 다음에서 인용: Blum, 'The Lifespan of a Lie'.

14. Philip Zimbardo, *The Lucifer Effect. How Good People Turn Evil*(London, 2007), p.55.

15. Peter Gray, 'Why Zimbardo's Prison Experiment Isn't in My Textbook', *Psychology Today*(19 October 2013).

16. 다음에서 인용: Romesh Ratnesar, 'The Menace Within', *Stanford Magazine*(July/August 2011).

17. Dave Jaffe, 'Self-perception', *Stanford Prison Archives*, No.ST-b09-f40.

18. 'Tape 2'(14 August 1971), *Stanford Prison Archives*, No.ST-b02-f02.

19. A. Cerovina, 'Final Prison Study Evaluation'(20 August 1971), No.ST-b09-f15.

20. 'Tape E'(no date), No.ST-b02-f21, pp.1-2.

21. 다음에서 인용: Blum, 'The Lifespan of a Lie'.

22. Blum, 'The Lifespan of a Lie'.

23. Ibid.

24. Ibid.

25. 다음에서 인용: Alastair Leithead, 'Stanford prison experiment continues to shock', *BBC*(17

August 2011).

26. 몇십 년 동안 심리학자들은 학생들에게 이 분야에 열정을 고취시키는 데 짐바르도의 '실험'을 이용해왔다. 티보 르 텍시에르가 언급한 바에 따르면 많은 강사들이 스탠퍼드 교도소 실험에 대한 논의를 좋아했다. 그 이유는 이렇게 하면 최소한 학생들이 휴대전화에서 시선을 돌려 자신들을 쳐다보기라도 하기 때문이라는 것이었다. 나는 오늘날의 수업에서도 이 내용을 가르쳐야 한다고 생각하느냐고 물었다. 르 텍시에르는 건조하게 대답했다. "스탠퍼드대 교도소 실험은 과학적 연구를 할 때 저지를 수 있는 모든 종류의 잘못을 보여주는 좋은 사례에 해당됩니다."

27. 다음에서 인용: Kim Duke and Nick Mirsky, 'The Stanford Prison Experiment,' *BBC Two*(11 May 2002). 이 문서에서 데이브 에셜먼이 언급한 전체 내용은 다음과 같다. "만일 내가 강요를 하지 않았다면 어떤 일이 일어났을지를 알아보면 흥미로운 일이 될 것이다. [······] 우리는 알 수가 없게 되었다."

28. Emma Brockes, 'The Experiment', *Guardian*(16 October 2001).

29. Ibid.

30. Graeme Virtue, 'Secret service: What happens when you put good men in an evil place and film it for telly? Erm, not that much actually', *Sunday Herald*(12 May 2002).

31. Blum, 'The Lifespan of a Lie'.

8장 | 스탠리 밀그램과 전기충격 실험 : 의도된 결말

1. 'Persons Needed for a Study of Memory', *New Haven Register*(18 June1 961).

2. Stanley Milgram, *Obedience to Authority. An Experimental View*(London, 2009), pp.30-31. Originally published in 1974.

3. Stanley Milgram, 'Behavioral Study of Obedience', *Journal of Abnormal and Social Psychology*, Vol.67, Issue 4(1963).

4. Walter Sullivan, 'Sixty-five Percent in Test Blindly Obey Order to Inflict Pain', *New York Times*(26 October 1963).

5. Milgram, *Obedience to Authority*, p.188.

6. 밀그램은 1979년 3월 31일 텔레비전 프로그램인 〈60분(Sixty Minutes)〉에서 이렇게 이야기했다.

7. 다음에서 인용: Amos Elon, 'Introduction', in Hannah Arendt, *Eichmann in Jerusalem. A Report on the Banality of Evil*(London, 2006), p.xv. Originally published in 1963.

8. Arendt, *Eichmann in Jerusalem*.

9. 다음에서 인용: Harold Takooshian, 'How Stanley Milgram Taught about Obedience and Social Influence', in Thomas Blass (ed.), *Obedience to Authority*(London, 2000), p.10.

10. 다음에서 인용: Gina Perry, *Behind the Shock Machine. The Untold Story of the Notorious*

Milgram Psychology Experiments(New York, 2013), p.5.

11. Ibid., p.327.

12. Ibid., p.134.

13. Gina Perry, 'The Shocking Truth of the Notorious Milgram Obedience Experiments', *Discover Magazine*(2 October 2013).

14. Milgram, 'Behavioral Study of Obedience'.

15. Perry, *Behind the Shock Machine*(2012), p.164. 또한 다음을 보라: Gina Perry et al., 'Credibility and Incredulity in Milgram's Obedience Experiments: A Reanalysis of an Unpublished Test', *Social Psychology Quarterly*(22 August 2019).

16. Stanley Milgram, 'Evaluation of Obedience Research: Science or Art?' *Stanley Milgram Papers*(Box 46, file 16). Unpublished manuscript(1962).

17. 다음에서 인용: Stephen D. Reicher, S. Alexander Haslam and Arthur Miller, 'What Makes a Person a Perpetrator? The Intellectual, Moral, and Methodological Arguments for Revisiting Milgram's Research on the Influence of Authority', *Journal of Social Issues*, Vol.70, Issue 3(2014).

18. 다음에서 인용: Perry, *Behind the Shock Machine*, p.93.

19. 다음에서 인용: Cari Romm, 'Rethinking One of Psychology's Most Infamous Experiments', *The Atlantic*(28 January 2015).

20. Stephen Gibson, 'Milgram's Obedience Experiments: a Rhetorical Analysis', *British Journal of Social Psychology*, Vol.52, Issue 2(2011).

21. S. Alexander Haslam, Stephen D. Reicher and Megan E. Birney, 'Nothing by Mere Authority: Evidence that in an Experimental Analogue of the Milgram Paradigm Participants are Motivated not by Orders but by Appeals to Science', *Journal of Social Issues*, Vol.70, Issue 3(2014).

22. 다음에서 인용: Perry, *Behind the Shock Machine*, p.176.

23. 다음에서 인용: S. Alexander Haslam and Stephen D. Reicher, 'Contesting the "Nature" of Conformity: What Milgram and Zimbardo's Studies Really Show', *PLoS Biology*, Vol.10, Issue 11(2012).

24. 다음에서 인용: Perry, *Behind the Shock Machine*, p.70.

25. 다음에서 인용: Blum, 'The Lifespan of a Lie'.

26. Ibid.

27. 다음에서 인용: 'Tape E' (no date), *Stanford Prison Archives*, No.: ST-b02-f21, p.6.

28. Ibid., p.2.

29. Perry, *Behind the Shock Machine*, p.240.

30. Arendt, *Eichmann in Jerusalem*, p.276.

31. 다음에서 인용: Bettina Stangneth, *Eichmann Before Jerusalem: The Unexamined Life of a Mass*

Murderer(London, 2015).

32. 다음에서 인용: 'The Adolph Eichmann Trial 1961', in *Great World Trials*(Detroit, 1997), pp.332-7.

33. Ian Kershaw, '"Working Towards the Führer." Reflections on the Nature of the Hitler Dictatorship', *Contemporary European History*, Vol.2, Issue 2(1993).

34. 예를 들어 다음을 보라: Christopher R. Browning, 'How Ordinary Germans Did It', *New York Review of Books*(20 June 2013).

35. 다음에서 인용: Roger Berkowitz, 'Misreading Eichmann in Jerusalem', *New York Times*(7 July 2013).

36. Ibid.

37. Ada Ushpiz, 'The Grossly Misunderstood "Banality of Evil" Theory', *Haaretz*(12 October 2016).

38. 다음에서 인용: Perry, *Behind the Shock Machine*, p.72.

39. Matthew M. Hollander, 'The Repertoire of Resistance: Non-Compliance With Directives in Milgram's "Obedience" experiments', *British Journal of Social Psychology*, Vol. 54, Issue 3(2015).

40. Matthew Hollander, 'How to Be a Hero: Insight From the Milgram Experiment', *Huffington Post*(27 February 2015).

41. 다음에서 인용: Bo Lidegaard, *Countrymen: The Untold Story of How Denmark's Jews Escaped the Nazis, of the Courage of Their Fellow Danes – and of the Extraordinary Role of the SS*(New York, 2013), p.71.

42. Ibid., p.353.

43. Ibid., p.113.

44. Ibid., p.262.

45. Ibid., p.173.

46. Ibid., p.58.

47. Peter Longerich, 'Policy of Destruction. Nazi Anti-Jewish Policy and the Genesis of the "Final Solution"', United States Holocaust Memorial Museum, Joseph and Rebecca Meyerhoff Annual Lecture(22 April 1999), p.5.

48. Lidegaard, *Countrymen* , p.198.

49. Ibid., p.353.

9장 | 캐서린 제노비스의 죽음 : 언론이 만든 '방관자 효과'

1. 살인사건의 첫 보도는 다음을 보라: Martin Gansberg, '37 Who Saw Murder Didn't Call the Police', *New York Times*(27 March 1964).

2. Nicholas Lemann, 'A Call for Help', *The New Yorker*(10 March 2014).

3. Gansberg, '37 Who Saw Murder Didn't Call the Police', *New York Times*.

4. Peter C. Baker, 'Missing the Story', *The Nation*(8 April 2014).

5. Kevin Cook, *Kitty Genovese. The Murder, The Bystanders, The Crime That Changed America*(New York, 2014), p.100.

6. Abe Rosenthal, 'Study of the Sickness Called Apathy', *New York Times*(3 May 1964).

7. Gladwell, *The Tipping Point*, p.27.

8. 로젠탈은 키티의 동생 빌 제노비스(Bill Genovese)가 제작한 다큐멘터리 〈목격자(The Witness)〉(2015)에서 이같이 말했다.

9. Bill Keller, 'The Sunshine Warrior', *New York Times*(22 September 2002).

10. John M. Darley and Bibb Latené, 'Bystander Intervention in Emergencies', *Journal of Personality and Social Psychology*, Vol.8, Issue 4(1968).

11. 말콤 글래드웰(Malcolm Gladwell)은 그의 책에서 85퍼센트와 31퍼센트라고 말한다. 하지만 이 수치는 도움을 요청하는 희생자의 첫 외침이 (75초 만에) 끝나기 전에 도움을 주기 위해 달려온 사람들의 비율임을 원래 논문은 명확히 밝히고 있다. 많은 사람이 그 이후에 반응했지만 여전히 2분 30초 이내였다.

12. Maureen Dowd, '20 Years After the Murder of Kitty Genovese, the Question Remains: Why?', *New York Times*(12 March 1984).

13. Cook, *Kitty Genovese*, p.161.

14. Rachel Manning, Mark Levine and Alan Collins, 'The Kitty Genovese Murder and the Social Psychology of Helping. The Parable of the 38 Witnesses', *American Psychologist*, Vol.62, Issue 6(2007).

15. Sanne is a pseudonym. Her real name is not known to me, but it is to her four rescuers.

16. 'Mannen die moeder en kind uit water redden: "Elke fitte A'dammer zou dit doen"', *at5.nl*(10 February 2016).

17. 'Vier helden redden moeder en kind uit zinkende auto', *nos.nl*(10 February 2016).

18. Peter Fischer et al., 'The bystander-effect: a meta-analytic review on bystander intervention in dangerous and non-dangerous emergencies', *Psychological Bulletin*, Vol.137, Issue 4(2011).

19. Ibid.

20. R. Philpot et al., 'Would I be helped? Cross-National CCTV Shows that Intervention is the Norm in Public Conflicts', *American Psychologist*(March 2019).

21. 이 설명은 다음 3권의 책을 기반으로 한 것이다: Kevin Cook, *Kitty Genovese*(2014); Catherine Pelonero, *Kitty Genovese. A True Account of a Public Murder and Its Private Consequences*(New York, 2014); and Marcia M. Gallo, *'No One Helped.' Kitty Genovese, New York City and the Myth of Urban Apathy*(Ithaca, 2015).

22. 그녀는 이 말을 빌 제노비스의 2015년 다큐멘터리 〈목격자〉에서 했다.

23. Baker, 'Missing the Story'.

24. Robert C. Doty, 'Growth of Overt Homosexuality In City Provokes Wide Concern', *New York Times*(17 December 1963).

25. 다음에서 인용: Pelonero, *Kitty Genovese*, p.18.

26. Ibid.

27. Ibid.

28. Ibid.

29. Saul M. Kassin, 'The Killing of Kitty Genovese: What Else Does This Case Tell Us?' *Perspectives on Psychological Science*, Vol.12, Issue 3(2017).

3부 선한 본성의 오작동

1. 명료한 논의를 보고 싶다면 다음을 참조하라: Jesse Bering, 'The Fattest Ape: An Evolutionary Tale of Human Obesity', *Scientific American*(2 November 2010).

10장 | 공감의 맹목성 : 거리가 멀어질수록 공격은 잔인해진다

1. James Burk, 'Introduction', in James Burk (ed.), *Morris Janowitz. On Social Organization and Social Control*(Chicago, 1991).

2. 예를 들어 다음을 보라. Martin Van Creveld, *Fighting Power: German and US Army Performance, 1939-1945*, ABC-CLIO(1982).

3. Max Hastings, 'Their Wehrmacht Was Better Than Our Army', *Washington Post*(5 May 1985).

4. 다음에서 인용: Edward A. Shils and Morris Janowitz, 'Cohesion and Disintegration in the Wehrmacht in World War II', *Public Opinion Quarterly*, Vol.12, Issue 2(1948).

5. Ibid., p.281.

6. Ibid., p.303.

7. Ibid., p.284.

8. Felix Römer, *Comrades. The Wehrmacht from Within*(Oxford, 2019).

9. 자노위츠와 실스의 첫 논문은 사회학 분야에서 가장 널리 인용되는 연구 중 하나가 된다. 사회학자들 사이에서는 '1차 집단 이론(Primary Group Theory)'의 타당성에 대한 폭넓은 공감대를 형성하고 있다. 즉 약간의 예외는 있지만 일차적으로 군인들은 그들과 가까운 전우들을 위해서 싸운다는 것이다. 일부 과학자들은 일반 병사들 사이에 특히 동부 전선에서 적을 향한 진정한 증오가 있었다고 지적한다. 또 다른 지적 사항은 21세기 직업 군인들과 관

련해서는 실제로 성공을 결정하는 요인은 세 가지뿐인데 바로 훈련, 훈련 그리고 더 많은 훈련뿐이다. 이에 따라 오늘날의 사회학자들은 집단 응집(Group Cohesion)과 과제 응집(Task Cohesion)을 구분한다. 효과적인 협력은 병사들이 서로에게 깊은 애정을 느낄 필요가 없다는 이야기이다. 그럼에도 불구하고 병사들 사이 형제애의 유대관계는 역사상 대다수의 전쟁에서 중대한 역할을 수행해왔다.

10. 다음에서 인용: Michael Bond, *The Power of Others. Peer Pressure, Group Think, and How the People Around Us Shape Everything We Do*(London, 2015), pp.128-9.

11. Amy Chua, *Political Tribes. Group Instinct and the Fate of Nations*(New York, 2018), p.100.

12. Bond, *The Power of Others*, pp.94-5.

13. 다음에서 인용: Ibid., pp. 88-9.

14. Benjamin Wallace-Wells, 'Terrorists in the Family', *New Yorker*(24 March 2016).

15. 다음에서 인용: Donato Paolo Mancini and Jon Sindreu, 'Sibling Ties Among Suspected Barcelona Plotters Underline Trend', *Wall Street Journal*(25 August 2017).

16. Deborah Schurman-Kauflin, 'Profiling Terrorist Leaders. Common Characteristics of Terror Leaders', *Psychology Today*(31 October 2013).

17. Aya Batrawy, Paisley Dodds and Lori Hinnant, 'Leaked Isis Documents Reveal Recruits Have Poor Grasp of Islamic Faith', *Independent*(16 August 2016).

18. 다음에서 인용: Ibid.

19. J. Kiley Hamlin, Karen Wynn and Paul Bloom, 'Social Evaluation by Preverbal Infants', *Nature*(22 November 2007).

20. Paul Bloom, *Just Babies. The Origins of Good and Evil*(New York, 2013), p.28.

21. J. Kiley Hamlin et al., 'Not Like Me=Bad: Infants Prefer Those Who Harm Dissimilar Others', *Psychological Science*, Vol.24, Issue 4(2013).

22. Karen Wynn said this on the CNN show *Anderson Cooper 360* on 15 February 2014.

23. Bloom, *Just Babies*, pp.104-5.

24. 26건의 연구를 대상으로 한 최초의 메타분석에 따르면 아기들이 좋은 사람을 선호하는 것은 '잘 확립된 경험적 사실'이다. 하지만 모두가 확신하는 것은 아니다. 햄린의 실험을 재현한 과학자들 중 일부는 그와 동일한 결과를 얻었지만 일부는 의미 있는 상관관계를 찾지 못했다. 다음을 보라: Francesco Margoni and Luca Surian, 'Infants' Evaluation of Prosocial and Antisocial Agents: A Meta-Analysis', *Developmental Psychology*, Vol.54, Issue 8(2018).

25. Susan Seligson, 'Felix Warneken Is Overturning Assumptions about the Nature of Altruism', *Radcliffe Magazine*(Winter 2015).

26. In Warneken's TEDx Talk(titled:'Need Help? Ask a 2-Year-Old'), 유튜브에서 볼 수 있다. 도움이 필요한 사람을 돕기 위해 아기가 볼풀에서 기어 나오는 장면이 담긴 감동적인 비디오이다.

27. 뿐만 아니라 만일 걸음마를 배우는 아이에게 실제로 사탕이나 장난감으로 보상을 하면 바

르네켄은 그것이 아이들의 동기가 아니었기 때문에 아이들이 이후 덜 도움이 된다는 것을 확인했다(내재적 동기부여를 다룬 13장을 보라). Felix Warneken and Michael Tomasello, 'Extrinsic Rewards Undermine Altruistic Tendencies in 20-Month-Olds', *Development Psychology*, Vol.44, Issue 6(2008).

28. Stephen G. Bloom, 'Lesson of a Lifetime', *Smithsonian Magazine*(September 2005).

29. 다음에서 인용: Ibid.

30. 다음에서 인용: Ibid.

31. Rebecca S. Bigler and Meagan M. Patterson, 'Social Stereotyping and Prejudice in Children. Insights for Novel Group Studies', in Adam Rutland, Drew Nesdale and Christia Spears Brown (eds), *The Wiley Handbook of Group Processes in Children and Adolescents*(Oxford, 2017), pp.184–202.

32. Yarrow Dunham, Andrew Scott Barron and Susan Carey, 'Consequences of "Minimal" Group Affiliations in Children', *Child Development*, Vol.82, Issue 3(2011), p.808.

33. 또한 다음을 보라: Hejing Zhang et al., 'Oxytocin Promotes Coordinated Out-group Attack During Intergroup Conflict in Humans', *eLife*(25 January 2019).

34. 이런 생각을 하는 것은 나만이 아닌 것 같다. 다음을 보라: Elijah Wolfson, 'Why We Cry on Planes', *The Atlantic*(1 October 2013).

35. Paul Bloom, *Against Empathy. The Case for Rational Compassion*(New York, 2016), p.15.

36. Daniel Batson, 'Immorality from Empathy-induced Altruism: When Compassion and Justice Conflict', *Journal of Personality and Social Psychology*, Vol.68, Issue 6(1995).

37. Michael N. Stagnaro and Paul Bloom, 'The Paradoxical Effect of Empathy on the Willingness to Punish', Yale University, unpublished manuscript(2016). 또한 다음을 보라: Bloom, *Against Empathy*, p.195.

38. 심리학자들은 이것을 '도덕화 간극(moralization gap, '도덕적 정당화 격차'가 더 나은 표현이지만 혼란을 피하기 위해 기존 용례를 따랐다-옮긴이)'이라고 부른다. 우리 (또는 우리가 아끼는 사람들)에게 가해진 위해를 우리가 다른 사람에게 가하는 어떤 위해보다 훨씬 더 나쁘게 인식하는 경향이다. 사랑하는 사람에 대한 공격은 우리를 너무 화나게 해서 보복을 시도하게 만든다. 이때 우리는 스스로의 보복에 대해서는 적절하고 정당하다고 생각하지만 다른 사람이 그렇게 할 때는 완전히 과도하다고 판단하며, 이것은 우리로 하여금 다시 공격하게 만든다(당신은 관계에서 이런 종류의 갈등관계를 경험했을 것이다. 또한 도덕적 격차는 우리가 이스라엘과 팔레스타인 사이에 벌어진 수십 년간의 유혈 사태를 이해하는 데 도움을 줄 수 있다. 많은 사람이 공감 부족을 비난하지만 나는 오히려 중동에서 너무 많은 공감대가 형성되었다고 믿게 되었다).

39. George Orwell, 'Looking Back on the Spanish War'(August 1942).

40. Grossman, *On Killing*, p.122.

41. 다음에서 인용: Ibid., p.126.

42. John Ellis, *The World War II Databook. The Essential Facts and Figures for All the Combatants*(London,1993), Table 57, p.257.

43. 투치족과 온화한 후투족 80만 명이 살해된 것으로 추정되는 1994년 르완다의 인종학살은 어떤가? 이 사례는 서구에서 인류를 피에 굶주린 '괴물'로 묘사하는 데 흔히 이용되지만 이 는 우리가 그들의 역사에 대해 아는 것이 거의 없기 때문이다. 최근 한 역사학자는 다음과 같이 언급했다. "오늘날 르완다 시민에 대한 대량학살은 치밀하게 준비하고 잘 조직된 관료 주의적 캠페인의 정점이었다는 충분한 증거가 있다. 여기에는 매스컴과 광고, 민간 정부, 군 수 보급이라는 현대적 수단이 동원되었다." 실제 살인을 자행한 것은 매우 소수였다. 후투족 의 97퍼센트는 여기에 참여하지 않은 것으로 추정된다. 다음을 보라: Abram de Swaan, *The Killing Compartments. The Mentality of Mass Murder*(New Haven and London, 2015), p.90.

44. Łukasz Kamieński, *Shooting Up. A Short History of Drugsand War*(Oxford, 2016).

45. Lee, *Up Close and Personal*, p.27.

46. 저격수들은 병사들 중 1퍼센트에서 2퍼센트에 해당하는 살인에 타고난 저항감이 없는 사 이코패스인 경우가 매우 흔하다. 다음을 보라: Susan Neiman, *Moral Clarity. A Guide for Grown-Up Idealists*(Princeton, 2008), p.372.

47. Dave Grossman, 'Hope on the Battlefield', in Dacher Keltner, Jason Marsh and Jeremy Adam Smith (eds), *The Compassionate Instinct. The Science of Human Goodness*(New York, 2010), p.41.

48. Grossman, *On Killing*, p.178.

49. 제1차 세계대전과 제2차 세계대전에 참전한 많은 병사들은 정신적 외상을 입었지만 베트남 전쟁은 상대적으로 트라우마가 훨씬 더 컸다. 여기에는 여타의 많은 요인들이 영향을 미쳤 다(베트남전쟁 참전용사들이 귀국했을 때 시민들이 보인 싸늘한 반응이 그러한 예이다). 하 지만 모든 증거가 가리키는 가장 큰 요인은 병사들이 살인하는 훈련을 받은 방식에 있다. 베 트남전쟁 1,200명, 이라크전쟁 2,797명, 걸프전쟁 317명의 참전 병사를 각각 별도로 연구한 최근의 결과를 종합해보면 (조건화 덕분에 가능했던) 살인을 저지른 군인들은 PTSD, 즉 외 상후스트레스장애에 걸릴 위험이 확연히 높은 것으로 나타났다. 다음을 보라: Shira Maguen et al., 'The Impact of Reported Direct and Indirect Killing on Mental Health Symptoms in Iraq War Veterans', *Journal of Traumatic Stress*, Vol.23, Issue 1(2010); Shira Maguen et al., 'The impact of killing on mental health symptoms in Gulf War veterans', *Psychological Trauma. Theory, Research, Practice, and Policy*, Vol.3, Issue 1(2011); and Shira Maguenetal et al., 'The Impact of Killing in War on Mental Health Symptoms and Related Functioning', *Journal of Traumatic Stress*, Vol.45, Issue 10(2009).

50. Frederick L. Coolidge, Felicia L. Davis and Daniel L. Segal, 'Understanding Madmen: A DSM-IV Assessment of Adolf Hitler', *Individual Differences Research*, Vol.5, Issue 1(2007).

51. Bond, *The Power of Others*, pp.94-5.

11장 | 권력이 부패하는 방식 : 후천적 반사회화

1. 다음에서 인용: Miles J. Unger, *Machiavelli. A Biography*(London, 2011), p.8.

2. Niccolò Machiavelli, *The Prince*, translated by James B. Atkinson(Cambridge, Mass., 2008), p.271. Originally published in 1532.

3. Machiavelli, *The Discourses*. 다음에서 인용: Ibid., p.280.

4. Dacher Keltner, *The Power Paradox. How We Gain and Lose Influence*(New York, 2017), pp.41-9.

5. Melissa Dahl, 'Powerful People Are Messier Eaters, Maybe', *The Cut*(13 January 2015).

6. 이 분야를 개관하려면 다음을 보라: Aleksandra Cislak et al., 'Power Corrupts, but Control Does Not: What Stands Behind the Effects of Holding High Positions', *Personality and Social Psychology Bulletin*, Vol.44, Issue 6(2018), p.945.

7. Paul K. Piff et al., 'Higher Social Class Predicts Increased Unethical Behaviour', *Proceedings of the National Academy of Sciences*, Vol.109, Issue 11(2012), pp.4086-91.

8. Benjamin Preston, 'The Rich Drive Differently, a Study Suggests', *New York Times*(12 August 2013).

9. 다음을 보라: Jeremy K. Boyd, Katherine Huynh and Bonnie Tong, 'Do wealthier drivers cut more at all-way stop intersections? Mechanisms underlying the relationship between social class and unethical behavior'(University of California, San Diego, 2013). And Beth Morling et al., 'Car Status and Stopping for Pedestrians (#192)', *Psych File Drawer*(2 June 2014).

10. Keltner, *The Power Paradox*, pp.99-136.

11. Jeremy Hogeveen, Michael Inzlicht and Suhkvinder S. Obhi, 'Power Changes How the Brain Responds to Others', *Journal of Experimental Psychology*, Vol.143, Issue 2(2014).

12. Jerry Useem, 'Power Causes Brain Damage', *The Atlantic*(July/August 2017).

13. 예를 들어 다음을 보라: M. Ena Inesi et al., 'How Power Corrupts Relationships: Cynical Attributions for Others' Generous Acts', *Journal of Experimental Social Psychology*, Vol.48, Issue 4(2012), pp.795-803.

14. Keltner, *The Power Paradox*, pp.137-58.

15. Varun Warrier et al., 'Genome-Wide Analyses of Self-Reported Empathy: Correlations with Autism, Schizophrenia, and Anorexia Nervosa', *Nature, Translational Psychiatry*(12 March 2018).

16. Lord Acton, 'Letter to Bishop Mandell Creighton' (5 April 1887), published in J. N. Figgis and R. V. Laurence (eds), *Historical Essays and Studies*(London, 1907).

17. Frans de Waal, *Chimpanzee Politics. Power and Sex Among Apes*(Baltimore, 2007), p.4. Originally published in 1982.

18. Frans de Waal and Frans Lanting, *Bonobo. The Forgotten Ape*(Berkeley, 1997).

19. Natalie Angier, 'In the Bonobo World, Female Camaraderie Prevails', *New York Times*(10

September 2016).

20. Frans de Waal, 'Sex as an Alternative to Aggression in the Bonobo', in Paul R. Abramson and Steven D. Pinkerton, *Sexual Nature / Sexual Culture*(Chicago, 1995), p.37.

21. Christopher Boehm, 'Egalitarian Behavior and Reverse Dominance Hierarchy', *Current Anthropology*, Vol.34, Issue 3(1993), p.233.

22. Christina Starmans, Mark Sheskin and Paul Bloom, 'Why People Prefer Unequal Societies', *Nature Human Behaviour*, Vol.1, Issue 4(2017).

23. 또한 다음을 보라: Rutger Bregman and Jesse Frederik, 'Waarom vuilnismannen meer verdienen dan bankiers', *De Correspondent*(2015).

24. 이 이론을 선호하는 것으로 가장 유명한 사람은 《사피엔스(Sapiens)》(2011)의 저자 유발 노아 하라리(Yuval Noah Harari)이다.

25. Robin Dunbar, *How Many Friends Does One Person Need? Dunbar's Number and Other Evolutionary Clues*(Cambridge, Mass., and London, 2010), p.26.

26. 이 이론을 가장 설득력 있게 방어한 것은 아라 노렌자얀(Ara Norenzayan)의 《거대한 신들 (Big Gods)》(2013)이다. 또한 다음을 보라: Harvey Whitehouse et al., 'Complex Societies Precede Moralizing Gods Throughout World History', *Nature*(20 March 2019), and Edward Slingerland et al., 'Historians Respond to Whitehouse et al.(2019), "Complex Societies Precede Moralizing Gods Throughout World History"', *PsyArXiv Preprints*(2 May 2019).

27. Harari, *Sapiens*, p.34.

28. Douglas W. Bird et al., 'Variability in the organization and size of hunter-gatherer groups: Foragers do not live in small-scale societies', *Journal of Human Evolution*(June 2019).

29. Hill et al., 'Hunter-Gatherer Inter-Band Interaction Rates. Implications for Cumulative Culture'.

30. Graeber and Wengrow, 'How to Change the Course of Human History(at Least, the Part That's Already Happened)'.

31. Machiavelli, *The Prince*, p.149.

32. David Graeber, *The Utopia of Rules. On Technology, Stupidity and the Secret Joys of Bureaucracy*(Brooklyn and London, 2015), pp.31-3.

33. 진지한 경제학자들이 초기에 다음과 같이 예측할 수 있었던 이유가 여기 있다. 이에 따르면 우리가 비트코인이라고 부르는 신화는 실패할 운명이며, 그에 비해 달러는 앞으로도 몇십 년 이상 우세할 것이다. 달러는 세계에서 가장 강력한 군대에 의해 뒷받침되는 반면, 비트코인 은 오직 믿음에 의해서만 뒷받침된다.

34. Harari, *Sapiens*, p.153.

35. 다음에서 인용: Noam Chomsky, 'What is the Common Good?', *Truthout*(7 January 2014).

36. 창피 주기(비행 폭로)가 얼마나 효과적인지 최근 미투(#MeToo)운동은 톡톡히 입증해 보였다. 2017년 10월부터 수천 명의 여성이 성폭행이나 추행을 한 남성들을 줄줄이 폭로해

무너뜨렸다. 이는 보노보 암컷이 반대자를 누르는 데, 그리고 유목민 부족이 따돌림 가해자들을 길들이는 데 사용한 방식을 강하게 연상시킨다. 범죄자들에게 공개적으로 모욕을 가하면 다른 사람들은 비슷한 행동을 취하기 전에 다시 한번 생각하게 될 것이다.

37. Olivia Solon, 'Crazy at the Wheel: Psychopathic CEOs are Rife in Silicon Valley, Experts Say', *Guardian*(15 March 2017). 또한 다음을 보라: Karen Landay, Peter, D. Harms and Marcus Credé, 'Shall We Serve the Dark Lords? AMeta-Analytic Review of Psychopathy and Leadership', *Journal of Applied Psychology*(August 2018).

12장 | 계몽주의의 함정 : 비관주의의 자기충족적 예언

1. C. P. Snow, 'Science and Government', The Godkin Lectures(1960).
2. David Hume, 'Of the Independency of Parliament', in Essays, Moral, Political, and Literary(1758, Part1).
3. 다음을 보라: the famous poem by Bernard Mandeville 'The Grumbling Hive: Or, Knaves turn'd Honest', *The Fable of The Bees: or, Private Vices, Public Benefits*(1714).
4. Marshall Sahlins, *The Western Illusion of Human Nature*(Chicago, 2008), pp.72-6.
5. His Holiness Pope Francis, 'Why the Only Future Worth Building Includes Everyone', TED Talks(April 2017).
6. Ara Norenzayan, *Big Gods*(Princeton, 2013), p.75.
7. 당신이 이 말을 믿지 못하겠다면 다음 책을 읽으면 생각이 바뀔 것이다. Hans Rosling, *Factfulness. Ten Reasons We're Wrong About the World—and Why Things Are Better Than You Think*(New York, 2018).
8. For an overview, 다음을 보라: the first chapter of my previous book *Utopia for Realists*(London, 2017).
9. 예를 들어 다음을 보라. Zygmunt Bauman, *Modernity and the Holocaust*(Ithaca, 1989), and Roger Griffin, *Modernism and Fascism. The Sense of a Beginning under Mussolini and Hitler*(Basingstoke, 2007).

4부 새로운 현실

1. 다음에서 인용: Hanna Rosin and Alix Spiegel, 'How to Become Batman', *NPR*(23 January 2015).
2. 다음에서 인용: Katherine Ellison, 'Being Honest About the Pygmalion Effect', *Discover Magazine*(December 2015).
3. Ibid.

4. Dov Eden, 'Self-Fulfilling Prophecy and the Pygmalion Effect in Management', *Oxford Bibliographies*(20 October 2016).

5. Lee Jussim and Kent D. Harber, 'Teacher Expectations and Self-Fulfilling Prophecies: Knowns and Unknowns, Resolved and Unresolved Controversies', *Personality and Social Psychology Review*(1 May 2005). 또한 다음을 보라: Rhona S. Weinstein, 'Pygmalion at 50: harnessing its power and application in schooling', *Educational Research and Evaluation*(11 December 2018).

6. Dov Eden, 다음에서 인용: Ellison, 'Being Honest About the Pygmalion Effect'.

7. Franklin H. Silverman, 'The "Monster" Study', *Journal of Fluency Disorders*, Vol.13, Issue 3(1988).

8. John C. Edwards, William McKinley and Gyewan Moon, 'The enactment of organizational decline: The self-fulfilling prophecy', *International Journal of Organizational Analysis*, Vol.10, Issue 1(2002).

9. Daisy Yuhas, 'Mirror Neurons Can Reflect Hatred', *Scientific American*(1 March 2013).

10. John Maynard Keynes, *The General Theory of Employment, Interest, and Money*(London, 1936), Chapter 12.

11. Dan Ariely, 'Pluralistic Ignorance', *YouTube*(16 February 2011).

12. Pinker, *The Better Angels of Our Nature*(2011), pp.561-5.

13장 | 내재적 동기부여의 힘 : 경제적 보상의 한계

1. Hedwig Wiebes, 'Jos de Blok(Buurtzorg): "Ik neem nooit zomaareen dag vrij"', *Intermediair*(21 October 2015).

2. Ibid.

3. Ibid.

4. Haico Meijerink, 'Buurtzorg: "Wij doen niet aan strategische flauwekul"', *Management Scope*(8 October 2014).

5. Gardiner Morse, 'Why We Misread Motives', *Harvard Business Review*(January 2003).

6. 다음에서 인용: Ibid.

7. Frederick Taylor, *The Principles of Scientific Management*(New York, 1911), Chapter 2, p.59.

8. 다음에서 인용: Robert Kanigel, *The One Best Way. Frederick Winslow Taylor and the Enigma of Efficiency*(Cambridge, 2005), p.499.

9. Edward L. Deci, 'Effects of Externally Mediated Rewards on Intrinsic Motivation', *Journal of Personality and Social Psychology*, Vol.1, Issue 1(1971), p.114.

10. 다음에서 인용: Karen McCally, 'Self Determined', *Rochester Review*(July-August 2010).

11. Uri Gneezy and Aldo Rustichini, 'A Fine is a Price', *Journal of Legal Studies*, Vol.29, Issue

1 (2000).

12. Samuel Bowles and Sandra Polanía Reyes, 'Economic Incentives and Social Preferences: A Preference-Based Lucas Critique of Public Policy', *University of Massachusetts Amherst Working Papers*(2009).

13. Amit Katwala, 'Dan Ariely: Bonuses boost activity, not quality', *Wired*(February 2010).

14. *Perceptions Matter: The Common Cause UK Values Survey*, Common Cause Foundation(2016).

15. Milton Friedman, 'The Methodology of Positive Economics', in *Essays in Positive Economics*(Chicago, 1966).

16. Sanford E. DeVoe and Jeffrey Pfeffer, 'The Stingy Hour: How Accounting for Time Affects Volunteering', *Personality and Social Psychology Bulletin*, Vol.36, Issue 4(2010).

17. Steve Crabtee, 'Worldwide, 13% of Employees Are Engaged at Work', *Gallup*(8 October 2013).

18. Wiljan van den Berge and Bas ter Weel, *Baanpolarisatie in Nederland. CPB Policy Brief*, Statistics Netherlands(2015), p.14.

19. 다음에서 인용: Enzo van Steenbergen and Jeroen Wester, 'Hogepriester van de kleinschalige zorg', *NRC Handelsblad*(12 March 2016). 일부 경쟁자들은 뷔르트조르흐가 심각한 문제가 있는 환자들을 다른 돌봄업체에 떠넘긴다고 비난한다. 하지만 이를 뒷받침하는 증거는 없다. 이와 반대로 KPMG사의 컨설턴트인 데이비드 이케르스헤임(David Ikkersheim)의 연구에 따르면 뷔르트조르흐는 돌봄 부담을 개선한 뒤에도 서비스의 질은 더 높고 비용은 더 적게 청구한다는 사실이 드러났다. 다음을 보라: David Ikkersheim, 'Buurtzorg: hoe zat het ook alweer?', *Skipr*(9 May 2016).

20. 다음에서 인용: Stevo Akkerman, 'Betere zorg zonder strategische fratsen', *Trouw*(1 March 2016).

21. 다음에서 인용: The Corporate Rebels, 'FAVI. How Zobrist Broke Down Favi's Command-And-Control Structures', *corporate-rebels.com*(4 January 2017).

22. Patrick Gilbert, Nathalie Raulet Crozet and Anne—Charlotte Teglborg, 'Work Organisation and Innovation—Case Study: FAVI, France', *European Foundation for the Improvement of Living and Working Conditions*(2013).

14장 | 놀이하는 인간 : 우리 안의 무한한 회복탄력성

1. Stephen Moss, *Natural Childhood Report*(National Trust), p.5.

2. John Bingham, 'British Children among Most Housebound in World', *Daily Telegraph*(22 March 2016).

3. S. L. Hofferth and J. F. Sandberg, 'Changes in American Children's Time, 1981-1997', in S. L. Hofferth and J. Owens (eds), *Children at the Millennium: Where Have We Come from? Where*

Are We Going?(Stamford, 2001).

4. Peter Gray, 'The Decline of Play and the Rise of Psychopathology in Children and Adolescents', *American Journal of Play*, Vol.23, Issue 4(2011), p.450.

5. Jantje Beton/Kantar Public (TNS NIPO), *Buitenspelen Onderzoek 2018*, jantjebeton.nl(17 April 2018).

6. Frank Huiskamp, 'Rapport: Nederlandse leerlingen zijn niet gemotiveerd', *NRC Handelsblad*(16 April 2014).

7. *Gezinsrapport. Een portret van het gezinsleven in Nederland*, Netherlands Institute for Social Research(The Hague, 2011).

8. Rebecca Rosen, 'America's Workers: Stressed Out, Overwhelmed, Totally Exhausted', *The Atlantic*(27 March 2014).

9. Jessica Lahey, 'Why Kids Care More About Achievement Than Helping Others', *The Atlantic*(25 June 2014).

10. 예를 들어 다음을 보라: C. Page Moreau and Marit Gundersen Engeset, 'The Downstream Consequences of Problem-Solving Mindsets: How Playing with LEGO Influences Creativity', *Journal of Marketing Research*, Vol.53, Issue 1(2016).

11. Peter Gray, 'The Play Deficit', *Aeon*(18 September 2013).

12. *How to Tame a Fox(And Build a Dog)*(2017), p.73.

13. Sarah Zielinski, 'Five Surprising Animals That Play', *ScienceNews*(20 February 2015).

14. Johan Huizinga, *Homo Ludens. Proeve eener bepaling van het spelelement der cultuur*(1938).

15. Peter Gray, 'Play as a Foundation for Hunter Gatherer Social Existence', *American Journal of Play*(Spring 2009).

16. Jared Diamond, *The World Until Yesterday. What Can We Learn From Traditional Societies?*(London, 2013), p.204.

17. Ibid., p.194.

18. 다음에서 인용: J. Mulhern, *A History of Education, a Social Interpretation*(New York, 1959), p.383.

19. James C. Scott, *Two Cheers for Anarchism. Six Easy Pieces on Autonomy, Dignity and Meaningful Work and Play*(Princeton, 2012), pp.54-5.

20. 이 과정을 다룬 중대한 연구는 다음을 보라: Eugen Weber, *Peasants into Frenchmen: The Modernization of Rural France, 1870-1914*(Stanford, 1976).

21. Howard P. Chudacoff, *Children at Play. An American History*(New York, 2008).

22. Peter Gray, 'The Decline of Play and the Rise of Psychopathology in Children and Adolescents'(2011).

23. 다음에서 인용: Robert Dighton, 'The Context and Background of the First Adventure Playground', *adventureplay.org.uk*

24. 다음에서 인용: Colin Ward, *Anarchy in Action*(London, 1996), p.89.

25. 다음에서 인용: Arvid Bengtsson, *Adventure Playgrounds*, Crosby Lockwood(1972), pp.20-21.

26. 다음에서 인용: Penny Wilson, 'children are more complicated than kettles. the life and work of Lady Allen of Hurtwood', *theinternationale.com*(2013).

27. Ibid.

28. Ibid.

29. Mariana Brussoni et al., 'What is the Relationship between Risky Outdoor Play and Health in Children? A Systematic Review', *International Journal of Environmental Research and Public Health*, Vol.12, Issue 6(8 June 2015).

30. 다음에서 인용: Rebecca Mead, 'State of Play', *The New Yorker*(5 July 2010).

31. Erving Goffman, 'On the Characteristics of Total Institutions'(1957).

32. Robin Bonifas, *Bullying Among Older Adults. How to Recognize and Address an Unseen Epidemic*(Baltimore, 2016).

33. Matt Sedensky, 'A surprising bullying battleground: Senior centers', Associated Press(13 May 2018).

34. Randall Collins, *Violence. A Micro-sociological Theory*(Princeton, 2008), p.166.

35. 《해리포터》 소설로 유명한 호그와트 학교를 보자. J. K. 롤링(J. K. Rowling)의 매혹적이고 환상적인 세계에서 이곳은 마법의 장소이지만 실제로 이런 곳이 있다면 나는 많은 아이들에게 지옥 같을 것이라고 생각한다. 아이들은 연령(수업)과 성격(숙소. 예를 들면 그리핀도르와 슬리데린의 집이다)에 따라서 나뉜다. 권위 있는 인물들은 복잡한 점수 시스템으로 경쟁을 부추긴다. 떠나고 싶어도 기회는 크리스마스나 여름휴가뿐이다. 교육 전문가들은 호그와트야말로 따돌림 문화에 최적이라는 것에 동의한다.

36. 오해하지 마시라. 현대사회를 살아가는 데 필수적인 기술, 예를 들어 읽기와 쓰기 같은 것이 존재한다. 그리고 이런 일에 능숙하지 못한 아이들이 있다. 이런 경우 전문적으로 훈련받은 교사의 교육이 필수적이다.

37. Robert Dur and Max van Lent, 'Socially Useless Jobs', Tinbergen Institute Discussion Paper(2 May 2018).

38. David Graeber, 'On the Phenomenon of Bullshit Jobs: A Work Rant', *Strike! Magazine*(August 2013).

39. Ivan Illich, *Deschooling Society*(New York, 1971).

40. Peter Gray, *Free to Learn. Why Unleashing the Instinct to Play Will Make Our Children Happier, More Self-Reliant, and Better Students for Life*(New York, 2013).

41. 다음에서 인용: Lois Holzman, 'What's the Opposite of Play?', *Psychology Today*(5 April 2016).

42. '"Depression: Let's Talk" Says WHO, As Depression Tops List of Causes of Ill Health',

World Health Organization(30 March 2017).

43. Peter Gray, 'Self—Directed Education—Unschooling and Democratic Schooling', *Oxford Research Encyclopedia of Education*(April 2017).

15장 | 이것이 민주주의다 : 민주주의의 일곱 가지 재앙을 넘어

1. Municipalities in Venezuela are a little like counties in some US states. But in Venezuela they're also where local government operates and mayors are elected.

2. Gabriel Hetland, 'Emergent Socialist Hegemony in Bolivarian Venezuela: The Role of the Party', in Susan J. Spronk and Jeffery R. Webber, *Crisis and Contradiction: Marxist Perspectives on Latin America in the Global Political Economy*(Leiden, 2015), p.131.

3. Gabriel Hetland, 'How to Change the World: Institutions and Movements Both Matter', *Berkeley Journal of Sociology*(3 November 2014).

4. For a cogent account, 다음을 보라: Gabriel Hetland, 'Grassroots Democracy in Venezuela', *The Nation*(30 January 2012).

5. 다음에서 인용: Ibid.

6. Dmytro Khutkyy, 'Participatory budgeting: An empowering democratic institution', *Eurozine*(31 October 2017).

7. *Brazil: Toward a More Inclusive and Effective Participatory Budget in Porto Alegre*(World Bank, 2008), p.2.

8. 다음에서 인용: Martin Calisto Friant, 'Sustainability From Below: Participatory Budgeting in Porto Alegre', First Ecuadorian Congress of Urban Studies(November 2017), p.13.

9. Paolo Spada, 'The Economic and Political Effects of Participatory Budgeting', Congress of the Latin American Studies Association(2009).

10. Esteban Ortiz-Ospina and Max Roser, 'Trust', *Our WorldInData.org*(2018).

11. For a critique of this thesis, 다음을 보라: Omar Encarnación, *The Myth of Civil Society: Social Capital and Democratic Consolidation in Spain and Brazil*(Basingstoke, 2003).

12. 다음에서 인용: 'Porto Alegre's Budget Of, By, and For the People', *Yes! Magazine*(31 December 2002).

13. Ginia Bellafante, 'Participatory Budgeting Opens Up Voting to the Disenfranchised and Denied', *New York Times*(17 April 2015).

14. Mona Serageldin et al., 'Assessment of Participatory Budgeting in Brazil', Harvard University Center for Urban Development Studies(2005), p.4.

15. Gianpaolo Baiocchi, 'Participation, Activism, and Politics: The Porto Alegre Experiment in Deliberative Democratic Theory', in Archon Fung and Erik Olin Wright (eds), *Deepening Democracy: Institutional Innovations in Empowered Participatory Governance*(New York, 2001),

p.64.

16. Alana Semuels, 'The City That Gave Its Residents $3 Million', *The Atlantic*(6 November 2014).

17. Baiocchi, 'Participation, Activism, and Politics: The Porto Alegre Experiment in Deliberative Democratic Theory'.

18. Gianpaolo Baiocchi and Ernesto Ganuza, 'Participatory Budgeting as if Emancipation Mattered', *Politics & Society*, Vol.42, Issue 1(2014), p.45.

19. George Monbiot, *Out of the Wreckage. A New Politics for an Age of Crisis*(London, 2017), p.130.

20. Anne Pordes Bowers and Laura Bunt, 'Your Local Budget. Unlocking the Potential of Participatory Budgeting', *Nesta*(2010).

21. Gianpaolo Baiocchi, 'Participation, Activism, and Politics: The Porto Alegre Experiment and Deliberative Democratic Theory', *Politics & Society*, Vol.29, Issue 1(2001), p.58.

22. 세계은행의 연구자들은 급격한 성장이 이루어진 것은 모두 참여 예산 편성 덕분이라고 결론을 내렸다. 보건과 교육 부분이 시 예산에서 차지하는 비중은 1985년 13퍼센트에서 1996년 40퍼센트로 증가했다. 다음을 보라: Serageldin et al., 'Assessment of Participatory Budgeting in Brazil'.

23. Patrick Kingsley, 'Participatory democracy in Porto Alegre', *Guardian*(10 September 2012).

24. Serageldin et al., 'Assessment of Participatory Budgeting in Brazil'.

25. Michael Touchton and Brian Wampler, 'Improving Social Well-Being Through New Democratic Institutions', *Comparative Political Studies*, Vol.47, Issue 10(2013).

26. 'Back to the Polis: Direct Democracy', *The Economist*(17 September 1994).

27. David Van Reybrouck, *Against Elections. The Case for Democracy*(London, 2016).

28. 'Communism', oxforddictionaries.com.

29. Graeber, *Debt*, pp.94-102.

30. Garrett Hardin, 'The Tragedy of the Commons', *Science*, Vol.162, Issue 3859(13 December 1968).

31. John Noble Wilford, 'A Tough-minded Ecologist Comes to Defense of Malthus', *New York Times*(30 June 1987).

32. Ian Angus, 'The Myth of the Tragedy of the Commons', *Climate & Capitalism*(25 August 2008).

33. John A. Moore, 'Science as a Way of Knowing-Human Ecology', *American Zoologist*, Vol.25, Issue 2(1985), p.602.

34. Tim Harford, 'Do You Believe in Sharing?' *Financial Times*(30 August 2013).

35. Ibid.

36. Officially: The Sveriges Riksbank Prize in Economic Sciences in Memory of Alfred Nobel.

37. Tine de Moor, 'The Silent Revolution: A New Perspective on the Emergence of Commons,

Guilds, and Other Forms of Corporate Collective Action in Western Europe', *International Review of Social History*, Vol.53, Issue S16 (December 2008).

38. The classic work on this process is Karl Polanyi, *The Great Transformation. The Political and Economic Origins of Our Time*(Boston, 2001). Originally published in1944.

39. Tine de Moor, 'Homo Cooperans. Institutions for collective action and the compassionate society', Utrecht University Inaugural Lecture(30 August 2013).

40. 예를 들어 다음을 보라: Paul Mason, *Postcapitalism. A Guide to Our Future*(London, 2015).

41. 예를 들어 다음을 보라: Shoshana Zuboff, *The Age of Surveillance Capitalism. The Fight for a Human Future at the New Frontier of Power*(London, 2019).

42. Damon Jones and Ioana Elena Marinescu, 'The Labor Market Impacts of Universal and Permanent Cash Transfers: Evidence from the Alaska Permanent Fund', *NBER Working Paper*(February 2018).

43. I've also written about this study in North Carolina and about universal basic income elsewhere. 다음을 보라: *Utopia for Realists. And How We Can Get There*(London, 2017), pp.51-4. I now prefer the term 'citizen's dividend' over 'basic income' to underscore that we're talking about proceeds from communal property.

44. Peter Barnes, *With Liberty and Dividends For All. How To Save Our Middle Class When Jobs Don't Pay Enough*(Oakland, 2014).

45. Scott Goldsmith, 'The Alaska Permanent Fund Dividend: An Experiment in Wealth Distribution', *Basic Income European Network*(September 2002), p.7.

5부 비대칭적인 전략

1. Michael Garofalo, 'A Victim Treats His Mugger Right', NPR Story Corps (28 March 2008).

2. Matthew 5:46.

16장 | 테러리스트와 차 한잔 : 가장 저렴하고 현실적인 방법

1. 노르웨이의 교도소 시스템을 자세히 알고 싶으면 다음을 보라: Ryan Berger, 'Kriminalomsorgen: A Look at the World's Most Humane Prison System in Norway', *SSRN*(11 December 2016).

2. A guard says this in Michael Moore's documentary, *Where to Invade Next?*(2015).

3. 다음에서 인용: Baz Dreizinger, 'Norway Proves That Treating Prison Inmates As Human Beings Actually Works', *Huffington Post*(8 March 2016).

4. 'About the Norwegian Correctional Service', www.kriminalomsorgen.no(visited 17 December

2018).

5. Dreizinger, 'Norway Proves That Treating Prison Inmates As Human Beings Actually Works'.

6. Manudeep Bhuller et al., 'Incarceration, Recidivism, and Employment', Institute of Labor Economics(June 2018).

7. Berger 'Kriminalomsorgen: A Look at the World's Most Humane Prison System in Norway', p.20.

8. Erwin James, 'Bastoy: the Norwegian Prison That Works', *Guardian*(4 September 2013).

9. Genevieve Blatt et al., *The Challenge of Crime in a Free Society*, President's Commission on Law Enforcement and Administration of Justice(1967), p.159.

10. Ibid., p.173.

11. Jessica Benko, 'The Radical Humaneness of Norway's Halden Prison', *New York Times*(26 March 2015).

12. Robert Martinson, 'What Works? Questions and Answers about Prison Reform', *The Public Interest*(Spring 1974).

13. Michelle Brown, *The Culture of Punishment: Prison, Society, and Spectacle*(New York, 2009), p.171.

14. Robert Martinson, 'New Findings, New Views: A Note of Caution Regarding Sentencing Reform', *Hofstra Law Review*, Vol.7, Issue 2(1979).

15. 다음에서 인용: Adam Humphreys, 'Robert Martinson and the Tragedy of the American Prison', *Ribbonfarm*(15 December 2016).

16. 다음에서 인용: Jerome G. Miller, 'The Debate on Rehabilitating Criminals: Is It True that Nothing Works?', *Washington Post*(March 1989).

17. Richard Bernstein, 'A Thinker Attuned to Thinking; James Q. Wilson Has Insights, Like Those on Cutting Crime, That Tend To Prove Out', *New York Times*(22 August 1998).

18. 'James Q. Wilson Obituary', *The Economist*(10 March 2012).

19. James Q. Wilson, *Thinking About Crime*(New York, 1975), pp.172−3.

20. 다음에서 인용: Timothy Crimmins, 'Incarceration as Incapacitation: An Intellectual History', *American Affairs*, Vol.II, Issue3(2018).

21. George L. Kelling and James Q. Wilson, 'Broken Windows', *The Atlantic*(March 1982).

22. Gladwell, *The Tipping Point*, p.141.

23. Ibid., p.142.

24. Ibid., p.143.

25. Holman W. Jenkins, Jr, 'The Man Who Defined Deviancy Up', *The Wall Street Journal*(12 March 2011).

26. James Q. Wilson, 'Lock 'Em Up and Other Thoughts on Crime', *New York Times*(9 March

1975).

27. Gladwell, *The Tipping Point*, p.145.

28. 다음에서 인용: Ibid., p.146.

29. 'New York Crime Rates 1960-2016', disastercenter.com

30. Donna Ladd, 'Inside William Bratton's NYPD: Broken Windows Policing is Here to Stay', *Guardian*(8 June 2015).

31. 다음에서 인용: Jeremy Rozansky and Josh Lerner, 'The Political Science of James Q. Wilson', *The New Atlantis*(Spring 2012).

32. 다음을 보라: Rutger Bregman, *Met de kennis van toen. Actuele problemen in het licht van de geschiedenis*(Amsterdam, 2012), pp.238-45.

33. Anthony A. Braga, Brandon C. Welsh and Cory Schnell, 'Can Policing Disorder Reduce Crime? ASystematic Review and Meta-Analysis', *Journal of Research in Crime and Delinquency*, Vol.52, Issue 4(2015).

34. John Eterno and Eli Silverman, 'Enough Broken Windows Policing. We Need a Community-Oriented Approach', *Guardian*(29 June 2015).

35. P. J. Vogt, '#127 The Crime Machine', *Reply All*(podcast by Gimlet Media, 11 October 2018).

36. Dara Lind, 'Why You Shouldn't Take Any Crime Stats Seriously', *Vox*(24 August 2014). 또한 다음을 보라: Liberty Vittert, 'Why the US Needs Better Crime Reporting Statistics', *The Conversation*(12 October 2018).

37. Michelle Chen, 'Want to 다음을 보라: How Biased Broken Windows Policing Is? Spend a Day in Court', *The Nation*(17 May 2018).

38. 질서 자체도 인식의 문제인 것으로 나타났다. 2004년 시카고대학 연구자들은 일련의 연구 대상자들에게 흑인 동네와 백인 동네에서 '깨진 유리창'을 얼마나 많이 보았는지를 물었다. 실험 대상자들의 한결같은 대답은 흑인 동네가 더 무질서하다는 것이었다. 실제로 쓰레기나 낙서, 집단 배회는 두 동네에 차이가 없었다. 다음을 보라: Robert J. Sampson and Stephen W. Raudenbush, '다음을 보라: Neighborhood Stigma and the Social Construction of "Broken Windows"', *Social Psychology Quarterly*, Vol.67, Issue 4(2004). 슬픈 사실은 윌슨과 켈링이 1982년《디 애틀랜틱(The Atlantic)》에 기고한 글에서 이를 예측했다는 것이다. "피부색이나 출신 국가 역시도 위험인물의 여부를 구분하는 기반이 되지 않는다는 보장이 어디 있는가? 한마디로 어떻게 하면 경찰이 동네 편견의 대리인이 되지 않도록 보장할 수 있는가? 우리는 이 중요한 질문에 대해 완전히 만족스러운 대답을 할 수 없다."

39. 다음을 보라: Braga, Welsh, and Schnell, 'Can Policing Disorder Reduce Crime? A Systematic Review and Meta-Analysis'.

40. 다음에서 인용: Sarah Childress, 'The Problem with "Broken Windows" Policing', *Frontline*(28 June 2016).

41. Vlad Tarko, *Elinor Ostrom. An Intellectual Biography*(Lanham, 2017), pp.32–40.

42. Arthur A. Jones and Robin Wiseman, 'Community Policing in Europe. An Overview of Practices in Six Leading Countries', Los Angeles Community Policing(lacp.org).

43. Sara Miller Llana, 'Why Police Don't Pull Guns in Many Countries', *Christian Science Monitor*(28 June 2015).

44. 다음에서 인용: Childress, 'The Problem with "Broken Windows" Policing'.

45. Beatrice de Graaf, *Theater van de angst. De strijd tegen terrorisme in Nederland, Duitsland, Italië en Amerika*(Amsterdam, 2010).

46. 다음에서 인용: Quirine Eijkman, 'Interview met Beatrice de Graaf over haar boek', *Leiden University*(25 January 2010).

47. 다음에서 인용: Joyce Roodnat, '"Het moest wel leuk blijven"', *NRC Handelsblad*(6 April 2006).

48. 다음에서 인용: Jon Henley, 'How Do You Deradicalise Returning Isis Fighters?', *Guardian*(12 November 2014).

49. 다음에서 인용: Hanna Rosin, 'How A Danish Town Helped Young Muslims Turn Away From ISIS', *NPR Invisibilia*(15 June 2016).

50. 다음에서 인용: Richard Orange, '"Answer hatred with love": how Norway tried to cope with the horror of Anders Breivik', *Guardian*(15 April 2012).

51. Prison Policy Initiative, 'North Dakota Profile'(prisonpolicy.org, visited 17 December 2018).

52. 다음에서 인용: Dylan Matthews and Byrd Pinkerton, 'How to Make Prisons More Humane', *Vox*(podcast, 17 October 2018).

53. Dashka Slater, 'North Dakota's Norway Experiment', *Mother Jones*(July/August 2017).

54. National Research Council, *The Growth of Incarceration in the United States. Exploring Causes and Consequences*(Washington DC, 2014), p.33.

55. Francis T. Cullen, Cheryl Lero Jonson and Daniel S. Nagin, 'Prisons Do Not Reduce Recidivism. The High Cost of Ignoring Science', *The Prison Journal*, Vol.91, Issue 3(2011). 또한 다음을 보라: M. Keith Chen and Jesse M. Shapiro, 'Do Harsher Prison Conditions Reduce Recidivism? A Discontinuity-based Approach', *American Law and Economics Review*, Vol.9, Issue 1(2007).

56. 'Louis Theroux Goes to the Miami Mega-Jail', *BBC News*(20 May 2011).

57. 다음에서 인용: Berger, 'Kriminalomsorgen: A Look at the World's Most Humane Prison System in Norway', p.23.

58. 다음에서 인용: Slater, 'North Dakota's Norway Experiment'.

59. Cheryl Corley, 'North Dakota Prison Officials Think Outside The Box To Revamp Solitary Confinement', *NPR*(31 July 2018).

60. Ibid.

61. 다음에서 인용: Slater, 'North Dakota's Norway Experiment'.

17장 | 혐오와 불평등, 편견을 넘어 : 접촉의 위력

1. 다음에서 인용: John Battersby, 'Mandela to Factions: Throw Guns Into Sea', *Christian Science Monitor*(26 February 1990).

2. My main source for the story about Constand and Abraham is Dennis Cruywagen's wonderful book *Brothers in War and Peace. Constand and Abraham Viljoen and the Birth of the New South Africa*(Cape Town/Johannesburg, 2014).

3. Ibid., p.57.

4. Ibid., p.62.

5. Maritza Montero and Christopher C. Sonn (eds), *Psychology of Liberation. Theory and Applications*(Berlin, Heidelberg, 2009), p.100.

6. Aldous Huxley, *The Perennial Philosophy*(New York, 1945), p.81.

7. Alfred McClung Lee and Norman Daymond Humphrey, *Race Riot, Detroit 1943*(Hemel Hempstead, 1968), p.130.

8. Gordon Allport, *The Nature of Prejudice*(Reading, 1979), p.277. 1954년 초판 발행. 연구자들은 미군들에게 다음과 같은 질문을 던졌다. "일부 사단에는 깜둥이(Negro)와 백인 소대가 함께 소속된 중대가 있다. 만일 당신이 소속된 집단이 이와 비슷해진다면 어떤 느낌을 받겠는가?" '매우 싫어할 것이다'라는 대답은 흑백이 완전히 격리된 부대에서는 62퍼센트, 흑인 소대를 포함하고 있는 중대에서는 7퍼센트가 나왔다.

9. Ira N. Brophy, 'The Luxury of Anti-Negro Prejudice', *Public Opinion Quarterly*, Vol.9, Issue 4(1945).

10. Richard Evans, *Gordon Allport: The Man and His Ideas*(New York, 1970).

11. Gordon Allport, 'Autobiography', in Edwin Boring and Gardner Lindzey (eds), *History of Psychology in Autobiography*(New York, 1967), pp.3–25.

12. John Carlin, *Invictus. Nelson Mandela and the Game that Made a Nation*(London, 2009), p.122.

13. 다음에서 인용: Ibid., p.123.

14. Ibid., p.124

15. Ibid., p.135.

16. Cruywagen, *Brothers in War and Peace*, p.143.

17. 다음에서 인용: Ibid., p.158.

18. 다음에서 인용: Simon Kuper, 'What Mandela Taught Us', *Financial Times*(5 December 2013).

19. 다음에서 인용: Cruywagen, *Brothers in War and Peace*, p.162.

20. 다음에서 인용: Carlin, *Invictus*, p.252.

21. 이에 대해 페티그루는 다음과 같이 응답했다. "귀하께서는 최고의 영예로 나를 대해주셨다!" 다음에서 인용: Frances Cherry, 'Thomas F. Pettigrew: Building on the Scholar-Activist Tradition in Social Psychology', in Ulrich Wagner et al. (eds), *Improving Intergroup Relations: Building on the Legacy of Thomas F. Pettigrew*(Oxford, 2008), p.16.

22. Thomas F. Pettigrew, 'Contact in South Africa', *Dialogue*, Vol.21, Issue 2(2006), pp.8-9.

23. Thomas F. Pettigrew and Linda R. Tropp, 'A Meta-Analytic Test of Intergroup Contact Theory', *Journal of Personality and Social Psychology*, Vol.90, Issue 5(2006).

24. Sylvie Graf, Stefania Paolini and Mark Rubin, 'Negative intergroup contact is more influential, but positive intergroup contact is more common: Assessing contact prominence and contact prevalence in five Central European countries', *European Journal of Social Psychology*, Vol.44, Issue 6(2014).

25. Erica Chenoweth, 'The Origins of the NAVCO Data Project(or: How I Learned to Stop Worrying and Take Nonviolent Conflict Seriously)', *Rational Insurgent*(7 May 2014).

26. Erica Chenoweth and Maria J. Stephan, 'How The World is Proving Martin Luther King Right About Nonviolence', *Washington Post*(18 January 2016). 또한 다음을 보라: Maria J. Stephan and Erica Chenoweth, 'Why Civil Resistance Works. The Strategic Logic of Nonviolent Conflict', *International Security*, Vol.33, Issue 1(2008), pp.7-44.

27. 다음에서 인용: Penny Andersen et al., *At Home in the World. The Peace Corps Story*(Peace Corps, 1996), p.vi.

28. Carlin, *Invictus*, p.84.

29. Ibid., p.252.

30. Ibid.

31. 다음에서 인용: Thomas F. Pettigrew, 'Social Psychological Perspectives on Trump Supporters', *Journal of Social and Political Psychology*, Vol.5, Issue 1(2017).

32 Ibid.

33. Chris Lawton and Robert Ackrill, 'Hard Evidence: How Areas with Low Immigration Voted Mainly for Brexit', *The Conversation*(8 July 2016). 또한 다음을 보라: Rose Meleady, Charles Seger and Marieke Vermue, 'Examining the Role of Positive and Negative Intergroup Contact and Anti-Immigrant Prejudice in Brexit', *British Journal of Social Psychology*, Vol.56, Issue 4(2017).

34. Michael Savelkoul et al., 'Anti-Muslim Attitudes in The Netherlands: Tests of Contradictory Hypotheses Derived from Ethnic Competition Theory and Intergroup Contact Theory', *European Sociological Review*, Vol.27, Issue 6(2011).

35. Jared Nai, 'People in More Racially Diverse Neighborhoods Are More Prosocial', *Journal of Personality and Social Psychology*, Vol.114, Issue 4(2018), pp.497-515.

36. Miles Hewstone, 'Consequences of Diversity for Social Cohesion and Prejudice: The Missing Dimension of Intergroup Contact', *Journal of Social Issues*, Vol.71, Issue 2(2015).

37. Matthew Goodwin and Caitlin Milazzo, 'Taking Back Control? Investigating the Role of Immigration in the 2016 Vote for Brexit', *British Journal of Politics and International Relations*, Vol.19, Issue 3(2017).

38. 다음에서 인용: Diane Hoekstra, 'De felle tegenstanders van toen gaan het azc in Overvecht missen', *Algemeen Dagblad*(29 September 2018). 또한 다음을 보라: Marjon Bolwijn, 'In Beverwaard was woede om azc het grootst, maar daar is niets meer van te zien: "We hebben elkaar gek gemaakt"', *De Volkskrant*(1 February 2018).

39. Mark Twain, *The Innocents Abroad, or The New Pilgrims' Progress*(1869).

40. Rupert Brown, James Vivian and Miles Hewstone, 'Changing Attitudes through Intergroup Contact: the Effects of Group Membership Salience', *European Journal of Social Psychology*, Vol.29, Issue 5-6(21 June 1999).

41. Gordon W. Allport, 'Prejudice in Modern Perspective', The Twelfth Hoernlé Memorial Lecture(17 July 1956).

18장 | 참호에서 나온 병사들 : 희망의 전염성

1. 이 구절은 역사학자인 조지 케넌(George F. Kennan)의 작품으로 다음 책의 서문에 나온다. *The Decline of Bismarck's European Order: Franco-Russian Relations 1875-1890*(Princeton, 1979).

2. Malcolm Brown and Shirley Seaton, *Christmas Truce. The Western Front December 1914*(London, 2014), p.68. Originally published in 1984.

3. Ibid., p.71.

4. Ibid., p.73.

5. Ibid., pp.76-7

6. Malcolm Brown, *Peace in No Man's Land*(BBC documentary from 1981).

7. Luke Harding, 'A Cry of: Waiter! And the Fighting Stopped', *Guardian*(1 November 2003).

8. Brown and Seaton, *Christmas Truce*, p.111.

9. Ibid., p.115.

10. 다음에서 인용: Simon Kuper, 'Soccer in the Trenches: Remembering the WWI Christmas Truce', espn.com(25 December 2014).

11. 현대 역사학자들의 지적에 따르면 독일인들이 1914년 전쟁범죄를 저지른 것은 분명하지만 그 내용은 영국의 프로파간다(선전)에 의해 크게 과장되었다. 이런 가짜 뉴스가 얼마나 큰 재앙을 초래하는지는 25년 뒤에야 비로소 완전히 밝혀진다 제2차 세계대전 당시 독일인들이 가장 끔찍한 잔학 행위를 대규모로 자행하고 있다는 보도가 나오기 시작했을 때 미국과

영국 국민의 상당수는 그 진실성을 의심했다. 제1차 세계대전 당시 언론이 사태를 얼마나 과장했는지를 감안한다면 가스실 이야기에 약간의 의심을 갖는 것은 논리적으로 타당해 보였다. 다음을 보라. Jo Fox, 'Atrocity propaganda', British Library(29 January 2014).

12. Brown and Seaton, *Christmas Truce*, p.126.

13. Thomas Vinciguerra, 'The Truce of Christmas, 1914', *New York Times*(25 December 2005).

14. 다음에서 인용: TED Stories, 'Colombia: Advertising Creates Peace', YouTube(24 January 2018).

15. Ibid.

16. Tom Vanden Brook, 'Propaganda That Works: Christmas Decorations', *USA Today*(13 August 2013).

17. Lara Logan, 'How Unconventional Thinking Transformed a War-Torn Colombia', CBS News, *60 Minutes*(11 December 2016).

18. 다음에서 인용: TED Stories, 'Colombia: Advertising Creates Peace'.

19. José Miguel Sokoloff in an interview with the author on 9 November 2017.

20. 크리스마스작전 비용은 모두 30만 1,100달러였다. 불빛의 강(River of Light)작전은 26만 3,000달러, 마더스 보이스(Mother's Voice)는 54만 6,000달러였다.

21. 심지어 콜롬비아무장혁명군(FARC)도 이를 믿었는데, 평화협정 도중 플런로웨의 선전(프로파간다) 중단을 요구했기 때문이다. 그들은 이 선전으로 인해 너무 많은 대원을 잃었다.

22. Sibylla Brodzinsky, '"Welcome to Peace": Colombia's Farc Rebels Seal Historic Disarmament', *Guardian*(27 June 2017).

23. 다음에서 인용: Vinciguerra, 'The Truce of Christmas, 1914'.

24. Brown and Seaton, *Christmas Truce*, p.198.

25. Ibid, p.248.

26. Ibid, p.238.

27. Stanley Weintraub, *Silent Night*(London, 2001), p.172.

28. Tony Ashworth, *Trench Warfare 1914-1918. The Live and Let Live System*(London, 2000), p.224. Originally published in 1980.

29. Ibid, p.24.

30. Ibid, p.143.

31. Erin E. Buckels, Paul D. Trapnell and Delroy L. Paulhus, 'Trolls Just Want to Have Fun', *Personality and Individual Difference*, Vol.6/(September 2014).

32. José Miguel Sokoloff, 'How Christmas Lights Helped Guerillas Put Down Their Guns', TED(October 2014).

에필로그

1. Detlef Fetchenhauer and David Dunning, 'Why So Cynical? Asymmetric Feedback Underlies Misguided Skepticism Regarding the Trustworthiness of Others', *Psychological Science*, Vol.21, Issue 2(8 January 2010).

2. 타인의 의도가 선하다는 전제하에 접근하면 그들의 태도가 변한다는 많은 명쾌한 연구 결과가 있다. 심리학자들은 여기에 '착함 꼬리표 붙이기(virtue labelling)'라는 이름을 붙였다. 예를 들어 1975년 미국의 심리학자 리처드 밀러(Richard Miller)는 초등학생을 대상으로 한 연구에서 무작위로 선정한 그룹에게 "깔끔하다"고 이야기했다. 두 번째 그룹에서는 연구자들이 아이들을 더 깔끔하게 만들기 위해 최선의 노력을 기울였다. 세 번째 그룹은 그냥 완전히 내버려두었다. 결과는? 첫 번째 집단이 가장 깔끔한 것으로 나타났다. 다음을 보라: Christian B. Miller, 'Should You Tell Everyone They're Honest?', *Nautilus*(28 June 2018).

3. Maria Konnikova, *The Confidence Game. The Psychology of the Con and Why We Full for It Every Time*,(Edinburgh, 2016).

4. Bloom, *Against Empathy*, p.167.

5. 다음에서 인용: Dylan Matthews, 'Zero-sum Trump. What You Learn from Reading 12 of Donald Trump's Books', *Vox.com*(19 January 2017).

6. Marina Cantacuzino, *The Forgiveness Project. Stories for a Vengeful Age*(London, 2016).

7. Lewis B. Smedes, *Forgive and Forget. Healing the Hurts We Don't Deserve*(San Francisco, 1984).

8. Donald W. Pfaff, *The Neuroscience of Fair Play. Why We(Usually) Follow the Golden Rule*, Dana Press(2007).

9. George Bernard Shaw, *Maxims for Revolutionists*(1903).

10. Matthieu Ricard, *Altruism. The Power of Compassion to Change Yourself and the World*(New York, 2015), pp.58-63.

11. Ibid., p.62.

12. Daniel Goleman and Richard Davidson, *The Science of Meditation. How to Change Your Brain, Mind and Body*(London, 2018). 하지만 또한 다음을 보라: Miguel Farias and Catherine Wikholm, *The Buddha Pill. Can Meditation Change You?*(London, 2015).

13. Paul Bloom, 'Empathy for Trump voters? No, thanks. Understanding? Yes', *Vox.com*(23 February 2017).

14. Bloom, *Against Empathy*, pp.213-41.

15. Jarl van der Ploeg, '"Ze zullen altijd die enorm verliefde bom geluk blijven"', *De Volkskrant*(21 July 2014).

16. 'In memoriam: LvdG(1984-2014)', *Propria Cures*(19 July 2014).

17. 예를 들어 다음을 보라: Chung Sup Park, 'Applying "Negativity Bias" to Twitter: Negative News on Twitter, Emotions, and Political Learning', *Journal of Information Technology &*

Politics, Vol.12, Issue 4(2015).

18. Chris Weller, 'Silicon Valley Parents Are Raising Their Kids Tech-Free And It Should Be a Red Flag', *Business Insider*(18 February 18, 2018).

19. Rebecca Solnit, *Hope in the Dark. Untold Histories, Wild Possibilities*(Chicago, 2016), p.23.

20. Fabian Wichmann, '4 Ways To Turn The Neo-Nazi Agenda On Its Head', *Huffington Post*(25 August 2017).

21. Matthew 6:2-6

22. 150여 년 전 프랑스 철학자 알렉시 드 토크빌(lexis de Tocqueville)은 이에 대해 다음과 같이 논평했다. "미국인들은 거의 모든 행동을 자기 이익의 원칙에 따라 설명하기를 즐긴다." 토크빌은 미국 여행에서 많은 도움이 되는 사람들을 만났으므로 미국인들이 스스로에게 해를 끼치고 있다고 믿었다. 이 철학자는 다음과 같이 이야기했다. "하지만 미국인들은 자신들이 이런 종류의 감정에 실제로 무너진다는 사실을 인정할 준비가 거의 되어 있지 않다." 다음을 보라: Dale T. Miller, 'The Norm of Self-Interest', *American Psychologist*, Vol.54, Issue 12(1999).

23. Ibid., p.1057.

24. Matthew 6:14-16

25. James H. Fowler and Nicholas A. Christakis, 'Cooperative Behavior Cascades in Human Social Networks', *PNAS*, Vol.107, Issue 12(2010).

26. 다음에서 인용: University of California, San Diego, 'Acts of Kindness Spread Surprisingly Easily: Just a Few People Can Make a Difference', *Science Daily*(10 March 2010).

27. Jonathan Haidt, 'Elevation and the Positive Psychology of Morality', in C. L. M. Keyes and J. Haidt (eds), *Flourishing: Positive Psychology and the Life Well-Lived*, American Psychological Association(2003), pp.275-89.

28. 다음에서 인용: Jonathan Haidt, 'Wired to Be Inspired', in Dacher Keltner, Jason Marsh and Jeremy Adam Smith (eds), *The Compassionate Instinct. The Science of Human Goodness*(New York, 2010), p.90.

찾아보기

휴먼카인드

감춰진 인간 본성에서 찾은 희망의 연대기

초판 1쇄 2021년 3월 2일
초판 17쇄 2023년 11월 16일

지은이 | 뤼트허르 브레흐만
옮긴이 | 조현욱

발행인 | 문태진
본부장 | 서금선
편집 2팀 | 임은선 이보람 워지연
교정 | 박민애

기획편집팀 | 한성수 임선아 허문선 최지인 이준환 송현경 이은지 유진영 장서원
마케팅팀 | 김동준 이재성 박병국 문무현 김윤희 김은지 이지현 조용환
디자인팀 | 김현철 손성규   저작권팀 | 정선주
경영지원팀 | 노강희 윤현성 정헌준 조샘 서희은 조희연 김기현
강연팀 | 장진항 조은빛 강유정 신유리 김수연

펴낸곳 | ㈜인플루엔셜
출판신고 | 2012년 5월 18일 제300-2012-1043호
주소 | (06619) 서울특별시 서초구 서초대로 398 BnK디지털타워 11층
전화 | 02)720-1034(기획편집) 02)720-1024(마케팅) 02)720-1042(강연섭외)
팩스 | 02)720-1043 전자우편 | books@influential.co.kr
홈페이지 | www.influential.co.kr

한국어판 출판권 ⓒ ㈜인플루엔셜, 2021
ISBN 979-11-91056-47-1 (03900)